독자의 1초를
아껴주는 정성을
만나보세요!

세상이 아무리 바쁘게 돌아가더라도 책까지 아무렇게나 빨리 만들 수는 없습니다.
인스턴트 식품 같은 책보다 오래 익힌 술이나 장맛이 밴 책을 만들고 싶습니다.
땀 흘리며 일하는 당신을 위해 한 권 한 권 마음을 다해 만들겠습니다.
마지막 페이지에서 만날 새로운 당신을 위해 더 나은 길을 준비하겠습니다.

A Common-Sense Guide to Data Structures and Algorithms, Second Edition
by Jay Wengrow

누구나 자료 구조와 알고리즘 개정2판
A Common-Sense Guide to Data Structures and Algorithms, 2nd Ed.

초판 발행 · 2021년 11월 30일
초판 2쇄 발행 · 2023년 2월 10일

지은이 · 제이 웬그로우
옮긴이 · 심지현
발행인 · 이종원
발행처 · (주)도서출판 길벗
출판사 등록일 · 1990년 12월 24일
주소 · 서울시 마포구 월드컵로10길 56(서교동)
대표 전화 · 02)332-0931 | **팩스** · 02)323-0586
홈페이지 · www.gilbut.co.kr | **이메일** · gilbut@gilbut.co.kr

기획 및 책임편집 · 한동훈(monaca@gilbut.co.kr) | **디자인** · 박상희 | **제작** · 이준호, 손일순, 이진혁
마케팅 · 임태호, 전선하, 차명환, 박민영, 지운집, 박성용 | **영업관리** · 김명자 | **독자지원** · 윤정아, 최희창

교정교열 · 김창수 | **전산편집** · 여동일 | **출력 및 인쇄** · 북토리 | **제본** · 신정문화사

▶ 잘못 만든 책은 구입한 서점에서 바꿔 드립니다.
▶ 이 책은 저작권법에 따라 보호받는 저작물이므로 무단전재와 무단복제를 금합니다. 이 책의 전부 또는 일부를 이용하려면 반드시 사전에 저작권자와 (주)도서출판 길벗의 서면 동의를 받아야 합니다.

ISBN 979-11-6521-781-5 93000
(길벗 도서번호 080274)

정가 33,000원

독자의 1초를 아껴주는 정성 길벗출판사

(주)도서출판 길벗 | IT교육서, IT단행본, 경제경영서, 어학&실용서, 인문교양서, 자녀교육서
www.gilbut.co.kr
길벗스쿨 | 국어학습, 수학학습, 어린이교양, 주니어 어학학습, 학습단행본
www.gilbutschool.co.kr

페이스북 · www.facebook.com/gbitbook
예제 파일 · https://github.com/gilbutITbook/080274

A COMMOM-SENSE GUIDE TO
DATA STRUCTURES
AND ALGORITHMS
2ND ED.

제이 웬그로우 지음
심지현 옮김

누구나
자료 구조와
알고리즘
개정2판

길벗

자료 구조와 알고리즘은 모든 컴퓨터 공학 교육과정에서 가장 기본적으로 다루는 과목입니다. 하지만 기초를 쌓는 단계임에도 불구하고 처음 접하는 학생은 누구나 당혹스러움을 감추지 못합니다. 생소한 용어와 난해한 개념, 아리송한 기호 속에서 헤매다가 무엇을 위해 무엇을 배우고 있는지 모르는 채 한 학기가 끝납니다.

이렇게 되면 실제 개발과 이론 간 큰 공백이 생깁니다. 어렵게 배운 내용을 실용적으로 써 보지도 못할뿐더러 다른 사람이 작성한 코드를 이해하고 분석하는 데도 한계가 있습니다. 훌륭한 프로그래머가 되려면 문법과 API만 꿰뚫어서는 부족합니다. 어떤 운영 체제에서 어떤 프로그래밍 언어를 사용하든 좋은 프로그램은 항상 적절한 자료 구조와 효율적인 알고리즘을 바탕으로 합니다. 필요할 때마다 관련 책이나 웹 페이지만 뒤적여서는 실력을 쌓기 어렵습니다.

이 책의 저자가 밝혔듯이 자료 구조와 알고리즘은 전혀 어렵지 않습니다. 이 책처럼 얼마든지 재미있고 이해하기 쉽게 설명될 수 있습니다. 복잡한 수학 개념이 아니라 이미 알고 있는 지식과 자세한 예제면 충분합니다. 이 책은 비전공자도 쉽게 따라갈 수 있는 설명과 구성으로 핵심 개념을 소개합니다.

특히 개정판에서는 매 장에 연습 문제를 덧붙여 실제 문제를 해결해 보는 기회를 제공합니다. 더불어 널리 알려진 문제에 빅 오 카테고리를 적용해 보고, 1판보다 더욱 다양한 문제를 활용해 재귀적으로 작성하는 법을 단계적으로 설명합니다. 이 밖에도 동적 프로그래밍과 힙/트라이, 코드 최적화 기법까지 그 범위를 넓혔습니다.

이 책은 자료 구조와 알고리즘을 실제 개발에 적용해서 더욱더 효과적이고 간결한 코드를 작성할 수 있도록 도와줍니다. 초심자라면 심화 과정에 들어가기에 앞서 기초를 다지기 좋고, 숙련된 개발자라면 가볍게 되새기기 좋은 책입니다. 목차를 한번 읽어 보세요. 그리고 흥미가 생기는 페이지로 가 보세요. "누구나" 이해할 수 있습니다.

심지현

나처럼 "전통적인" 컴퓨터 과학 교육을 받지 못한 채 코딩에 뛰어들었다면 알고리즘에 대해 생각하는 방법과 흔히 쓰이는 다양한 자료 구조를 이용하고 구현하는 방법을 익히기에 〈누구나 자료 구조와 알고리즘〉은 더할 나위 없이 좋은 책이다. 전문 용어를 최소화한 일상적인 언어로 설명하면서 흥미롭고 유쾌한 어조를 잃지 않는다! 기초 프로그래밍 지식을 쌓으려는 사람에게 알맞다.

　　　　　　　　　　　　　　　　　　– 인피니티 인터랙티브의 기술 부서 부사장

　　　　　　　　　　　　　　　　　　존 앤더슨

30년 넘게 코딩하며 배운 것이 한 가지 있다면 **항상** 기본으로 돌아가자이다. 〈누구나 자료 구조와 알고리즘〉은 과거에 세웠던 모든 가정을 다시금 확고히 하고 향후 쓰일 핵심 기술에 대한 이해를 공고히 하는 좋은 길잡이가 되어 주었다. 화이트보딩 테스트에 대비할 목적으로 이 책을 구입하지 말자. 어차피 형편없는 테스트다. 진짜 알고리즘적 사고(algorithmic thinking)를 이어 나갈 목적으로 이 책을 구입하자. 이제 막 경력을 쌓기 시작했든 이미 오래 쌓아왔든 이를 보완할 자료 구조와 흔한(그리고 그렇게 흔하지 않은) 알고리즘에 대한 완전한 도구상자가 있어야 한다. 더 좋은 점은 코드를 어떻게, 언제, 그리고 왜 최적화하는지 배우게 된다. 또한 코드를 동작하게끔 그리고 빠르고 정교하게 만들어 보면서 중간중간 트레이드오프도 배운다.

　　　　　　　　　　　　　　　　　– 마이크로소프트의 프로그래머이자, 교수, 블로거, 팟캐스트

　　　　　　　　　　　　　　　　　스캇 핸슬먼

15년이라는 세월을 거치며 소프트웨어 전문가가 다 됐지만 〈누구나 자료 구조와 알고리즘〉 2판을 통해 또 많은 것을 배웠다. 20년 전 학부생 시절에 개념을 배우며 읽었으면 좋았을 책이다. 막강한 힘이 생겨 해시 테이블로 코드의 빅 오를 개선할 기회를 얻은 느낌이다. 어떤 모습이고, 어떤 느낌이고, 어떻게 생각하고, 어떤 습관을 들였는지 잊자. 어차피 가장 효율적인 빅 오는 불가능하니 전부 잊어버리자!

　　　　　　　　　　　　　　　　　　　　　– 레마타(Lemmata)의 수석 컨설턴트

　　　　　　　　　　　　　　　　　　　　나이젤 로리

〈누구나 자료 구조와 알고리즘〉만으로도 이미 자료 구조와 알고리즘을 배우기에 충분했으나 2판에서는 중요한 내용을 더 보강했다. 동적 프로그래밍 같은 주제를 상식적으로 설명하고 매 장 끝에 문제를 넣어 제대로 이해했는지 확인함으로써 컴퓨터 과학 지식 유무를 떠나 모든 개발자에게 매우 유용한 책으로 탈바꿈시켰다.

– KEYSYS 컨설팅의 시니어 소프트웨어 공학자

제이슨 파이크

초보자에게 꼭 필요한 알고리즘과 자료 구조를 완벽히 소개한다. 강력 추천!

– 샤우 컨설팅의 수석 개발자

브라이언 샤우

책을 쓰는 일이 혼자 하는 작업처럼 보일 수도 있지만, 집필하는 동안 주변의 많은 지원이 없었다면 아마 이 책은 세상에 나올 수 없었을 것이다. 한 분 한 분 직접 감사의 인사를 드리고 싶다.

훌륭한 아내, 레나에게. 당신이 내게 준 시간과 정서적 지지에 너무나 감사해. 은둔자처럼 웅크리고 앉아 책을 쓰는 동안 모든 걸 뒷바라지해줘서. 사랑스러운 아이들, 튜비, 레아, 샤야, 그리고 라미에게. "algorizms"에 대한 책을 쓰는 동안 잘 참아줘서 고맙다. 그래, 이제 드디어 끝났단다.

나의 부모님, 하워드와 데비 웬그로우에게. 저에게 처음으로 컴퓨터 프로그래밍에 대한 흥미를 일깨워 주시고 계속 밀고 나갈 수 있게 도와주셔서 감사합니다. 열아홉 살 생일에 컴퓨터 가정 교사에게 데려다주셨던 게 제 경력 그리고 지금 이 책의 기초가 됐다는 것을 아시나요?

아내의 부모님, 폴과 크라인델 핀커스에게. 저희 가족과 저를 변함없이 응원해 주셔서 감사합니다. 지혜와 온기가 큰 힘이 되었습니다.

프래그매틱 북쉘프에 처음 원고를 제출했을 때 난 꽤 잘 썼다고 생각했다. 하지만 출판사에서 일하는 훌륭한 직원들의 전문적인 지식과 의견, 요구 사항을 거치면서 이 책은 나 혼자서는 쓰지 못했을 만큼 훨씬 더 훌륭해졌다. 편집자인 브라이언 맥도날드는 책이란 어떻게 써야 하는 것인지 보여줬고, 그의 통찰력이 각 장을 더욱 분명하게 만들어줬다. 이 책 전체에 그의 흔적이 남아 있다. 관리 편집자인 수잔나 펠처와 편집장 데이브 랭킨은 이론에 치우친 내 원고를 일상적인 프로그래머에게 적용될 수 있는 책으로 탈바꿈시키면서 이 책의 목적이 무엇인지에 대한 비전을 제시해줬다. 출판자인 앤디 헌트와 데이브 토마스에게도 이 책을 믿어주고 프래그매틱 북쉘프를 기고할 수 있는 가장 훌륭한 출판사로 만들어 준 데에 감사의 인사를 전한다.

너무나 재능있는 소프트웨어 개발자이자 예술가인 콜린 맥거킨에게. 내 악필을 아름답게 디지털로 형상화해줘서 고맙습니다. 당신의 기술과 세심한 주의로 만들어 준 멋진 시각화가 없었다면 이 책은 전혀 가치가 없었을 것입니다.

수많은 전문가가 이 책을 검토해 준 것 역시 정말 행운이었다. 피드백은 정말 큰 도움이 됐고 책을 최대한 정확하게 만들 수 있었다. 기여해 준 모든 분에게 감사드리고 싶다.

1판을 검토해 준 Alessandro Bahgat와 Ivo Balbaert, Alberto Boschetti, Javier Collado, Mohamed Fouad, Derek Graham, Neil Hainer, Peter Hampton, Rod Hilton, Jeff

Holland, Jessica Janiuk, Aaron Kalair, Stephan Kämper, Arun S. Kumar, Sean Lindsay, Nigel Lowry, Joy McCaffrey, Daivid Morgan, Jasdeep Narang, Stephen Orr, Kenneth Parekh, Jason Pike, Sam Rose, Frank Ruiz, Brian Schau, Tibor Simic, Matteo Vaccari, Stephen Wolff, and Peter W. A. Wood에게 감사한다.

2판을 검토해 준 Rinaldo Bonazzo와 Mike Browne, Craig Castelaz, Jacob Chae, Zulfikar Dharmawan, Ashish Dixit, Dan Dybas, Emily Ekhdal, Derek Graham, Rod Hilton, Jeff Holland, Grant Kazan, Sean Lindsay, Nigel Lowry, Dary Merckens, Kevin Mitchell, Nouran Mhmoud, Daivid Morgan, Brent Morris, Emanuele Origgi, Jason Pike, Ayon Roy, Brian Schau, Mitchell Volk, and Peter W. A. Wood에게도 감사한다.

공식 검토 외에도 이 책을 집필하고 편집하는 내내 피드백을 주었던 베타 책 독자 여러분에게도 모두 감사한다. 보내준 제안과 코멘트, 질문이 너무나 유용했다.

액츄얼라이즈의 직원과 학생 그리고 졸업생에게도 모두 감사한다. 이 책은 원래 액츄얼라이즈의 프로젝트였던 만큼 다양한 방법으로 모두 이 책에 기여해왔다. 특히 이 책을 쓸 수 있도록 아이디어를 준 루크 에반스에게 감사한다.

이 책을 세상에 있게 해 준 모든 분에게 감사의 인사를 전한다.

연락처

독자와의 소통은 언제나 즐거우니 링크드인에서 나를 찾아주기 바란다. 이 책의 독자라고 메시지를 보내면 친구 요청을 기꺼이 수락하겠다. 연락을 기다리겠다!

제이 웬그로우

jay@actualize.co

2020년 5월

자료 구조와 알고리즘은 단순히 추상적인 개념이 아니다. 자료 구조와 알고리즘에 숙달하면 더 빠르게 실행되면서 메모리도 적게 소비하는 보다 효율적인 코드를 작성할 수 있다. 이는 모바일 플랫폼으로 넘어가며 갈수록 증가하는 데이터 크기를 감당해야 하는 오늘날의 소프트웨어 애플리케이션에서 특히 중요하다.

문제는 이러한 주제를 다루는 자료가 대부분 이해하기 어렵게 쓰였다는 점이다. 글은 수학 용어로 가득 차 있고 수학자가 아닌 이상 도무지 무슨 말인지 알기 어렵다. 심지어 "쉬운" 알고리즘을 표방하는 책마저 독자가 수학 석박사 학위를 취득했다고 가정한다. 결국, 무수한 독자들이 자신은 이러한 개념을 이해할 만큼 충분히 "똑똑하지" 않다고 생각하며 회피한다.

하지만 자료 구조와 알고리즘은 전부 본질적으로 상식선에서 이해할 수 있다. 수학 표기는 그저 특수한 언어이며, 어떤 수학이든 상식적인 용어로 설명할 수 있다. 이 책은 이러한 상식적인 언어로(더불어 많은 그림으로!) 개념을 단순하고 또 단언하건대 재미있게 설명한다.

자료 구조와 알고리즘을 이해했다면 효율적이고 빠르고 간결한 코드를 작성할 준비가 된 것이다. 여러 코드 대안의 장단점을 비교할 수 있으며, 지식을 바탕으로 주어진 상황에 어떤 코드가 가장 알맞은지 결정할 수 있다.

이 책에서는 **오늘** 바로 활용할 수 있는 아이디어를 엄선해서 개념을 실제적이고 실용적으로 만들고자 각별히 노력했다. 물론 그 과정에서 아주 근사한 컴퓨터 과학도 배운다. 하지만 이 책은 겉보기에는 추상적인 내용을 바로 실행할 수 있게 만드는 책이다. 끝까지 읽으면 더 뛰어난 코드, 더 빠른 소프트웨어를 작성하게 될 것이다.

이 책의 독자층

이 책은 다음과 같은 독자에게 이상적이다.

- 자료 구조와 알고리즘을 쉽고 명확하게 설명한 교재를 원하는 컴퓨터 과학도. 어떤 "고전적인" 교재를 사용하든 이 책을 훌륭한 보조 교재로 사용할 수 있다.

- 이제 막 기초 프로그래밍을 배웠지만 컴퓨터 과학 기초를 배움으로써 더 나은 코드를 작성하고 프로그래밍 지식과 기술을 키우고 싶은 초보 개발자

- 정규 컴퓨터 과학 수업을 받은 적이 없는 독학 개발자(또는 공부했지만 다 까먹은 개발자)면서 자료 구조와 알고리즘의 힘을 활용해 더 확장 가능하고 간결한 코드를 작성하고 싶은 개발자

어떤 독자든 다양한 기술 수준을 지닌 사람들이 이해하고 즐길 수 있게끔 애썼다.

2판에서 새로 소개할 내용

1판을 출간하고 몇 년간 다양한 청중에게 같은 주제를 가르칠 기회를 가졌다. 오랜 시간에 걸쳐 계속해서 설명을 다듬었고 흥미롭고 중요하게 생각되는 주제를 더 찾아냈다. 또한 연습을 통해 개념을 다져 볼 수 있도록 실전 문제를 제공해 달라는 요구도 꽤 많았다.

이에 따라 2판에는 다음과 같은 새로운 특징이 추가됐다.

1. **내용 개선** 보다 명확하게 전달하기 위해 기존 장들을 대폭 수정했다. 1판에서도 이처럼 복잡한 주제를 이해하기 쉽게 상당히 잘 설명했다고 생각했지만 어떤 부분은 더 명확하게 바꿀 여지가 있었다.

   기존 장에 있던 많은 절을 완전히 새로 썼고 새 절도 추가했다. 이러한 개선만으로도 2판을 출간할 만큼 책이 향상됐다고 본다.

2. **새 장과 주제** 기존에 없던 6개의 장을 2판에 포함시켜 상당히 흥미로운 주제를 다룬다.

   이 책은 항상 이론과 실무를 적절히 조합해 왔으나 믿고 바로 쓸 수 있는 훨씬 더 많은 자료를 추가했다. **일상적인 코드 속 빅 오**(7장)와 **코드 최적화 기법**(20장)에서는 오로지 일상적인 코드와 자료 구조와 알고리즘 지식을 바탕으로 어떻게 더 효율적인 소프트웨어를 작성하는지에 집중한다.

   특히 재귀에 온 힘을 쏟았다. 1판에서는 어떤 장 안에서 이 주제를 다루었으나 이번에는 **재귀적으로 작성하는 법**(11장)이라는 새로운 장을 할애해 초보자가 헷갈려 하는 재귀 코드 작성 방법을 소개했다. 이렇게 설명한 자료는 한 번도 본 적이 없으며 특별하고 가치 있는 내용을 덧붙였다고 생각한다. 또한 인기 있는 주제이면서 재귀 코드를 보다 효율적으로 만드는 데 꼭 필요한

동적 프로그래밍(12장)에 대한 장도 새로 넣었다.

자료 구조가 정말 많다 보니 무엇을 포함하고 무엇을 배제할지 결정하기 어려웠다. 하지만 힙과 트라이를 배우려는 수요가 계속 늘어나고 나 역시 그 두 가지가 대단히 흥미롭게 여겨졌다. 그래서 **힙으로 우선순위 유지하기**(16장)와 **트라이(trie)해 보는 것도 나쁘지 않다**(17장)를 넣었다.

3. **연습 문제와 해법** 장마다 많은 연습 문제를 넣어 책에 나오는 매 주제를 실습할 수 있게 도왔다. 또한 자세한 해법도 이 책 뒷부분에 부록으로 수록했다. 하나의 책이 보다 완벽한 학습 경험으로 거듭나는 중대한 개선이다.

이 책의 내용

짐작했을 수 있겠지만 이 책은 대부분 자료 구조와 알고리즘을 논한다. 좀 더 구체적인 구성은 다음과 같다.

1장 자료 구조가 중요한 까닭과 **2장 알고리즘이 중요한 까닭**에서는 자료 구조와 알고리즘이 무엇인지 설명하고 알고리즘의 효율성을 결정하는 데 쓰이는 시간 복잡도 개념을 알아본다. 이때 배열과 집합, 이진 검색도 자세히 설명한다.

3장 빅 오 표기법에서는 빅 오 표기법을 소개하면서 이해하기 쉬운 용어로 설명한다. 책 전반에 걸쳐 빅 오 표기법을 사용하므로 3장은 꽤 중요하다.

4장 빅 오로 코드 속도 올리기와 **5장 빅 오를 사용하거나 사용하지 않는 코드 최적화**, **6장 긍정적인 시나리오 최적화**에서는 빅 오 표기법을 더욱 상세히 알아보고 일상적인 코드를 더욱더 빠르게 만드는 데 실제로 사용해 본다. 이 과정에서 버블 정렬과 선택 정렬, 삽입 정렬이라는 다양한 정렬 알고리즘도 다룬다.

7장 일상적인 코드 속 빅 오에서는 빅 오 표기법에 대해 배운 모든 내용을 적용해 보고 실제 코드의 효율성을 분석한다.

8장 해시 테이블로 매우 빠른 룩업과 **9장 스택과 큐로 정교한 코드 생성**에서는 해시 테이블, 스택, 큐라는 자료 구조 몇 가지를 더 논한다. 이러한 자료 구조가 코드 속도와 간결성에 어떤 영향을 미치는지 보이고, 이를 사용해 현실적인 문제를 풀어 본다.

10장 재귀를 사용한 재귀적 반복에서는 컴퓨터 과학 세계의 기초 개념인 재귀를 소개한다. 재귀를 단계별로 나눠서 살펴보고 어떤 상황에서 어떻게 훌륭한 도구로 쓰이는지 알아본다. **11장 재귀적으로 작성하는 법**에서는 설명 없이는 상당히 헷갈릴 재귀 코드 작성법을 설명한다.

12장 동적 프로그래밍에서는 재귀 코드 최적화 방법과 통제 불능 상태가 되지 않게 막는 법을 설명한다. **13장 속도를 높이는 재귀 알고리즘**에서는 퀵 정렬과 퀵 셀렉트 같은 매우 빠른 알고리즘을 기반에 두고 재귀를 사용하면서 알고리즘 개발 능력을 한층 더 끌어올린다.

이어서 **14장 노드 기반 자료 구조**와 **15장 이진 트리로 속도 향상**, **16장 힙으로 우선순위 유지하기**, **17장 트라이(trie)해 보는 것도 나쁘지 않다**, **18장 그래프로 뭐든지 연결하기**에서는 연결 리스트와 이진 트리, 힙, 트라이, 그래프 같은 노드 기반 자료 구조를 알아보고 각각이 다양한 애플리케이션에서 어떻게 이상적으로 쓰이는지 보인다.

19장 공간 제약 다루기에서는 공간 복잡도를 알아본다. 공간 복잡도는 비교적 디스크 공간이 작은 장비를 프로그래밍하거나 빅 데이터를 다룰 때 중요하다.

마지막 장인 **20장 코드 최적화 기법**에서는 코드 효율성을 최적화하는 여러 실용적 기법을 차근차근 설명하고 일상적으로 작성하는 코드를 개선하는 새로운 방법을 제시한다.

이 책을 읽는 방법

이 책은 순서대로 읽어야 한다. 어떤 책은 각 장을 독립적으로 읽을 수 있고, 어떤 부분은 생략할 수도 있지만, 이 책은 **그런 종류의 책이 아니다.** 각 장은 이전 장들을 읽었다고 가정하며, 책을 읽을수록 점점 이해가 깊어지게끔 세심하게 구성했다.

그래도 이 책의 후반부에는 서로 전혀 종속되지 않는 장들도 있다. 다음 그림에서 어떤 장을 먼저 읽어야 하는지 보여준다.

예를 들어 엄밀히 말하면 상황에 따라 10장에서 13장으로 건너뛸 수 있다(아, 한 가지 더! 이 그림은 트리라는 자료 구조를 사용한 것이다. 트리는 15장에서 배운다).

❤ 그림 0-1

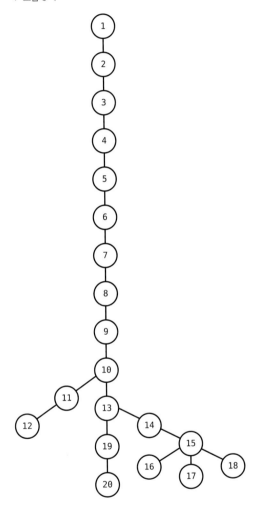

알아둘 점이 또 있다. 쉽게 이해할 수 있도록 어떤 개념을 소개할 때 항상 모든 내용을 다 설명하지 않았다. 복잡한 개념을 나눠서 살펴볼 때, 여러 부분 중 작은 부분 하나를 먼저 알아보고, 다음 부분은 앞부분을 충분히 이해하고 나서 알아보는 것이 때로는 가장 좋다. 따라서 어떠어떠한 개념 정의가 나올 때, 그 주제를 다룬 절을 다 읽기 전에는 교과서적인 정의로 받아들이지 말길 바란다.

이는 일종의 트레이드오프다. 이 책은 모든 문장을 학문적으로 완전히 정확하게 만드는 대신 이해하기 쉽게, 어떤 개념을 처음에는 매우 단순화한 후 시간이 흐르면서 명확히 하는 방식을 택했다. 하지만 결국에는 전체 개념을 정확하게 알 수 있을 테니 너무 걱정하지 말자.

코드 예제

이 책에 나오는 개념은 어떤 프로그래밍 언어 하나에 한정되지 않는다. 그래서 일부러 여러 가지 언어로 이 책의 예제를 보였다. 루비, 파이썬, 자바스크립트로 예제를 작성했으니 이러한 언어에 대한 기초가 있으면 유용하다.

주어진 예제의 언어에 익숙하지 않더라도 이해할 수 있도록 만들려고 노력했다. 그래서 어떤 언어의 잘 알려진 관용구가 처음 접하는 사람에게 헷갈릴 수 있겠다 싶으면 따르지 않았다.

언어를 수시로 바꾸면 당연히 정신적으로 전환하는 비용이 수반된다. 하지만 언어로 책을 이해할 수 있게 하는 것이 중요하다고 생각했다. 다시 말하지만 읽고 이해하기 쉽게 모든 언어로 코드를 작성하려 노력했다.

"코드 구현" 제목이 붙은 부분에는 더 긴 코드를 넣었다. 당연히 이러한 코드 예제를 공부하도록 장려하지만 다음 절로 넘어가기 위해 한 줄도 빠짐없이 다 이해해야 할 필요는 없다. 긴 코드에 발목을 잡히면 일단 넘어가자(혹은 대강 훑어보자).

끝으로 모든 코드가 "프로덕션 가능"이 아님에 특히 주목하자. 개념을 즉시 쓸 수 있게 명료하게 하는 데 가장 중점을 두었고 일반적으로 코드를 완벽하게 만들려고 노력했으나 모든 예외 사례를 설명하지 못했을 수 있다. 코드를 더 최적화할 여지가 분명 있으니 자유롭게 가지고 놀기 바란다!

온라인 자원

책에 대한 더 많은 정보는 이 책의 웹 페이지 https://pragprog.com/titles/jwdsal2에서 찾을 수 있고 내용 제안이나 오타 같은 오탈자 보고를 통해 책 개선에 기여할 수 있다.

1^장

자료 구조가
중요한 까닭

코딩을 처음 배울 때는 우선 올바르게 돌아가게 하는 것이 목표이며 또한 **목표여야** 한다. 코드가 실제로 동작하는가?라는 단순한 기준으로 코드를 평가한다.

하지만 경험이 쌓이면서 소프트웨어 공학자는 코드 **품질** 측면에서 또 다른 계층들과 미묘한 차이를 익혀 나가기 시작한다. 같은 일을 해내더라도 두 코드 중 한 코드가 더 나을 수 있음을 배운다.

코드 품질은 다양한 척도로 평가할 수 있다. 한 가지 중요한 척도가 코드 유지 보수성이다. 코드 유지 보수성은 가독성, 조직, 코드 모듈성 같은 측면을 포함한다.

하지만 고품질 코드에는 또 다른 측면이 있는데 바로 코드 **효율성**이다. 예를 들어 같은 목표를 달성해도 두 코드 중 하나가 더 빠르게 실행될 수 있다.

2부터 100 사이의 짝수를 출력하는 다음 두 함수를 살펴보자.

```python
def print_numbers_version_one():
    number = 2

    while number <= 100:
        # number가 짝수면 출력한다.
        if number % 2 == 0:
            print(number)
        number += 1

def print_numbers_version_two():
    number = 2

    while number <= 100:
        print(number)

        # 정의에 따라 다음 짝수로 2씩 증가시킨다.
        number += 2
```

어느 함수가 더 빨리 실행되겠는가?

두 번째 버전이라고 답했다면 정답이다. 첫 번째 버전은 루프를 100번 돌고 끝나지만 두 번째 루프는 50번만 돈다. 따라서 첫 번째 버전이 두 번째 버전보다 두 배 더 많은 단계를 거친다.

이 책은 **효율적인** 코드 작성법을 다룬다. 더 뛰어난 소프트웨어 개발자로 거듭나려면 더 빠르게 실행되는 코드 작성 능력을 갖추어야 한다.

빠른 코드를 작성하는 첫 번째 단계는 자료 구조가 무엇인지, 다양한 자료 구조가 코드 속도에 어떤 영향을 미치는지 이해하는 것이다. 이제 본격적으로 시작하자.

1.1 자료 구조

데이터란 무엇일까.

데이터는 일반적으로 모든 유형의 정보를 망라하는 용어이며 가장 기초적인 수와 문자열로 이뤄진다. 간단하지만 고전적인 "Hello World!" 프로그램을 떠올리면 "Hello World!" 문자열이 바로 데이터다. 매우 복잡한 데이터라도 대개는 수와 문자열 묶음으로 나뉜다.

자료 구조란 데이터를 **조직하는** 방법이다. 같은 데이터를 어떻게 다양한 방식으로 조직할 수 있는지 배우겠다.

다음의 코드를 살펴보자.

```
x = "Hello! "
y = "How are you "
z = "today?"

print x + y + z
```

문자열 세 개를 하나의 메시지로 이어 출력하는 매우 간단한 프로그램이다. 위 프로그램이 데이터를 어떻게 조직했는지 다음과 같이 설명해 볼 수 있다. 문자열 세 개가 있고, 각 문자열에 변수가 하나씩 연결되어 있다.

하지만 같은 데이터를 다음과 같이 배열에 저장할 수도 있다.

```
array = ["Hello! ", "How are you ", "today?"]
print array[0] + array[1] + array[2]
```

이 책은 단순히 데이터를 조직하는 방법이 아니라 데이터 조직이 **코드의 실행 속도**에 미치는 영향이 크다는 것을 가르치고자 한다. 데이터를 어떻게 조직하는가에 따라 프로그램은 수십 수백 배 더 빠르게 혹은 더 느리게 실행될 수 있다. 대량의 데이터를 처리해야 하는 프로그램이나 수천 명이 동시에 사용하는 웹 앱을 개발한다고 가정하자. 선택한 자료 구조가 소프트웨어가 잘 실행될지 혹은 처리량을 감당할 수 없어 멈춰버릴지를 결정할지도 모른다.

소프트웨어를 문제없이, 빠르게 실행할 수 있는 명쾌한 코드를 작성하는 능력을 갖추고 소프트웨어 공학자가 가져야 하는 전문성을 키우려면 다양한 자료 구조를 알고, 각각의 자료 구조가 개발 중인 프로그램의 성능에 어떤 영향을 미칠지 확실히 이해하고 있어야 한다.

1장은 배열과 집합이라는 두 가지 자료 구조를 분석한다. 언뜻 보면 거의 동일해 보이지만, 앞으로 소개할 도구를 통해 성능에 미치는 영향이 어떻게 다른지 분석해 보이겠다.

1.2 배열: 기초 자료 구조

배열은 컴퓨터 과학에서 기초적인 자료 구조 중 하나다. 이미 배열을 다뤄봤을 테니 배열이 단순히 데이터 원소들의 리스트임을 알 것이다. 배열은 다양한 용도로 여러 가지 상황에서 유용한 도구로 쓰이지만, 여기서는 간단한 예제 하나만 다뤄보자.

마트에서 살 쇼핑 목록을 만들고 사용할 수 있는 애플리케이션의 소스 코드를 보는 중이라면 다음과 같은 코드가 나올 수 있다.

```
array = ["apples", "bananas", "cucumbers", "dates", "elderberries"]
```

배열에 들어 있는 다섯 가지 문자열은 마트에서 살 법한 식료품들이다(elderberries로 테스트해 보자).[1]

배열에만 쓰이는 기술 용어를 알아보자.

배열의 **크기**는 배열에 데이터 원소가 얼마나 들어있는지 알려준다. 식료품 리스트 배열은 값이 5개이니 크기가 5다.

배열의 **인덱스**는 특정 데이터가 배열의 어디에 있는지 알려주는 숫자다.

대부분의 프로그래밍 언어에서 인덱스는 0부터 시작한다. 예제의 배열도 마찬가지로 다음 그림처럼 "apples"는 인덱스 0, "elderberries"는 인덱스 4에 있다.

❤ 그림 1-1

"apples"	"bananas"	"cucumbers"	"dates"	"elderberries"
인덱스 0	인덱스 1	인덱스 2	인덱스 3	인덱스 4

---

1 역주 물론, 엘더베리가 한국에서 살 법한 식료품은 아니다.

1.2.1 자료 구조 연산

배열 같은 자료 구조의 성능을 알려면 코드가 자료 구조와 일반적으로 어떻게 상호작용하는지 분석해야 한다.

대부분의 자료 구조는 네 가지 기본 방법을 사용하며, 이를 **연산**이라 부른다. 연산은 다음과 같다.

- **읽기:** 읽기는 자료 구조 내 특정 위치를 찾아보는 것이다. 배열에서는 특정 인덱스의 값을 찾아보는 것을 뜻한다. 가령 인덱스 2에 들어 있는 물건을 찾는 게 배열 **읽기**의 예다.
- **검색:** 검색은 자료 구조 내에서 특정 값을 찾는 것이다. 배열에서는 특정 값이 배열에 들어 있는지, 만약 그렇다면 어떤 인덱스에 있는지 알아보는 것을 뜻한다. 예를 들어 "dates"가 식료품 목록에 있는지, 어떤 인덱스에 있는지 알아보는 게 배열 **검색**이다.
- **삽입:** 삽입은 자료 구조에 새로운 값을 추가하는 것이다. 배열이라면 배열 내에 슬롯을 더 만들어 새 값을 추가하는 것을 뜻한다. 앞선 쇼핑 목록에 "figs"를 추가하는 게 배열에 새 값을 **삽입**하는 예다.
- **삭제:** 삭제는 자료 구조에서 값을 제거하는 것이다. 배열에서는 배열의 값 중 하나를 제거하는 것을 뜻한다. 예를 들어 예제의 식료품 목록에서 "bananas"를 제거하는 게 배열 **삭제**다.

1장에서는 각 연산을 배열에 적용했을 때 얼마나 빠르게 수행되는지 알아본다.

1.3 속도 측정

DATA STRUCTURES AND ALGORITHMS

그렇다면 연산의 속도를 어떻게 측정할까?

이 책에서 오직 한 가지만 배워야 한다면 바로 이 점을 기억하자. 연산이 얼마나 "빠른가"를 측정할 때는 순수하게 **시간** 관점에서 연산이 얼마나 빠른가가 아니라 얼마나 많은 **단계**가 필요한지를 논해야 한다.

2부터 100 사이의 짝수를 출력하는 예제에서 이미 한 번 알아봤다. 두 번째 버전의 함수가 첫 번째 버전보다 단계가 절반밖에 걸리지 않아 더 빨랐다.

왜 코드의 속도를 단계로 측정할까?

누구도 어떤 연산이, 예컨대 정확히 5초가 걸린다고 단정할 수 없기 때문이다. 같은 연산도 어떤 컴퓨터에서는 5초가 걸리고, 구형 하드웨어에서는 더 오래 걸릴 수 있다. 미래의 슈퍼컴퓨터에서는 훨씬 빠를 수도 있다. 시간은 연산을 실행하는 하드웨어에 따라 항상 바뀌므로 시간을 기준으로 속도를 측정하면 신뢰할 수 없다.

대신 연산의 속도를 측정할 때 얼마나 많은 **계산 단계**(step)가 필요한가를 따져볼 수 있다. 연산 A에 5단계가 필요하고 연산 B에 500단계가 필요하면, 모든 하드웨어에서 연산 A가 연산 B보다 항상 빠를 거라고 가정할 수 있다. 결국 단계 수 측정이 연산 속도를 분석하는 핵심 비결이다.

연산의 속도 측정은 연산의 **시간 복잡도** 측정으로도 알려져 있다. 이 책 전반에서 **속도**와 **시간 복잡도**, **효율성**, **성능**이라는 용어를 같은 의미로 사용하겠다. 네 용어 모두 주어진 연산에 걸리는 단계 수를 나타낸다.

이제 배열에 쓰이는 네 가지 연산으로 돌아가서 각각 얼마나 많은 단계가 필요한지 알아내 보자.

1.4 / 읽기

첫 번째로 살펴볼 연산인 읽기는 배열 내 특정 인덱스에 어떤 값이 들어 있는지 찾아보는 것이다.

컴퓨터는 딱 한 단계로 배열에서 읽을 수 있다. 배열 내 특정 인덱스에 한 번에 접근해서 볼 수 있기 때문이다. 앞선 ["apples", "bananas", "cucumbers", "dates", "elderberries"] 예제에서 인덱스 2를 찾아본다면 컴퓨터는 인덱스 2로 바로 가서 "cucumbers"라는 값이 있다고 알려줄 것이다.

컴퓨터는 어떻게 단 한 단계로 배열의 인덱스를 찾아볼 수 있을까? 그 방법은 다음과 같다.

컴퓨터의 메모리는 셀로 구성된 거대한 컬렉션이라 할 수 있다. 다음 그림은 격자로 된 셀을 보여준다. 어떤 셀은 비어 있고, 어떤 셀에는 데이터가 들어 있다.

▼ 그림 1-2

		9			16				"a"
			100						
					"hi"				
		22							
							"woah"		

위 그림은 컴퓨터 메모리의 내부 동작을 단순화시킨 것이지만 본질적인 아이디어는 잘 보여준다.

프로그램에서 배열을 선언하면 컴퓨터는 프로그램이 쓸 수 있는 연속된 빈 셀들의 집합을 할당한다. 예를 들어 원소 다섯 개를 넣을 배열을 생성하면 컴퓨터는 한 줄에서 5개의 빈 셀 그룹을 찾아 사용자가 사용할 배열로 지정한다.

▼ 그림 1-3

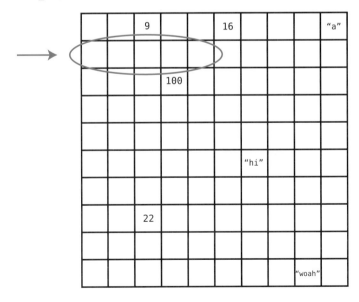

컴퓨터 메모리 내에 각 셀에는 특정 주소가 있다. 간단한 수로 표시한다는 점만 제외하면 거리 주소(가령 메인 거리 123번지)와 비슷하다. 각 셀의 메모리 주소는 앞 셀의 주소에서 1씩 증가한다. 다음 그림에서 각 셀의 메모리 주소를 보여준다.

▼ 그림 1-4

1000	1001	1002	1003	1004	1005	1006	1007	1008	1009
1010	1011	1012	1013	1014	1015	1016	1017	1018	1019
1020	1021	1022	1023	1024	1025	1026	1027	1028	1029
1030	1031	1032	1033	1034	1035	1036	1037	1038	1039
1040	1041	1042	1043	1044	1045	1046	1047	1048	1049
1050	1051	1052	1053	1054	1055	1056	1057	1058	1059
1060	1061	1062	1063	1064	1065	1066	1067	1068	1069
1070	1071	1072	1073	1074	1075	1076	1077	1078	1079
1080	1081	1082	1083	1084	1085	1086	1087	1088	1089
1090	1091	1092	1093	1094	1095	1096	1097	1098	1099

이어지는 그림은 인덱스와 메모리 주소를 표시한 쇼핑 목록 배열이다.

▼ 그림 1-5

| "apples" | "bananas" | "cucumbers" | "dates" | "elderberries" |

| 메모리 주소 | 1010 | 1011 | 1012 | 1013 | 1014 |
| 인덱스 | 0 | 1 | 2 | 3 | 4 |

컴퓨터가 배열의 특정 인덱스에 있는 값을 읽을 때 한 번의 단계로 바로 갈 수 있는 데는 컴퓨터가 지닌 다음과 같은 특징들이 복합적으로 작용한다.

1. 컴퓨터는 모든 **메모리 주소**에 한 번에 갈 수 있다. 예를 들어 컴퓨터에 메모리 주소 1063에 있는 값을 조사하라고 요청하면 검색 과정 없이 바로 간다. 마치 오른손 새끼손가락을 들어보라고 할 때 오른손 새끼손가락을 찾으려고 손가락을 일일이 확인해 보지 않는 것과 비슷하다. 즉시 찾아낸다.

2. 컴퓨터는 배열을 할당할 때 어떤 메모리 주소에서 **시작하는지도** 기록해 둔다. 그래서 배열의 첫 번째 원소를 찾으라고 요청하면 적절한 메모리 주소로 바로 가서 찾는다.

위와 같은 점들이 컴퓨터가 배열의 **첫 번째** 값을 어떻게 한 번에 찾아내는지 설명한다. 하지만 컴퓨터는 **어떤** 인덱스에 있는 값이든 간단한 덧셈을 수행해 찾을 수 있다. 컴퓨터에 인덱스 3에 있는 값을 찾으라고 요청하면 컴퓨터는 인덱스 0의 메모리 주소를 가져와 3을 더한다(어차피 메모리 주소는 순차적이다).

이제 식료품 리스트 배열에 적용해 보자. 예제 배열은 메모리 주소 1010에서 시작한다. 컴퓨터에 인덱스 3에 있는 값을 읽으라고 명령하면 컴퓨터는 다음과 같은 과정을 밟는다.

1. 배열의 인덱스는 0부터 시작하며 인덱스 0의 메모리 주소는 1010이다.

2. 인덱스 3은 인덱스 0부터 정확히 세 슬롯 뒤에 있다.

3. 따라서 인덱스 3을 찾으려면 1010+3인 1013 메모리 주소로 간다.

인덱스 3의 메모리 주소가 1013임을 알아낸 컴퓨터는 바로 접근해서 "dates"라는 값을 찾을 수 있다.

보다시피 컴퓨터는 어떤 메모리 주소에든 한 번에 접근해 어떤 인덱스든 읽을 수 있으니 배열 읽기는 매우 효율적인 연산이다. 컴퓨터의 사고 과정을 세 부분으로 나누어 설명했으나 우선은 가장 핵심적인 컴퓨터가 메모리 주소로 가는 단계를 중점적으로 살펴봤다(이어지는 장들에서 중점적으로 살펴야 할 단계를 어떻게 알아내는지 설명한다).

한 단계로 끝나는 연산은 당연히 가장 빠른 연산 유형이다. 배열은 기초 자료 구조일 뿐만 아니라 빠르게 읽을 수 있는 아주 강력한 자료 구조이다.

그렇다면 컴퓨터에 인덱스 3에 들어 있는 값이 무엇인지 묻는 대신 "dates"가 배열의 어느 인덱스에 들어 있는지 물어보면 어떨까? 이를 검색 연산이라 부르며 다음 절에서 알아본다.

DATA STRUCTURES AND ALGORITHMS

1.5 검색

앞서 언급했듯이 배열 **검색**은 배열에 특정 값이 있는지 알아본 후, 있다면 어떤 인덱스에 있는지 찾는 것이다.

어떻게 보면 읽기와 반대다. 읽기는 컴퓨터에 **인덱스**를 제공하고 그 인덱스에 들어 있는 값을 반환하라고 요청한다. 반면 검색은 컴퓨터에 **값**을 제공하고 그 값이 들어 있는 인덱스를 반환하라고 요청한다.

비슷해 보이지만 효율성 측면에서 어마어마하게 다르다. 인덱스에서 읽기는 컴퓨터가 어떤 인덱스든 바로 가서 인덱스에 있는 값을 찾을 수 있으니 매우 빠르다. 이와 달리 검색은 컴퓨터가 특정 값으로 바로 갈 수 없으니 오래 걸린다.

이것이 컴퓨터의 중요한 특징이다. 컴퓨터는 모든 메모리 주소에 한 번에 접근하지만 각 메모리 주소에 어떤 값이 있는지 바로 알지 못한다.

예를 들어 앞서 봤던 과일과 야채 배열 예제를 보자. 컴퓨터는 각 셀에 실제 어떤 내용이 들어 있는지 바로 알 수 없다. 컴퓨터에서 배열은 꼭 다음처럼 보인다.

▼ 그림 1-6

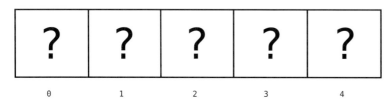

배열에서 과일을 찾으려면 컴퓨터는 각 셀을 한 번에 하나씩 조사하는 방법밖에 없다.

다음의 그림은 컴퓨터가 쇼핑 목록 배열 내에서 "dates"를 찾는 과정을 보여준다.

컴퓨터는 가장 먼저 인덱스 0을 확인한다.

▼ 그림 1-7

"apples"	?	?	?	?
0	1	2	3	4

인덱스 0에 있는 값은 현재 찾고 있는 "dates"가 아닌 "apples"이므로 컴퓨터는 다음 그림에서 보듯이 다음 인덱스로 이동해서 검색을 계속한다.

▼ 그림 1-8

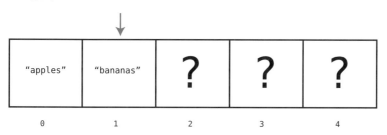

인덱스 1도 현재 찾고 있는 "dates"를 포함하지 않으므로 컴퓨터는 인덱스 2로 이동해서 검색을 계속한다.

▼ 그림 1-9

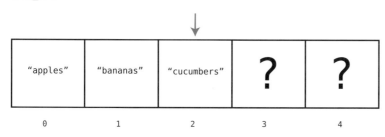

또다시 찾기에 실패했으므로 컴퓨터는 다음 셀로 이동한다.

▼ 그림 1-10

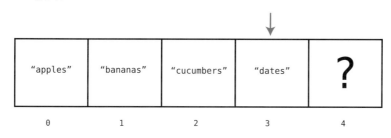

드디어 "dates"를 찾았고 이제 "dates"가 인덱스 3에 있음을 안다. 찾고 있던 값을 발견했으니 컴퓨터는 배열의 다음 셀로 이동해서 검색을 계속할 필요가 없다.

예제에서 컴퓨터는 찾으려던 값을 발견할 때까지 4개의 셀을 확인하므로 이 연산에는 총 4단계가 걸렸다고 할 수 있다.

2장 알고리즘이 중요한 까닭에서 다른 배열 검색 방법을 소개하겠지만 이와 같은 검색 연산, 즉 컴퓨터가 한 번에 한 셀씩 확인하는 방법을 **선형 검색**이라 부른다.

그렇다면 컴퓨터가 배열에서 선형 검색을 수행하는 데 필요한 최대 단계 수는 얼마일까?

("elderberries"처럼) 찾고 있는 값이 배열의 마지막 셀에 있다면 컴퓨터는 이 값을 발견할 때까지 배열의 **모든** 셀을 검색해야 한다. 또한, 찾고 있는 값이 배열의 어떤 셀에도 없으면 마찬가지로 모든 셀을 검색해야 비로소 배열에 값이 없다고 확신할 수 있다.

따라서 5개의 셀로 이뤄진 배열에서 선형 검색에 걸리는 최대 단계 수는 5다. 500개의 셀로 이뤄진 배열이라면 선형 검색에 걸리는 최대 단계 수는 500이다.

달리 표현하면 N개의 셀로 이뤄진 배열은 선형 검색에 최대 N개의 단계가 필요하다고 말할 수 있다. 이때 N은 어떤 수든 넣을 수 있는 단순한 변수다.

어쨌든 검색은 읽기보다 분명히 덜 효율적이다. 읽기는 배열이 얼마나 크든 항상 한 단계만 걸리지만 검색에는 많은 단계가 걸릴 수 있다.

다음으로는 삽입 연산을 알아보자.

1.6 삽입

배열에 새 데이터를 삽입하는 연산은 배열의 어디에 데이터를 삽입하는가에 따라 효율성이 다르다.

쇼핑 목록의 맨 끝에 "figs"를 추가해 보자. 이 삽입에는 딱 한 단계만 필요하다.

이는 컴퓨터의 또 다른 특징, 즉 배열을 할당할 때 항상 배열의 크기를 기록한다는 특징에 기인한다.

앞서 컴퓨터는 배열이 시작되는 메모리 주소를 안다고 했으니 두 특징을 맞물려 생각해 보면 배열 마지막 항목의 메모리 주소를 계산하기 아주 쉽다. 배열이 메모리 주소 1010에서 시작하고 크기가 5면 마지막 메모리 주소가 1014다. 따라서 그 뒤에 항목을 삽입하면 다음 메모리 주소인 1015에 항목을 추가한다는 뜻이다.

이제 컴퓨터는 새 값을 삽입할 메모리 주소를 계산할 수 있고, 이는 한 단계면 된다.

배열 끝에 "figs"를 삽입하면 다음 그림과 같다.

▼ 그림 1-11

"apples"	"bananas"	"cucumbers"	"dates"	"elderberries"	"figs"
1010	1011	1012	1013	1014	1015

하지만 한 가지 문제가 있다. 애초에 컴퓨터는 배열에 5개의 메모리 셀을 할당했고 6번째 원소를 추가하려면 이 배열에 셀을 추가로 할당해야 할 수 있다. 많은 프로그래밍 언어가 내부에서 자동으로 처리하지만 언어마다 방식이 다르므로 너무 깊숙이 파고들지는 않겠다.

앞선 예처럼 배열 끝에 삽입하는 것이 아니라 배열의 **맨 처음**이나 **중간**에 데이터를 삽입하면 문제가 달라진다. 이때는 삽입할 공간을 만들기 위해 많은 데이터 조각을 **이동**시켜야 하므로 단계가 늘어난다.

예를 들어 배열의 인덱스 2에 "figs"를 추가해 보자. 다음 그림으로 살펴보자.

▼ 그림 1-12

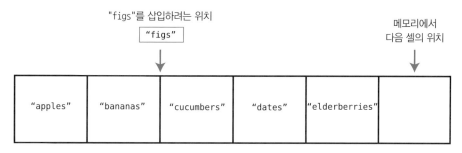

위와 같이 하려면 "cucumbers", "dates", "elderberries"를 오른쪽으로 옮겨서 "figs"를 넣을 공간을 만들어야 한다. 하지만 여기에도 몇 개의 단계가 필요하다. "dates"를 옮길 공간을 만들려면 먼저 "elderberries"를 한 셀 오른쪽으로 옮겨야 한다. 다음으로 "cucumbers"를 위한 공간을 만들려면 "dates"를 옮겨야 한다. 한 단계씩 살펴보자.

1단계: "elderberries"를 오른쪽으로 옮긴다.

❤ 그림 1-13

"apples"	"bananas"	"cucumbers"	"dates"		"elderberries"

2단계: "dates"를 오른쪽으로 옮긴다.

❤ 그림 1-14

"figs"

"apples"	"bananas"	"cucumbers"		"dates"	"elderberries"

3단계: "cucumbers"를 오른쪽으로 옮긴다.

❤ 그림 1-15

"figs"

"apples"	"bananas"		"cucumbers"	"dates"	"elderberries"

4단계: "figs"를 인덱스 2에 삽입한다.

❤ 그림 1-16

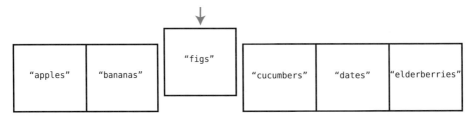

예제를 통해 4단계가 필요함을 알았다. 데이터를 오른쪽으로 옮기는 3단계와 실제로 새 값을 삽입하는 1단계다.

배열 삽입에서 최악의 시나리오, 즉 삽입에 가장 많은 단계가 걸리는 시나리오는 데이터를 배열의 **맨 앞**에 삽입할 때다. 배열의 앞에 삽입하면 배열 내 **모든** 값을 한 셀씩 오른쪽으로 옮겨야 하기 때문이다.

다시 말해 원소 N개를 포함하는 배열에서 최악의 시나리오일 때 삽입에는 **N+1단계**가 걸린다. N개의 원소를 전부 이동시키고 끝으로 실제 삽입 단계를 실행해야 하기 때문이다.

삽입을 알아봤으니 이제 배열의 마지막 연산인 삭제만 남았다.

1.7 삭제

배열의 삭제는 특정 인덱스의 값을 제거하는 과정이다.

원래의 예제 배열로 돌아가서 인덱스 2의 값을 삭제해 보자. 값은 "cucumbers"다.

1단계: 배열에서 "cucumbers"를 삭제한다.

▼ 그림 1-17

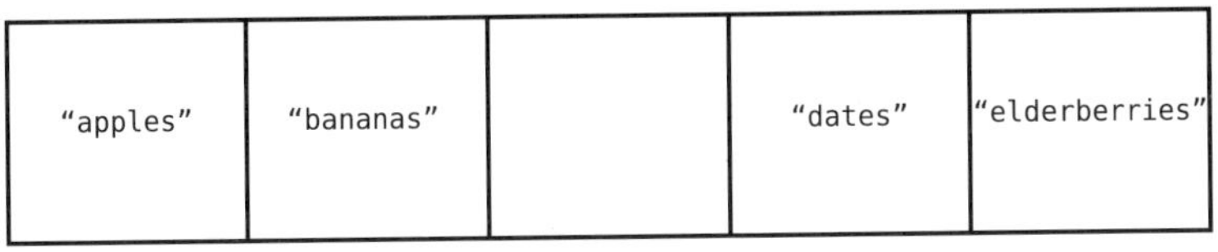

"apples"	"bananas"		"dates"	"elderberries"

"cucumbers"를 삭제하는 데 실제로는 기술적으로 한 단계만 걸리지만 문제가 하나 있다. 바로 배열 중간에 비어 있는 셀이다. 배열 중간에 빈 공간이 있으면 효율적이지 않으니 "dates"와 "elderberries"를 왼쪽으로 옮겨 문제를 해결해야 한다. 삭제 과정에 단계가 더 필요하다는 뜻이다.

2단계: "dates"를 왼쪽으로 옮긴다.

▼ 그림 1-18

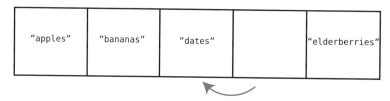

3단계: "elderberries"를 왼쪽으로 옮긴다.

▼ 그림 1-19

"apples"	"bananas"	"dates"	"elderberries"	

그림에서 보듯이 전체 삭제 연산에 3단계가 필요했다. 첫 번째 단계가 실제 삭제이고 나머지 두 단계는 빈 공간을 메꾸는 데이터 이동이다.

삽입과 비슷하게 원소 삭제에서 최악의 시나리오는 배열의 첫 번째 원소를 삭제하는 것이다. 이렇게 되면 인덱스 0이 비게 되고, 남아 있는 **모든** 원소를 왼쪽으로 이동시켜 빈 공간을 채워야 한다.

원소 5개를 포함하는 배열이면 1단계는 첫 번째 원소의 삭제에, 4단계는 남아 있는 원소 4개를 이동하는 데 쓰인다. 원소가 500개인 배열이면 1단계는 첫 번째 원소의 삭제에, 499단계는 남은 데이터를 이동하는 데 쓰인다. 따라서 원소 N개를 포함하는 배열에서 삭제에 필요한 최대 단계 수는 N단계라고 할 수 있다.

축하한다! 첫 번째 자료 구조의 시간 복잡도를 모두 분석했다. 자료 구조의 효율성을 분석하는 법을 배웠으니 이제 서로 다른 자료 구조가 어떻게 서로 다른 효율성을 내는지 볼 차례다. 사용자가 만든 코드에서 올바른 자료 구조의 선택이 소프트웨어의 성능에 중대한 영향을 끼칠 수 있으므로 이는 대단히 중요하다.

다음으로 다룰 자료 구조인 **집합**은 언뜻 봐서는 배열과 비슷하다. 하지만 배열과 집합에서 수행하는 연산의 효율성이 서로 다름을 곧 보이겠다.

1.8 집합: 단 하나의 규칙으로 효율성이 달라진다

또 다른 자료 구조인 집합을 파헤쳐 보자. **집합**은 중복 값을 허용하지 않는 자료 구조다.

실제로 집합의 종류는 꽤 다양하지만 여기서는 배열 기반 집합을 다룬다. **배열 기반 집합**은 값들의 단순 리스트로 배열과 거의 비슷하다. 배열 기반 집합과 일반적인 배열 간 유일한 차이점은 집합은 중복 값의 삽입을 절대 허용하지 않는다는 점이다.

예를 들어 ["a", "b", "c"]라는 집합에 또 다른 "b"를 추가하려고 하면 컴퓨터는 "b"가 이미 집합에 있으므로 삽입을 허용하지 않는다.

즉, 집합은 중복 데이터가 없어야 할 때 유용하다.

예를 들어 온라인 전화번호부를 만든다면 같은 전화번호가 두 번 나와서는 안 된다. 실은 나 역시 현재 지역 전화번호부에서 같은 문제를 겪고 있다. 우리 집 전화번호가 내 이름뿐만 아니라 Zirkind라는 어떤 가족의 전화번호로 잘못 등록돼 있다(거짓말이 아니다). Zirkind를 찾는 사람들한테서 오는 전화와 음성 메일이 솔직히 꽤 성가시다. 동시에 Zirkind 역시 왜 자신에게 아무 전화가 오지 않는지 궁금해하고 있으리라. Zirkind에게 전화해서 번호가 잘못됐다고 알려주면 내 아내가 전화를 받는다. 내 진짜 번호로 걸었기 때문이다(사실 이건 농담 삼아 한 거짓말이다). 전화번호부를 만든 프로그램이 집합만 이용했다면….

어쨌든 배열 기반 집합은 중복 금지라는 제약이 하나 더 추가된 배열이다. 중복을 허용하지 않는 기능이 유용하기는 하나 이 간단한 제약으로 인해 네 주요 연산 중 하나에서 **집합의 효율성이 크게 달라진다.**

배열 기반 집합을 가지고 읽기와 검색, 삽입, 삭제 연산을 분석해 보자.

집합 읽기는 배열 읽기와 완전히 똑같다. 컴퓨터는 특정 인덱스에 들어 있는 값을 한 단계 만에 찾는다. 이전에 설명한 대로 컴퓨터는 메모리 주소를 쉽게 계산해서 접근할 수 있으므로 집합 내 어떤 인덱스든 갈 수 있다.

집합의 검색도 배열의 검색과 아무런 차이가 없다. 집합에서 어떤 값을 찾는 데 최대 N단계가 걸린다. 삭제도 배열과 집합에서 동일하다. 값을 삭제하고 데이터를 왼쪽으로 옮겨 빈 공간을 메꾸는 데 최대 N단계가 걸린다.

하지만 삽입만큼은 배열과 집합이 다르다. 배열에서 최선의 시나리오였던 맨 끝에 삽입하는 경우를 먼저 생각해 보자. 배열에서 컴퓨터는 1단계로 값을 끝에 삽입했다.

하지만 집합에서는 먼저 이 값이 이미 집합에 들어 있는지 결정해야 한다. 중복 데이터를 막는 게 바로 집합의 역할이기 때문이다.

컴퓨터는 새 데이터가 집합에 없다고 어떻게 확신할까? 앞서 말했듯이 컴퓨터는 배열이나 집합의 셀에 어떤 값이 들어 있는지 바로 알 수 없다. 그러니 삽입하려는 값이 집합에 이미 있는지부터 먼저 **검색**해야 한다. 집합에 새 값이 없을 때에만 컴퓨터는 삽입을 허용한다.

따라서 모든 삽입에는 **검색이 우선**이다.

예제로 살펴보자. 이전 예제의 쇼핑 목록을 집합이라고 가정해 보자. 현실적으로 같은 물건을 중복 구매하지는 않으므로 적절한 선택이라 할 수 있다. 집합이 ["apples", "bananas", "cucumbers", "dates", "elderberries"]일 때 "figs"를 삽입하려면, 먼저 검색을 1번 수행한 후 다음의 단계를 거쳐야 한다.

1단계: 인덱스 0에서 "figs"를 검색한다.

▼ 그림 1-20

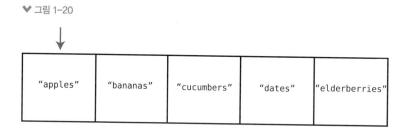

비록 인덱스 0에는 없지만 집합 내 다른 곳에 있을 수 있다. 삽입하려면 먼저 "figs"가 어디에도 없음을 확실히 알아야 한다.

2단계: 인덱스 1을 검색한다.

▼ 그림 1-21

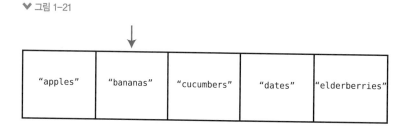

3단계: 인덱스 2를 검색한다.

▼ 그림 1-22

"apples"
"bananas"
"cucumbers"
"dates"
"elderberries"

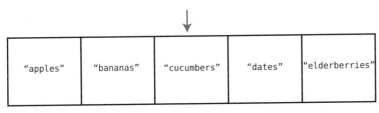

4단계: 인덱스 3을 검색한다.

▼ 그림 1-23

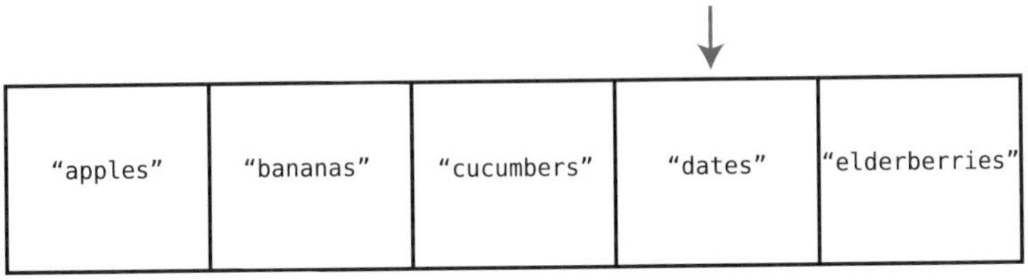

"apples"
"bananas"
"cucumbers"
"dates"
"elderberries"

5단계: 인덱스 4를 검색한다.

▼ 그림 1-24

"apples"
"bananas"
"cucumbers"
"dates"
"elderberries"

집합을 전부 검색했으니 "figs"를 포함하지 않는 것이 확실하다. 삽입해도 문제가 없겠다. 마지막 단계가 남았다.

6단계: 집합의 끝에 "figs"를 삽입한다.

▼ 그림 1-25

"apples"
"bananas"
"cucumbers"
"dates"
"elderberries"
"figs"

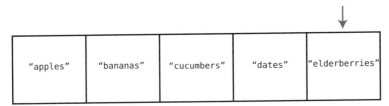

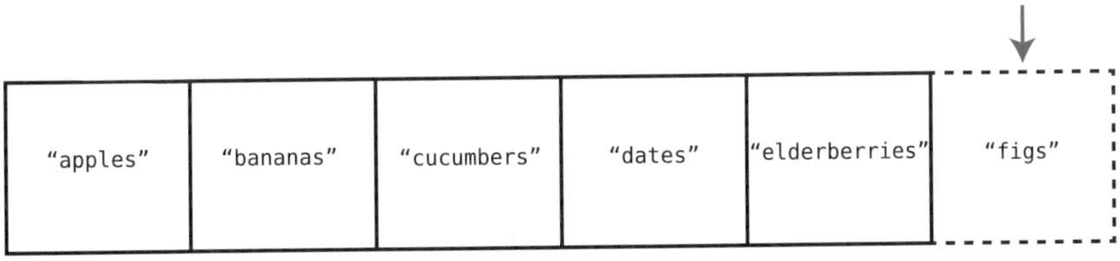

집합의 끝에 값을 삽입하는 게 최선의 시나리오인데도 불구하고 원래 5개의 원소가 있는 집합에 여전히 6단계를 수행해야 했다. 즉, 최종 삽입 단계를 수행하기 전에 5개의 원소를 전부 검색해야 했다.

바꿔 말해 집합의 끝에 삽입하려면 원소 N개에 대해 최대 N+1단계가 필요하다. 값이 집합에 없음을 확인하는 데 N단계의 검색을, 이어서 실제 삽입에 1단계를 쓰기 때문이다. 맨 끝에 삽입하는 데 1단계밖에 걸리지 않는 일반적인 배열과 대조된다.

값을 집합의 **맨 앞**에 삽입하는 최악의 시나리오일 때 컴퓨터는 셀 N개를 검색해서 집합이 그 값을 포함하지 않음을 확인한 후, 또 다른 N단계로 모든 데이터를 오른쪽으로 옮겨야 하며, 마지막 단계에서 새 값을 삽입해야 한다. 총 2N+1단계다. 맨 앞에 삽입하는 데 N+1단계밖에 걸리지 않는 일반적인 배열과 대조된다.

그렇다면 삽입이 일반적인 배열보다 집합에서 느리다는 이유만으로 집합을 쓰지 말아야 할까? 물론 아니다. 중복 데이터가 없어야 할 때는 집합이 답이다(바라건대, 언젠가는 내 전화번호부도 고쳐지기를…). 하지만 이러한 요구사항이 없다면 집합 삽입보다 배열 삽입이 더 효율적이므로 배열이 나을 수 있다. 애플리케이션의 요구사항을 먼저 분석한 후 어떤 자료 구조가 더 적합한지 결정해야 한다.

1.9 / 마무리

자료 구조의 성능 측정은 연산에 필요한 단계 수를 구하는 게 핵심이다. 프로그램이 어마어마한 부하를 감당할지 혹은 중단돼 버릴지는 프로그램에 꼭 맞는 자료 구조를 선택했느냐에 따라 바뀔 수 있다. 1장에서는 특별히 배열과 집합을 예로 들어 단계 수를 구하는 성능 분석을 사용해 어떤 구조가 주어진 애플리케이션에 적합한지 설명했다.

자료 구조의 시간 복잡도를 어떻게 고려하는지 이제 막 알았으니 같은 방법으로 서로 경쟁하는(심지어 같은 자료 구조를 쓰는) 알고리즘을 비교해 코드가 최고의 속도와 성능을 내게끔 할 수도 있다. 이에 대해서는 2장에서 다루겠다.

1.10 연습 문제

다음 연습 문제는 배열을 직접 실습해 볼 기회다. 해답은 522쪽에 있다.

1. 원소 100개를 포함하는 배열이 있을 때, 다음 연산에 걸리는 단계 수를 계산하라.

   a. 읽기

   b. 배열에 들어 있지 않은 값 검색

   c. 배열 맨 앞에 삽입

   d. 배열 맨 뒤에 삽입

   e. 배열 맨 앞에서 삭제

   f. 배열 맨 뒤에서 삭제

2. 원소 100개를 포함하는 배열 기반 집합이 있을 때, 다음 연산에 걸리는 단계 수를 계산하라.

   a. 읽기

   b. 배열에 들어 있지 않은 값 검색

   c. 집합 맨 앞에 새 값 삽입

   d. 집합 맨 뒤에 새 값 삽입

   e. 집합 맨 앞에서 삭제

   f. 집합 맨 뒤에서 삭제

3. 일반적으로 배열에서 검색 연산은 주어진 값의 첫 인스턴스를 찾는다. 하지만 주어진 값의 모든 인스턴스를 찾을 때가 있다. 예를 들어 배열에 "apple"이 몇 번 나오는지 세고 싶다. 모든 "apple"을 찾는 데 몇 단계가 걸릴까? N에 대해 답하라.

memo

1장에서는 자료 구조를 소개하고 올바른 자료 구조의 선택이 코드의 성능에 얼마나 크게 영향을 미칠 수 있는지 알아봤다. 배열이나 집합처럼 매우 유사해 보이는 두 자료 구조라도 효율성이 크게 다를 수 있다.

2장에서는 어떤 자료 구조를 이미 결정했더라도 코드의 효율성에 영향을 미칠 수 있는 중요한 요인이 있음을 살펴볼 것이다. 즉, 사용할 **알고리즘**을 적절하게 선택하는 문제를 살펴볼 것이다.

알고리즘이라는 단어가 어렵게 들리지만, 그렇게 어렵지 않다. 알고리즘이란 단순히 **어떤 과제를 완수하는 명령어 집합**일 뿐이다.

심지어 시리얼 한 그릇을 준비하는 과정도 정의된 단계들을 따라 당면한 과제를 달성하므로 엄연히 알고리즘이다. 시리얼 준비 알고리즘은 다음과 같은 네 단계를 따른다(나에게는 이 정도면 충분하다).

1. 그릇을 집는다.

2. 그릇에 시리얼을 따른다.

3. 그릇에 우유를 붓는다.

4. 그릇에 숟가락을 넣는다.

정해진 순서대로 따라가면 맛있는 아침 식사를 먹을 수 있다.

컴퓨팅 관점에서 알고리즘은 특정 과제를 달성하기 위해 컴퓨터에 제공되는 명령어 집합을 뜻한다. 어떤 코드를 작성하든 컴퓨터가 따르고 실행할 알고리즘을 만드는 것이다.

알고리즘을 쉽고 분명한 글로 표현해 컴퓨터에 제공하려는 명령어에 대한 세부 사항을 제시할 수도 있다. 책 전반에서 코드와 더불어 알기 쉬운 설명을 덧붙여 다양한 알고리즘이 어떻게 동작하는지 보이겠다.

때때로 같은 과제를 둘 이상의 알고리즘으로 완수할 수 있다. **1장 자료 구조가 중요한 까닭**의 앞부분에서 보았던 짝수를 출력하는 두 가지 방법이 그 예다. 한 알고리즘이 나머지 알고리즘에 비해 단계가 두 배 더 걸렸다.

2장에서는 같은 문제를 해결하는 두 알고리즘을 선보인다. 그러나 이번에는 한 알고리즘이 나머지 알고리즘에 비해 **훨씬** 빠르다.

새 알고리즘을 분석하려면 새 자료 구조 하나를 살펴봐야 한다.

2.1 정렬된 배열

정렬된 배열(ordered array)은 1장에서 설명한 "전형적인" 배열과 거의 같다. 유일한 차이는 정렬된 배열이라는 이름에서 추측할 수 있듯이 값이 항상 **순서대로** 있어야 한다는 점이다. 즉, 값을 추가할 때마다 적절한 셀에 넣어 배열의 값을 정렬된 상태로 유지한다.

배열 [3, 17, 80, 202]를 예로 들어 보자.

▼ 그림 2-1

75를 삽입해 보자. 전형적인 배열이면 다음처럼 끝에 75를 삽입할 것이다.

▼ 그림 2-2

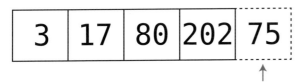

1장에서 설명했듯이 컴퓨터는 단 한 단계로 삽입을 처리할 수 있다.

반면 **정렬된 배열**에서는 값을 오름차순으로 유지하려면 적절한 위치에 75를 삽입해야 한다.

▼ 그림 2-3

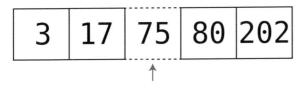

말처럼 쉽지 않다. 컴퓨터는 75를 올바른 위치에 바로 넣는 작업을 한 단계로 처리할 수 없다. 먼저 75가 들어갈 올바른 위치를 **찾아야** 하고, 이후 다른 값들을 옮겨 빈 공간을 만들어야 한다. 단계별로 살펴보자.

처음의 정렬된 배열로 다시 돌아가 보자.

▼ 그림 2-4

1단계: 인덱스 0의 값을 확인해서 삽입하려는 값인 75가 왼쪽으로 들어갈지, 오른쪽으로 들어갈지 정한다.

▼ 그림 2-5

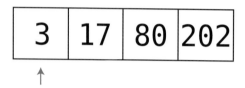

75는 3보다 크므로 오른쪽 어딘가에 삽입해야 한다. 하지만 정확히 어떤 셀에 들어가야 할지 아직 알 수 없으므로 다음 셀을 확인해야 한다.

삽입하려는 값과 정렬된 배열에 이미 들어 있는 수를 비교하는 이 단계를 앞으로 비교라 부르겠다.

2단계: 다음 셀의 값을 확인한다.

▼ 그림 2-6

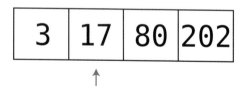

75는 17보다 크므로 다음 셀로 이동해야 한다.

3단계: 다음 셀의 값을 확인한다.

▼ 그림 2-7

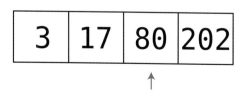

삽입하려는 75보다 **큰** 80이 나왔다. 75보다 큰 첫 번째 값이므로 정렬된 배열을 유지하려면 80 바로 왼쪽에 75를 넣어야 한다고 판단할 수 있다. 하지만 75를 넣으려면 데이터를 옮겨야 한다.

4단계: 마지막 값을 오른쪽으로 옮긴다.

▼ 그림 2-8

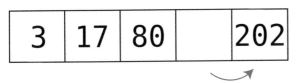

5단계: 마지막 앞에 있던 값을 오른쪽으로 옮긴다.

▼ 그림 2-9

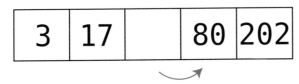

6단계: 75를 올바른 위치에 삽입한다.

▼ 그림 2-10

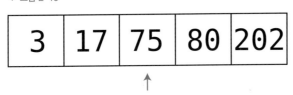

정렬된 배열에 삽입할 때는 항상 실제 삽입 전에 검색을 먼저 수행해서 삽입할 올바른 위치를 정해야 함을 알 수 있다. 이게 바로 전형적인 배열과 정렬된 배열의 성능 차이 중 하나다.

위 예제에서는 최초에 원소가 4개였고, 삽입에 6단계가 걸렸다. N에 대해 정렬된 배열에 원소가 N개이면 삽입에 총 N + 2단계가 걸린다고 말할 수 있다.

흥미롭게도 삽입에 필요한 단계 수는 새 값이 정렬된 배열 어디에 놓이게 되든 비슷하다. 값이 정렬된 배열 앞 부분에 놓이면 비교가 줄어들고 이동이 늘어난다. 값이 뒷 부분에 놓이면 비교가 늘어나고 이동이 줄어든다. 새 값이 배열 맨 끝에 놓이면 이동하지 않아도 되니 단계 수가 가장 적다. 이때는 새 값을 기존 N값과 모두 비교하는 데 N단계가 걸리고 삽입 자체에 1단계가 걸리니 총 N+1단계다.

삽입에 있어 정렬된 배열이 전형적인 배열보다 덜 효율적이지만, 정렬된 배열의 강력함은 검색 연산에서 드러난다.

2.2 정렬된 배열의 검색

1장에서는 전형적인 배열에서 특정 값을 검색하는 과정, 즉 원하는 값을 찾을 때까지 왼쪽에서 오른쪽으로 한 번에 한 셀씩 확인하는 방법을 설명했다. 이러한 과정을 선형 검색이라 불렀다.

전형적인 배열과 정렬된 배열에서 선형 검색이 어떻게 다른지 보자.

[17, 3, 75, 202, 80]이라는 일반적인 배열이 있다고 하자. (배열에 없는) 22라는 값을 찾으려면 22가 배열 어디든 있을 수 있으므로 모든 원소를 하나도 빠짐없이 검색해야 한다. 배열의 끝에 도달하기 전에 검색을 멈추는 경우는 원하는 값을 찾았을 때뿐이다.

하지만 정렬된 배열에서는 값이 배열에 들어있지 않을 때 검색을 더 빨리 멈출 수 있다. 정렬된 배열 [3, 17, 75, 80, 202]에서 22를 찾는다고 하자. 75에 도달하면 더 이상 22가 오른쪽에 있을 수 없으므로 바로 검색을 중단할 수 있다.

다음은 루비로 구현한 정렬된 배열의 선형 검색이다.

```ruby
def linear_search(array, search_value)

    # 배열의 모든 원소를 순회한다.
    array.each_with_index do |element, index|

        # 원하는 값을 찾으면 그 인덱스를 반환한다.
        if element == search_value
            return index

        # 찾고 있던 값보다 큰 원소에 도달하면
        # 루프를 일찍 종료할 수 있다.
        elsif element > search_value
            break
        end
    end
end
```

```
        # 배열에서 값을 찾지 못하면 널을 반환한다.
      return nil
   end
```

메서드는 두 인수를 받는다. array는 검색할 정렬된 배열이고 search_value는 찾으려는 값이다. 예로 든 배열에서 22를 찾으려면 위 함수를 다음과 같이 호출한다.

```
   p linear_search([3, 17, 75, 80, 202], 22)
```

보다시피 linear_search 메서드는 배열의 모든 원소를 순회하며 search_value를 찾는다. 순회하던 element가 search_value보다 크면 배열에 search_value가 없다는 뜻이므로 검색을 중단한다.

이러한 관점에서 보면 선형 검색은 특정 상황에서 전형적인 배열보다 정렬된 배열에서 단계 수가 더 적게 걸린다. 하지만 찾으려는 값이 배열의 마지막 값이거나 마지막 값보다 크면 마찬가지로 모든 셀을 검색해야 검색이 끝난다.

언뜻 보면 일반적인 배열과 정렬된 배열이 효율성 면에서 대단한 차이가 없어 보이고 적어도 최악의 시나리오에서는 그렇다. 두 배열 유형 모두 원소가 N개이면 선형 검색에 최대 N단계가 걸린다.

하지만 선형 검색보다 훨씬 뛰어난 아주 강력한 알고리즘이 이제 곧 나타난다.

지금까지는 정렬된 배열에서 값을 찾는 유일한 방법이 선형 검색이라고 가정했다. 하지만 사실 선형 검색은 값을 검색하는 **알고리즘 중 하나**일 뿐이다. 사용할 수 있는 **유일한** 알고리즘이 아니다.

정렬된 배열이 전형적인 배열보다 크게 두드러진 장점은 다른 검색 알고리즘을 쓸 수 있다는 점이다. 이러한 알고리즘을 **이진 검색**(binary search)이라 부르며, 이진 검색은 선형 검색보다 훨씬 빠르다.

DATA STRUCTURES AND ALGORITHMS

2.3 이진 검색

어린 시절(혹은 지금 자신의 아이와) 다음과 같은 알아맞추기 게임을 해본 적이 있을 것이다. 한 사람이 1과 100 사이의 어떤 수를 머릿속으로 생각한다. 어떤 수를 생각하고 있는지 상대방이 맞춰볼 때마다 그 수보다 더 큰지 작은지 추측할 수 있도록 알려준다.

우리는 이 게임을 어떻게 해야 하는지 직관적으로 안다. 처음에 숫자 1을 고르는 일은 없을 것이다. 아마도 한가운데에 있는 50으로 시작할 것이다. 왜냐고? 50을 고르면 어떤 답이 나오든 가능한 수 중 반을 제거할 수 있기 때문이다!

50을 말했는데 더 크다고 알려주면 역시나 **나머지** 수 중 반을 없앨 수 있도록, 아마 다음으로 75를 고를 것이다. 75를 말했는데 더 작다고 알려주면 아마도 62나 63을 고를 것이다. 이런 식으로 계속해서 중간 지점을 골라 남은 수 중 반을 제거해 나간다.

1과 10 사이의 수를 맞춘다고 가정하고 이 과정을 그림으로 나타내 보자.

❤ 그림 2-11

이게 바로 이진 검색이다.

정렬된 배열에서 이진 검색을 어떻게 수행하는지 보자. 원소 9개를 포함하는 정렬된 배열이 있다고 하자. 컴퓨터는 각 셀에 어떤 값이 있는지 바로 알 수 없으므로 다음과 같이 배열을 묘사하겠다.

▼ 그림 2-12

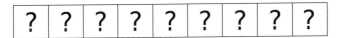

정렬된 배열에서 값 7을 찾는다고 하자. 이진 검색은 다음과 같이 동작한다.

1단계: 가운데 셀부터 검색을 시작한다. 배열의 길이를 2로 나누어 가운데 셀의 인덱스를 계산할 수 있으므로 쉽게 접근할 수 있다. 가운데 셀의 값을 확인한다.

▼ 그림 2-13

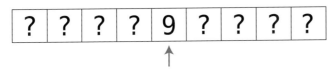

값이 9로 드러났으므로 7은 왼쪽 어딘가에 있다고 판단할 수 있다. 배열에 있는 셀의 절반, 즉 9보다 오른쪽에 있는 모든 셀(과 9 자신)을 제거했다.

▼ 그림 2-14

2단계: 9보다 왼쪽에 있는 셀들 중 가운데 값을 확인한다. 가운데 값이 두 개이므로 임의로 왼쪽 값을 선택한다.

▼ 그림 2-15

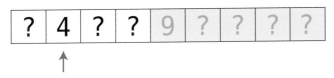

이 셀의 값은 4다. 따라서 7은 오른쪽 어딘가에 있어야 한다. 4와 그 왼쪽 셀을 제거한다.

▼ 그림 2–16

3단계: 7일 수 있는 셀이 두 개 남았다. 임의로 왼쪽 셀을 선택한다.

▼ 그림 2–17

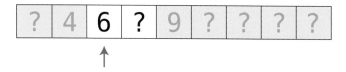

4단계: 마지막 남은 셀을 확인한다(여기에 7이 없다면 이 정렬된 배열에는 7이 없다는 뜻이다).

▼ 그림 2–18

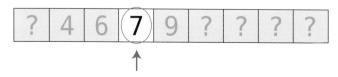

4단계 만에 7을 찾았다. 비록 선형 검색과 같은 수의 단계가 걸렸지만 곧 이진 검색의 강력함을 보여주겠다.

이진 검색은 정렬된 배열에만 쓸 수 있다. 전형적인 배열은 값의 순서가 뒤죽박죽이어서 주어진 값의 왼쪽에서 찾을지 오른쪽에서 찾을지 절대 알 수 없다. 이진 검색을 수행할 수 있다는 것, 이것이 정렬된 배열의 장점 중 하나다.

2.3.1 코드 구현: 이진 검색

다음은 루비로 구현한 이진 검색이다.

```ruby
def binary_search(array, search_value)

  # 먼저 찾으려는 값이 있을 수 있는 상한선과 하한선을 정한다.
  # 최초의 상한선은 배열의 첫 번째 값, 하한선은 마지막 값이다.

  lower_bound = 0
  upper_bound = array.length - 1
```

```
                    # 상한선과 하한선 사이의 가운데 값을 계속해서 확인하는 루프를 시작한다.

        while lower_bound <= upper_bound do

                    # 상한선과 하한선 사이에 중간 지점을 찾는다.
                    # ( 결괏값이 정수가 아닐까 봐 걱정할 필요 없다.
                    # 루비는 정수를 나누기할 때 결괏값을 가장 가까운 정수로 올림한다.)

            midpoint = (upper_bound + lower_bound) / 2

                    # 중간 지점의 값을 확인한다.

            value_at_midpoint = array[midpoint]

                    # 중간 지점의 값이 찾고 있던 값이면 검색을 끝낸다.
                    # 그렇지 않으면 더 클지 작을지 추측한 바에 따라 상한선이나 하한선을 바꾼다.

            if search_value == value_at_midpoint
                return midpoint
            elsif search_value < value_at_midpoint
                upper_bound = midpoint - 1
            elsif search_value > value_at_midpoint
                lower_bound = midpoint + 1
            end
        end

                    # 상한선과 하한선이 같아질 때까지 경곗값을 줄였다면
                    # 찾고 있는 값이 이 배열에 없다는 의미다.

        return nil
    end
```

부분부분 나누어 살펴보자. linear_search 메서드처럼 binary_search도 array와 search_value
를 인수로 받는다.

다음처럼 binary_search 메서드를 호출한다.

```
p binary_search([3, 17, 75, 80, 202], 22)
```

메서드는 가장 먼저 search_value가 있을 수 있는 인덱스 범위를 정한다. 다음처럼 하면 된다.

```
lower_bound = 0
upper_bound = array.length - 1
```

검색을 시작할 때는 search_value가 전체 배열 어디에든 있을 수 있으므로 lower_bound를 첫 번째 인덱스로, upper_bound를 마지막 인덱스로 정한다.

실제 검색은 while 루프 안에서 수행된다.

```
while lower_bound <= upper_bound do
```

이 루프는 search_value를 찾을 수 있는 원소가 남아 있을 때까지 수행된다. 곧 알아보겠지만 알고리즘은 이 범위를 계속해서 좁혀 간다. lower_bound <= upper_bound 절은 언젠가 범위가 남아 있지 않는 상황에 도달하고 이때 search_value가 배열에 없다고 판단할 수 있다.

루프 내 코드는 범위의 midpoint에 있는 값을 확인한다. 다음과 같이 수행한다.

```
midpoint = (upper_bound + lower_bound) / 2
value_at_midpoint = array[midpoint]
```

value_at_midpoint는 범위 내 중간 지점에 있는 항목이다.

value_at_midpoint가 찾고 있던 search_value이면 대성공이고 그럼 search_value를 찾은 인덱스를 반환할 수 있다.

```
if search_value == value_at_midpoint
    return midpoint
```

search_value가 value_at_midpoint보다 작으면 search_value를 그 앞부분에서만 찾을 수 있다는 뜻이다. search_value는 value_at_midpoint보다 뒤에 있을리 없으니 이제 upper_bound에 midpoint의 바로 왼쪽 인덱스를 할당해 검색 범위를 좁힐 수 있다.

```
elsif search_value < value_at_midpoint
upper_bound = midpoint - 1
```

반대로 search_value가 value_at_midpoint보다 크면 search_value를 midpoint의 오른편에서만 찾을 수 있다는 뜻이니 lower_bound를 적절히 증가시킨다.

```
elsif search_value > value_at_midpoint
    lower_bound = midpoint + 1
```

범위가 원소 0개로 좁혀지면 nil을 반환한다. search_value가 배열에 없다고 확실히 말할 수 있다.

2.4 이진 검색 대 선형 검색

작은 크기의 정렬된 배열이라면 이진 검색 알고리즘이 선형 검색 알고리즘보다 크게 나은 점이 없다. 하지만 배열이 더 커지면 어떨지 보자.

100개의 값을 갖는 배열에서 각 검색에 필요한 최대 단계 수는 다음과 같다.

- 선형 검색: 100단계

- 이진 검색: 7단계

선형 검색에서는 찾고 있는 값이 마지막 셀에 있거나 마지막 셀의 값보다 크면 모든 원소를 조사해야 한다. 원소가 100개인 배열이면 100단계가 걸린다.

하지만 이진 검색을 쓰면 추측할 때마다 검색해야 할 셀 중 절반을 제거할 수 있다. 첫 번째 추측에서 셀을 50개나 제거해버린다.

다른 관점에서 보면 어떤 패턴이 보인다.

배열의 크기가 3일 때 이진 검색에 필요한 최대 단계 수는 2다.

배열의 크기를 두 배로 늘리면(단순한 계산을 위해 한 칸을 더 추가해서 홀수로 유지하면) 크기가 7이 되고, 이진 검색에 필요한 최대 단계 수는 3이 된다.

배열의 크기를 두 배(그리고 한 칸 더 추가)로 늘리면 크기가 15가 되고 이진 검색에 필요한 최대 단계 수는 4가 된다.

정렬된 배열의 크기를 두 배로 늘릴 때마다 이진 검색에 필요한 단계 수가 1씩 증가하는 패턴이 보인다. 값을 확인할 때마다 검색할 원소의 절반을 제거하니 이치에 맞는다.

이러한 증가 패턴은 대단히 효율적이다. 데이터를 두 배로 늘릴 때마다 이진 검색 알고리즘에서는 **최대 한 단계만 더** 추가된다.

선형 검색과 대조해 보자. 원소가 3개 있으면 최대 3단계가 필요하다. 원소가 7개 있으면 최대 7단계가 필요하다. 100개면 최대 100단계가 필요하다. 선형 검색에서는 **원소 수만큼의 단계가 필요하다**. 배열의 원소 수를 두 배로 늘릴 때마다 검색에 필요한 단계 수도 **두 배**로 늘어난다. 이진 검색에서는 배열의 원소 수를 두 배로 늘릴 때마다 **한 단계만** 늘어난다.

더 큰 배열에서는 어떤 양상이 나타날까? 원소가 10,000개인 배열에서 선형 검색은 최대 10,000 단계가 걸리지만, 이진 검색은 최대 13단계면 충분하다. 크기가 1,000,000개인 배열에서 선형 검색은 최대 1,000,000단계가 걸리지만, 이진 검색은 최대 **20단계**면 된다.

선형 검색과 이진 검색 간 이러한 성능 차이를 그래프로 표현했다.

▼ 그림 2-19

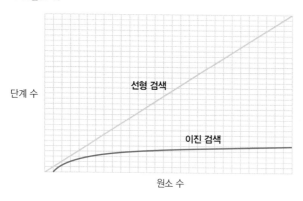

이와 같은 그래프를 앞으로 많이 해석해야 하니 무엇을 뜻하는지 잠시 이해하는 시간을 갖자. x축은 배열 내 원소 수를 나타낸다. 즉 왼쪽에서 오른쪽으로 갈수록 더 많은 데이터를 처리한다.

Y축은 알고리즘에 걸리는 단계 수를 나타낸다. 그래프 위쪽으로 올라갈수록 단계가 더 많아진다.

선형 검색에 해당하는 선을 보면 배열에 원소가 많아질수록 그에 비례해 검색에 걸리는 단계 수도 늘어난다. 기본적으로 배열에 원소 하나가 늘어날 때마다 선형 검색에는 1단계가 더 걸린다. 그래서 대각선 형태의 직선이 만들어진다.

이와 달리 이진 검색을 보면 데이터가 많아질수록 알고리즘의 단계 수는 아주 조금씩만 늘어난다. 앞서 배운 내용, 즉 이진 검색이 한 단계 늘어나려면 데이터 크기를 두 배로 늘려야 한다는 사실에 완벽히 부합한다.

정렬된 배열이 모든 상황에서 빠른 것은 아니다. 앞서 봤듯이 정렬된 배열의 삽입은 일반 배열보다 느리다. 하지만 장단점이 있다. 정렬된 배열을 사용하면 삽입은 다소 느리지만, 검색은 훨씬 빠르다. 다시 한번 말하지만, 사용자의 애플리케이션에 어떤 구조가 더 좋은지 알려면 항상 분석하고 있어야 한다. 소프트웨어에서 삽입이 자주 일어나는가? 검색이 개발 중인 앱의 중대한 기능인가?

2.4.1 깜짝 퀴즈

이진 검색의 효율성을 완벽히 이해시켜 주는 깜짝 퀴즈를 준비했다. 정답을 가리고 제대로 이해했는지 확인하자.

문제: 원소가 100개인 정렬된 배열에서 이진 검색은 7단계가 걸렸다. 원소가 **200개**인 정렬된 배열에서 이진 검색은 몇 단계가 걸릴까?

정답: 8단계

직관적으로 14단계라고 답하는 경우가 종종 있는데 틀렸다. 이진 검색의 묘미는 검사할 때마다 남은 원소의 반을 제거하는 데 있다. 그러니 데이터 크기를 **두 배**로 늘릴 때마다 1단계만 늘어난다. 두 배로 늘린 데이터는 첫 번째 검사에서 결국 모두 제거된다!

이진 검색이라는 새 도구가 생겼으니 정렬된 배열에의 삽입도 더 빨라질 수 있다는 점에 주목해 볼만하다. 삽입하려면 먼저 검색이 필요한데 이제 그 검색을 선형 검색에서 이진 검색으로 업그레이드할 수 있다. 물론 일반 배열에의 삽입에는 검색이 전혀 필요 없으니 정렬된 배열에의 삽입이 여전히 일반 배열보다 느리다.

DATA STRUCTURES AND ALGORITHMS

2.5 마무리

어떤 컴퓨팅 목표를 달성하는 방법은 대개 둘 이상 있으며, 사용자가 선택하는 알고리즘이 코드의 속도에 크게 영향을 줄 수 있다.

모든 상황에 완벽하게 들어맞는 단 하나의 자료 구조나 알고리즘은 거의 없다. 가령 정렬된 배열에 이진 검색을 쓸 수 있다고 해서 항상 정렬된 배열을 써야 하는 것은 아니다. 데이터 검색은 거의 없고, 데이터를 추가하기만 한다면 삽입을 더 빠르게 처리하는 배열이 더 나은 선택일 수 있다.

앞서 봤듯이 경쟁 알고리즘 간 성능을 분석하는 방법은 각각에 필요한 단계 수를 세는 것이다. 3장에서는 경쟁 자료 구조와 알고리즘의 시간 복잡도를 표현하는 형식적인 방법을 알아볼 것이다. 이러한 공통 언어가 있으면 알고리즘 선택에 더 나은 결정을 내릴 수 있는 정보를 더욱 명확하게 전달할 수 있다.

2.6 연습 문제

다음 연습 문제는 이진 검색을 실습해 볼 기회다. 해답은 523쪽에 나와 있다.

1. 정렬된 배열 [2, 4, 6, 8, 10, 12, 13]에서 선형 검색으로 숫자 8을 찾는 데 몇 단계가 걸릴까?

2. 이진 검색으로 1번 문제를 풀면 몇 단계가 걸릴까?

3. 크기가 100,000인 배열에는 이진 검색에 최대 몇 단계가 걸릴까?

3^장

빅 오 표기법

1장과 2장에서는 알고리즘의 효율성을 결정하는 주된 요인이 알고리즘 수행에 필요한 단계 수임을 밝혔다.

하지만 단순히 어떤 알고리즘을 "22단계의 알고리즘", 또 어떤 알고리즘을 "400단계의 알고리즘"이라 표시할 수는 없다. 알고리즘에 필요한 단계 수를 하나의 수로 못 박을 수 없기 때문이다. 선형 검색을 예로 들어 보자. 선형 검색에는 배열의 원소 수만큼의 단계가 필요하므로 배열에 따라 필요한 단계 수가 다르다. 원소가 22개인 배열은 22단계의 선형 검색이 필요하다. 하지만 원소가 400개인 배열은 선형 검색에도 400단계가 필요하다.

선형 검색의 효율성을 정량화하는 보다 효과적인 방법은 **배열에 N개의 원소가 있을 때 선형 검색에 N단계가 필요**하다고 표현하는 것이다. 하지만 이 방법은 다소 장황하다.

컴퓨터 과학자는 서로 간에 시간 복잡도를 쉽게 소통할 목적으로 자료 구조와 알고리즘의 효율성을 간결하고 일관된 언어로 설명하기 위해 수학적 개념을 차용했다. 이러한 개념을 형식화한 표현을 **빅 오 표기법**이라 부르며, 빅 오 표기법을 사용해 주어진 알고리즘의 효율성을 쉽게 분류하고 이해시킬 수 있다.

빅 오 표기법을 알면 일관되고 간결한 방법으로 어떤 알고리즘이든 분석할 수 있는 도구가 생긴 셈이다. 전문가 역시 빅 오 표기법을 사용한다.

빅 오 표기법은 수학에서 유래하지만 이 책은 수학 용어 없이 컴퓨터 과학과 연관 지어 설명한다. 먼저 매우 단순한 용어로 빅 오 표기법을 설명한 후, 3장과 이어지는 세 장에서 점진적으로 다듬어 갈 것이다. 어려운 개념은 아니지만 여러 장에 걸쳐 나눠 설명하면 훨씬 쉽다.

3.1 빅 오: 원소가 N개일 때 몇 단계가 필요할까?

빅 오는 특정 방식으로 알고리즘에 필요한 단계 수를 고려함으로써 일관성을 유지한다. 먼저 선형 검색 알고리즘을 빅 오로 나타내 보자.

최악의 경우 선형 검색에는 배열의 원소 수만큼의 단계가 필요하다. 빅 오 표기법으로 표현하는 적절한 방법은 다음과 같다.

$$O(N)$$

"빅 오 N"이라고 발음한다. "차수 N"이라고도 부른다. 하지만 이 책에서는 "오 N"이라 부르겠다.

위 표기가 뜻하는 바를 알아 보자. 이 표기는 "핵심 질문"에 대한 답을 나타낸다. 여기서 핵심 질문이란 **"데이터 원소가 N개일 때 알고리즘에 몇 단계가 필요할까?"**이다. 다시 한 번 읽어 보자. 그리고 머릿속에 선명히 새기자. 이 책 전반에서 사용할 빅 오 표기법의 정의이다.

핵심 질문에 대한 **답**은 빅 오 표현의 **괄호** 안에 들어 있다. O(N)은 **알고리즘에 N단계가 필요하다**는 핵심 질문에 대한 답을 나타낸다.

빅 오 표기법으로 시간 복잡도를 표현하는 사고 과정을 다시 한 번 선형 검색을 통해 간단히 짚고 넘어가자. 먼저 핵심 질문을 던지자. 배열에 원소가 N개일 때 선형 검색에 몇 단계가 필요할까? 선형 검색에는 N단계가 필요하므로 O(N)으로 표현한다. 그래서 O(N)인 알고리즘을 선형 시간 (linear time)을 갖는 알고리즘이라고도 부른다.

이를 일반적인 배열에서 읽기의 효율성을 빅 오로 표현하는 법과 대조해 보자. **1장 자료 구조가 중요한 까닭**에서 살펴봤듯이 배열 읽기에 필요한 단계 수는 배열의 크기와 상관없이 딱 하나다. 이를 빅 오로 어떻게 표현할지 알아내려면 핵심 질문을 다시 던져야 한다. 데이터 원소가 N개일 때 배열에서 읽기에 몇 단계가 필요할까? 읽기에는 딱 한 단계가 필요하다. 따라서 O(1)이라 표현하고 "오 1"이라고 발음한다.

N에 대해 질문을 던졌는데(데이터 원소가 N개일 때 알고리즘에 몇 단계가 필요할까?) 답은 흥미롭게도 N과 무관하다. 이 부분이 사실상 핵심이다. 바꿔 말하면 **배열에 원소가 몇 개든** 배열에서 읽기는 항상 한 단계면 된다.

이러한 이유로 O(1)을 "가장 빠른" 알고리즘 유형으로 분류한다. 데이터가 늘어나도 O(1) 알고리즘의 단계 수는 증가하지 않는다. N이 얼마든 항상 상수 단계만 필요하다. 그래서 O(1) 알고리즘을 상수 시간(constant time)을 갖는 알고리즘이라고도 표현한다.

Note ≡ **빅 오의 수학적 설명**

앞서 언급한 대로 이 책은 이해하기 쉬운 방식으로 빅 오라는 주제를 설명한다. 물론 다른 방법도 있다. 전통적인 대학 교육에서 알고리즘을 배우면 수학적 관점에서 빅 오를 소개한다. 빅 오는 원래 수학 개념이므로 수학 용어로 설명되곤 한다. 가령 빅 오를 함수 증가율의 상한값으로 설명하거나 함수 g(x)가 함수 f(x)보다 빠를 수 없을 때 g는 O(f)에 속한다고 말하기도 한다. 수학적 지식 기반에 따라 의미를 이해할 수도 전혀 그렇지 못할 수도 있다. 이 책은 수학 지식이 많지 않아도 이러한 개념을 이해할 수 있도록 집필했다.

빅 오의 수학적 배경을 더 알려면 토머스 H. 코멘과 찰스 E. 레이서손, 로널드 L. 리베스트, 클리포드 스타인의 〈Introduction to Algorithms〉(MIT Press, 2009)에 나오는 자세한 수학적 설명을 참고한다. 저스틴 아브라함이 작성한 https://justin.abrah.ms/computer-science/understanding-big-o-formal-definition.html은 꽤 훌륭한 정의를 제공한다.

3.2 빅 오의 본질

이제 O(N)과 O(1)을 알았으므로 빅 오 표기법이 알고리즘에 걸리는 단계 수를 단순히 22나 400 같은 고정된 수보다 더 의미 있게 표현한다는 것을 알았다. 더 정확히 말해 빅 오 표기법은 머릿속에 새겼던 핵심 질문, 즉 데이터 원소가 N개일 때 알고리즘에 몇 단계가 필요한가에 대한 답이다.

이 핵심 질문이 빅 오의 엄격한 정의는 맞지만 사실 눈에 보이는 것이 전부가 아니다.

데이터가 몇 개든 항상 3단계가 걸리는 알고리즘을 가정하자. 즉 원소가 N개일 때 알고리즘에 항상 3단계가 필요하다. 이를 빅 오로 어떻게 표현할까?

지금까지 배운 지식을 끌어 모아 O(3)이라고 답할 것이다.

하지만 실제로는 O(1)이다. 이유를 알려면 빅 오를 한층 더 깊이 이해해야 한다. 지금부터 설명하겠다.

빅 오는 데이터 원소 N개에 대한 알고리즘의 단계 수를 나타내지만 그것만으로는 "빅 오의 본질"이라는 제목을 따로 붙인 진정한 **이유**를 파악하기 어렵다.

빅 오의 본질이란 빅 오가 진정으로 의미하는 것, 즉 **데이터가 늘어날 때 알고리즘의 성능이 어떻게 바뀌는지**를 뜻한다.

이것이 빅 오의 본질이다. 빅 오는 단순히 알고리즘에 필요한 단계 수만 알려주지 않는다. 데이터가 **늘어날 때** 단계 수가 어떻게 증가하는지 설명한다.

이러한 관점에서 보면 알고리즘이 O(1)이든 O(3)이든 별로 중요하지 않다. 두 알고리즘 모두 데이터 증가에 영향을 받지 않는, 즉 단계 수가 변하지 않는 유형이므로 본질적으로 같은 알고리즘 유형이다. 둘 다 데이터에 관계 없이 단계 수가 일정한 알고리즘이므로 둘을 구분할 이유가 없다.

반면 O(N) 알고리즘은 유형이 다르다. 데이터 증가가 성능에 영향을 미친다. 보다 구체적으로 말하면 데이터가 늘어날 때 정확히 그 데이터에 비례해 단계 수가 증가하는 알고리즘 유형이다. 이것이 O(N)이 말하려는 내용이다. 알고리즘의 효율성과 데이터가 비례 관계임을(비례함을) 알린다. 데이터가 증가할 때 단계 수가 정확히 어떻게 증가하는지 설명한다.

두 알고리즘 유형을 그래프로 나타낸 것을 살펴보자.

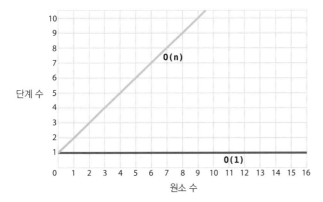

❤ 그림 3-1

O(N)은 완벽한 대각선을 그린다. 데이터가 하나씩 추가될 때마다 알고리즘이 한 단계씩 더 걸리기 때문이다. 따라서 데이터가 많아질수록 알고리즘에 필요한 단계 수도 늘어난다.

이와 반대로 O(1)은 완벽한 수평선을 그린다. 데이터가 얼마나 많든 상관없이 단계 수가 일정하다.

3.2.1 빅 오의 본질 더 파고들기

"빅 오의 본질"이 왜 중요한지 알려면 한 단계 더 파고들자. 데이터 크기에 상관없이 항상 100단계가 걸리는 상수 시간 알고리즘이 있다고 가정하자. O(N)인 알고리즘보다 다소 성능이 우수하다고 볼 것인가?

다음 그래프를 보자.

❤ 그림 3-2

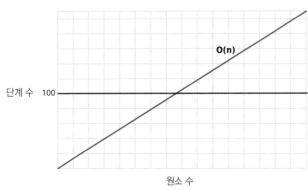

그래프로 볼 수 있듯이 원소가 100개 이하인 데이터 세트에서는 100단계가 걸리는 O(1) 알고리즘보다 O(N) 알고리즘이 단계 수가 적다. 두 선이 교차하는 원소가 정확히 100개인 지점에서는 두 알고리즘에 동일하게 100단계가 걸린다. 하지만 핵심은 이렇다. **100보다 큰 모든 배열에서는** O(N) 알고리즘에 더 많은 단계가 걸린다.

변화가 생기는 **일정량**의 데이터가 항상 있을 것이고 O(N)은 그 순간부터 무한대까지 더 많은 단계가 걸리므로 O(1) 알고리즘에 실제로 몇 단계가 걸리든 O(N)이 전반적으로 O(1)보다 덜 효율적이라 할 수 있다.

항상 백만 단계가 걸리는 O(1) 알고리즘이라도 마찬가지다. 데이터가 증가할수록 O(N)이 O(1)보다 덜 효율적인 어떤 지점에 반드시 다다르게 되며, 이 지점부터 데이터 양이 무한대로 갈 때까지 바뀌지 않는다.

3.2.2 같은 알고리즘, 다른 시나리오

2장에서 배웠듯이 선형 검색이 항상 O(N)은 아니다. 찾고 있는 항목이 배열의 마지막 셀에 있다면 찾는 데 N단계가 걸린다. 하지만 원하던 항목을 배열의 **첫 번째** 셀에서 찾았다면 선형 검색은 단 한계 만에 항목을 찾은 것이다. 따라서 이러한 선형 검색 사례는 O(1)이라 할 수 있다. 전체적인 관점에서 선형 검색의 효율성을 설명한다면 **최선의** 시나리오에서는 O(1), **최악의** 시나리오에서는 O(N)이라 할 수 있다.

빅 오가 주어진 알고리즘의 최선과 최악의 시나리오를 효과적으로 설명하긴 하지만, 별도로 명시하지 않는 한 빅 오 표기법은 일반적으로 **최악의 시나리오**를 의미한다. 선형 검색이 최선의 시나리오에서 O(1)일 수 있음에도 대부분은 O(N)이라 설명하는 이유가 여기에 있다.

이는 "비관적인" 접근이 유용한 도구일 수 있기 때문이다. 최악의 시나리오에서 알고리즘이 얼마나 비효율적인지 정확히 알면 최악을 대비함과 동시에 알고리즘의 선택에 중요한 영향을 미칠 수 있다.

3.3 세 번째 유형의 알고리즘

2장에서는 정렬된 배열에서 이진 검색이 선형 검색보다 훨씬 빠름을 배웠다. 이제 이진 검색을 빅 오 표기법의 관점에서 어떻게 설명하는지 알아보자.

데이터가 커질수록 단계 수가 늘어나므로 이진 검색은 O(1)이라 표현할 수 없다. 또한, 검색하고 있는 원소 수보다 단계 수가 훨씬 적으므로 O(N)의 부류에도 맞지 않는다. 앞서 본대로 이진 검색은 100개의 원소를 포함하는 배열에서 7단계만 걸린다.

이진 검색은 O(1)과 O(N) **사이** 어디쯤엔가 있다. 이를 어떻게 나타낼까?

빅 오는 이진 검색의 시간 복잡도를 다음과 같이 설명한다.

$$O(logN)$$

"오 로그 N"이라고 읽는다. 이러한 유형의 알고리즘을 **로그 시간**(log time)의 시간 복잡도라고 말한다.

간단히 말해 O(logN)은 **데이터가 두 배로 증가할 때마다 한 단계씩 늘어나는** 알고리즘을 설명하는 빅 오의 방법이다. 2장에서 배웠던 대로 이진 검색이 바로 그렇다. **왜** O(logN)으로 표현하는지 곧 알아보겠지만 먼저 지금까지 배운 내용을 요약해 보자.

지금까지 배운 세 종류의 알고리즘을 가장 효율적인 순서대로 정렬하면 다음과 같다.

$$O(1)$$
$$O(logN)$$
$$O(N)$$

세 종류의 알고리즘을 비교하는 그래프를 보자.

▼ 그림 3-3

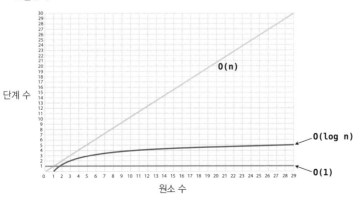

O(logN)은 아주 조금씩 증가하는 곡선을 그리고 있는데 O(1)보다는 덜 효율적이지만 O(N)보다는 훨씬 효율적이다.

이러한 알고리즘을 왜 "O(logN)"이라 부르는지 이해하려면 먼저 **로가리즘**이 무엇인지 알아야 한다. 로가리즘이라는 수학적 개념을 이미 잘 알고 있다면 다음 절은 생략해도 무방하다.

3.4 로가리즘

왜 이진 검색 같은 알고리즘을 O(logN)이라 표현하는지 살펴보자. 우선 로그란 무엇일까?

로그는 **로가리즘**(logarithm)의 줄임말이다. 먼저 알아 둘 점은 로가리즘과 알고리즘이 매우 비슷하게 보이고 발음되긴 하지만 두 단어는 아무 관련이 없다는 것이다.

로가리즘은 **지수**(exponent)와 역(inverse)의 관계다. 아주 간단한 예로 지수가 무엇인지 기억을 되살려 보자.

2^3은 $2 \times 2 \times 2$와 동치로서 값이 8이다.

$\log_2 8$은 2^3의 역(converse)이다. 즉, 2를 몇 번 곱해야 8을 얻을 수 있는지를 뜻한다.

2를 세 번 곱해야 8이 나오므로 $\log_2 8 = 3$이다.

또 다른 예제를 보자.

2^6을 다음과 같이 표현할 수 있다.

$$2 \times 2 \times 2 \times 2 \times 2 \times 2 = 64$$

2를 여섯 번 곱해야 64가 나오므로 $\log_2 64 = 6$이다.

위와 같은 설명은 "교과서에 나오는" 로가리즘에 대한 공식적인 정의지만, 같은 개념을 다른 방법으로 설명하고자 한다. 이 방법을 사용하면 많은 사람이 로가리즘을 더 쉽게 이해할 수 있으며, 특히 빅 오 표기법도 더 쉽게 이해할 수 있다.

$\log_2 8$을 다른 방식으로 설명하면 이렇다. 1이 될 때까지 8을 2로 계속해서 **나눌 때** 등식에 얼마나 많은 2가 등장할까?

$$8 / 2 / 2 / 2 = 1$$

다시 말해 1이 나올 때까지 8을 2로 몇 번 나눠야 할까? 예제에서는 3번이다. 따라서

$$\log_2 8 = 3$$

이다.

비슷하게 $\log_2 64$도 설명할 수 있다. 1이 될 때까지 64를 몇 번이나 반으로 나눠야 할까?

$$64 / 2 / 2 / 2 / 2 / 2 / 2 = 1$$

2가 6개이므로 $\log_2 64 = 6$이다.

이제 로가리즘이 무엇인지 이해했을 테니 O(logN)의 의미를 더 명확히 알 수 있다.

3.5 O(logN) 해석

로가리즘을 접목해서 빅 오 표기법을 다시 논해 보자. 컴퓨터 과학에서 O(logN)은 사실 $O(\log_2 N)$을 줄여 부르는 말이다. 단지 편의를 위해 다음 첨자 2를 생략했을 뿐이다.

앞서 밝혔듯이 빅 오 표기법은 다음과 같은 핵심 질문에 대한 답이다. 데이터 원소가 N개 일 때 알고리즘에 몇 단계가 필요할까?

O(logN)은 데이터 원소가 N개 있을 때 알고리즘에 **$\log_2 N$단계**가 걸린다는 의미다. 원소가 8개이면 $\log_2 8 = 3$이므로 이 알고리즘은 3단계가 걸린다.

바꿔 말해 원소 8개를 절반으로 계속해서 나누면 원소가 하나 남을 때까지 3단계가 걸릴 것이다.

이진 검색이 **정확히** 이렇게 동작한다. 특정 항목을 찾을 때 정답 수에 도달할 때까지 배열의 셀을 계속해서 반으로 나누며 범위를 좁혀 나간다.

간단히 말해 **O(logN)은 원소가 하나가 될 때까지 데이터 원소를 계속해서 반으로 줄이는 만큼의 단계 수가 걸린다는 뜻이다.**

다음 표는 O(N)과 O(logN)의 효율성에 엄청난 차이가 있음을 보여준다.

원소 개수(N)	O(N)	O(logN)
8	8	3
16	16	4
32	32	5
64	64	6
128	128	7
256	256	8
512	512	9
1024	1024	10

O(N) 알고리즘에는 데이터 원소 수만큼의 단계가 필요한 반면, O(logN) 알고리즘에는 데이터 원소가 두 배로 늘어날 때마다 딱 한 단계만 더 필요하다.

이어지는 장에서는 지금까지 배운 세 가지 빅 오 표기법뿐 아니라 다른 범주에 해당하는 알고리즘도 만나볼 것이다. 하지만 그 전에 우선 일상적인 코드에 이러한 개념을 적용해 보자.

3.6 실제 예제

다음은 리스트 내 모든 항목을 출력하는 전형적인 파이썬 코드다.

```python
things = ['apples', 'baboons', 'cribs', 'dulcimers']

for thing in things:
    print("Here's a thing: %s" % thing)
```

이 알고리즘의 효율성을 빅 오 표기법으로 어떻게 표현할 수 있을까?

먼저 이 코드가 알고리즘 예제임을 알아야 한다. 복잡하지 않을지라도 뭔가를 하는 코드는 모두 엄밀히 알고리즘, 즉 문제를 풀어나가는 절차다. 이 코드는 리스트의 모든 항목을 출력하고 싶다는 문제를 해결한다. 이 문제를 푸는 데 사용한 알고리즘은 print 문이 포함된 for 루프다.

문제를 더 작게 나누려면 알고리즘에 얼마나 많은 단계가 걸리는지 분석해야 한다. 이 예제에서는 알고리즘의 핵심부인 for 루프에서 4단계가 걸린다. 리스트는 원소 4개를 포함하며 한 번에 하나씩 원소를 출력한다.

하지만 이 과정은 상수가 아니다. 리스트에 원소가 10개이면 for 루프는 10단계가 걸린다. for 루프에 원소 수만큼 단계가 걸리므로 이 알고리즘의 효율성은 O(N)이라 할 수 있다.

이어지는 예제는 주어진 수가 소수인지 알아보는 간단한 파이썬 기반 알고리즘이다.

```python
def is_prime(number):
    for i in range(2, number):
        if number % i == 0:
            return False
    return True
```

이 코드는 number를 인수로 받아 2부터 number까지의 모든 수로 number를 나눠서 나머지가 있는지 확인한다. 나머지가 없으면 당연히 이 수는 소수가 아니므로 바로 False를 반환한다. number까지 모두 나눴는데도 항상 나머지가 있으면 이 수는 당연히 소수이므로 True를 반환한다.

이 예제에서는 앞선 예제들과 핵심 질문이 조금 달라진다. 앞선 예제에서는 배열에 데이터 원소가 N개일 때 알고리즘에 몇 단계가 필요한가를 물었다. 여기서는 배열이 아니라 이 함수에 전달하는 number가 대상이다. 전달하는 number가 함수 루프 실행 횟수를 좌우한다.

따라서 예제에 맞는 핵심 질문은 다음과 같다. number에 N을 전달할 때 알고리즘에 몇 단계가 필요할까?

숫자 7을 is_prime에 전달하면 for 루프는 일곱 단계를 실행한다(실제로는 2에서 시작해서 실제 number 바로 전에 끝나므로 다섯 단계를 실행한다). 수가 101이면 루프는 101단계를 실행한다. 함수로 전달된 수에 비례해 단계 수가 증가하므로 전형적인 O(N) 예제다.

다시 말하지만 주요 데이터가 배열이 아닌 수이므로 핵심 질문에서 대상으로 하는 N의 종류가 다르다. 이어지는 장들에서 N을 찾는 연습을 더 해보겠다.

3.7 마무리

빅 오 표기법을 알았으면 이제 어떤 알고리즘이든 비교할 수 있는 일관된 시스템이 생긴 것이다. 빅 오 표기법으로 실제 쓰이는 시나리오를 분석해서 다양한 자료 구조와 알고리즘 중 사용자의 코드를 더 빠르게 하고 더 큰 부하도 처리할 수 있는 방법을 고를 수 있다.

4장에서는 빅 오 표기법을 사용해 코드의 속도를 크게 증가시킨 실제 예제를 살펴보겠다.

3.8 연습 문제

다음 연습 문제는 빅 오 표기법을 실습해 볼 기회다. 해답은 523쪽에 나와 있다.

1. 주어진 해가 윤년인지 밝히는 다음 함수의 시간 복잡도를 빅 오 표기법으로 나타내자.

```
function isLeapYear(year) {
    return (year % 100 === 0) ? (year % 400 === 0) : (year % 4 === 0);
}
```

2. 주어진 배열의 모든 수를 합하는 다음 함수의 시간 복잡도를 빅 오 표기법으로 나타내자.

```
function arraySum(array) {
    let sum = 0;

    for(let i = 0; i < array.length; i++) {
        sum += array[i];
    }

    return sum;
}
```

3. 다음 함수는 복리의 무서움을 보여주는 오랜 비유를 재현한 것이다.

   체스판 한 칸에 쌀 한 톨을 놓는 상상을 해보자. 두 번째 칸에는 이전 칸에 놓았던 쌀 양보다 두 배 더 많은 쌀 두 톨을 놓는다. 세 번째 칸에는 쌀 네 톨을 놓는다. 네 번째 칸에는 쌀 여덟 톨을 놓고 다섯 번째 칸에는 쌀 열여섯 톨을 놓는 식으로 이 과정을 반복한다.

함수는 몇 번째 칸에 일정한 수의 쌀을 놓아야 하는지 계산한다. 가령 쌀이 열여섯 톨이면 다섯 번째 칸에 놓아야 하니 함수는 5를 반환한다.

다음과 같이 구현한 이 함수의 시간 복잡도를 빅 오 표기법으로 나타내자.

```javascript
function chessboardSpace(numberOfGrains) {
    let chessboardSpaces = 1;
    let placedGrains = 1;

    while (placedGrains < numberOfGrains) {
        placedGrains *= 2;
        chessboardSpaces += 1;
    }

    return chessboardSpaces;
}
```

4. 다음 함수는 문자열 배열을 받아 "a"로 시작하는 문자열만 포함시킨 새 배열을 반환한다. 이 함수의 시간 복잡도를 빅 오 표기법으로 나타내자.

```javascript
function selectAStrings(array) {
    let newArray = [];

    for(let i = 0; i < array.length; i++) {
        if (array[i].startsWith("a")) {
            newArray.push(array[i]);
        }
    }
    return newArray;
}
```

5. 다음 함수는 **정렬된** 배열의 중앙값(median)을 계산한다. 이 함수의 시간 복잡도를 빅 오 표기법으로 나타내자.

```javascript
function median(array) {
    const middle = Math.floor(array.length / 2);

    // 배열에 짝수 개의 수가 있으면
    if (array.length % 2 === 0) {
        return (array[middle - 1] + array[middle]) / 2;
```

```
        } else { // 배열에 홀수 개의 수가 있으면
            return array[middle];
        }
    }
```

4장

빅 오로 코드
속도 올리기

빅 오 표기법은 알고리즘의 효율성을 표현하는 훌륭한 도구이다. 앞에서 이미 빅 오 표기법을 사용해 이진 검색과 선형 검색 간 차이점을 정량화해봤다. 이진 검색이 $O(\log N)$이므로 $O(N)$인 선형 검색보다 훨씬 빠른 알고리즘이라할 수 있다.

빅 오를 사용하면 내가 만든 알고리즘과 **세상에 존재하는 범용 알고리즘**을 비교할 기회가 생기며 "이 알고리즘이 일반적으로 쓰이는 알고리즘만큼 빠른가 혹은 느린가?"라고 자문해 볼 수 있다.

빅 오에서 내가 만든 알고리즘을 "느린" 알고리즘이라고 꼬리표를 붙였다면 한 발짝 뒤로 물러나서 더 빠른 빅 오 카테고리에 들어갈 수 있게 최적화하는 방법을 찾아볼 수 있다. 물론 항상 가능한 것은 아니지만, 불가능하다고 결론 내리기 전에 꼭 생각해 볼 만한 가치가 있다.

4장에서는 현실적인 문제를 푸는 코드를 작성해 보고, 빅 오를 사용해 작성한 알고리즘을 평가해보겠다. 이어서 효율성을 높이기 위해 알고리즘을 수정할 수 있는지 알아보겠다(미리 귀띔해 주면 가능하다).

4.1 버블 정렬

현실적인 문제로 뛰어들기 전에 먼저 빅 오 세계에서 알고리즘 효율성을 표현하는 새로운 카테고리를 알아보자. 컴퓨터 과학 분야에서 대대로 이어져 내려온 고전 알고리즘 하나를 사용해 설명하겠다.

정렬 알고리즘은 컴퓨터 과학 분야에서 폭넓게 연구된 주제이며, 지난 수년간 수십 개의 정렬 알고리즘이 개발돼 왔다. 이러한 알고리즘 모두 다음의 문제를 해결한다.

정렬되지 않은 배열이 주어졌을 때, 어떻게 오름차순으로 정렬할 수 있을까?

4장과 5장에서 이러한 정렬 알고리즘을 많이 다룰 것이다. 먼저 "단순 정렬(simple sort)"이라 알려진 알고리즘 분류를 배워보겠다. 이해하기 쉬워서 이렇게 불리지만, 더 빠르다고 알려진 정렬 알고리즘보다 비효율적이다.

매우 기본적인 정렬 알고리즘인 **버블 정렬**(bubble sort)은 다음과 같은 단계를 따른다.

1. 배열 내에서 연속된 두 항목을 가리킨다(처음에는 배열의 첫 번째 원소부터 시작해서 처음 두 항목을 가리킨다). 첫 번째 항목과 두 번째 항목을 비교한다.

▼ 그림 4-1

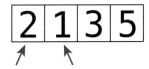

2. 두 항목의 순서가 뒤바뀌어 있으면(즉, 왼쪽 값이 오른쪽 값보다 크면) 두 항목을 교환(swap)한다(순서가 올바르다면 2단계에서는 아무것도 하지 않는다).

▼ 그림 4-2

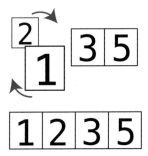

3. "포인터"를 오른쪽으로 한 셀씩 옮긴다.

▼ 그림 4-3

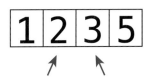

4. 배열의 끝까지 또는 이미 정렬된 값까지 1단계부터 3단계를 반복한다(이어지는 절에서 단계별로 차례차례 따라가다 보면 더 이해하기 쉬울 것이다). 이제 배열의 첫 **패스스루**(pass-through)가 끝났다. 즉 배열 끝까지 값을 하나하나 가리키며 배열을 "통과"했다.

5. 이제 두 포인터를 다시 배열의 처음 두 값으로 옮겨서 1단계부터 4단계를 다시 실행함으로써 새로운 패스스루를 실행한다. 교환이 일어나지 않는 패스스루가 생길 때까지 패스스루를 반복한다. 교환할 항목이 없다는 것은 배열이 정렬됐고 문제를 해결했다는 뜻이다.

4.2 버블 정렬 실제로 해보기

완전한 버블 정렬 예제를 살펴보자.

[4, 2, 7, 1, 3]이라는 배열을 정렬하고 싶다고 가정하자. 순서가 뒤죽박죽인 데다 중복 값까지 있는 배열을 올바르게 오름차순으로 정렬하고 싶다.

첫 번째 패스스루를 시작하자.

배열의 처음 상태는 다음과 같다.

▼ 그림 4-4

1단계: 먼저 4와 2를 비교한다.

▼ 그림 4-5

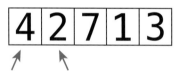

2단계: 순서가 맞지 않으므로 둘을 교환한다.

▼ 그림 4-6

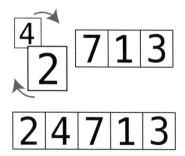

3단계: 다음으로 4와 7을 비교한다.

▼ 그림 4-7

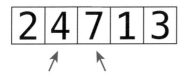

순서가 올바르다. 교환할 필요가 없다.

4단계: 이제 7과 1을 비교한다.

▼ 그림 4-8

5단계: 순서가 맞지 않으므로 교환한다.

▼ 그림 4-9

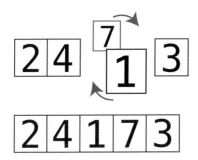

6단계: 7과 3을 비교한다.

▼ 그림 4-10

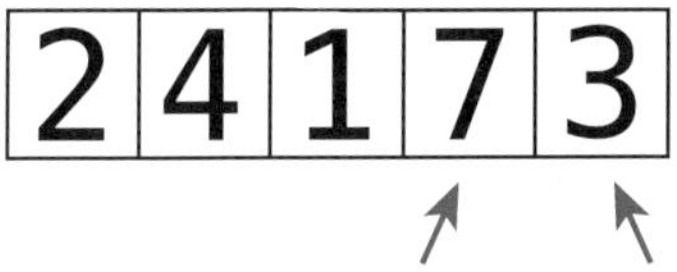

24173

7단계: 순서가 맞지 않으므로 교환한다.

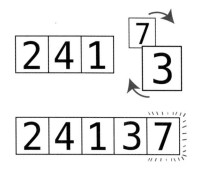

▼ 그림 4-11

이제 7은 확실히 배열 내에서 올바른 위치에 있다. 적절한 위치에 도달할 때까지 7을 계속해서 오른쪽으로 옮겼기 때문이다. 그림 4-11에서는 7 주변을 점선으로 표시해서 7이 올바른 위치에 있음을 나타냈다.

이 알고리즘을 **버블** 정렬이라 부르는 까닭이 바로 여기에 있다. 각 패스스루마다 정렬되지 않은 값 중 가장 큰 값, "버블"이 올바른 위치로 가게 된다.

첫 번째 패스스루에서 교환을 적어도 한 번 수행했으니 다음 패스스루도 수행해야 한다.

두 번째 패스스루를 시작하자.

8단계: 2와 4를 비교한다.

▼ 그림 4-12

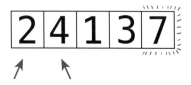

올바른 순서이므로 다음 단계로 넘어간다.

9단계: 4와 1을 비교한다.

▼ 그림 4-13

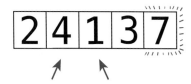

10단계: 순서가 맞지 않으므로 교환한다.

▼ 그림 4-14

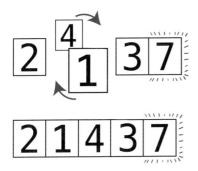

11단계: 4와 3을 비교한다.

▼ 그림 4-15

12단계: 순서가 맞지 않으므로 교환한다.

▼ 그림 4-16

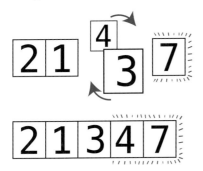

첫 번째 패스스루를 통해 7이 이미 올바른 위치라는 것을 알고 있으니 4와 7은 비교할 필요가 없다. 또한, 이제 4 역시 올바른 위치로 올라갔다. 이로써 두 번째 패스스루도 끝났다.

두 번째 패스스루에서 교환을 적어도 한 번 수행했으니 다음 패스스루를 수행해야 한다.

이제 세 번째 패스스루를 시작하자.

13단계: 2와 1을 비교한다.

▼ 그림 4-17

14단계: 순서가 맞지 않으니 교환한다.

▼ 그림 4-18

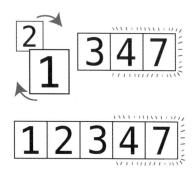

15단계: 2와 3을 비교한다.

▼ 그림 4-19

순서가 올바르니 교환할 필요가 없다.

이제 3이 올바른 위치로 올라갔다.

▼ 그림 4-20

세 번째 패스스루에서 교환을 적어도 한 번 수행했으니 다음 패스스루를 수행해야 한다.

따라서 네 번째 패스스루를 시작하자.

16단계: 1과 2를 비교한다.

▼ 그림 4-21

순서가 올바르니 교환할 필요가 없다. 나머지 값은 모두 이미 올바르게 정렬됐으니 네 번째 패스스루를 종료할 수 있다.

어떤 교환도 하지 않은 패스스루였으므로 이제 이 배열은 완전히 정렬됐다.

▼ 그림 4-22

4.2.1 버블 정렬 구현

다음은 파이썬으로 구현한 버블 정렬이다.

```python
def bubble_sort(list):
    unsorted_until_index = len(list) - 1
    sorted = False

    while not sorted:
        sorted = True
        for i in range(unsorted_until_index):
            if list[i] > list[i+1]:
                list[i], list[i+1] = list[i+1], list[i]
                sorted = False
        unsorted_until_index -= 1

    return list
```

위 함수는 다음 코드처럼 정렬되지 않은 배열을 전달하여 사용한다.

```python
print(bubble_sort([65, 55, 45, 35, 25, 15, 10]))
```

그러면 함수는 정렬된 배열을 반환한다.

한 줄씩 나눠서 어떻게 동작하는지 살펴보자. 각 줄마다 설명을 먼저 하고 뒤이어 해당 코드를 보이겠다.

가장 먼저 unsorted_until_index 변수부터 생성한다. 이 변수는 아직 정렬되지 않은 배열의 가장 오른쪽 인덱스를 기록한다. 알고리즘을 처음 시작할 때는 전체 배열이 정렬되지 않은 상태이므로 배열의 마지막 인덱스로 변수를 초기화한다.

```python
unsorted_until_index = len(list) - 1
```

배열의 정렬 여부를 기록하는 sorted 변수도 생성한다. 물론, 코드가 처음 실행될 때는 정렬되지 않은 상태이므로 False를 할당한다.

```python
sorted = False
```

배열이 정렬될 때까지 계속 실행될 while 루프를 시작한다. 루프 한 번 실행이 배열의 한 패스스루에 해당한다.

```python
while not sorted:
```

이어서 sorted에 True를 할당한다.

```python
sorted = True
```

각 패스스루 안에서는 교환이 일어나기 전까지 배열이 정렬되어 있다고 가정하고 값을 교환하면 변수를 다시 False로 바꾸는 방식을 취한다. 이렇게 해야 어떤 교환도 하지 않고 전체 패스스루를 통과할 때 sorted가 True로 남아서 배열이 완전히 정렬된 상태임을 알 수 있다.

while 루프 내에서 for 루프를 시작한다. 루프 안에서는 배열 내 모든 값 쌍을 가리킨다. 변수 i를 첫 포인터로 사용해 배열의 첫 인덱스부터 아직 정렬되지 않은 인덱스까지 수행한다.

```python
for i in range(unsorted_until_index):
```

for 루프 내에서는 모든 인접 값 쌍을 비교하고 순서가 뒤바뀌어 있으면 교환한다. 또한, 교환하게 되면 sorted를 False로 바꾼다.

```
if list[i] > list[i+1]:
    list[i], list[i+1] = list[i+1], list[i]
    sorted = False
```

각 패스스루가 끝나면 오른쪽으로 올려준 값(버블)이 이제 올바른 위치에 있음을 알 수 있다. 바꿔 말하면 기존에 가리키고 있던 인덱스가 이제 정렬된 상태이니 unsorted_until_index 값을 1 감소시킨다.

```
unsorted_until_index -= 1
```

sorted가 True가 되면, 즉 배열이 완전히 정렬되면 while 루프가 종료된다. 이때 정렬된 배열을 반환한다.

```
return list
```

DATA STRUCTURES AND ALGORITHMS

4.3 버블 정렬의 효율성

버블 정렬 알고리즘은 두 가지 중요한 단계를 포함한다.

- **비교**(comparison): 어느 쪽이 더 큰지 두 수를 비교한다.
- **교환**(swap): 정렬하기 위해 두 수를 교환한다.

먼저 버블 정렬에서 얼마나 많은 **비교**가 일어나는지 알아내 보자.

예제의 배열은 원소가 5개다. 다시 살펴보면 첫 번째 패스스루에서 두 수의 비교를 4번 해야 했다.

두 번째 패스스루에서는 비교를 3번만 했다. 첫 번째 패스스루를 거치면서 마지막 숫자가 올바른 위치로 갔음을 이미 알고 있었으므로 마지막 두 수를 비교할 필요가 없었기 때문이다.

세 번째 패스스루에서는 비교를 2번 했고, 네 번째 패스스루에서는 비교를 딱 1번만 했다.

따라서,

4 + 3 + 2 + 1 = 10번의 비교다.

모든 배열 크기에 적용되도록 표현하면 원소 N개가 있을 때,

(N − 1) + (N − 2) + (N − 3) … + 1번의 비교를 수행한다.

버블 정렬에서 일어나는 비교 횟수를 분석했으니 이제 **교환**을 분석해 보자.

배열이 내림차순으로(우리가 원하는 것과 완전히 정반대로) 정렬된 최악의 시나리오라면 비교할 때마다 교환을 해야 한다. 즉, 이러한 시나리오에서는 비교 10번, 교환 10번이 일어나 총 20단계가 필요하다.

이제 전체적인 그림을 보자. 원소 5개가 역순으로 된 배열에서는 4 + 3 + 2 + 1 = 10번 비교해야 한다. 10번의 비교와 더불어 교환도 10번 해야 하니 총 20단계다.

값 10개가 역순으로 된 배열에서는 9 + 8 + 7 + 6 + 5 + 4 + 3 + 2 + 1 = 45번의 비교와 45번의 교환이 일어난다. 총 90단계다.

원소가 **20개**인 배열에서는

19 + 18 + 17 + 16 + 15 + 14 + 13 + 12 + 11 + 10 + 9 + 8 + 7 + 6 + 5 + 4 + 3 + 2 + 1 = **190번**의 비교와 약 190번의 교환이 일어나므로 총 380단계다.

얼마나 비효율적인가. 원소 수가 증가할수록 단계 수가 **기하급수적**으로 늘어난다. 다음의 표로 명확하게 알 수 있다.

▼ 표 4-1

데이터 원소 N개	최대 단계 수
5	20
10	90
20	380
40	1560
80	6320

N이 증가할 때마다 단계 수가 얼마씩 늘어나는지 살펴보면 대략 N^2만큼 늘어남을 알게 된다. 다음 표를 보자.

▼ 표 4-2

데이터 원소 N개	버블 정렬의 단계 수	N²
5	20	25
10	90	100
20	380	400
40	1560	1600
80	6320	6400

버블 정렬의 시간 복잡도를 빅 오 표기법으로 나타내 보자. 빅 오는 데이터 원소가 N개 일 때 알고리즘에 몇 단계가 필요한가라는 핵심 질문에 대한 답이라고 했다.

값이 N개이므로 버블 정렬에는 N²단계가 필요하고, 따라서 빅 오로 나타내면 버블 정렬의 효율성은 $O(N^2)$이다.

$O(N^2)$은 데이터가 증가할 때 단계 수가 급격히 늘어나므로 비교적 비효율적인 알고리즘으로 간주된다. $O(N^2)$을 더 빠른 $O(N)$과 비교하는 다음 그래프를 보자.

▼ 그림 4-23

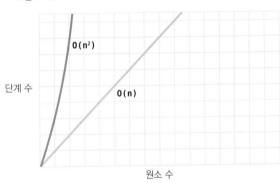

데이터가 늘어날수록 $O(N^2)$의 단계 수가 매우 급격히 증가하고 있다. 단순한 대각선을 그리는 $O(N)$과 비교해 보자.

참고로 $O(N^2)$을 **이차 시간**(quadratic time)이라고도 부른다.

4.4 / 이차 문제

느린 O(N²) 알고리즘을 빠른 O(N) 알고리즘으로 대체할 수 있는 현실적인 예제를 하나 살펴보자.

사용자가 제품에 대해 1부터 10사이로 매긴 평점을 분석하는 자바스크립트 애플리케이션을 작성하고 있다고 하자. 그중에서도 평점 배열에 중복 숫자가 들어 있는지 확인하는 함수를 작성하고 있다. 이 함수는 향후 소프트웨어의 다른 부분에 들어가 보다 복잡한 계산에 쓰인다.

예를 들어 배열 [1, 5, 3, 9, 1, 4]에는 숫자 1이 두 번 나오므로 true를 반환함으로써 배열에 숫자가 중복으로 들어 있다고 알린다.

머릿속에 가장 먼저 떠오르는 방법 중 하나가 다음과 같이 중첩 루프를 사용하는 것이 아닐까 싶다.

```javascript
function hasDuplicateValue(array) {
    for(let i = 0; i < array.length; i++) {
        for(let j = 0; j < array.length; j++) {
            if(i !== j && array[i] === array[j]) {
                return true;
            }
        }
    }
    return false;
}
```

위 함수는 변수 i를 사용해 배열 내 각 원소를 순회한다. 이어서 i 내에서 각 값을 살펴야 하므로 변수 j로 배열 내 모든 값을 돌아보는 두 번째 for 루프를 실행하고 i와 j 인덱스에 있는 두 값이 같은지 확인한다. 같다면 중복 값을 찾았다는 의미이니 true를 반환한다. 루프를 모두 실행했는데 어떤 중복 값도 찾지 못했다면 배열에 중복이 없음을 알았으니 false를 반환한다.

위 코드가 당연히 잘 동작하긴 하지만 과연 효율적일까? 빅 오 표기법을 조금 배웠으므로 한 발짝 물러나서 이 함수를 빅 오로 어떻게 표현하는지 알아보자.

빅 오는 데이터 값 N개에 비례해 알고리즘에 얼마나 많은 단계가 필요한지를 표현했다. 빅 오를 위 코드에 적용하려면 이렇게 물어야 한다. hasDuplicateValue 함수에 값 N개를 포함하는 배열이 주어졌을 때, 최악의 시나리오에서 알고리즘에 얼마나 많은 단계가 필요한가?

이 질문에 답하려면 먼저 어떤 단계가 필요한지, 그리고 최악의 시나리오는 어떤 경우인지 분석해야 한다.

이 함수에는 한 종류의 단계, 즉 **비교**가 있다. 함수는 반복해서 i와 j를 비교함으로써 같은지, 즉 중복 쌍인지 확인한다. 최악의 시나리오는 배열이 중복 값을 포함하지 않는 경우다. 이 경우 코드는 false를 반환하기 전에 모든 루프를 수행해야 하고 가능한 모든 조합을 전부 비교해야 한다.

결론적으로 배열에 값 N개가 있을 때 함수는 N^2번의 비교를 수행할 것이다. 바깥 루프는 배열을 전부 살펴보기 위해 무조건 N번을 순회해야 하고, **순회마다** 안쪽 루프는 다시 N번을 순회해야 하기 때문이다. 이는 N단계 × N단계, 바꿔 말해 N^2단계이므로 $O(N^2)$의 알고리즘이다.

단계 수를 기록하는 코드를 함수에 추가해서 함수에 실제로 N^2단계가 걸리는지 증명할 수 있다.

```
function hasDuplicateValue(array) {
    let steps = 0; // 단계 수
    for(let i = 0; i < array.length; i++) {
        for(let j = 0; j < array.length; j++) {
            steps++; // 단계 수를 증가시킨다.
            if(i !== j && array[i] === array[j]) {
                return true;
            }
        }
    }
    console.log(steps); // 중복 값이 없으면 단계 수를 출력한다.
    return false;
}
```

추가한 코드는 중복 값이 없을 때 단계 수를 출력한다. 가령 hasDuplicateValue([1, 4, 5, 2, 9])를 실행하면 자바스크립트 콘솔에 배열의 5개 원소에 대해 25번의 비교가 있었음을 뜻하는 25가 출력될 것이다. 다른 값으로 테스트해도 항상 배열 크기의 제곱이 출력된다. 전형적인 $O(N^2)$이다.

루프 내에 다른 루프를 중첩하는 알고리즘이라면 대부분(항상은 아니다) $O(N^2)$이다. 따라서 중첩 루프가 보이면 $O(N^2)$ 알람이 머릿속에 울리기 시작해야 한다.

이제는 함수가 $O(N^2)$이라는 사실을 진지하게 받아들여야 한다. $O(N^2)$은 상대적으로 느린 알고리즘으로 간주되기 때문이다. 느린 알고리즘을 마주할 때는 시간을 들여 더 빠른 대안은 없을지 깊이 생각해 보는 것이 좋다. 더 나은 방법이 없을 수도 있지만, 먼저 확실히 해두자.

4.5 선형 해결법

다음처럼 중첩 루프를 쓰지 않는 hasDuplicateValue 함수를 구현해 볼 수 있다. 꽤 영리한 방법이니 어떻게 동작하는지 살펴서 첫 번째 구현보다 더 효율적인지 알아보자.

```javascript
function hasDuplicateValue(array) {
    let existingNumbers = [];
    for(let i = 0; i < array.length; i++) {
        if(existingNumbers[array[i]] === 1) {
            return true;
        } else {
            existingNumbers[array[i]] = 1;
        }
    }
    return false;
}
```

이 함수가 하는 일은 다음과 같다. existingNumbers라는 빈 배열을 생성한다.

이후 루프를 사용해 array의 각 숫자를 확인한다. 숫자가 나올 때마다 existingNumbers 배열에서 그 숫자에 해당하는 **인덱스**에 임의의 값(예제에서는 1)을 넣는다.

[3, 5, 8]이라는 배열을 예로 들어 보자. 3이 나오면 existingNumbers의 인덱스 3에 1을 넣는다. 이제 existingNumbers 배열은 대략 다음과 같을 것이다.

```
[undefined, undefined, undefined, 1]
```

인덱스 3에 1이 있으니 앞으로 주어진 array에 이미 3이 나왔었음을 알고 기억할 수 있다.

다음으로 array에서 5가 나오면 existingNumbers의 인덱스 5에 1을 넣는다.

```
[undefined, undefined, undefined, 1, undefined, 1]
```

끝으로 8이 나오면 existingNumbers 배열은 다음과 같을 것이다.

```
[undefined, undefined, undefined, 1, undefined, 1, undefined, undefined, 1]
```

본질적으로 existingNumbers의 인덱스를 사용해 지금까지 array에서 어떤 숫자들이 나왔었는지 기억한다.

진짜 요령은 지금부터다. 코드는 적절한 인덱스에 1을 저장하기 앞서 **이 인덱스의 값이 이미 1인지 확인한다.** 1이면 이미 나왔던 숫자라는 뜻이며 따라서 중복 값을 찾은 것이다. 이때는 바로 true를 반환하고 함수를 도중에 중단시킨다. true를 반환하지 않고 루프 끝까지 갔다면 중복 값이 없다는 뜻이니 false를 반환한다.

빅 오 관점에서 이 새로운 알고리즘의 효율성을 알아내려면 한 번 더 최악의 시나리오일 때 알고리즘에 필요한 단계 수를 알아내야 한다.

이 알고리즘에 포함된 단계 중 주요 유형은 각 숫자를 보고 existingNumbers에서 해당 인덱스의 값이 1인지 확인하는 것이다.

```
if(existingNumbers[array[i]] === 1)
```

(비교 외에 existingNumbers 배열에 **삽입**도 해야 하지만 이 분석에서 삽입 유형은 중요하지 않게 본다. 5장에서 더 설명하겠다.)

최악의 시나리오는 배열에 중복 값이 없을 때 발생한다. 이때 함수는 전체 루프를 모두 수행해야 한다.

새로운 알고리즘은 데이터 원소가 N개 있을 때 비교를 N번 하는 듯하다. 단 하나의 루프에서 단지 배열에 있는 원소 수만큼 순회하기 때문이다. 자바스크립트 콘솔에서 단계 수를 추적함으로써 이 이론이 맞는지 테스트해보자.

```javascript
function hasDuplicateValue(array) {
    let steps = 0;
    let existingNumbers = [];
    for(let i = 0; i < array.length; i++) {
        steps++;
        if(existingNumbers[array[i]] === 1) {
            return true;
        } else {
            existingNumbers[array[i]] = 1;
        }
    }
    console.log(steps);
    return false;
}
```

이제 hasDuplicateValue([1, 4, 5, 2, 9])을 실행하면 자바스크립트 콘솔에 5가 출력되고 이는 배열의 크기와 같다. 모든 배열 크기에서 마찬가지다. 그래서 이 알고리즘은 O(N)이다.

알다시피 O(N)은 O(N²)보다 훨씬 빠르므로 두 번째 접근법을 사용함으로써 hasDuplicateValue
를 크게 최적화했다. **엄청난** 속도 향상을 이뤘다.

(사실 위의 새로운 구현에는 한 가지 단점이 있다. 다시 말해 첫 번째 방식보다 메모리를 더 소비
한다. **19장 공간 제약 다루기**에서 상세히 논할 테니 아직은 신경 쓰지 말자.)

4.6 마무리

빅 오 표기법을 명확히 이해하면 느린 코드를 식별해 내고 두 경쟁 알고리즘 중 더 빠른 알고리즘
을 분명하게 골라낼 수 있다.

하지만 빅 오 표기법에서는 두 알고리즘이 속도가 같다고 해도 실제로는 어느 한쪽이 더 빠른 상
황이 벌어진다. 5장에서는 빅 오 표기법으로는 유의미한 차이를 발견할 수 없는 알고리즘들의 효
율성을 어떻게 평가하는지 배워볼 것이다.

4.7 연습 문제

다음 연습 문제는 코드 속도 향상을 실습해 볼 기회다. 해답은 524쪽에 나와 있다.

1. 다음 표는 다양한 빅 오 유형별로 주어진 데이터 원소 수에 몇 단계가 발생하는지 나타낸다. 물
   음표 부분을 채우자.

▼ 표 4-3

원소 개수(N)	O(N)	O(logN)	O(N²)
100	100	?	?
2000	?	?	?

2. 배열을 처리하는 어떤 $O(N^2)$ 알고리즘에 256단계가 걸렸다면 이 배열의 크기는 얼마일까?

3. 다음 함수의 시간 복잡도를 빅 오 표기법으로 나타내자. 이 함수는 주어진 배열의 모든 숫자 쌍의 최대곱(the greatest product)을 찾는다.

```
def greatestProduct(array):
    greatestProductSoFar = array[0] * array[1]

    for i, iVal in enumerate(array):
        for j, jVal in enumerate(array):
            if i != j and iVal * jVal > greatestProductSoFar:
                greatestProductSoFar = iVal * jVal

    return greatestProductSoFar
```

4. 다음 함수는 배열에서 가장 큰 수 하나를 찾으며 효율성이 $O(N^2)$이다. 더 빠른 $O(N)$이 되도록 함수를 다시 작성하자.

```
def greatestNumber(array):
    for i in array:
        # 우선은 i가 가장 크다고 가정하자.
        isIValTheGreatest = True

        for j in array:
            # i보다 큰 값을 찾으면, i는 가장 큰 수가 아니다.
            if j > i:
                isIValTheGreatest = False

        # 나머지 수를 모두 확인했는데도 i가 가장 크면, i가 가장 큰 수다.
        if isIValTheGreatest:
            return i
```

memo

5^장

빅 오를 사용하거나 사용하지 않는 코드 최적화

빅 오는 알고리즘을 서로 비교하고 주어진 상황에 알맞은 알고리즘을 결정하게 해주는 훌륭한 도구다. 하지만 빅 오가 **유일한** 도구는 아니다. 실제로 빅 오 표기법에서는 한 알고리즘이 다른 알고리즘보다 훨씬 빠른 경우에도 두 경쟁 알고리즘을 정확히 똑같은 방식으로 표현하기도 한다.

5장에서는 효율성이 같아 **보이는** 두 알고리즘을 구별해 내서 더 빠른 알고리즘을 고르는 법을 배우겠다.

5.1 선택 정렬

4장에서는 효율성이 O(N²)인 데이터 정렬 알고리즘으로 버블 정렬을 살펴봤다. 이 장에서는 **선택 정렬**(selection sort)이라는 또 다른 정렬 알고리즘을 자세히 알아보고 버블 정렬과 효율성을 비교해 보겠다.

선택 정렬은 다음과 같은 단계를 따른다.

1. 배열의 각 셀을 왼쪽부터 오른쪽 방향으로 확인하면서 어떤 값이 최솟값인지 결정한다. 한 셀씩 이동하면서 현재까지 가장 작은 값을 기록한다(실제로는 그 인덱스를 변수에 저장한다). 변수에 들어 있는 값보다 작은 값이 들어 있는 셀을 만나면 변수가 새 인덱스를 가리키도록 값을 대체한다. 그림으로 살펴보자.

▼ 그림 5-1

2. 이제 최솟값이 어느 인덱스에 들어 있는지 알았으므로 그 인덱스의 값과 패스스루를 처음 시작했을 때의 값을 교환한다. 패스스루를 시작했을 때 인덱스는 첫 패스스루에서는 인덱스 0일 것이고, 두 번째 패스스루에서는 인덱스 1일 것이다. 다음 그림은 첫 패스스루의 교환을 보여준다.

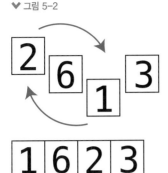

▼ 그림 5-2

3. 매 패스스루는 1, 2단계로 이뤄진다. 배열 끝에서 시작하는 패스스루에 도달할 때까지 패스스루를 반복한다. 마지막 패스스루에서는 배열이 완벽히 정렬되어 있을 것이다.

DATA STRUCTURES AND ALGORITHMS

5.2 선택 정렬 실제로 해보기

배열 [4, 2, 7, 1, 3]을 예제로 사용해 선택 정렬의 단계를 차례차례 살펴보자.

첫 패스스루를 시작해 보겠다.

인덱스 0에 들어 있는 값을 확인하며 시작한다. 정의에 따르면 이 값이 현재까지 배열의 최솟값이므로(지금까지 본 **유일한** 값이므로) 이 인덱스를 변수에 저장한다.

▼ 그림 5-3

현재 최솟값은 인덱스 0에 들어 있는 4

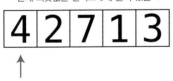

1단계: 현재 최솟값(즉, 4)과 2를 비교한다.

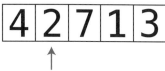

최솟값 = 4

2는 4보다 작으므로 2가 현재까지의 최솟값이 된다.

▼ 그림 5-5

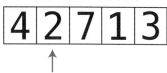

최솟값 = 인덱스 1에 들어 있는 2

2단계: 현재 최솟값과 다음 값인 7을 비교한다. 7은 2보다 크므로 2가 여전히 최솟값이다.

▼ 그림 5-6

최솟값 = 2

3단계: 현재 최솟값과 1을 비교한다.

▼ 그림 5-7

최솟값 = 2

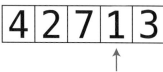

1은 2보다 작으므로 1이 새로운 최솟값이 된다.

▼ 그림 5-8

최솟값 = 인덱스 3에 들어 있는 1

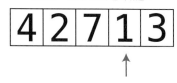

4단계: 현재 최솟값인 1과 3을 비교한다. 배열의 끝에 도달했으므로 전체 배열의 최솟값이 1로 결정됐다.

▼ 그림 5-9

5단계: 1이 최솟값이므로 1과 인덱스 0(패스스루를 시작했던 인덱스)의 값을 교환한다.

▼ 그림 5-10

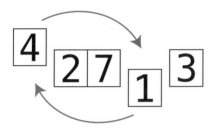

최솟값을 배열 맨 앞으로 옮겼으니 이제 최솟값이 배열 내에 올바른 위치에 있게 됐다.

▼ 그림 5-11

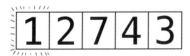

이어서 두 번째 패스스루를 시작한다.

준비: 첫 번째 셀, 즉 인덱스 0은 이미 정렬됐으므로 두 번째 패스스루는 다음 셀인 인덱스 1부터 시작한다. 인덱스 1의 값은 숫자 2이며, 이 값이 두 번째 패스스루의 현재 최솟값이다.

▼ 그림 5-12

6단계: 현재 최솟값과 7을 비교한다. 2는 7보다 작으므로 2는 여전히 최솟값이다.

▼ 그림 5-13

7단계: 현재 최솟값과 4를 비교한다. 2는 4보다 작으므로 2는 여전히 최솟값이다.

▼ 그림 5-14

8단계: 현재 최솟값과 3을 비교한다. 2는 3보다 작으므로 2는 여전히 최솟값이다.

▼ 그림 5-15

배열의 끝에 도달했다. 이 패스스루의 최솟값이 이미 올바른 위치에 있으니 교환하지 않아도 된다. 이로써 다음과 같은 상태로 두 번째 패스스루가 끝난다.

▼ 그림 5-16

이제 세 번째 패스스루를 시작하겠다.

준비: 7이 들어 있는 인덱스 2에서 시작한다. 7은 세 번째 패스스루에서 현재까지의 최솟값이다.

▼ 그림 5-17

최솟값 = 인덱스 2에 들어 있는 7

9단계: 4와 7을 비교한다.

▼ 그림 5-18

최솟값 = 7

4가 새로운 최솟값이다.

▼ 그림 5-19

최솟값 = 인덱스 3에 들어 있는 4

10단계: 4보다 작은 3이 나타났다.

▼ 그림 5-20

최솟값 = 4

이제 3이 새로운 최솟값이다.

최솟값 = 인덱스 4에 들어 있는 3

11단계: 배열의 끝에 도달했으므로 3과 패스스루를 시작했던 값, 즉 7을 교환한다.

▼ 그림 5-22

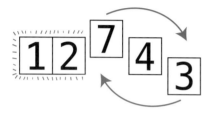

이제 3이 배열 내에 올바른 위치에 있게 됐다.

▼ 그림 5-23

이 시점에서 독자와 저자 모두 전체 배열이 올바르게 정렬됐음을 알지만, **컴퓨터**는 아직 모르므로 네 번째 패스스루를 시작해야 한다.

준비: 인덱스 3에서 패스스루를 시작한다. 4가 현재까지의 최솟값이다.

▼ 그림 5-24

최솟값 = 인덱스 3에 들어 있는 4

12단계: 4와 7을 비교한다.

▼ 그림 5-25

최솟값 = 4

4가 여전히 이 패스스루의 최솟값이고 올바른 위치에 있으니 교환하지 않아도 된다.

마지막 셀을 제외한 모든 셀이 올바르게 정렬됐고, 마지막 셀 역시 당연히 올바른 순서이므로 이제 전체 배열이 올바르게 정렬됐다.

▼ 그림 5-26

5.2.1 선택 정렬 구현

다음은 자바스크립트로 구현한 선택 정렬이다.

```javascript
function selectionSort(array) {
    for(let i = 0; i < array.length - 1; i++) {
        let lowestNumberIndex = i;
        for(let j = i + 1; j < array.length; j++) {
            if(array[j] < array[lowestNumberIndex]) {
                lowestNumberIndex = j;
            }
        }

        if(lowestNumberIndex != i) {
            let temp = array[i];
            array[i] = array[lowestNumberIndex];
            array[lowestNumberIndex] = temp;
        }
    }
    return array;
}
```

한 줄씩 나눠서 살펴보자.

각 패스스루를 나타내는 루프를 시작한다. 루프는 변수 i를 사용해 array의 각 값을 가리키며 끝에서 두 번째 값까지 살펴본다.

```
for(let i = 0; i < array.length - 1; i++) {
```

마지막 값을 시작하기 전에 이미 배열이 완전히 정렬되므로 마지막 값은 보지 않아도 된다.

이어서 현재까지의 최솟값이 들어 있는 **인덱스**를 저장한다.

```
let lowestNumberIndex = i;
```

lowestNumberIndex는 첫 패스스루를 시작할 때는 0, 두 번째 패스스루를 시작할 때는 1일 것이다.

특별히 인덱스를 저장하는 이유는 나머지 코드에서 최솟값과 그 인덱스를 모두 사용해야 하기 때문이고 인덱스를 사용하면 둘 다 참조할 수 있다(array[lowestNumberIndex]를 호출해 최솟값을 확인할 수 있다).

각 패스스루에서는 배열의 나머지 값들을 확인해 현재 최솟값보다 더 작은 값이 있는지 알아본다.

```
for(let j = i + 1; j < array.length; j++) {
```

실제로 더 작은 값을 찾으면 이 값의 인덱스를 lowestNumberIndex에 저장한다.

```
if(array[j] < array[lowestNumberIndex]) {
    lowestNumberIndex = j;
}
```

안쪽 루프가 종료되는 시점에 이번 패스스루에서 가장 작은 수의 인덱스가 결정된다.

패스스루의 최솟값이 이미 올바른 위치에 있으면(최솟값이 패스스루에서 만난 첫 번째 값인 경우) 아무것도 하지 않아도 된다. 하지만 최솟값이 올바른 위치에 있지 **않으면** 교환해야 한다. 좀 더 구체적으로 설명하면 패스스루를 시작했던 인덱스 i에 있는 값과 최솟값을 교환한다.

```
if(lowestNumberIndex != i) {
    let temp = array[i];
    array[i] = array[lowestNumberIndex];
    array[lowestNumberIndex] = temp;
}
```

끝으로 정렬된 배열을 반환한다.

```
return array;
```

5.3 선택 정렬의 효율성

선택 정렬은 비교와 교환, 두 종류의 단계를 포함한다. 즉, 각 패스스루 내에서 각 값을 현재까지 찾은 최솟값과 비교하고, 최솟값을 올바른 위치에 있는 수와 교환한다.

5개의 원소를 포함하는 배열 예제로 돌아가면, 총 10번의 비교를 해야 했다. 다음 표처럼 나눠서 살펴보자.

▼ 표 5-1

패스스루 번호	비교 횟수
1	4번
2	3번
3	2번
4	1번

총 4 + 3 + 2 + 1 = 10번의 비교다.

모든 배열 크기에 적용되도록 표현하면 원소 N개가 있을 때 $(N − 1) + (N − 2) + (N − 3) \cdots + 1$번의 비교다.

이와 달리 **교환**은 한 패스스루 당 최대 한 번 일어난다. 각 패스스루마다 최솟값이 이미 올바른 위치에 있느냐에 따라 교환을 안 하거나 교환을 한 번 하기 때문이다. 배열이 역순으로 정렬된 최악의 시나리오에서는 버블 정렬과 달리 비교할 때마다 **빠짐없이** 교환을 **한 번** 해야 한다.

다음 표는 버블 정렬과 선택 정렬을 나란히 비교한 것이다.

▼ 표 5-2

원소 개수(N)	버블 정렬에서 최대 단계 수	선택 정렬에서 최대 단계 수
5	20	14(10번의 비교 + 4번의 교환)
10	90	54(45번의 비교 + 9번의 교환)
20	380	199(180번의 비교 + 19번의 교환)
40	1560	819(780번의 비교 + 39번의 교환)
80	6320	3239(3160번의 비교 + 79번의 교환)

표에서 비교한 바에 따르면 선택 정렬은 분명 버블 정렬보다 단계 수가 반 정도 적다. 즉, 선택 정렬이 두 배 더 빠르다.

5.4 / 상수 무시하기

하지만 재미있게도 빅 오 표기법에서는 선택 정렬과 버블 정렬을 **정확히 같은 방식**으로 설명한다.

다시 강조하자면 빅 오 표기법은 데이터 원소가 N개일 때 얼마나 많은 단계 수가 필요한가라는 핵심 질문에 답한다. 선택 정렬에 대략 N^2의 반 단계 정도가 걸리므로 선택 정렬의 효율성을 $O(N^2 / 2)$로 설명하면 적당할 듯하다. 즉, 데이터 원소가 N개일 때 $N^2 / 2$단계가 필요하다. 다음 표가 이를 뒷받침한다.

▼ 표 5-3

원소 개수(N)	$N^2 / 2$	선택 정렬에서 최대 단계 수
5	$5^2 / 2 = 12.5$	14
10	$10^2 / 2 = 50$	54
20	$20^2 / 2\ 200$	199
40	$40^2 / 2 = 800$	819
80	$80^2 / 2 = 3239$	3239

하지만 실제로 선택 정렬을 빅 오로 표현하면 버블 정렬과 똑같이 $O(N^2)$이다. 지금부터 최초로 소개할 빅 오의 규칙 때문이다.

빅 오 표기법은 상수를 무시한다.

빅 오 표기법은 지수가 아닌 수는 포함하지 않는다는 것을 단순히 수학적으로 표현한 문장이다. 표현식에서 이러한 수는 그냥 버린다.

앞선 예제에서 알고리즘에는 $N^2 / 2$단계가 필요했지만 "/ 2"를 버리고 효율성을 $O(N^2)$으로 표현했다.

몇 가지 예를 더 살펴보자.

> N / 2단계가 필요한 알고리즘은 O(N)으로 표현한다.
>
> N^2 + 10단계가 필요한 알고리즘은 지수가 아닌 10을 버리고 O(N^2)으로 표현한다.
>
> 2N단계(N × 2라는 의미)가 필요한 알고리즘은 2를 버리고 O(N)으로 표현한다.
>
> O(N)보다 **100배나 느린** O(100N)이라 해도 마찬가지로 O(N)이다.

빅 오로는 정확히 똑같이 표현하는 두 알고리즘에 대해 한쪽이 다른 한쪽보다 **100배나 빠를 수 있다**는 이 규칙은 빅 오 표기법을 완전히 쓸모없어 보이게 만든다. 선택 정렬과 버블 정렬에서도 정확히 마찬가지다. 두 알고리즘 모두 빅 오로는 O(N^2)이지만 선택 정렬은 사실 버블 정렬보다 두 배나 빠르다.

대체 어떻게 된 일일까?

DATA STRUCTURES AND ALGORITHMS

5.5 빅 오 카테고리

이제 빅 오에 담긴 또 하나의 개념을 살펴볼 차례다. 빅 오 표기법은 **일반적인 카테고리**의 알고리즘 속도만 고려한다.

실제 건물에 비유해서 논해 보자. 건물의 종류는 당연히 매우 다양하다. 단층 단독 주택, 2층 단독 주택, 3층 단독 주택이 있다. 층수가 다양한 고층 아파트도 있다. 높이와 모양이 제각각인 고층 건물도 있다.

하나는 단독 주택이고 하나는 고층 건물인 두 건물을 비교할 때 굳이 각각이 몇 층인지 언급할 이유가 없다. 두 건물의 크기와 기능이 현저히 달라서 "이 건물은 2층짜리 집이고, 저 건물은 100층짜리 고층 건물입니다."라고 말할 필요가 없는 것이다. 하나는 집이라 부르고 나머지 하나는 고층 건물이라고 부르는 편이 낫다. 일반적인 카테고리로만 분류해도 현저한 차이를 나타내기 충분하다.

알고리즘의 효율성도 마찬가지다. 가령 O(N) 알고리즘과 O(N^2) 알고리즘을 비교할 때 두 효율성 간 차이가 너무 커서 O(N)이 실제로 O(2N)이든 O(N / 2)이든 심지어 O(100N)이든 별로 중요하지 않다.

그래서 O(N)과 O(100N)은 같은 카테고리로 분류하고, O(N)과 O(N²)은 별개의 카테고리로 분류한다.

3.2 빅 오의 본질에서 살펴봤듯이 빅 오 표기법은 단지 알고리즘에 필요한 단계 수만 의미하지 않는다. 데이터가 늘어날 때 알고리즘 단계 수가 장기적으로 어떤 궤적을 그리는지가 중요하다. O(N)은 직선 성장(straight growth)을 보여준다. 즉 단계 수가 데이터에 일정 비율로 비례해 직선을 그리며 증가한다. 이와 달리 O(N²)은 지수 성장(exponential growth)의 하나다.

지수 성장은 어떤 형태의 O(N)과도 비교되지 않는 완전히 다른 카테고리이다. O(N)에 어떤 수를 곱하든 데이터가 커지다 보면 언젠가 결국 O(N²)이 더 느려진다는 사실을 깨달으면 완벽히 이해가 간다.

다음의 그래프에서 볼 수 있듯이 N에 여러 상수를 곱해도 O(N²)이 느리다.

▼ 그림 5-27

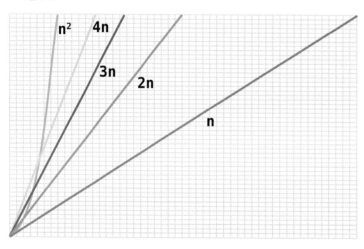

따라서 빅 오에서 서로 다른 카테고리에 속하는 두 효율성을 비교할 때 일반적인 카테고리로 분류하는 것으로 충분하다. O(2N)과 O(N²)을 비교하는 것은 2층집과 고층 건물을 비교하는 것과 다를 바 없다. O(2N) 역시 일반적인 O(N) 카테고리에 속한다고 말하는 편이 훨씬 낫다.

O(1), O(logN), O(N), O(N²)처럼 지금까지 다룬 모든 빅 오 유형이나 이 책에서 앞으로 나올 유형은 서로 차이가 큰 일반적인 빅 오 카테고리다. 지수가 아닌 수로 단계 수를 곱하거나 나눈다고 카테고리가 바뀌지 않는다.

하지만 두 알고리즘이 **같은** 카테고리에 속하더라도 서로 처리 속도가 다를 수 있다. 버블 정렬과 선택 정렬은 둘 다 O(N²)이지만 어쨌든 버블 정렬은 선택 정렬보다 두 배 느리다. 따라서 빅 오에서 서로 다른 카테고리에 속하는 알고리즘을 대조할 때는 빅 오가 완벽한 도구지만 같은 카테고리에 속하는 두 알고리즘이라면 어떤 알고리즘이 더 빠를지 알기 위해 더 분석해야 한다.

5.5.1 실제 예제

1장에서 가장 처음 소개했던 코드를 조금만 바꿔서 다시 살펴보자.

```python
def print_numbers_version_one(upperLimit):
    number = 2

    while number <= upperLimit:
        # number가 짝수면 출력한다.
        if number % 2 == 0:
            print(number)

        number += 1

def print_numbers_version_two(upperLimit):
    number = 2

    while number <= upperLimit:
        print(number)

        # 정의에 따라 다음 짝수로 2씩 증가시킨다.
        number += 2
```

같은 기능을 하는, 즉 2부터 upperLimit까지의 모든 짝수를 출력하는 두 가지 알고리즘이 있다(1장에서는 상한선을 100으로 고정했으나 여기서는 upperLimit에 쓰일 숫자를 사용자가 직접 전달한다).

1장에서는 첫 번째 버전이 두 번째 버전보다 단계가 두 배 더 필요하다는 점에 주목했으나 위 예제에서는 빅 오 관점에서 어떻게 달라지는지 보자.

다시 말하지만 빅 오는 데이터 원소가 N개일 때 얼마나 많은 단계 수가 필요한가라는 핵심 질문에 대한 답이다. 하지만 위 예제에서 N은 배열의 크기가 아니라 단순히 upperLimit으로서 함수에 전달하는 수다.

첫 번째 버전에는 N단계가 걸린다. 즉 upperLimit이 100이면 함수에 100단계가 걸린다(실제로는 2부터 세기 시작하므로 99단계가 걸린다). 따라서 첫 번째 알고리즘의 시간 복잡도는 O(N)이라고 분명하게 말할 수 있다.

두 번째 버전에는 N/2단계가 걸린다. upperLimit이 100이면 함수에 50단계가 걸린다. O(N / 2)라고 부르고 싶겠지만 이제는 상수를 버리고 표현을 O(N)으로 줄이는 법을 배웠다.

보다시피 두 번째 버전이 첫 번째 버전보다 두 배 빠르고 따라서 당연히 더 나은 방법이다. 이는 빅 오 표기법으로는 똑같이 표현되더라도 어떤 알고리즘이 더 빠른지 알아내려면 분석해야 한다는 점을 보여주는 또 하나의 좋은 예다.

5.5.2 중요한 단계

이전 예제를 한층 더 깊이 분석해 보자. 첫 번째 버전인 print_numbers_version_one는 N단계가 필요하다고 말했다. 루프를 upperLimit만큼, 즉 N번 실행하기 때문이다.

하지만 정말로 딱 N단계가 필요할까?

나눠서 살펴보면 매 루프 안에서 **여러** 단계가 일어남을 알 수 있다.

첫째, number가 2로 나누어 떨어지는지 확인하는 비교 단계(if number % 2 == 0)다. 비교는 매 루프마다 일어난다.

둘째, 짝수일 때만 일어나는 출력 단계(print(number))다. 따라서 출력은 **한 번 걸러** 일어난다.

셋째, 매 루프마다 실행되는 number += 1이다.

앞선 장들에서 알고리즘의 빅 오를 표현할 때 어떤 단계를 세어야 하는지 결정하는 법을 배우겠다고 언급했었다. 그렇다면 예제에서는 어떤 단계를 중요하게 고려해야 할까? 비교나 출력, number 증가 중 무엇이 중요할까?

정답을 말하자면 **모든** 단계가 중요하다. 단지 빅 오 용어로 단계를 표현할 때 상수를 버리고 표현식을 단순화할 뿐이다.

위 예제에도 적용해 보자. 모든 단계를 센다면 N번의 비교와 N번의 증가, N / 2번의 출력이 있다. 모두 합해 2.5N단계다. 하지만 상수 2.5가 제거되니 O(N)이라고 표현한다. 그럼 어떤 단계가 중요했을까? 모두 중요하지만 상수를 제거함으로써 루프 안에서 정확히 무슨 일이 일어나는지 보다는 실질적으로 루프가 실행되는 횟수에 더 초점을 맞추게 된다.

5.6 마무리

이제 자유자재로 쓸 수 있는 강력한 분석 도구들이 생겼다. 빅 오를 사용해 알고리즘이 대체로 얼마나 효율적인지 알 수 있고, 빅 오에서 같은 분류에 속하는 두 알고리즘도 비교할 수 있다.

하지만 두 알고리즘의 효율성을 비교할 때 고려해야 할 중요한 요인이 또 있다. 지금까지는 알고리즘이 최악의 시나리오에서 얼마나 빠른가에 초점을 맞췄다. 정의에 따르면 최악의 시나리오는 항상 일어나지 않는다. 대체로 일어나는 시나리오는 평균 시나리오다. 6장에서는 모든 시나리오를 고려하는 방법을 알아보겠다.

5.7 연습 문제

다음 연습 문제는 알고리즘 분석을 실습해 볼 기회다. 해답은 524쪽에 나와 있다.

1. 빅 오 표기법을 사용해 4N + 16단계가 걸리는 알고리즘의 시간 복잡도를 나타내자.

2. 빅 오 표기법을 사용해 $2N^2$단계가 걸리는 알고리즘의 시간 복잡도를 나타내자.

3. 빅 오 표기법을 사용해 다음 함수의 시간 복잡도를 나타내자. 함수는 주어진 배열의 모든 수를 두 배로 만든 후 그 합을 반환한다.

```ruby
def double_then_sum(array)
    doubled_array = []

    array.each do |number|
        doubled_array << number *= 2
    end

    sum = 0

    doubled_array.each do |number|
        sum += number
    end
```

```
        return sum
    end
```

4. 빅 오 표기법을 사용해 다음 함수의 시간 복잡도를 나타내자. 함수는 문자열 배열을 받아 각 문자열을 다양한 형태로 출력한다.

```
def multiple_cases(array)
    array.each do |string|
        puts string.upcase
        puts string.downcase
        puts string.capitalize
    end
end
```

5. 다음 함수는 수로 된 배열을 순회하며 **인덱스**가 짝수이면 배열 내 모든 수에 대해 그 인덱스의 수를 더해 출력한다. 빅 오 표기법으로 나타내면 이 함수의 효율성은 무엇일까?

```
def every_other(array)
    array.each_with_index do |number, index|
        if index.even?
            array.each do |other_number|
                puts number + other_number
            end
        end
    end
end
```

6^장

긍정적인
시나리오 최적화

지금까지는 주로 최악의 시나리오에서 얼마나 많은 단계가 걸리는지에 초점을 맞췄다. 이유는 간단하다. 최악을 준비하면 모든 일이 순조롭기 때문이다.

하지만 6장에서는 최악의 시나리오 외에도 고려할 가치가 있는 상황들이 있음을 보이겠다. 모든 시나리오를 고려할 수 있는 능력은 어떤 상황에서든 적절한 알고리즘을 고를 수 있게 해주는 중요한 능력이다.

6.1 삽입 정렬

지금까지 두 가지 정렬 알고리즘, 버블 정렬과 선택 정렬을 알아봤다. 둘 다 효율성은 $O(N^2)$이지만 선택 정렬이 실제로는 두 배 더 빠르다. 6장에서는 세 번째 정렬 알고리즘으로 **삽입 정렬**(insertion sort)을 배우면서 최악의 경우(worst case)가 아닌 다른 시나리오를 분석하는 것에 어떤 장점이 있는지 알아보겠다.

삽입 정렬의 수행 순서는 다음과 같다.

1. 첫 번째 패스스루에서 임시로 인덱스 1(두 번째 셀)의 값을 삭제하고 이 값을 임시 변수에 저장한다. 인덱스 1에 값이 없으므로 공백이 생긴다.

▼ 그림 6-1

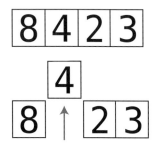

이후 각 패스스루마다 다음 인덱스의 값을 삭제한다.

2. 다음으로 공백 왼쪽에 있는 각 값을 가져와 임시 변수에 있는 값과 비교하는 시프트 단계를 시작한다.

▼ 그림 6-2

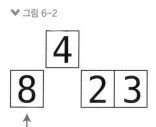

공백 왼쪽에 있는 값이 임시 변수에 있는 값보다 크면 그 값을 오른쪽으로 시프트한다.

▼ 그림 6-3

값을 오른쪽으로 시프트했으므로 자연히 공백이 왼쪽으로 옮겨진다. 임시로 삭제한 값보다 작은 값을 만나거나 배열의 왼쪽 끝에 도달해야 시프트 단계가 끝난다.

3. 이제 임시로 제거한 값을 현재 공백에 삽입한다.

▼ 그림 6-4

4. 1단계부터 3단계까지가 하나의 패스스루다. 배열의 마지막 인덱스에서 패스스루를 시작할 때까지 패스스루를 반복한다. 이때가 되면 배열은 완전히 정렬된다.

6.2 삽입 정렬 실제로 해보기

배열 [4, 2, 7, 1, 3]을 삽입 정렬해보자.

인덱스 1의 값을 확인하며 첫 번째 패스스루를 시작한다. 인덱스 1에 값 2가 들어 있다.

▼ 그림 6-5

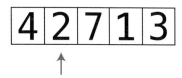

1단계: 임시로 2를 삭제하고 temp_value라는 변수에 저장한다. 이를 표시하기 위해 나머지 배열의 윗부분으로 이 값을 옮기겠다.

▼ 그림 6-6

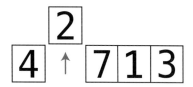

2단계: 4와 temp_value에 들어 있는 2를 비교한다.

▼ 그림 6-7

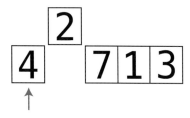

3단계: 4가 2보다 크므로 4를 오른쪽을 시프트한다.

▼ 그림 6-8

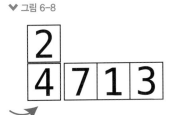

▼ 그림 6-8

공백이 배열의 왼쪽 끝에 있으므로 더 이상 왼쪽으로 시프트할 수 없다.

4단계: temp_value를 다시 배열에 삽입해서 첫 번째 패스스루를 끝낸다.

▼ 그림 6-9

이제 두 번째 패스스루를 시작하자.

5단계: 두 번째 패스스루에서는 인덱스 2의 값을 임시로 삭제한다. 이 값을 temp_value에 저장한다. 이때 temp_value는 7이다.

▼ 그림 6-10

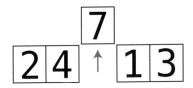

6단계: 4와 temp_value를 비교한다.

▼ 그림 6-11

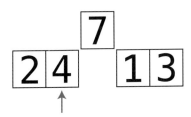

4가 더 작으므로 시프트하지 않는다. temp_value보다 작은 값에 도달했으므로 시프트 단계를 끝낸다.

7단계: temp_value를 다시 공백에 삽입하고 두 번째 패스스루를 끝낸다.

▼ 그림 6-12

이제 세 번째 패스스루를 시작한다.

8단계: 임시로 1을 삭제하고 temp_value에 저장한다.

▼ 그림 6-13

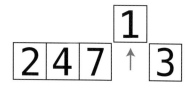

9단계: 7과 temp_value를 비교한다.

▼ 그림 6-14

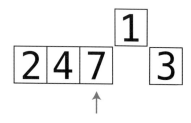

10단계: 7은 1보다 크므로 7을 오른쪽으로 시프트한다.

▼ 그림 6-15

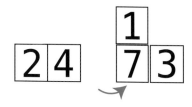

11단계: 4와 temp_value를 비교한다.

▼ 그림 6-16

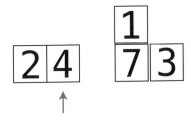

12단계: 4는 1보다 크므로 마찬가지로 시프트한다.

▼ 그림 6-17

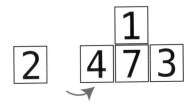

13단계: 2와 temp_value를 비교한다.

▼ 그림 6-18

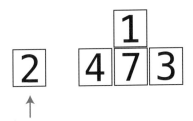

14단계: 2가 더 크므로 시프트한다.

▼ 그림 6-19

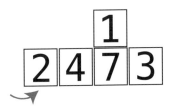

15단계: 공백이 배열의 왼쪽 끝에 있으므로 temp_value를 공백에 삽입하고 패스스루를 끝낸다.

▼ 그림 6-20

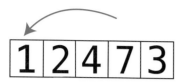

이제 네 번째 패스스루를 시작한다.

16단계: 임시로 인덱스 4의 값을 삭제하고 temp_value에 저장한다. 값은 3이다.

▼ 그림 6-21

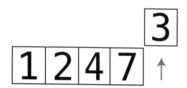

17단계: 7과 temp_value를 비교한다.

▼ 그림 6-22

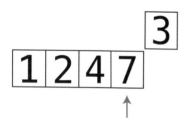

18단계: 7이 더 크므로 7을 오른쪽으로 시프트한다.

▼ 그림 6-23

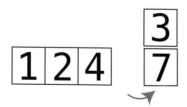

19단계: 4와 temp_value를 비교한다.

그림 6-24

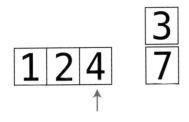

20단계: 4가 3보다 크므로 4를 시프트한다.

그림 6-25

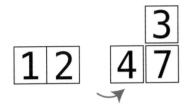

21단계: 2와 temp_value를 비교한다. 2는 3보다 작으므로 시프트 단계를 끝낸다.

그림 6-26

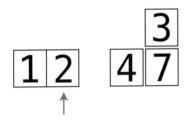

22단계: temp_value를 다시 공백에 삽입한다.

그림 6-27

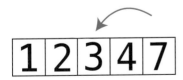

이제 배열이 완전히 정렬됐다.

6.2.1 삽입 정렬 구현

다음은 파이썬으로 구현한 삽입 정렬이다.

```python
def insertion_sort(array):
    for index in range(1, len(array)):

        temp_value = array[index]
        position = index - 1

        while position >= 0:
            if array[position] > temp_value:
                array[position + 1] = array[position]
                position = position - 1
            else:
                break

        array[position + 1] = temp_value

    return array
```

코드를 한 단계씩 살펴보자.

먼저 인덱스 1부터 시작해 전체 배열을 순회하는 루프를 시작시킨다. 매 루프가 하나의 패스스루를 뜻한다.

```python
for index in range(1, len(array)):
```

각 패스스루마다 "제거 중인" 값을 temp_value라는 변수에 저장한다.

```python
temp_value = array[index]
```

다음으로 position이라는 변수를 만들어 temp_value의 바로 왼쪽 인덱스에서 시작시킨다. position은 temp_value와 비교할 각 값을 나타낸다.

```
position = index - 1
```

패스스루를 통과하면서 position은 계속 왼쪽으로 움직이며 각 값을 temp_value와 비교한다. 이어서 position이 0보다 같거나 큰 동안 실행되는 안쪽 while 루프를 시작시킨다.

```
while position >= 0:
```

이제 비교를 수행한다. 즉 position에 있는 값이 temp_value보다 큰지 확인한다.

```
if array[position] > temp_value:
```

크다면 왼쪽 값을 오른쪽으로 시프트한다.

```
array[position + 1] = array[position]
```

이어서 다음 왼쪽 값을 다음 while 루프의 temp_value와 비교할 수 있도록 position 값을 1 감소시킨다.

```
position = position - 1
```

position에 있는 값이 temp_value보다 같거나 작으면 temp_value를 공백에 삽입할 때이니 패스스루를 끝낼 수 있다.

```
    else:
        break
```

각 패스스루의 마지막 단계는 temp_value를 공백에 삽입하는 것이다.

```
array[position + 1] = temp_value
```

모든 패스스루가 끝나면 정렬된 배열을 반환한다.

```
return array
```

6.3 삽입 정렬의 효율성

삽입 정렬에 포함된 단계는 삭제, 비교, 시프트, 삽입, 네 종류다. 삽입 정렬의 효율성을 분석하려면 각 단계별 총합을 계산해야 한다.

먼저 비교를 살펴보자. 비교는 공백 왼쪽에 있는 값과 temp_value를 비교할 때마다 일어난다. 배열이 역순으로 정렬된 최악의 시나리오라면 각 패스스루마다 temp_value 왼쪽에 있는 모든 수를 temp_value와 비교해야 한다. temp_value 왼쪽에 있는 각 값이 항상 temp_value보다 크기 때문이다. 따라서 각 패스스루는 공백이 배열의 왼쪽 끝으로 가야만 끝난다.

첫 번째 패스스루에서는 인덱스 1의 값이 temp_value인데 temp_value 왼쪽에 값이 하나뿐이므로 최대 1번의 비교가 일어난다. 마찬가지로 두 번째 패스스루에서는 최대 2번의 비교가 일어난다. 마지막 패스스루에서는 temp_value와 temp_value를 제외한 배열 내 모든 값을 비교해야 한다. 다시 말해 배열에 원소 N개가 있으면 마지막 패스스루에서는 최대 N−1번의 비교가 일어난다.

따라서 총 비교 횟수를 다음과 같이 표현할 수 있다.

1 + 2 + 3 + ⋯ + N−1번의 비교

예제처럼 원소가 다섯 개인 배열이면 최대 1 + 2 + 3 + 4 = 10번 비교한다.

원소가 열 개인 배열이면 1 + 2 + 3 + 4 + 5 + 6 + 7 + 8 + 9 = 45번의 비교가 있을 것이다.

원소가 20개인 배열이면 총 190번의 비교가 있을 것이다.

이러한 패턴에 따르면 결국 원소가 N개인 배열일 때 대략 $N^2/2$번의 비교가 일어나는 것으로 보인다($10^2/2$는 50이고, $20^2/2$는 200이다. 7장에서 이 패턴을 더 자세히 들여다보겠다).

다른 종류의 단계도 이어서 분석해 보자.

시프트는 값을 한 셀 오른쪽으로 옮길 때마다 일어난다. 배열이 역순으로 정렬돼 있다면 비교가 일어날 때마다 값을 오른쪽으로 시프트해야 하므로 비교 횟수만큼 시프트가 일어난다.

최악의 시나리오일 때 비교와 시프트 횟수를 합쳐보자.

$$\begin{array}{r} N^2 / \text{비교 2번} \\ + N^2 / \text{시프트 2번} \\ \hline N^2 \text{단계} \end{array}$$

배열로부터 temp_value를 삭제하고 다시 삽입하는 작업은 패스스루당 한 번 일어난다. 패스스루는 항상 N−1번이므로 결국 N−1번의 삭제와 N−1번의 삽입이 있을 것이다.

따라서 총합은 다음과 같다.

$$N^2번 \text{ / 비교와 시프트를 합쳐서}$$
$$+ \text{ 삭제 } N-1번$$
$$+ \text{ 삽입 } N-1번$$
$$\overline{\qquad\qquad\qquad\qquad}$$
$$N^2 + 2N - 2단계$$

앞서 배웠듯이 빅 오에는 상수를 무시한다는 중요한 규칙이 하나 있다. 이 규칙을 고려해 일단 $O(N^2 + N)$으로 단순화시킬 수 있다.

하지만 빅 오에는 곧 설명할 중요한 규칙이 또 있다.

다양한 차수가 한데 섞여 있을 때 빅 오 표기법은 가장 높은 차수의 N만 고려한다.

즉, $N^4 + N^3 + N^2 + N$단계가 걸리는 알고리즘이 있을 때 N4만 중요하게 여기며 단순히 $O(N^4)$이라 부른다. 왜 그럴까?

다음의 표를 살펴보자.

▼ 표 6-1

N	N^2	N^3	N^4
2	4	8	16
5	25	125	625
10	100	1,000	10,000
100	10,000	1,000,000	100,000,000

N이 증가할수록 어떤 N 차수보다 N^4의 비중이 훨씬 더 커져서 작은 차수는 미미해 보인다. 예를 들어 표 가장 아랫줄에 나오는 $N^4 + N^3 + N^2 + N$을 더하면 총 101,010,100이다. 하지만 내림하면 100,000,000이 되어 낮은 차수의 N을 무시한 것과 같다.

삽입 정렬에 동일한 개념을 적용할 수 있다. 이미 $N^2 + N$으로 삽입 정렬을 단순화했지만 낮은 차수를 버림으로써 $O(N^2)$으로 표현식을 더 단순화한다.

5장에서 강조했듯이 버블 정렬과 선택 정렬은 둘 다 O(N²)이지만 버블 정렬은 N²단계인데 반해 선택 정렬은 N² / 2단계로 선택 정렬이 더 빨랐다. 삽입 정렬 역시 N²단계가 걸리므로 언뜻 보기에는 버블 정렬만큼 느리다고 할 수 있겠다.

여기서 책을 그만 읽는다면 버블 정렬이나 삽입 정렬보다 두 배 더 빠른 선택 정렬이 셋 중 가장 나은 방법이라 생각하고 끝낼 수 있겠다. 하지만 사실 그렇게 간단하지 않다.

6.4 평균적인 경우

최악의 시나리오에서는 선택 정렬이 삽입 정렬보다 빠른 게 사실이다. 하지만 평균 시나리오도 중요하게 고려해야 한다.

왜일까?

정의에 따르면 가장 자주 일어나는 경우가 평균 시나리오다. 다음의 간단한 종 곡선을 한번 보자.

▼ 그림 6-29

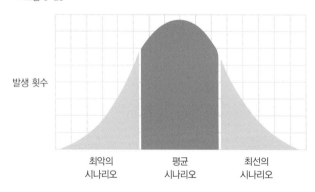

발생 횟수

최악의 시나리오　　평균 시나리오　　최선의 시나리오

최선의 그리고 최악의 시나리오는 상대적으로 드물게 발생한다. 실제로는 대부분 평균 시나리오가 일어난다.

임의로 정렬된 배열을 생각해 보자. 값이 완벽히 오름차순 또는 내림차순으로 정렬된 경우가 얼마나 되겠는가? 값들이 여기저기 흩어져 있는 게 훨씬 더 일어날 법하다.

모든 시나리오 관점에서 삽입 정렬을 검토해 보자.

배열이 역순으로 정렬된 최악의 시나리오에서 삽입 정렬이 어떻게 수행되는지 살펴본 바 있다. 앞서 언급했듯이 최악의 경우 각 패스스루마다 살펴보고 있는 모든 값을 비교하고 시프트한다(계산해보니 총 N^2번의 비교와 시프트였다).

데이터가 이미 오름차순으로 정렬된 최선의 시나리오에서는 각 값이 이미 올바른 위치에 있으므로 패스스루당 한 번의 비교만 하며 시프트는 한 번도 일어나지 않는다.

하지만 데이터가 임의로 정렬된 경우에는 모든 데이터 혹은 일부 데이터를 비교하고 시프트하거나, 어떤 데이터도 비교하거나 시프트하지 않는 패스스루가 있을 것이다. 앞서 **6.4절 삽입 정렬 실제로 해보기**에서 수행한 예제를 보면 1번과 3번 패스스루에서는 살펴본 모든 데이터를 비교하고 시프트한다. 4번 패스스루에서는 데이터 중 일부를 비교하고 시프트하고, 2번 패스스루에서는 한 번의 비교만 할 뿐 어떤 데이터도 시프트하지 않는다.

(이렇게 서로 다른 까닭은 어떤 패스스루에서는 temp_value 왼쪽의 모든 데이터를 비교하는 반면, 어떤 패스스루에서는 temp_value보다 작은 값을 만나면서 패스스루가 일찍 종료되기 때문이다.)

따라서 최악의 시나리오에서는 모든 데이터를 비교하고 시프트하고, 최선의 시나리오에서는 (패스스루당 한 번의 비교만 있을 뿐) 어떤 데이터도 시프트하지 **않는다**. 평균 시나리오에서는 대체적으로 데이터의 **반**을 비교하고 시프트할 것이다. 따라서 삽입 정렬이 최악의 시나리오에서 N^2단계가 걸린다면 평균 시나리오에서는 약 $N^2 / 2$단계가 걸린다고 말할 수 있다(하지만 빅 오 관점에서는 두 시나리오 모두 $O(N^2)$이다).

예제로 자세히 살펴보자.

배열 [1, 2, 3, 4]는 이미 정렬된 최선의 경우다. 같은 데이터에 대해 최악의 경우는 [4, 3, 2, 1]일 것이며, 평균적인 경우라면 [1, 3, 4, 2] 등일 것이다.

최악의 경우([4, 3, 2, 1])에는 6번의 비교와 6번의 시프트, 총 12단계가 걸린다. [1, 3, 4, 2] 같은 평균적인 경우에는 4번의 비교와 2번의 시프트, 총 6단계가 걸린다. 최선의 경우([1, 2, 3, 4])에는 3번의 비교와 0번의 시프트가 일어난다.

이제 삽입 정렬이 시나리오에 따라 성능이 **크게 좌우됨**을 알았다. 최악의 시나리오에서 삽입 정렬은 N^2단계가 걸린다. 평균 시나리오에서는 $N^2 / 2$단계가 걸린다. 또한, 최선의 시나리오에서는 약 N단계가 걸린다.

세 종류의 성능을 다음의 그래프로 살펴보자.

▼ 그림 6-30

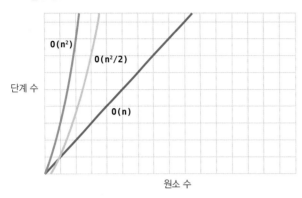

위 그래프를 선택 정렬과 비교해 보자. 선택 정렬은 최악부터 평균, 최선의 시나리오에 이르기까지 **모두** N^2 / 2단계가 걸린다. 선택 정렬에는 어떤 시점에 미리 패스스루를 끝낼 메커니즘이 전혀 없기 때문이다. 각 패스스루마다 무조건 선택된 인덱스의 오른쪽에 있는 모든 값과 비교해야 한다.

선택 정렬과 삽입 정렬을 비교한 다음 표를 보자.

▼ 표 6-2

	최선의 시나리오	평균 시나리오	최악의 시나리오
선택 정렬	N^2 / 2	N^2 / 2	N^2 / 2
삽입 정렬	N	N^2 / 2	N^2

그렇다면 선택 정렬과 삽입 정렬 중 어떤 게 더 나을까? 정답은 글쎄… 경우에 따라 다르다. 임의로 정렬된 배열 같은 평균적인 경우라면 두 정렬은 유사하게 수행된다. **거의** 정렬된 데이터를 다룰 거라고 가정할 수 있는 이유가 있다면 삽입 정렬이 더 낫다. 대부분 역순으로 정렬된 데이터를 다룰 거라고 가정할 수 있는 이유가 있다면 선택 정렬이 더 빠르다. 데이터가 어떨지 전혀 알 수 없다면 기본적으로 평균적인 경우이며 둘 다 같다.

6.5 / 실제 예제

두 배열의 교집합을 구하는 자바스크립트 애플리케이션을 작성 중이라고 하자. 교집합은 두 배열에 모두 들어 있는 모든 값들의 리스트다. 예를 들어 배열 [3, 1, 4, 2]와 [4, 5, 3, 6]이 있을 때, 교집합은 두 배열에 공통으로 들어 있는 두 값인 [3, 4]라는 새로운 배열이다.

다음처럼 구현해 볼 수 있다.

```javascript
function intersection(firstArray, secondArray){
    let result = [];

    for (let i = 0; i < firstArray.length; i++) {
        for (let j = 0; j < secondArray.length; j++) {
            if (firstArray[i] === secondArray[j]) {
                result.push(firstArray[i]);
            }
        }
    }
    return result;
}
```

코드는 간단한 중첩 루프를 실행한다. 바깥 루프는 첫 번째 배열의 각 값을 순회한다. 안쪽 루프는 첫 번째 배열의 각 값을 가리킨 상태에서 두 번째 배열의 각 값을 확인하며 첫 번째 배열에서 가리키고 있는 값과 일치하는지 확인한다.

위 알고리즘은 비교와 삽입, 두 종류의 단계를 포함한다. 두 배열 내 모든 값을 서로 비교하면서 값이 일치하면 result 배열에 삽입한다. 비교 횟수부터 먼저 알아 보자.

두 배열이 크기가 같고 이때 배열 크기가 N이면 N^2번의 비교를 수행한다. 첫 번째 배열의 각 원소에 대해 두 번째 배열의 각 원소를 비교하기 때문이다. 예를 들어 두 배열이 각각 5개의 원소를 포함한다면 25번의 비교를 해야 끝난다. 따라서 이러한 교집합 알고리즘의 효율성은 $O(N^2)$이다.

삽입에는 (두 배열이 동일할 때) 최대 N단계가 걸린다. N은 N^2에 비해 차수가 낮으므로 알고리즘은 여전히 $O(N^2)$이다. 두 배열이 크기가 다르면, 가령 N과 M이라 하면, 위 함수의 효율성은 $O(N \times M)$이다(자세한 내용은 **7장 일상적인 코드 속 빅 오**에서 다루겠다).

이 알고리즘을 향상시킬 방법은 없을까?

바로 지금이 최악의 경우를 넘어 다른 시나리오를 고려해 봐야 하는 시점이다. 이 intersection 함수는 **모든** 종류의 경우에 대해, 즉 두 배열이 공통 값을 하나도 포함하지 않는 경우부터 두 배열이 완전히 동일한 경우까지 모두 N²번의 비교를 수행하도록 구현됐다.

하지만 두 배열에 공통 값이 있다면 첫 번째 배열의 어떤 값을 꼭 두 번째 배열의 모든 원소와 비교하지 않아도 된다. 이유를 알아보자.

▼ 그림 6-31

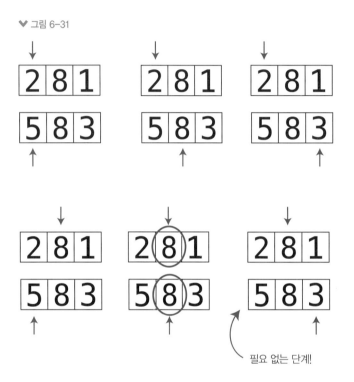

이 예제에서는 공통 값(8)을 찾은 후 사실 두 번째 루프를 끝까지 수행할 필요가 없다. 이때부터는 무엇을 확인하는 것일까? 첫 번째 배열에 포함된 8이 두 번째 배열에 들어 있다는 것을 이미 알아내서 result에 추가했다. 불필요한 단계를 수행하고 있는 것이다.

한 단어만 구현에 추가해서 고칠 수 있다.

```
function intersection(firstArray, secondArray){
    let result = [];

    for (let i = 0; i < firstArray.length; i++) {
        for (let j = 0; j < secondArray.length; j++) {
            if (firstArray[i] == secondArray[j]) {
                result.push(firstArray[i]);
```

```
                    break;
                }
            }
        }
    return result;
}
```

break를 추가함으로써 안쪽 루프를 짧게 끝낼 수 있고 단계를(따라서 시간까지) 절약할 수 있다.

두 원소가 공통 값을 하나도 포함하지 않는 최악의 시나리오에서는 어쨌든 N²번의 비교를 수행해야 한다. 하지만 두 배열이 동일한 최선의 시나리오에서는 N번의 비교만 수행하면 된다. 두 배열이 서로 다르지만 **일부** 값을 공유하는 평균적인 경우에는 성능이 N과 N² 사이쯤일 것이다.

첫 번째 구현에서는 모든 경우에 대해 N²번의 비교를 수행했으니 이는 intersection 함수에 있어 중요한 최적화다.

6.6 / 마무리

최선의, 평균, 최악의 시나리오를 구분하는 능력은 기존 알고리즘을 최적화해서 훨씬 빠르게 만드는 것만큼이나 사용자 요구에 맞는 최적의 알고리즘을 고르는 핵심 기술이다. 최악의 경우를 대비하는 것도 좋지만 대부분은 평균적인 경우가 일어난다는 점을 명심하자.

지금까지 빅 오 표기법에 관한 중요한 개념을 배웠으니 이제 지식을 실제 알고리즘에 적용해 보자. 7장에서는 실제 코드 기반에서 만날 수 있는 일상적인 다양한 알고리즘을 살펴보고 각각의 시간 복잡도를 빅 오 관점에서 알아보겠다.

6.7 / 연습 문제

다음 연습 문제는 최선의, 그리고 최악의 시나리오 최적화를 실습해 볼 기회다. 해답은 525쪽에 나와 있다.

1. 빅 오 표기법을 사용해 $3N^2 + 2N + 1$단계가 걸리는 알고리즘의 효율성을 나타내자.

2. 빅 오 표기법을 사용해 $N + logN$단계가 걸리는 알고리즘의 효율성을 나타내자.

3. 다음 함수는 숫자로 된 배열을 받아 합하면 10이 되는 숫자 쌍이 있는지 확인한다.

```javascript
function twoSum(array) {
    for (let i = 0; i < array.length; i++) {
        for (let j = 0; j < array.length; j++) {
            if (i !== j && array[i] + array[j] === 10) {
                return true;
            }
        }
    }
    return false;
}
```

최선의, 평균, 최악의 시나리오는 무엇인가? 최악의 시나리오를 빅 오 표기법으로 나타내자.

다음 함수는 대문자 "X"가 문자열에 들어 있는지 여부를 반환한다.

```javascript
function containsX(string) {

    foundX = false;

    for(let i = 0; i < string.length; i++) {
        if (string[i] === "X") {
            foundX = true;
        }
    }

    return foundX;

}
```

위 함수의 시간 복잡도를 빅 오 표기법으로 표현하면 무엇인가?

코드를 수정해 최선의, 그리고 평균 시나리오에서 알고리즘의 효율성을 향상시키자.

7^장

일상적인 코드 속 빅 오

지금까지 코드의 시간 복잡도를 빅 오 표기법으로 표현하는 법을 배웠다. 이미 봤듯이 빅 오 분석에 뛰어 들려면 세부적인 내용을 꽤 알아야 한다. 7장에서는 지금까지 배운 내용을 토대로 현실의 코드 기반에 있을 법한 실용적인 코드 예제의 효율성을 분석하겠다.

코드 효율성을 알아내는 것이 최적화의 첫 번째 단계다. 코드가 얼마나 빠른지 모르면서 어떻게 수정본이 더 빠른지 알겠는가?

더욱이 코드가 빅 오 표기법 관점에서 어떤 카테고리에 해당하는지 알면 애초에 최적화가 정말 필요한지 판단할 수 있다. 예를 들어 $O(N^2)$인 알고리즘은 일반적으로 "느리게" 본다. 그러니 알고리즘이 이 카테고리에 해당한다면 잠시 멈추고 최적화할 방법이 있는지 고민해 봐야 한다.

물론 $O(N^2)$이 주어진 문제에서 최선일 수 있다. 하지만 알고리즘이 느리게 간주된다는 것을 알았다면 더 깊이 조사하고 더 빠른 대안이 있는지 분석하라는 신호일 수 있다.

이어지는 장들에서 코드 속도를 최적화하는 여러 기법을 배운다. 하지만 최적화의 시작은 코드가 현재 얼마나 빠른지 알아낼 수 있느냐다.

이제 시작해 보자.

7.1 짝수의 평균

다음 루비 메서드는 수 배열을 받아 모든 짝수의 평균을 반환한다. 빅 오 관점에서 효율성을 어떻게 나타낼까?

```ruby
def average_of_even_numbers(array)

    # 짝수의 평균은 짝수의 합을 짝수 개수로 나눈 값이므로
    # 합과 개수를 모두 기록한다.

    sum = 0.0
    count_of_even_numbers = 0

    # 배열의 각 수를 순회하면서
    # 짝수가 나오면 합과 개수를 수정한다.

    array.each do |number|
```

```
        if number.even?
            sum += number
            count_of_even_numbers += 1
        end
    end

    # 평균을 반환한다.

    return sum / count_of_even_numbers
end
```

효율성을 알아내기 위해 다음과 같이 코드를 나눈다.

빅 오는 데이터 원소가 N개일 때 얼마나 많은 단계 수가 필요한가라는 핵심 질문에 대한 답이다. 따라서 가장 먼저 할 일은 데이터 원소 "N"이 무엇인지 알아내는 것이다.

예제 알고리즘은 메서드로 전달된 수 배열을 처리한다. 따라서 이 수가 데이터 원소 "N"이고 N은 배열의 크기다.

이어서 값 N개를 처리하는 데 얼마나 많은 단계 수가 필요한지 알아내야 한다.

알고리즘의 핵심은 배열 내 각 수를 순회하는 루프이므로 루프를 먼저 분석하자. 루프는 원소 N개를 순회하니 알고리즘에는 최소 N단계가 걸린다.

하지만 루프 **내부**를 들여다보면 매 루프마다 단계 수가 바뀔 수 있음을 알 수 있다. 모든 수에 대해 짝수인지 검사한다. 짝수이면 두 단계를 더 실행한다. 먼저 변수 sum을 수정하고 뒤이어 변수 count_of_even_numbers를 수정한다. 따라서 홀수일 때보다 짝수일 때 세 단계를 더 실행한다.

지금까지 배웠듯이 빅 오는 주로 최악의 시나리오에 초점을 맞춘다. 예제에서 최악의 경우는 모든 수가 짝수여서 매 루프마다 세 단계를 수행할 때다. 즉 데이터 원소가 N개일 때 알고리즘은 3N 단계가 걸린다고 말할 수 있다. 바꿔 말하면 N개의 수 각각에 대해 알고리즘은 세 단계를 실행한다.

메서드는 루프 밖에서도 몇 단계를 더 수행한다. 루프 앞에서 두 변수를 초기화하고 0을 할당한다. 엄밀히 말해 두 단계다. 루프 뒤에서는 또 다른 단계로서 sum / count_of_even_numbers 나누기를 수행한다. 따라서 엄밀히 말해 알고리즘은 3N 단계 외에 3단계가 더 걸리므로 총 단계 수는 3N + 3이다.

하지만 빅 오 표기법은 상수를 무시한다고도 했으니 알고리즘을 O(3N + 3)이라 부르지 않고 단순히 O(N)이라 부른다.

7.2 단어 생성기

다음 예제는 문자 배열로부터 두 글자짜리 모든 문자열 조합을 모으는 알고리즘이다. 예를 들어 ["a", "b", "c", "d"]라는 배열이 주어지면 다음과 같은 문자열 조합을 포함하는 새 배열을 반환한다.

```
[
    'ab', 'ac', 'ad', 'ba', 'bc', 'bd',
    'ca', 'cb', 'cd', 'da', 'db', 'dc'
]
```

다음은 이 알고리즘을 자바스크립트로 구현한 코드다. 알고리즘의 빅 오 효율성을 알아내 보자.

```javascript
function wordBuilder(array) {
    let collection = [];

    for(let i = 0; i < array.length; i++) {
        for(let j = 0; j < array.length; j++) {
            if (i !== j) {
                collection.push(array[i] + array[j]);
            }
        }
    }

    return collection;
}
```

루프에 또 다른 루프를 중첩해서 실행한다. 바깥 루프는 인덱스 i로 배열의 매 문자를 순회한다. 안쪽 루프에서는 각 인덱스 i에 대해 같은 배열의 매 문자를 인덱스 j로 다시 한 번 순회한다. 안쪽 루프 내부에서는 i와 j에 있는 문자를 이어 붙인다. 단 i와 j가 같은 인덱스를 가리킬 때는 제외한다.

알고리즘의 효율성을 알아내려면 또 다시 데이터 원소 N개가 무엇인지 알아내야 한다. 앞선 예제처럼 N은 함수로 전달된 배열 내 항목 수다.

다음으로 데이터 원소 N개에 비례해 알고리즘에 걸리는 단계 수를 알아내야 한다. 예제에서 바깥 루프는 N개 원소를 모두 순회하고 각 원소마다 안쪽 루프는 다시 N개 원소를 모두 순회하니 N단계에 N단계를 곱한 것과 같다. 대표적인 $O(N^2)$의 경우이며 중첩 루프 알고리즘이 주로 $O(N^2)$이다.

세 글자짜리 모든 문자열 조합을 계산하도록 알고리즘을 수정하면 어떻게 될까? 배열 ["a", "b", "c", "d"]를 다시 예로 들면 함수는 다음과 같은 배열을 반환할 것이다.

```
[
    'abc', 'abd', 'acb',
    'acd', 'adb', 'adc',
    'bac', 'bad', 'bca',
    'bcd', 'bda', 'bdc',
    'cab', 'cad', 'cba',
    'cbd', 'cda', 'cdb',
    'dab', 'dac', 'dba',
    'dbc', 'dca', 'dcb'
]
```

다음처럼 중첩 루프를 사용해 구현한다. 시간 복잡도는 얼마일까?

```
function wordBuilder(array) {
    let collection = [];

    for(let i = 0; i < array.length; i++) {
        for(let j = 0; j < array.length; j++) {
            for(let k = 0; k < array.length; k++) {
                if (i !== j && j !== k && i !== k) {
                    collection.push(array[i] + array[j] + array[k]);
                }
            }
        }
    }

    return collection;
}
```

위 알고리즘은 데이터 원소가 N개일 때 i 루프 N단계에 j 루프 N단계를 곱하고 다시 k 루프 N단계를 곱한 만큼 걸린다. $N \times N \times N$은 N^3단계이며 $O(N^3)$이라고 표기한다.

중첩 루프가 네 개 또는 다섯 개면 알고리즘의 복잡도는 각각 $O(N^4)$과 $O(N^5)$일 것이다. 다음 그래프를 통해 어떤 형태로 나타나는지 보자.

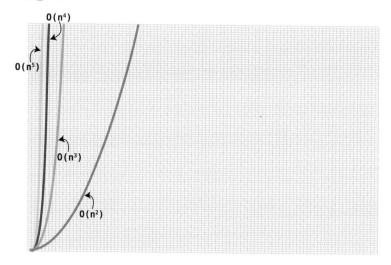

코드 최적화로 속도를 O(N³)에서 O(N²)으로 바꿨다면 코드가 기하급수적으로 빨라지므로 큰 성과다.

7.3 / 배열 예제

이번 예제에서는 배열에서 소규모 샘플을 취하는 함수를 생성한다. 아주 큰 배열이라 생각하고 맨 앞과 가운데, 맨 뒤 값을 샘플링한다.

다음은 이 함수의 파이썬 구현이다. 빅 오 관점에서 효율성을 알아내 보자.

```python
def sample(array):
    first = array[0]
    middle = array[int(len(array) / 2)]
    last = array[-1]

    return [first, middle, last]
```

앞서처럼 함수로 전달된 배열이 핵심 데이터이니 N은 배열의 원소 수다.

하지만 함수는 N이 얼마든 걸리는 단계 수가 동일하다. 배열의 시작과, 중간, 마지막 인덱스 읽기는 배열 크기에 상관없이 딱 한 단계다. 비슷하게 배열의 길이를 찾고 그 길이를 2로 나누는 것 역시 한 단계다.

단계 수가 상수이므로, 즉 N에 관계 없이 일정하므로 이 알고리즘은 O(1)이다.

7.4 / 평균 섭씨 온도 구하기

평균을 구하는 예제를 하나 더 살펴보자. 일기 예보 소프트웨어를 개발 중이다. 도시의 온도를 알려면 도시에 퍼져 있는 수많은 온도계에서 온도를 읽어 그 온도들의 평균을 계산해야 한다.

온도는 섭씨와 화씨 둘 다로 표시하고 싶으나 읽을 때는 화씨다.

섭씨 온도 평균을 구하기 위해 알고리즘은 두 가지 일을 한다. 먼저 화씨 온도를 섭씨로 변환한다. 이어서 섭씨 온도의 평균을 계산한다.

다음은 루비로 구현한 코드이다. 빅 오로 나타내면 무엇인가?

```ruby
def average_celsius(fahrenheit_readings)

    # 섭씨 온도를 모으는 컬렉션
    celsius_numbers = []

    # 읽은 값을 섭씨로 변환해 배열에 추가한다.
    fahrenheit_readings.each do |fahrenheit_reading|
        celsius_conversion = (fahrenheit_reading - 32) / 1.8
        celsius_numbers.push(celsius_conversion)
    end

    # 섭씨 온도의 합을 구한다.
    sum = 0.0

    celsius_numbers.each do |celsius_number|
        sum += celsius_number
    end

    # 평균을 반환한다.
    return sum / celsius_numbers.length
end
```

먼저 N은 메서드에 전달된 fahrenheit_readings의 개수다.

메서드 안에서 루프 두 개를 실행한다. 하나는 읽은 값을 섭씨로 변환하고 나머지 하나는 섭씨 값의 합을 구한다. 루프 두 개에서 원소 N개를 전부 순회하니 N + N, 즉 2N(추가로 상수 몇 단계)이 걸린다. 빅 오 표기법은 상수를 무시하므로 O(N)이 된다.

루프가 두 개였던 단어 생성기 예제의 효율성이 O(N²)이었다는 사실에 현혹되지 말자. **중첩** 루프였으므로 N단계에 N단계를 **곱했다**. 하지만 이번 예제에서는 루프 두 개를 나란히 실행한다. N단계에 N단계를 더하므로(2N) 그냥 O(N)이다.

7.5 / 의류 상표

의류 업체가 쓸 소프트웨어를 작성 중이라고 가정하자. 코드는 (문자열에 저장된) 새로 생산한 의류 품목 배열을 받아 상표에 넣어야 할 텍스트를 생성한다.

구체적으로 말하면 상표에는 품명과 1부터 5까지의 사이즈가 들어가야 한다. 예를 들어 ["Purple Shirt", "Green Shirt"]라는 배열을 받았다면 이 셔츠에 들어갈 상표 텍스트는 다음과 같다.

```
[
    "Purple Shirt Size: 1",
    "Purple Shirt Size: 2",
    "Purple Shirt Size: 3",
    "Purple Shirt Size: 4",
    "Purple Shirt Size: 5",
    "Green Shirt Size: 1",
    "Green Shirt Size: 2",
    "Green Shirt Size: 3",
    "Green Shirt Size: 4",
    "Green Shirt Size: 5"
]
```

다음의 파이썬 코드는 전체 의류 품목 배열을 받아 위와 같은 텍스트를 생성한다.

```
def mark_inventory(clothing_items):
    clothing_options = []
```

```
    for item in clothing_items:
        # 1부터 5까지의 각 사이즈에 대해 수행한다.
        # (파이썬 range는 두 번째 인수값까지 증가하나 포함하지는 않는다.)
        for size in range(1, 6):
            clothing_options.append(item + " Size: " + str(size))

    return clothing_options
```

위 알고리즘의 효율성을 알아내자. clothing_items가 처리할 주요 데이터이니 N은 clothing_items의 개수다.

중첩 루프가 들어간 코드이므로 알고리즘을 O(N^2)으로 선언하고 싶을 것이다. 하지만 조금 더 신중하게 분석해야 한다. 중첩 루프가 들어간 코드가 주로 O(N^2)이지만 위 예제에서는 아니다.

중첩 루프가 O(N^2)이 되는 경우는 각 루프에서 N개씩 처리할 때다. 하지만 예제는 바깥 루프가 N번 실행되는 동안 안쪽 루프가 5번 실행된다. 다시 말해 안쪽 루프는 N이 얼마든 항상 5번 실행된다.

결국 바깥 루프가 N번 실행될 때 안쪽 루프는 N개 문자열 각각에 대해 5번 실행된다. 알고리즘은 총 5N번 실행되지만 빅 오는 상수를 무시하니 결국 O(N)이다.

7.6 / 1 세기

언뜻 보기와는 다르게 빅 오가 분석되는 알고리즘을 하나 더 살펴보자. 다음 함수는 **배열들의 배열**을 받는다. 이때 안쪽 배열들은 다수의 1과 0으로 이뤄진다. 함수는 배열들에 들어 있는 1의 개수를 반환한다.

입력이 다음과 같을 때,

```
[
    [0, 1, 1, 1, 0],
    [0, 1, 0, 1, 0, 1],
    [1, 0]
]
```

1이 7개이니 함수는 7을 반환한다. 파이썬으로 구현하면 다음과 같다.

```python
def count_ones(outer_array):
    count = 0

    for inner_array in outer_array:
        for number in inner_array:
            if number == 1:
                count += 1

    return count
```

위 알고리즘을 빅 오로 나타내면 무엇인가?

앞선 예제처럼 중첩 루프가 있으니 성급히 $O(N^2)$으로 결론 짓기 쉽다. 하지만 루프 두 개가 완전히 다른 배열을 순회한다.

바깥 루프는 안쪽 배열을 순회하고 안쪽 배열은 실제 수를 순회한다. 결국에는 안쪽 루프가 **총** 수개수 만큼만 실행된다.

따라서 N은 수의 개수다. 또한 알고리즘에서 단순히 그 수를 처리하니 함수의 시간 복잡도는 $O(N)$이다.

7.7 / 팰린드롬 검사기

팰린드롬(palindrome)은 앞으로 읽으나 뒤로 읽으나 똑같은 단어 혹은 구절이다. "racecar", "kayak", "deified" 등이 팰린드롬이다.

다음은 어떤 문자열이 팰린드롬인지 판단하는 자바스크립트 함수다.

```javascript
function isPalindrome(string) {

    // leftIndex를 인덱스 0에서 시작시킨다.
    let leftIndex = 0;
    // rightIndex를 배열의 마지막 인덱스에서 시작시킨다.
    let rightIndex = string.length - 1;

    // leftIndex가 배열 중간에 도달할 때까지 순회한다.
    while (leftIndex < string.length / 2) {
```

```
    // 왼쪽 문자와 오른쪽 문자가 일치하지 않으면
    // 문자열은 팰린드롬이 아니다.
    if (string[leftIndex] !== string[rightIndex]) {
        return false;
    }

    // leftIndex를 오른쪽으로 한 칸 옮긴다.
    leftIndex++;
    // rightIndex를 왼쪽으로 한 칸 옮긴다.
    rightIndex--;
    }

    // 불일치하는 문자 없이 전체 루프를 통과했으면
    // 문자열은 당연히 팰린드롬이다.
    return true;
}
```

위 알고리즘의 빅 오를 알아내자.

예제에서 N은 함수에 전달된 string의 크기다.

while 루프 안이 알고리즘의 핵심이다. 문자열 중간에 도달할 때까지만 실행되는 루프라니 다소 흥미롭다. 즉 루프가 N / 2 단계를 실행한다는 뜻이다.

하지만 빅 오는 상수를 무시한다. 따라서 2로 나누는 부분을 버리면 알고리즘은 O(N)이다.

7.8 / 모든 곱 구하기

다음 예제는 수 배열을 받아 모든 두 숫자 조합의 곱을 반환하는 알고리즘이다.

예를 들어 [1, 2, 3, 4, 5]라는 배열을 전달하면 함수는 다음처럼 반환한다.

    [2, 3, 4, 5, 6, 8, 10, 12, 15, 20]

우선 1을 2, 3, 4, 5와 곱한다. 다음으로 2를 3, 4, 5와 곱한다. 이어서 3을 4, 5와 곱한다. 마지막으로 4를 5와 곱한다.

흥미로운 점이 하나 있다. 가령 2를 나머지 수들과 곱할 때 오른쪽에 있는 수만 곱한다. 앞서 1을 2와 곱했으므로 다시 뒤로 돌아가 2를 1과 곱하지 않아도 된다. 따라서 각 수는 오른쪽에 남아 있는 수만 곱해야 한다.

위 알고리즘을 자바스크립트로 구현하면 다음과 같다.

```javascript
function twoNumberProducts(array) {
    let products = [];

    // 바깥 배열
    for(let i = 0; i < array.length - 1; i++) {

        // 안쪽 배열
        // j는 항상 i의 오른쪽 인덱스에서 시작한다.
        for(let j = i + 1; j < array.length; j++) {
            products.push(array[i] * array[j]);
        }
    }

    return products;
}
```

부분부분 나눠서 살펴보자. N은 함수에 전달된 배열의 항목 수다.

바깥 루프를 N번 실행한다(실제로는 N − 1번이지만 상수는 버린다). 하지만 안쪽 루프는 다르다. j는 항상 i의 오른쪽 인덱스에서 시작하므로 안쪽 루프의 단계 수는 바깥 루프를 한 번씩 돌 때마다 1씩 줄어든다.

원소가 5개인 예제 배열에서 안쪽 루프가 몇 번 실행되는지 보자.

i가 0일 때 안쪽 루프는 j가 1, 2, 3, 4인 동안 실행된다. i가 1일 때 안쪽 루프는 j가 2, 3, 4인 동안 실행된다. i가 2일 때 안쪽 루프는 j가 3, 4인 동안 실행된다. i가 3일 때 안쪽 루프는 j가 4인 동안 실행된다. 전부 종합하면 안쪽 루프는 4 + 3 + 2 + 1번 실행된다.

N의 관점에서 보면 안쪽 루프는 대략 N + (N − 1) + (N − 2) + (N − 3) ⋯ + 1번 실행된다.

이 공식은 항상 $N^2 / 2$로 계산된다. 다음 그림처럼 나타낼 수 있다. 그림에서 N이 8이므로 칸은 총 8^2 또는 64개다.

$$8^2$$

맨 윗 줄에서 다음으로 따라 내려가다 보면 맨 윗 줄은 N칸 모두 회색으로 칠해져 있다. 다음 줄은 N − 1개가 회색이고, 그다음 줄은 N − 2개가 회색 칸이다. 한 칸만 회색인 마지막 줄까지 이 패턴이 이어진다.

또한 칸의 절반만 회색임을 한눈에 알 수 있다. 이는 N + (N − 1) + (N − 2) + (N − 3) ⋯ + 1 패턴이 N^2 / 2와 동등함을 보여준다.

이처럼 안쪽 루프는 N^2 / 2단계를 실행한다. 하지만 빅 오는 상수를 무시하니 $O(N^2)$으로 표시한다.

7.8.1 여러 데이터 세트 다루기

배열 한 개의 모든 두 수의 곱을 계산하는 대신 한 배열의 모든 수와 다른 한 배열의 모든 수의 곱을 계산하면 어떻게 될까?

예를 들어 배열 [1, 2, 3]과 배열 [10, 100, 1000]이 있으면 곱은 다음처럼 계산된다.

```
[10, 100, 1000, 20, 200, 2000, 30, 300, 3000]
```

앞선 코드를 조금만 수정했을 뿐 거의 비슷하다.

```
function twoNumberProducts(array1, array2) {
    let products = [];

    for(let i = 0; i < array1.length; i++) {
        for(let j = 0; j < array2.length; j++) {
            products.push(array1[i] * array2[j]);
```

```
        }
    }

    return products;
}
```

이 함수의 시간 복잡도를 분석해 보자.

먼저 N은 무엇일까? 두 개의 데이터 세트, 즉 두 개의 배열이라는 첫 번째 난관에 부딪혔다.

둘을 똑같이 취급해 두 배열을 합쳤을 때의 총 항목 수를 단순히 N이라고 하고 싶다. 하지만 다음과 같은 이유 때문에 걸린다.

두 가지 시나리오로 된 이야기를 살펴보자. 시나리오1에는 크기가 5인 배열 두 개가 있다. 시나리오2에는 크기가 9인 배열과 크기가 1인 배열이 있다.

5 + 5 = 10이고 9 + 1= 10이니 두 시나리오 모두 N은 10이다. 하지만 두 시나리오의 효율성은 완전히 다르다.

시나리오1에서 코드는 25단계(5 × 5)가 걸린다. N이 10이므로 $(N / 2)^2$단계와 동일하다.

반면 시나리오2에서 코드는 9단계(9 × 1)가 걸린다. 거의 N단계에 가깝다. 시나리오 1보다 엄청 빠르다!

시나리오에 따라 달라지니 빅 오 표기법 관점에서 효율성을 정확하게 정의할 수 없으므로 N을 두 배열의 총 정수 개수로 볼 수 없다.

갈피를 못 잡겠다. 한 배열의 크기를 N, 나머지 배열의 크기를 M으로 해서 시간 복잡도를 O(N × M)으로 표현하는 수밖에 없다.

새로운 개념의 등장이다. 별개의 두 데이터 세트를 서로 곱해야 할 때 두 데이터 세트를 별개로 구분해야만 빅 오 관점에서 효율성을 나타낼 수 있다.

위 알고리즘을 빅 오 표기법 관점에서 올바르게 나타내는 방법이지만 다른 빅 오 표현보다 유용성이 조금 떨어진다. O(N × M) 알고리즘을 (M 없이) N만 있는 알고리즘과 비교하는 것은 사과와 오렌지를 비교하는 것과도 같다.

하지만 O(N × M)이 속하는 특정 범위가 있음을 알았다. 즉 N과 M이 같으면 $O(N^2)$과 동등하다. 같지 않으면 더 작은 수(이 수가 1만큼 작더라도)를 임의로 M에 할당함으로써 O(N)이 된다. 따라서 어떤 의미에서는 O(N × M)을 O(N)과 $O(N^2)$ 사이 정도로 이해할 수 있다.

이 정도면 훌륭한가? 아니다. 하지만 이것이 최선이다.

7.9 암호 크래커

당신은 누군가의 암호를 풀려는 해커다(물론 도덕적인 이유로). 브루트 포스(brute force) 방식으로 풀기로 하고 주어진 길이의 모든 문자열 조합을 생성하는 코드를 작성했다. 다음은 잽싸게 만든 코드다.

```
def every_password(n)
  (("a" * n)..("z" * n)).each do |str|
      puts str
    end
end
```

위 코드가 동작하려면 변수 n으로 쓰일 수를 함수에 전달해야 한다.

가령 n이 3이면 코드 "a" * n은 문자열 "aaa"를 생성한다. 뒤이은 코드는 "aaa"와 "zzz" 범위 내 가능한 모든 문자열을 순회하도록 루프를 설정한다. 코드를 실행하면 다음과 같이 출력된다.

```
aaa
aab
aac
aad
aae
...
zzx
zzy
zzz
```

n이 4면 코드는 길이가 4인 가능한 모든 문자열을 다음처럼 출력한다.

```
aaaa
aaab
aaac
aaad
aaae
...
zzzx
zzzy
zzzz
```

심지어 길이를 5로 해서 위 코드를 실행하면 끝날 때까지 꽤 오래 걸릴 수 있다. 매우 느린 알고리즘이니까! 하지만 빅 오 관점에서 어떻게 나타낼까?

나눠서 살펴보자.

단순히 알파벳을 하나씩 출력하면 26단계가 걸린다.

두 글자짜리 조합을 전부 출력하면 문자 26개에 문자 26개를 곱한 만큼 걸린다.

세 글자짜리 조합을 전부 출력하면 $26 \times 26 \times 26$개의 조합이 나온다.

패턴이 보이는가?

▼ 표 7-1

길이	조합
1	26
2	26^2
3	26^3
4	26^4

N의 관점에서 살펴보면 N이 문자열의 길이일 때 **총 조합 수**는 26^N이다.

따라서 빅 오 표기법으로는 $O(26^N)$으로 표시한다. 정말 무시무시한 알고리즘이다! 솔직히 "그저" $O(2^N)$인 알고리즘조차 엄청나게 느리다. 지금까지 살펴본 다른 알고리즘과 비교해 그래프에서 어떻게 그려지는지 보자.

▼ 그림 7-3

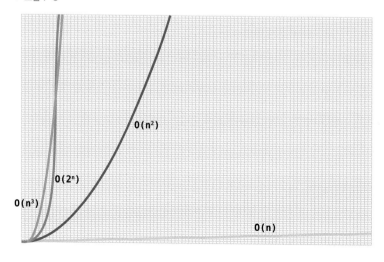

보다시피 $O(2^N)$은 어떤 시점부터 $O(N^3)$보다 훨씬 느리다.

어떻게 보면 $O(2^N)$은 $O(\log N)$의 반대다. (이진 검색처럼) $O(\log N)$인 알고리즘에서는 데이터가 두 배로 늘어날 때 알고리즘에 한 단계씩 더 걸린다. $O(2^N)$ 알고리즘에서는 데이터가 한 개 늘어날 때 알고리즘에 필요한 단계가 **두 배**로 늘어난다!

암호 크래커 예제에서 N이 1씩 늘어날 때마다 단계 수는 **26배**씩 늘어난다. 어마어마한 시간이다. 그래서 브루트 포스로 암호를 해독하는 방법이 그토록 비효율적인 것이다.

7.10 / 마무리

축하한다! 이제 빅 오 전문가가 다 됐다. 온갖 종류의 알고리즘을 분석해 시간 복잡도를 분류할 수 있다. 이러한 지식을 갖췄으니 체계적으로 코드 속도를 최적화할 수 있다.

마침 8장에서 알고리즘의 속도를 올리는 가장 유용하고 일반적인 도구 중 하나인 새로운 자료 구조를 배운다. 그리고 아주 중요한 속도에 대해서도 논하겠다.

7.11 / 연습 문제

다음 연습 문제는 실제 상황에 쓰이는 알고리즘을 실습해 볼 기회다. 해답은 526쪽에 나와 있다.

1. 빅 오 표기법을 사용해 다음 함수의 시간 복잡도를 나타내자. 함수는 배열이 다음 정의한 "합이 100인 배열"이면 true를, 아니면 false를 반환한다.

   "합이 100인 배열"은 다음 조건을 충족한다.

   • 첫 번째 수와 마지막 수를 더하면 100이다.

   • 두 번째 수와 끝에서 두 번째 수를 더하면 100이다.

   • 세 번째 수와 끝에서 세 번째 수를 더하면 100이다.

   • …(이하 동등)

함수는 다음과 같다.

```
def one_hundred_sum?(array)
    left_index = 0
    right_index = array.length - 1

    while left_index < array.length / 2
        if array[left_index] + array[right_index] != 100
            return false
        end

        left_index += 1
        right_index -= 1
    end

    return true
end
```

2. 빅 오 표기법을 사용해 다음 함수의 시간 복잡도를 나타내자. 함수는 두 정렬된 배열을 병합해 두 배열의 모든 값을 포함하는 새로운 정렬된 배열을 생성한다.

```
def merge(array_1, array_2)
    new_array = []
    array_1_pointer = 0
    array_2_pointer = 0

    # 두 배열이 모두 끝에 도달할 때까지 루프를 실행한다.
    while array_1_pointer < array_1.length ||
            array_2_pointer < array_2.length

        # 첫 번째 배열의 끝에 이미 도달했으면
        # 두 번째 배열의 항목을 추가한다
        if !array_1[array_1_pointer]
            new_array << array_2[array_2_pointer]
            array_2_pointer += 1
        # 두 번째 배열의 끝에 이미 도달했으면
        # 첫 번째 배열의 항목을 추가한다
        elsif !array_2[array_2_pointer]
            new_array << array_1[array_1_pointer]
            array_1_pointer += 1
        # 첫 번째 배열의 현재 수가 두 번째 배열의 현재 수보다 작으면
        # 첫 번째 배열의 수를 추가한다.
        elsif array_1[array_1_pointer] < array_2[array_2_pointer]
```

```
            new_array << array_1[array_1_pointer]
            array_1_pointer += 1
        # 두 번째 배열의 현재 수가 첫 번째 배열의 현재 수보다 작거나 같으면
        # 두 번째 배열의 수를 추가한다.
        else
            new_array << array_2[array_2_pointer]
            array_2_pointer += 1
        end
    end

    return new_array
end
```

3. 빅 오 표기법을 사용해 다음 함수의 시간 복잡도를 나타내자. 함수는 "모래사장에서 바늘 찾기"라는 유명한 문제를 해결한다.

바늘과 모래사장 모두 문자열이다. 예를 들어 바늘이 "def"고 모래사장이 "abcdefghi"면 "def"가 "abcdefghi"의 부분 문자열이므로 바늘은 모래사장 어딘가에 있다. 하지만 바늘이 "dd"면 "abcdefghi"라는 모래사장에서 찾을 수 없다.

이 함수는 바늘을 모래사장에서 찾을 수 있는지 여부를 true 또는 false로 반환한다.

```
def find_needle(needle, haystack)
    needle_index = 0
    haystack_index = 0

    while haystack_index < haystack.length
        if needle[needle_index] == haystack[haystack_index]
            found_needle = true

            while needle_index < needle.length
                if needle[needle_index] != haystack[haystack_index + needle_index]
                    found_needle = false
                    break
                end
                needle_index += 1
            end

            return true if found_needle
            needle_index = 0
        end

        haystack_index += 1
```

```
        end

      return false
  end
```

4. 빅 오 표기법을 사용해 다음 함수의 시간 복잡도를 나타내자. 함수는 주어진 배열에 들어 있는
   수 세 개를 곱해 가장 큰 값을 찾는다.

```
def largest_product(array)
    largest_product_so_far = array[0] * array[1] * array[2]
    i = 0

    while i < array.length
        j = i + 1
        while j < array.length
            k = j + 1
            while k < array.length
                if array[i] * array[j] * array[k] > largest_product_so_far
                    largest_product_so_far = array[i] * array[j] * array[k]
                end
                k += 1
            end
            j += 1
        end
        i += 1
    end

    return largest_product_so_far

end
```

5. 인사과 직원이 들을 법한 농담을 접한 적이 있다. "채용 과정에서 가장 운 없는 사람을 바로 떨
   어뜨리고 싶다고? 책상에 놓인 이력서 중 반을 집어 쓰레기통에 버리면 된다네."

   하나만 남을 때까지 이력서 파일을 계속 줄여 나가는 소프트웨어를 작성하려면 위에서 반, 밑
   에서 반을 번갈아 빼는 방식도 가능하다. 즉 먼저 파일 더미 위에서 반을 제거하고 남아 있는
   파일 더미 밑에서 반을 제거한다. 운 좋은 이력서 하나가 남을 때까지 파일 더미 위와 밑에서
   번갈아 제거한다. 그리고 하나가 남으면 고용한다!

   빅 오 관점에서 다음 함수의 효율성을 나타내자.

```
def pick_resume(resumes)
    eliminate = "top"

    while resumes.length > 1
        if eliminate == "top"
            resumes = resumes[resumes.length / 2, resumes.length - 1]
            eliminate = "bottom"
        elsif eliminate == "bottom"
            resumes = resumes[0, resumes.length / 2]
            eliminate = "top"
        end
    end

    return resumes[0]
end
```

memo

8장

해시 테이블로
매우 빠른 룩업

패스트푸드점에서 손님이 음식을 주문하는 프로그램을 작성 중이고, 음식마다 각각 가격이 있는 메뉴를 구현하고 있다고 상상해 보자. 물론 배열을 사용할 수도 있다.

```
menu = [ ["french fries", 0.75], ["hamburger", 2.5], ["hot dog", 1.5], ["soda", 0.6] ]
```

위 배열은 몇 개의 하위 배열을 포함하며 각 하위 배열은 두 원소를 포함한다. 첫 번째 원소는 메뉴의 음식을 나타내는 문자열이고, 두 번째 원소는 그 음식의 가격을 나타낸다.

2장 알고리즘이 중요한 까닭에서 배웠듯이 위 배열이 정렬되어 있지 않다면 컴퓨터가 선형 검색을 수행해야 하므로 주어진 음식의 가격을 검색하는 데 O(N) 단계가 걸린다. 정렬된 배열이라면 컴퓨터가 이진 검색을 수행할 수 있으므로 O(logN)이 걸린다.

O(logN)도 나쁘지 않지만 더 좋아질 수 있다. 사실 훨씬 더 좋아질 수 있다. 8장이 끝날 때까지 데이터를 O(1) 만에 룩업할 수 있는 **해시 테이블**이라는 특수한 자료 구조의 사용법을 배울 것이다. 해시 테이블이 내부적으로 어떻게 동작하는지, 그리고 해시 테이블을 어디에 사용하면 좋을지를 알면 많은 상황에서 해시 테이블의 엄청난 룩업 속도를 활용할 수 있다.

8.1 해시 테이블

대부분의 프로그래밍 언어는 **해시 테이블**(hash table)이라는 자료 구조를 포함하며, 해시 테이블에는 빠른 읽기라는 놀랍고 엄청난 능력이 있다. 해시 테이블은 다양한 프로그래밍 언어에서 서로 다른 이름으로 불린다. 해시, 맵, 해시 맵, 딕셔너리, 연관 배열 등의 이름을 갖는다.

다음은 해시 테이블을 사용해 루비로 구현한 메뉴 예제다.

```
menu = { "french fries" => 0.75, "hamburger" => 2.5, "hot dog" => 1.5, "soda" => 0.6 }
```

해시 테이블은 쌍으로 이뤄진 값들의 리스트다. 첫 번째 항목을 **키**(key)라 부르고, 두 번째 항목을 **값**(value)이라 부른다. 해시 테이블에서 키와 값은 서로 중요한 관계다. 예제에서는 "french fries"라는 문자열이 키고 0.75가 값이다. 프렌치프라이가 75센트임을 가리키기 위해 한 쌍으로 연결된다.

루비에서는 다음과 같은 문법으로 키의 값을 룩업할 수 있다.

```
menu["french fries"]
```

위 코드는 0.75라는 값을 반환한다.

해시 테이블의 값 룩업은 **딱 한 단계만** 걸리므로 평균적으로 효율성이 O(1)이다. 이유를 알아보자.

8.2 / 해시 함수로 해싱

어린 시절 비밀 코드를 만들고 해독해 본 기억이 있는가?

예를 들어 다음처럼 단순하게 글자와 숫자를 짝지을 수 있다.

```
A = 1
B = 2
C = 3
D = 4
E = 5
···
```

위 코드에 따르면,

ACE는 135로,

CAB는 312로,

DAB는 412로,

BAD는 214로 변환된다.

문자를 가져와 숫자로 변환하는 이러한 과정을 **해싱**(hasing)이라 부른다. 또한, 글자를 특정 숫자로 변환하는 데 사용한 코드를 **해시 함수**(hash function)라 부른다.

이 밖에도 해시 함수는 많다. 또 다른 해시 함수 예제는 각 문자에 해당하는 숫자를 가져와 **모든 수를 합쳐** 반환하는 것이다. 이렇게 하면 BAD는 다음과 같은 두 단계의 과정을 거쳐 숫자 7이 된다.

1단계: 먼저 BAD를 214로 변환한다.

2단계: 각 숫자를 가져와 합한다.

$$2 + 1 + 4 = 7$$

또 다른 해시 함수 예제는 문자에 해당하는 모든 수를 **곱해서** 반환하는 것이다. 이렇게 하면 단어 BAD는 숫자 8로 변환된다.

1단계: 먼저 BAD를 214로 변환한다.

2단계: 각 숫자를 가져와 곱한다.

$$2 \times 1 \times 4 = 8$$

7장의 나머지 예제에서는 위 해시 함수를 사용하겠다. 실제 쓰이는 해시 함수는 이보다 더 복잡하지만 이러한 "곱셈" 해시 함수를 사용하면 예제가 명확하고 간단해진다.

사실 해시 함수가 유효하려면 딱 한 가지 기준을 충족해야 한다. 해시 함수는 동일한 문자열을 해시 함수에 적용할 때마다 항상 **동일한 숫자**로 변환해야 한다. 주어진 문자에 대해 반환하는 결과가 일관되지 않으면 그 해시 함수는 유효하지 않다.

예를 들어 난수나 현재 시간을 계산에 넣어 사용하는 해시 함수는 유효하지 않다. 이러한 함수를 사용하면 BAD가 한 번은 12로, 다른 한 번은 106으로 변환될 수 있다.

하지만 "곱셈" 해시 함수를 쓰면 BAD는 **항상** 8로 변환된다. B는 항상 2고, A는 항상 1이고, D는 항상 4이기 때문이다. 따라서 $2 \times 1 \times 4$는 **항상** 8이다. 다른 결과는 있을 수 없다.

곱셈 해시 함수를 쓰면 DAB 역시 BAD처럼 8로 변환된다는 것에 유의한다. 나중에 다루겠지만 이로 인해 실제로 문제가 발생한다.

해시 함수의 개념을 알았으니 이제 해시 테이블이 실제로 어떻게 동작하는지 이해할 수 있다.

8.3 재미와 이익, 특히 이익을 남길 유의어 사전 만들기

당신은 지금 밤과 주말마다 세계를 정복할 스타트업에서 남몰래 홀로 일하고 있다. 바로 유의어 사전 앱을 만드는 중이다. 하지만 이 앱은 기존의 모든 유의어 사전 앱과는 완전히 다르다. 이건

Quickasaurus(퀵사우루스)다.[1] 당신은 이 앱이 수백만 달러짜리 유의어 사전 시장을 완전히 장악할 거라 확신한다. 사용자가 Quickasaurus에서 단어를 룩업하면 구식 유의어 사전 앱처럼 가능한 유의어를 **모두** 반환하는 대신 유의어를 딱 **하나만** 반환한다.

모든 단어에는 각각 연관된 동의어가 있으므로 동의어는 해시 테이블의 좋은 사용 사례(use case)다. 어쨌든 해시 테이블은 쌍으로 이뤄진 항목들의 리스트이니 말이다. 그러니 시작해 보자.

다음과 같이 해시 테이블로 유의어 사전을 표현할 수 있다.

    thesaurus = {}

배열과 유사하게 해시 테이블은 내부적으로 데이터를 한 줄로 이뤄진 셀 묶음에 저장한다. 각 셀마다 주소가 있다. 예를 들면 다음과 같다.

▼ 그림 8-1

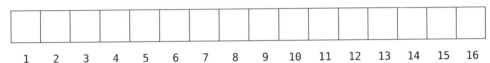

("곱셈" 해시 함수로는 인덱스 0에 아무 값도 저장되지 않으므로 인덱스 0은 제외했다.)

첫 번째 항목을 해시 테이블에 추가해 보자.

    thesaurus["bad"] = "evil"

코드로 표현하면 해시 테이블은 이제 다음과 같다.

    {"bad" => "evil"}

해시 테이블이 데이터를 어떻게 저장하는지 알아보자.

먼저 컴퓨터는 키에 해시 함수를 적용한다. 다시 말하지만 앞서 설명했던 "곱셈" 해시 함수를 사용할 것이다. 따라서 다음과 같이 계산된다.

$$\text{BAD} = 2 \times 1 \times 4 = 8$$

키 ("bad")는 8로 해싱되므로 컴퓨터는 값 ("evil")을 다음과 같이 셀 8에 넣는다.

---

1 우루스는 라틴어로 '도마뱀'이라는 뜻이다. 공룡에 주로 접미어로 쓰인다. 티라노+사우르스는 무서운 도마뱀이라는 뜻이다. 퀵+사우루스는 빠른 도마뱀이라는 뜻이 되는데 저자가 재미로 만든 조어다.

이제 다른 키/값 쌍을 추가해 보자.

```
thesaurus["cab"] = "taxi"
```

다시 한번 컴퓨터는 키를 해싱한다.

$$CAB = 3 \times 1 \times 2 = 6$$

결괏값이 6이므로 컴퓨터는 값 ("taxi")를 셀 6에 저장한다.

❤ 그림 8-3

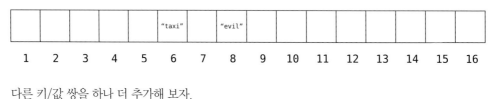

다른 키/값 쌍을 하나 더 추가해 보자.

```
thesaurus["ace"] = "star"
```

상황을 요약해 보면 모든 키/값 쌍마다 먼저 키를 해싱한 후 각 **값**을 키의 인덱스에 저장한다.

ACE = 1 × 3 × 5 = 15이므로 ACE는 15로 해싱되고, "star"는 셀 15로 들어간다.

❤ 그림 8-4

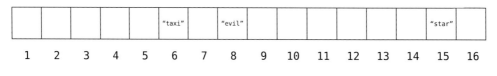

코드로 표현하면 해시 테이블은 현재 다음과 같다.

```
{"bad" => "evil", "cab" => "taxi", "ace" => "star"}
```

8.4 해시 테이블 룩업

해시 테이블에서 항목을 룩업할 때는 키를 사용해 연관된 값을 찾는다. 퀵사우르스 예제 해시 테이블에서 값을 어떻게 룩업하는지 보자.

키 "bad"의 값을 룩업하고 싶다고 하자. 코드로는 다음과 같을 것이다.

```
thesaurus["bad"]
```

"bad"의 값을 찾기 위해 컴퓨터는 간단히 두 단계를 실행한다.

1. 컴퓨터는 룩업하고 있는 키를 해싱한다. BAD = $2 \times 1 \times 4 = 8$

2. 결과가 8이므로 셀 8을 찾아가서 저장된 값을 반환한다. 여기서는 문자열 "evil"이다.

한 걸음 물러나 전체적인 상황을 살펴보자. 해시 테이블에서 각 값의 위치는 키로 결정된다. 즉 키 자체를 해싱해 키와 연관된 값이 놓여야 하는 인덱스를 계산한다.

키가 값의 위치를 결정하므로 이 원리를 사용하면 룩업이 아주 쉬워진다. 어떤 키가 있고 그 키의 값을 찾고 싶으면 키 자체로 값을 어디서 찾을 수 있는지 알 수 있다. 적절한 셀에 값을 넣기 위해 키를 해싱했던 것처럼 다시 한 번 키를 해싱해 이전에 값을 넣었던 곳을 찾을 수 있다.

이제 왜 해시 테이블의 값 룩업이 전형적으로 O(1)인지 명확해졌다. O(1)은 상수 시간이 걸리는 절차다. 컴퓨터는 키를 해싱해서 숫자로 바꾼 후 그 수의 인덱스로 바로 가서 저장된 값을 추출한다.

왜 해시 테이블이 배열보다 식당 메뉴를 더 빠르게 룩업할 수 있는지 이해할 수 있을 것이다. 배열에서 메뉴 항목의 값을 룩업하려면 항목을 찾을 때까지 각 셀을 순회하며 검색해야 했다. 정렬되지 않은 배열에서는 최대 O(N)이 걸리며 정렬된 배열에서는 최대 O(logN)이 걸린다. 하지만 해시 테이블을 쓰면 실제 메뉴 항목을 키로 사용해서 해시 테이블 룩업을 O(1)만에 할 수 있다. **이것이** 바로 해시 테이블의 매력이다.

8.4.1 단방향(one-directional) 룩업

해시 테이블에서 한 단계만에 값을 찾는 기능은 그 값의 키를 알 때만 가능하다는 점에 주목하자. 키를 모른 채 값을 찾으려면 해시 테이블 내 모든 키/값 쌍을 검색하는 수밖에 없고 이는 O(N)이다.

같은 원리로 **키**를 사용해 **값**을 찾을 때만 O(1) 룩업이 가능하다. 거꾸로 **값**을 이용해 연관된 **키**를 찾을 때는 해시 테이블의 빠른 룩업 기능을 활용할 수 없다.

이는 키가 값의 위치를 결정한다는 해시 테이블의 대전제 때문이다. 하지만 이 전제는 한 방향으로만, 다시 말해 키를 사용해 값을 찾는 식으로만 동작한다. 값으로는 키의 위치를 알아내지 못하니 전부 훑는 것 외에는 키를 쉽게 찾을 방법이 없다.

그렇다면 키는 어디에 저장될까? 앞선 그림은 값이 해시 테이블에 어떻게 저장되는지만 보여준다.

세부적으로는 언어에 따라 다르지만 어떤 언어는 값 바로 옆에 키를 저장한다. 이렇게 저장하면 다음 절에서 다룰 충돌에서 매우 유용하다.

어느 경우든 해시 테이블의 단방향 속성이 갖는 또 다른 측면에도 주목할 가치가 있다. 각 키는 해시 테이블에 딱 하나만 존재할 수 있으나 값은 여러 인스턴스가 존재할 수 있다.

8장을 시작하며 살펴봤던 메뉴 예제를 떠올려 보면 햄버거를 두 번 나열할 수 없다.(가격이 하나뿐이니 그럴 이유도 없다) 하지만 2.5달러짜리 메뉴는 여러 개 **있을 수** 있다.

대부분의 언어는 이미 존재하는 키에 키/값 쌍을 저장하려 하면 키는 그대로 두고 기존 값만 덮어쓴다.

8.5 충돌 해결

해시 테이블은 정말 근사하지만 문제도 있다.

유의어 사전 예제를 계속 살펴보자. 다음과 같은 항목을 예제의 유의어 사전에 추가하면 무슨 일이 벌어질까?

```
thesaurus["dab"] = "pat"
```

먼저 컴퓨터는 키를 해싱한다.

$$DAB = 4 \times 1 \times 2 = 8$$

그리고 "pat"를 해시 테이블의 셀 8에 추가하려 한다.

				"taxi"		"evil"							"star"	
1	2	3	4	5	6	7	8	9	10	11	12	13	14	15	16

앗. 셀 8에 이미 "evil"이 들어 있다. 이럴 수가!

이미 채워진 셀에 데이터를 추가하는 것을 **충돌**(collision)이라 부른다. 다행히 이 문제를 해결하는 방법들이 있다.

충돌을 해결하는 고전적인 방법 하나가 **분리 연결법**(separate chaining)이다. 충돌이 발생했을 때 셀에 **하나**의 값을 넣는 대신 배열로의 참조를 넣는 방법이다.

해시 테이블의 내부 데이터 저장소 일부를 좀 더 자세히 들여다보자.

▼ 그림 8-6

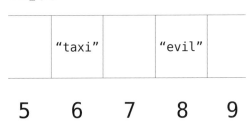

예제에서 컴퓨터는 셀 8에 "pat"을 추가하려 했지만 이미 "evil"이 들어 있다. 따라서 셀 8을 그림 8-7에 나오는 배열로 대체한다.

▼ 그림 8-7

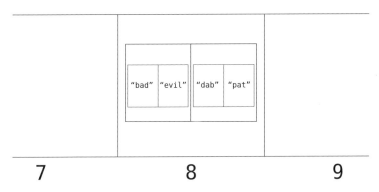

이 배열에 포함된 하위 배열의 첫 번째 값은 단어, 두 번째 단어는 그 단어의 동의어다.

이렇게 바꿨을 때 해시 테이블 룩업이 어떻게 동작하는지 차례대로 살펴보자. thesaurus["dab"]을 룩업할 때 컴퓨터는 다음과 같은 단계를 밟는다.

1. 컴퓨터는 키를 해싱한다. DAB = 4 × 1 × 2 = 8

2. 셀 8을 룩업한다. 컴퓨터는 셀 8이 하나의 값이 아닌 배열들의 배열을 포함하고 있음을 알게 된다.

3. 각 하위 배열의 인덱스 0을 찾아보며 룩업하고 있는 단어인 ("dab")을 찾을 때까지 배열을 차례대로 검색한다. 일치하는 하위 배열의 인덱스 1에 있는 값을 반환한다.

이러한 단계를 그림으로 나타내보자.

DAB이 8로 해싱되므로 컴퓨터는 그 셀을 찾아본다.

▼ 그림 8-8

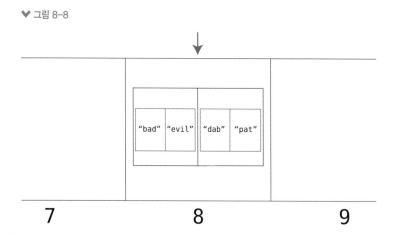

셀 8은 하위 배열의 배열을 포함하므로 첫 번째 배열부터 시작해서 각 하위 배열을 선형 검색한다. 첫 하위 배열의 인덱스 0을 확인한다.

▼ 그림 8-9

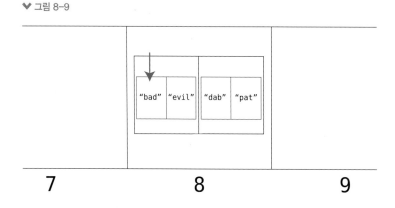

인덱스 0에 찾고 있는 단어인 ("dab")이 없으므로 다음 그림처럼 다음 하위 배열의 인덱스 0으로 넘어간다.

▼ 그림 8-10

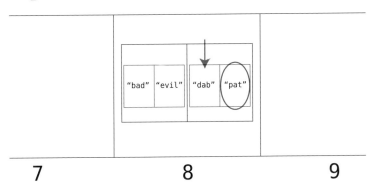

"dab"을 찾았다. 즉, 이 하위 배열의 인덱스 1에 있는 값인 ("pat")가 바로 찾고 있던 값이다.

컴퓨터가 확인 중인 셀이 배열을 참조할 경우 다수의 값이 들어 있는 배열을 선형 검색해야 하므로 검색에 단계가 더 걸린다. 만약 모든 데이터가 해시 테이블의 한 셀에 들어가게 된다면 해시 테이블은 배열보다 나을 게 없다. 따라서 최악의 경우 해시 테이블 룩업 성능은 사실상 O(N)이다.

이렇기 때문에 해시 테이블에 충돌이 거의 없도록, O(N) 시간이 아닌 O(1) 시간 내에 일반적으로 룩업을 수행하도록 디자인해야 한다.

다행히 대부분의 프로그래밍 언어에서 해시 테이블을 구현하고 이를 대신 처리한다. 하지만 내부 동작 방식을 이해함으로써 해시 테이블이 어떻게 O(1) 성능을 간신히 유지하는지 이해할 수 있다.

어떻게 해시 테이블을 설정해야 충돌이 가능한 한 적게 일어나는지 알아보자.

DATA STRUCTURES AND ALGORITHMS

8.6 효율적인 해시 테이블 만들기

궁극적으로 해시 테이블은 다음 세 요인에 따라 효율성이 정해진다.

- 해시 테이블에 얼마나 많은 데이터를 저장하는가
- 해시 테이블에서 얼마나 많은 셀을 쓸 수 있는가

- 어떤 해시 함수를 사용하는가

처음 두 요인이 중요한 까닭은 쉽게 이해된다. 적은 셀에 많은 데이터를 저장하면 충돌이 많을 테고 해시 테이블의 효율성은 떨어질 것이다. 하지만 해시 함수 자체도 왜 효율성을 좌우하는지 알아보자.

항상 1과 9 사이에 값만 반환하는 해시 함수를 쓰고 있다고 가정하자. 예를 들어 글자를 상응하는 숫자로 변환해서 하나의 숫자가 될 때까지 결괏값의 숫자들을 계속해서 합하는 해시 함수라고 하자.

예를 들면 다음과 같다.

$$PUT = 16 + 21 + 20 = 57$$

57은 숫자가 둘 이상이므로 해시 함수는 57을 5 + 7로 쪼갠다.

$$5 + 7 = 12$$

12도 숫자가 둘 이상이므로 해시 함수는 12를 1 + 2로 쪼갠다.

$$1 + 2 = 3$$

결국 PUT은 3으로 해싱된다.

위 해시 함수는 본질적으로 **항상** 1과 9 사이에 숫자를 반환하게끔 돼 있다.

예제로 사용했던 해시 테이블을 다시 보자.

▼ 그림 8-11

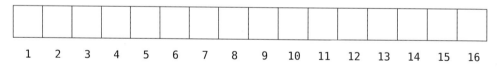

위 해시 함수를 적용하면 10에서 16 사이에 셀이 존재하긴 하지만 컴퓨터가 절대 쓰지 않는다. 모든 데이터는 셀 1에서 9 사이로 채워진다.

따라서 좋은 해시 함수란 사용 가능한 **모든** 셀에 데이터를 분산시키는 함수다. 데이터를 넓게 퍼뜨릴수록 충돌이 적다.

8.6.1 훌륭한 충돌 조정

충돌 횟수가 줄어들수록 해시 테이블의 효율성이 높아진다고 배웠다. 이론상 충돌을 피하는 최선의 방법은 해시 테이블에 많은 셀을 두는 것이다. 해시 테이블에 항목을 5개만 저장하고 싶다고 하자. 해시 테이블에 셀이 1000개면 충돌이 일어날 가능성이 거의 없으니 아주 좋을 듯하다.

하지만 충돌을 피하는 것 외에도 메모리를 많이 잡아먹지 않도록 균형을 맞춰야 한다.

셀 1000개로 이뤄진 해시 테이블이 충돌을 피하는 데 좋지만 데이터를 단지 5개만 저장하는 데 셀을 1000개나 써야 하니 메모리 낭비다.

해시 테이블은 반드시 충돌 조정을 수행해야 한다. 좋은 해시 테이블은 **많은 메모리를 낭비하지 않으면서 균형을 유지하며 충돌을 피한다**.

충돌 조정을 위해 컴퓨터 과학자는 다음과 같은 경험에 기반한 규칙을 세웠다. 해시 테이블에 저장된 데이터가 7개면 셀은 10개여야 한다.

다시 말해 원소를 14개 저장할 생각이라면 셀이 20개가 있어야 하는 등이다.

데이터와 셀 간 이러한 비율을 **부하율**(load factor)이라 부른다. 이 용어를 적용하면 이상적인 부하율은 0.7(원소 7개 / 셀 10개)이라 말할 수 있다.

처음에 해시 테이블에 데이터를 7개 저장했다면 컴퓨터는 셀 10개로 이뤄진 해시를 할당할 것이다. 하지만 데이터를 더 추가하기 시작하면 새 데이터가 새로운 셀들에 균등하게 분산되도록 컴퓨터는 셀을 더 추가하고 해시 함수를 바꿔서 해시 테이블을 확장할 것이다.

앞서 언급했듯이 해시 테이블 내부는 대부분 사용자가 쓰고 있는 컴퓨터 언어가 관리한다. 컴퓨터 언어는 해시 테이블이 얼마나 커야 하는지, 어떤 해시 함수를 쓰는지, 언제 해시 테이블을 확장할지 결정한다. 프로그래밍 언어가 최고의 성능을 내도록 해시 테이블을 구현했다고 가정해도 무방하다.

해시가 어떻게 동작하는지 알았으니 효율성 O(1)의 뛰어난 룩업이 가능해졌다. 곧 이러한 지식에 기반해 코드 속도를 최적화하겠다.

하지만 먼저 간단한 데이터 구조 관점에서 해시 테이블을 쓰는 다양한 유스케이스를 간단히 살펴보자.

8.7 해시 테이블로 데이터 조직

해시 테이블은 데이터를 쌍으로 저장하므로 데이터를 조직하는 많은 시나리오에 유용하다.

어떤 데이터는 본래 쌍 형태다. 패스트푸드 메뉴와 유의어 사전 시나리오가 대표적이다. 메뉴에는 각 음식과 그 가격이 한 쌍으로 되어 있다. 유의어 사전에는 각 단어와 그 유의어가 한 쌍으로 되어 있다. 실제로 파이썬에서는 해시 테이블을 **딕셔너리**(dictionary)라 부르는데, 사전이야말로 단어와 각각의 정의가 쌍으로 나열된 된 일반적인 데이터 형태이기 때문이다.

정치 후보자와 각 득표수 같은 집계 데이터 역시 본래 쌍으로 되어 있다.

```
{"Candidate A" => 1402021, "Candidate B" => 2321443, "Candidate C" => 432}
```

각 품목의 재고를 기록하는 재고 관리 시스템 역시 집계의 하나다.

```
{"Yellow Shirt" => 1203, "Blue Jeans" => 598, "Green Felt Hat" => 65}
```

해시 테이블은 쌍으로 된 데이터와 자연스럽게 들어 맞아서 심지어 어떤 경우에는 해시 테이블로 조건부 로직을 간소화할 수도 있다.

일반적인 HTTP 상태 코드 번호의 의미를 반환하는 다음과 같은 함수가 있다고 하자.

```
def status_code_meaning(number)
    if number == 200
        return "OK"
    elsif number == 301
        return "Moved Permanently"
    elsif number == 401
        return "Unauthorized"
    elsif number == 404
        return "Not Found"
    elsif number == 500
        return "Internal Server Error"
    end
end
```

위 코드를 가만히 보면 조건부 로직에서 쌍으로 된 데이터, 즉 상태 코드 번호와 각각의 의미를 처리하고 있다.

해시 테이블로 조건부 로직을 완벽히 없앨 수 있다.

```
STATUS_CODES = {200 => "OK", 301 => "Moved Permanently",
    401 => "Unauthorized", 404 => "Not Found",
    500 => "Internal Server Error"}

def status_code_meaning(number)
    return STATUS_CODES[number]
end
```

해시 테이블은 다양한 속성을 갖는 객체를 표현할 때도 흔히 쓰인다. 예를 들어 개를 다음처럼 표현한다.

```
{"Name" => "Fido", "Breed" => "Pug", "Age" => 3, "Gender" => "Male"}
```

보다시피 각 속성은 속성명이 키고 실제 속성이 값인 쌍으로 된 데이터다

배열 안에 여러 해시 테이블을 넣음으로써 다음처럼 개 목록을 생성할 수 있다.

```
[
    {"Name" => "Fido", "Breed" => "Pug", "Age" => 3, "Gender" => "Male"},
    {"Name" => "Lady", "Breed" => "Poodle", "Age" => 6, "Gender" => "Female"},
    {"Name" => "Spot", "Breed" => "Dalmatian", "Age" => 2, "Gender" => "Male"}
]
```

DATA STRUCTURES AND ALGORITHMS

8.8 해시 테이블로 속도 올리기

해시 테이블은 쌍으로 된 데이터와 완벽하게 들어 맞지만 쌍이 아닌 데이터라도 코드를 빠르게 만들 때 쓰일 수 있다. 굉장히 흥미롭게 쓰인다.

다음은 간단한 배열이다.

```
array = [61, 30, 91, 11, 54, 38, 72]
```

위 배열에서 어떤 수를 찾으려면 몇 단계가 필요할까?

정렬되지 않은 배열이므로 N단계의 선형 검색을 수행해야 할 것이다. 이 책의 앞 부분에서 배웠었다.

하지만 어떤 코드를 실행해 위 수 배열을 다음과 같은 해시 테이블로 변환하면 어떻게 될까?

```
hash_table = {61 => true, 30 => true, 91 => true,
11 => true, 54 => true, 38 => true, 72 => true}
```

각 수를 키로 저장해서 각 수와 연관된 값에 불리언 true를 할당했다.

어떤 수를 키로 하여 위 해시 테이블을 검색하면 이제 몇 단계가 필요할까?

간단한 코드 한 줄이다.

```
hash_table[72]
```

한 단계 만에 숫자 72를 룩업할 수 있다.

즉, 72를 키로 사용해 해시 테이블 룩업을 수행함으로써 한 단계만에 72가 해시 테이블에 있는지 알아낼 수 있다. 72가 해시 테이블의 키면 72의 값이 true이니 true를 받는다. 반면 72가 해시 테이블의 키가 **아니면** nil을 받는다(언어에 따라 해시 테이블에 키가 없을 때 반환하는 값이 다르다. 루비는 nil을 반환한다).

해시 테이블 룩업은 한 단계만 필요하므로 해시 테이블에서는 어떤 수든 (키로서) 한 단계만에 찾을 수 있다.

마법이 느껴지는가?

배열을 해시 테이블로 변환하면 O(N) 검색이 O(1) 검색으로 바뀐다.

해시 테이블을 이러한 용도로 사용할 경우 한 가지 흥미로운 점이 있다. 해시 테이블은 주로 본래 쌍으로 된 데이터에 쓰이는데 여기서 데이터는 쌍이 아니다. 수 리스트를 처리할 뿐이다.

값을 각 키에 할당할 때 값이 무엇이냐는 중요하지 않았다. 각 키의 값으로 true를 사용했으나 어떤 임의의 값("참같은(truthy)" 값)을 사용하든 결과는 같다.

비결은 각 수를 해시 테이블에 키로 넣어 나중에 각 키를 한 단계로 룩업하는 것이다. 룩업이 어떤 값이라도 반환하면 키가 해시 테이블에 있다는 뜻이다. nil을 반환하면 키가 해시 테이블에 없는 것이다.

이렇게 해시 테이블을 사용하는 것을 "해시 테이블을 인덱스로 사용하기"라고 부른다(저자만의 용어). 책 뒤에 나오는 인덱스를 보면 어떤 주제를 찾으려고 모든 페이지를 뒤적일 필요 없이 그 주제가 책의 어디에 나오는지 알게 된다. 예제에서도 마찬가지로 해시 테이블이 인덱스 역할을 했다. 인덱스는 어떤 항목이 원래 배열에 있는지 알려 준다.

이 기법을 사용해 실제 많이 쓰이는 알고리즘의 속도를 올려 보자.

8.8.1 배열 부분 집합

한 배열이 다른 배열의 부분 집합인지 알아내야 한다. 예를 들어 다음 두 배열을 보자.

```
["a", "b", "c", "d", "e", "f"]
["b", "d", "f"]
```

두 번째 배열의 모든 값이 첫 번째 배열에 있으므로 두 번째 배열인 ["b", "d", "f"]는 첫 번째 배열인 ["a", "b", "c", "d", "e", "f"]의 부분 집합이다.

하지만 배열이 다음과 같다면,

```
["a", "b", "c", "d", "e", "f"]
["b", "d", "f", "h",]
```

두 번째 배열의 값 "h"가 첫 번째 배열에 없으므로 두 번째 배열은 첫 번째 배열의 부분 집합이 아니다.

두 배열을 비교해 한 쪽이 다른 쪽의 부분 집합인지 알려 주는 함수를 어떻게 작성할까?

한 가지 방법은 중첩 루프다. 기본적으로 더 작은 배열의 원소를 모두 순회하며 더 작은 배열의 각 원소에 대해 더 큰 배열의 각 원소를 순회하는 두 번째 루프를 시작시킨다. 작은 배열의 원소가 큰 배열에 없으면 함수는 false를 반환한다. 루프를 끝까지 통과하면 작은 배열의 값이 모두 큰 배열에 있었다는 뜻이니 true를 반환한다.

자바스크립트로 구현하면 다음과 같다.

```javascript
function isSubset(array1, array2) {

    let largerArray;
    let smallerArray;

    // 어느 배열이 더 작은지 알아낸다
    if(array1.length > array2.length) {
        largerArray = array1;
```

```
            smallerArray = array2;
        } else {
            largerArray = array2;
            smallerArray = array1;
        }

        // 작은 배열을 순회한다.
        for(let i = 0; i < smallerArray.length; i++) {

            // 작은 배열의 현재 값이 우선은
            // 큰 배열에 없다고 임시로 가정한다.
            let foundMatch = false;

            // 작은 배열의 각 값에 대해
            // 큰 배열을 순회한다.
            for(let j = 0; j < largerArray.length; j++) {

                // 두 값이 같으면 작은 배열의 현재 값이
                // 큰 배열에 있다는 뜻이다.
                if(smallerArray[i] === largerArray[j]) {
                    foundMatch = true;
                    break;
                }
            }

            // 작은 배열의 현재 값이 큰 배열에 없으면
            // false를 반환한다.
            if(foundMatch === false) { return false; }
        }

        // 루프 끝에 도달하면
        // 작은 배열의 모든 값이 큰 배열에 있다는 뜻이다.
        return true;
    }
```

위 알고리즘의 효율성을 분석해 보면, 첫 번째 배열의 항목 수에 두 번째 배열의 항목 수를 곱한 만큼 실행하므로 O(N × M)이다.

이제 해시 테이블의 힘을 활용해 위 알고리즘의 효율성을 크게 개선해 보자. 원래 방식을 버리고 처음부터 다시 시작하자.

새 방식에서는 어느 배열이 더 작고 큰지 알아낸 후 큰 배열을 순회하는 루프 하나만 실행해 해시 테이블에 각 값을 저장한다.

```
let hashTable = {};

for(const value of largerArray) {
    hashTable[value] = true;
}
```

위 코드는 hashTable 변수에 빈 해시 테이블을 생성한다. 이어서 largerArray의 각 값을 순회하며 배열의 항목을 해시 테이블에 추가한다. 항목 자체를 키로, true를 값으로 추가한다.

앞선 ["a", "b", "c", "d", "e", "f"] 예제에 대해 위 루프를 실행하면 다음과 같은 해시 테이블을 얻는다.

```
{"a": true, "b": true, "c": true, "d": true, "e": true, "f": true}
```

이 해시 테이블은 향후 항목을 O(1)만에 룩업하게 해주는 "인덱스"가 된다.

지금부터가 아주 기발하다. 첫 번째 루프 종료 후 해시 테이블이 생기면 (중첩되지 않은) 두 번째 루프를 시작시켜 **작은** 배열을 순회한다.

```
for(const value of smallerArray) {
    if(!hashTable[value]) { return false; }
}
```

위 루프는 smallerArray 내 각 항목이 hashTable에 키로 존재하는지 확인한다. 앞서 largerArray의 모든 항목을 hashTable에 키로 저장했다. 따라서 hashTable에서 항목을 찾으면 largerArray에 있는 항목이라는 뜻이다. 마찬가지로 hashTable에서 항목을 찾지 못했으면 largerArray에 없는 항목이라는 뜻이다.

그렇게 smallerArray 내 각 항목에 대해 hashTable의 키인지 검사한다. 키가 아니면 그 항목이 largerArray에 없다는 뜻이고 따라서 smallerArray는 큰 배열의 부분 집합이 아니니 false를 반환한다(반대로 이 루프를 그대로 통과하면 작은 배열이 큰 배열의 부분 집합이라는 뜻이다).

이제 모든 기능을 하나의 완전한 함수에 넣어 보자.

```
function isSubset(array1, array2) {
    let largerArray;
    let smallerArray;
    let hashTable = {};
```

```
    // 어느 배열이 더 작은지 알아낸다.
    if(array1.length > array2.length) {
        largerArray = array1;
        smallerArray = array2;
    } else {
        largerArray = array2;
        smallerArray = array1;
    }

    // largerArray의 모든 항목을 hashTable에 저장한다.
    for(const value of largerArray) {
        hashTable[value] = true;
    }

    // smallerArray의 각 항목을 순회하며
    // hashTable에 없는 항목이면 false를 반환한다.
    for(const value of smallerArray) {
        if(!hashTable[value]) { return false; }
    }

    // false를 반환하지 않고 코드에서 여기까지 왔다면
    // smallerArray의 모든 항목이 largerArray에 들어 있다는 뜻이다.
    return true;
}
```

이 알고리즘에는 몇 단계가 필요할까? 큰 배열의 각 항목을 순회해 해시 테이블을 만들었다.

또한 항목 당 한 단계씩 해시 테이블을 룩업하며 **작은** 배열의 각 항목을 순회했다. 앞서 말했듯이 해시 테이블 룩업은 딱 한 단계면 된다.

두 배열을 합친 총 항목 수를 N이라고 하면 각 항목을 한 번씩 순회했으므로 위 알고리즘은 O(N)이다. 다시 말해 큰 배열의 각 항목에 한 단계씩, 뒤이어 작은 배열의 각 항목에 한 단계씩 썼다.

O(N × M)이었던 첫 번째 알고리즘에 비해 **엄청난** 개선이다.

해시 테이블을 "인덱스"로 사용하는 이 기법은 배열을 여러 번 검색해야 하는 알고리즘에 자주 쓰인다. 알고리즘에서 배열의 값을 계속 검색해야 한다면 매 검색에만 최대 N단계씩 걸리기 때문이다. 키로 해시 테이블을 룩업해서 어떤 값이든(어떤 임의의 값이든 상관없다) 받으면 그 키가 해시 테이블에 있다는 뜻이다.

8.9 마무리

해시 테이블은 효율적인 소프트웨어 개발에 필수다. O(1) 읽기와 삽입은 쉽게 따라잡을 수 없는 자료 구조다.

지금까지는 효율성과 속도를 중심으로 다양한 자료 구조를 분석했다. 하지만 속도 외에 장점을 제공하는 자료 구조도 있다. 9장에서는 코드의 간결성과 유지보수성을 향상시킬 수 있는 두 자료 구조를 알아본다.

8.10 연습 문제

다음 연습 문제는 해시 테이블을 실습해 볼 기회다. 해답은 526쪽에 나와 있다.

1. 두 배열의 교집합을 반환하는 함수를 작성하라. 교집합이란 두 배열에 동시에 들어 있는 값을 포함하는 새로운 배열이다. 예를 들어 [1, 2, 3, 4, 5]와 [0, 2, 4, 6, 8]의 교집합은 [2, 4]다. 함수의 복잡도는 O(N)이어야 한다(프로그래밍 언어에 내장된 기능이 있더라도 사용하지 말자. 직접 알고리즘을 개발하는 것이 목표다).

2. 문자열 배열을 받아 첫 번째 중복 값을 찾아 반환하는 함수를 작성하라. 예를 들어 배열이 ["a", "b", "c", "d", "e", "f"]면 함수는 배열에서 중복인 "c"를 반환해야 한다(배열에 반드시 하나 이상의 중복 쌍이 있다고 가정해도 된다). 단 함수의 효율성은 O(N)이어야 한다.

3. 알파벳 문자를 한 글자만 제외하고 모두 포함하는 문자열을 받아 빠진 문자 하나를 반환하는 함수를 작성하라. 예를 들어 문자열 "the quick brown box jumps over a lazy dog"는 문자 "f"를 제외한 모든 알파벳 문자를 포함한다. 함수의 시간 복잡도는 O(N)이어야 한다.

4. 문자열에서 첫 번째 중복되지 않는 문자를 반환하는 함수를 작성하라. 예를 들어 문자열 "minimum"에는 한 번만 등장하는 문자가 "n"과 "u"두 개인데 먼저 나오는 문자인 "n"을 반환해야 한다. 함수의 효율성은 O(N)이어야 한다.

memo

9^장

스택과 큐로
간결한 코드 생성

지금까지 자료 구조를 논할 때는 주로 자료 구조에 따라 다양한 연산의 **성능**이 어떻게 달라지는가에 초점을 맞췄다. 하지만 프로그래밍 지식 창고에 다양한 자료 구조를 쌓아 두면 보다 간단하고 읽기 쉬운 코드를 생성하는 데 도움이 된다.

9장에서는 스택과 큐라는 새로운 자료 구조를 알아보겠다. 사실 두 자료 구조를 완전히 새롭다고 할 수는 없다. 제약을 갖는 배열일 뿐이다. 하지만 바로 이러한 제약 덕분에 두 자료 구조가 매우 간결해진다.

좀 더 구체적으로 설명하면 스택과 큐는 임시 데이터를 처리할 수 있는 간결한 도구다. 운영 체제 아키텍처부터 출력 잡과 데이터 순회에 이르기까지 스택과 큐를 임시 컨테이너로 사용해 뛰어난 알고리즘을 만들 수 있다.

임시 데이터의 예로 식당에서 음식을 주문하는 상황을 생각해 보자. 손님이 주문한 내역은 식사를 준비해서 배달할 때까지만 중요하고, 이후로는 버려진다. 이 정보를 계속 가지고 있을 필요가 없다. 임시 데이터란 처리 후에는 전혀 의미 없는 정보이므로 다 쓴 후에는 버려도 된다.

곧 배우겠지만 스택과 큐는 이와 같은 임시 데이터를 처리하되 데이터를 처리하는 **순서**에 특히 중점을 둔다.

9.1 / 스택

스택(stack)이 데이터를 저장하는 방법은 배열과 같다. 즉, 단순히 원소들의 리스트다. 다만 한 가지, 스택에는 다음과 같은 세 가지 제약이 있다.

- 데이터는 스택의 끝에만 삽입할 수 있다.
- 데이터는 스택의 끝에서만 삭제할 수 있다.
- 스택의 마지막 원소만 읽을 수 있다.

접시 더미를 스택처럼 생각해 볼 수 있다. 가장 위에 있는 접시를 제외하고는 다른 접시의 윗면은 볼 수 없다. 비슷하게 가장 위를 제외하고는 접시를 추가할 수도, 제거할 수도 없다(사실 그러면 안 된다). 실제로 대부분의 컴퓨터 과학책에서 스택의 끝을 **위**(top), 스택의 시작을 **밑**(bottom)이라 부른다.

다음의 그림은 스택을 수직으로 놓인 배열로 묘사함으로써 이러한 용어를 설명한다.

▼ 그림 9-1

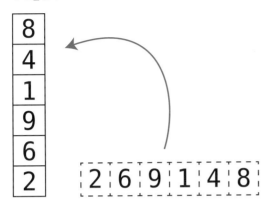

그림에서 보다시피 배열의 첫 번째 항목은 스택의 밑이고 마지막 항목의 스택의 위다.

이러한 제약이 다소 제한적으로 보이겠지만 얼마나 이득인지 알아보겠다.

빈 스택부터 시작해 스택이 어떻게 동작하는지 보자.

스택에 새 값을 삽입하는 것을 **스택에 푸시한다**고도 말한다. 접시 더미 위에 한 접시를 얹는다고 생각하면 된다.

5를 스택에 푸시하자.

▼ 그림 9-2

특별할 게 없다. 배열 끝에 데이터 원소를 삽입하는 것이 전부다.

이제 3을 스택에 푸시하자.

▼ 그림 9-3

다음으로 0을 스택에 푸시하자.

▼ 그림 9-4

보다시피 데이터를 항상 스택의 위(즉, 끝)에 추가하고 있다. 스택의 밑이나 중간에 0을 삽입하고 싶어도 데이터는 위에만 추가할 수 있다는 스택의 특징 때문에 그럴 수 없다.

스택의 위에서 원소를 제거하는 것을 **스택으로부터 팝(pop)한다**고 한다. 스택의 제약으로 인해 데이터는 위에서만 팝할 수 있다.

예제 스택에서 원소를 팝해 보자.

먼저 0을 팝한다.

▼ 그림 9-5

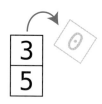

이제 스택은 5와 3, 두 원소만 포함한다.

다음으로 3을 팝한다.

▼ 그림 9-6

이제 스택은 5만 포함한다.

$$\boxed{5}$$

스택 연산을 묘사하는 데 쓰이는 유용한 두문자어가 "Last In, First Out"을 뜻하는 **LIFO**다. 스택에 푸시된 마지막 항목이 스택에서 **팝될 첫 번째** 항목이라는 의미다. 마치 게으른 학생과 비슷해 보인다. 이들은 항상 교실에 마지막으로 들어오지만 가장 먼저 나간다.

9.2 / 추상 데이터 타입

DATA STRUCTURES AND ALGORITHMS

실제로 대부분의 프로그래밍 언어에는 스택이 내장 데이터 타입이나 클래스로 딸려 있지 않다. 구현은 사용자의 몫이다. 대부분의 언어가 배열을 지원하는 것과 극명하게 대조된다.

일반적으로 스택을 생성하려면 실제로 데이터를 저장할 내장 데이터 구조 중 하나를 골라야 한다. 다음은 루비로 스택을 구현하는 한 가지 방법으로서 내부적으로 배열을 사용한다.

```ruby
class Stack
    def initialize
        @data = []
    end

    def push(element)
        @data << element
    end

    def pop
        @data.pop
    end

    def read
        @data.last
    end
end
```

이 스택 구현은 @data라는 배열에 데이터를 저장한다.

스택을 초기화하면 @data = []가 자동으로 빈 배열을 생성한다. 또한 스택에는 새 원소를 @data 배열에 푸시하는 메서드, @data 배열에서 원소를 팝하는 메서드, @data 배열에서 원소를 읽는 메서드도 있다.

하지만 배열로 Stack 클래스를 만들다 보니 사용자가 배열과 상호작용하는 인터페이스가 제한적일 수밖에 없다. 원래 배열은 어떤 인덱스든 정상적으로 읽을 수 있는데 스택 인터페이스로 배열을 사용하면 마지막 항목만 읽을 수 있다. 데이터 삽입과 삭제도 마찬가지다.

이처럼 스택 데이터 구조는 배열과 그 종류가 다르다. 배열은 대부분의 프로그래밍 언어에 내장되어 있고 컴퓨터 메모리와 직접 상호작용한다. 반면 스택은 사실 규칙 집합이며 특정 결과를 얻기 위해 배열과 상호작용하는 방식을 다룬다.

사실 스택은 내부적으로 **어떤** 데이터 구조를 쓰든 개의치 않는다. LIFO 방식으로 동작하는 데이터 원소들의 리스트면 된다. 배열을 쓰든 그 외 다른 내장 데이터 구조를 쓰든 실제로 중요하지 않다. 그래서 스택은 **추상 데이터 타입**에 속한다. 스택은 다른 내장 데이터 구조를 사용하는 이론적 규칙 집합으로 이뤄진 데이터 구조다.

1장 자료 구조가 중요한 까닭에서 봤던 집합 역시 추상 데이터 타입의 하나다. 어떤 구현에서는 내부적으로 배열을 사용하는 반면 어떤 구현에서는 실제로 해시 테이블을 사용한다. 어쨌든 집합 자체는 그저 이론상의 개념일 뿐이며 중복이 없는 데이터 원소들의 리스트다.

앞으로 이 책에서 마주칠 많은 자료 구조가 추상 데이터 타입이다. 다른 내장 데이터 구조를 기반으로 작성된 코드일 뿐이다.

심지어 내장 데이터 구조 역시 추상 데이터 타입일 수 있다. 프로그래밍 언어 자체에서 Stack 클래스를 구현한다 해도 스택 데이터 구조에 여전히 내부적으로 다양한 데이터 구조를 쓸 수 있다는 개념은 변하지 않는다.

9.3 스택 다뤄보기

오래 사용할 데이터를 저장할 때는 일반적으로 스택을 사용하지 않지만 임시 데이터를 다뤄야 하는 다양한 알고리즘에서는 스택이 유용한 도구다. 예제로 살펴보자.

자바스크립트 린터(linter), 즉 프로그래머가 작성한 자바스크립트 코드를 검사해서 각 줄이 문법적으로 올바른지 확인하는 프로그램의 시작 부분을 만들어 보자. 매우 다양한 측면에서 문법을 검사해야 하므로 만들기 상당히 복잡하다.

예제에서는 린터의 한 가지 측면인 여는 괄호와 닫는 괄호에만 초점을 맞추겠다. 소괄호, 중괄호, 대괄호를 포함하는 괄호는 문법 오류를 일으키는 아주 흔한 원인이다.

이 문제를 풀려면 어떤 종류의 괄호 문법이 올바르지 않은지 분석해야 한다. 문제를 나눠 생각해 보면 문법 오류는 세 가지 상황에서 발생한다.

첫째, 다음처럼 여는 괄호는 있는데 대응하는 닫는 괄호가 없는 경우다.

```
(var x = 2;
```

이를 문법 오류 타입1이라 부르겠다.

둘째, 여는 괄호가 앞에 나오지 않았는데 닫는 괄호가 나오는 경우다.

```
var x = 2; )
```

이를 문법 오류 타입2라 부르겠다.

문법 오류 타입3으로 부를 세 번째는 닫는 괄호가 바로 앞에 나온 여는 괄호와 종류가 다를 때다.

```
(var x = [1, 2, 3)];
```

소괄호끼리 대응하는 쌍이 있고, 대괄호끼리 대응하는 쌍이 있지만, 닫는 괄호가 바로 앞에 나온 여는 대괄호와 일치하지 않으므로 위치가 틀렸다.

코드 줄을 검사해서 괄호 문법 오류가 없는지 확인하는 알고리즘을 어떻게 구현할 수 있을까? 바로 이럴 때 스택을 사용해 훌륭한 린터 알고리즘을 구현할 수 있다. 다음과 같이 동작한다.

빈 스택을 준비해서 다음과 같은 규칙에 따라 각 문자를 왼쪽부터 오른쪽 방향으로 읽는다.

1. 괄호(소괄호나 중괄호, 대괄호)가 아닌 모든 문자는 무시하고 넘어간다.

2. 여는 괄호가 나오면 스택에 푸시한다. 스택에 넣는다는 것은 이 괄호가 닫히기를 기다린다는 의미다.

3. 닫는 괄호가 나오면 스택 위에 원소를 팝해서 확인한다. 그리고 다음처럼 분석한다.

   • 팝한 항목(항상 여는 괄호)이 현재 닫는 괄호와 종류가 다르면 문법 오류 타입3이다.

   • 스택이 비어 팝할 수 없으면 현재 닫는 괄호에 대응하는 여는 괄호가 앞에 나오지 않은 것이다. 문법 오류 타입2다.

- 팝한 항목이 현재 닫는 괄호와 종류가 같으면 여는 괄호를 성공적으로 닫았다는 뜻이니 자바스크립트 코드를 계속 파싱할 수 있다.

4. 줄 끝에 도달했는데 스택에 여전히 남아있는 괄호가 있다면 여는 괄호에 대응하는 닫는 괄호가 없다는 의미다. 즉, 문법 오류 타입1이다.

예제로 어떻게 동작하는지 보자.

▼ 그림 9-8

```
(var x = {y: [1, 2, 3]})
```

빈 스택을 준비한 후 각 문자를 왼쪽부터 오른쪽으로 읽기 시작한다.

1단계: 첫 번째 문자는 여는 소괄호다.

▼ 그림 9-9

```
↓
(var x = {y: [1, 2, 3]})
```

2단계: 여는 괄호이므로 스택에 푸시한다.

▼ 그림 9-10

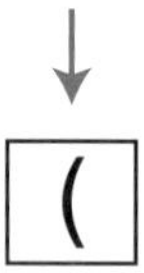

var x=은 괄호 문자가 아니므로 모두 무시한다.

3단계: 다음 여는 괄호가 나왔다.

▼ 그림 9-11

```
          ↓
(var x = {y: [1, 2, 3]})
```

4단계: 스택에 푸시한다.

▼ 그림 9-12

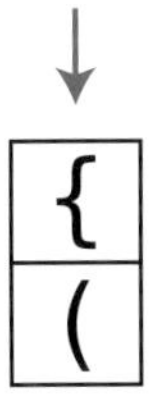

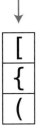

```
{
(
```

y는 무시한다.

5단계: 여는 대괄호가 나왔다.

▼ 그림 9-13

(var x = {y: [1, 2, 3]})

6단계: 마찬가지로 스택에 추가한다.

▼ 그림 9-14

```
[
{
(
```

1, 2, 3은 무시한다.

7단계: 닫는 괄호가 처음 나왔다. 닫는 대괄호다.

▼ 그림 9-15

(var x = {y: [1, 2, 3]})

8단계: 스택 위에서 원소를 팝하니 **여는** 대괄호가 나왔다.

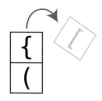

닫는 대괄호와 스택에서 팝한 원소의 괄호 종류가 같으니 오류 없이 알고리즘을 이어갈 수 있다.

9단계: 다음으로 닫는 중괄호가 나온다.

❤ 그림 9-17

$$\downarrow$$

```
(var x = {y: [1, 2, 3]})
```

10단계: 스택 위에서 원소를 팝한다.

❤ 그림 9-18

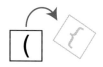

여는 중괄호이므로 일치하는 괄호를 찾았다.

11단계: 닫는 괄호가 나왔다.

❤ 그림 9-19

$$\downarrow$$

```
(var x = {y: [1, 2, 3]})
```

12단계: 스택의 마지막 원소를 팝한다. 괄호 종류가 일치하므로 지금까지는 오류가 전혀 없다.

코드 줄을 전부 살펴봤고 스택이 비었으므로 린터는 이 줄에 (여는 괄호와 닫는 괄호와 관련된) 문법적 오류가 없다고 결론 내릴 수 있다.

9.3.1 코드 구현: 스택 기반 코드 린터

이 알고리즘을 루비로 구현해 보겠다. 앞서 루비로 구현했던 Stack 클래스를 사용하겠다.

```ruby
class Linter

    def initialize
        # 간단한 배열을 스택으로 사용한다.
        @stack = Stack.new
    end

    def lint(text)
        # 텍스트 내 각 문자를 읽는 루프를 시작시킨다.
        text.each_char do |char|

            # 문자가 여는 괄호면
            if is_opening_brace?(char)

                # 스택에 푸시한다.
                @stack.push(char)

            # 문자가 닫는 괄호면
            elsif is_closing_brace?(char)

                # 스택에서 팝한다
                popped_opening_brace = @stack.pop

                # 스택이 비어 있었다면 nil이 팝되고
                # 이는 여는 괄호가 앞에 나오지 않은 것이다.
                if !popped_opening_brace
                    return "#{char} doesn't have opening brace"
                end

                # 스택에서 팝한 여는 괄호와 현재 닫는 괄호의 종류가 다르면
                # 오류를 생성한다.
                if is_not_a_match(popped_opening_brace, char)
                    return "#{char} has mismatched opening brace"
                end
            end
        end

        # 줄 끝에 도달했는데 스택이 비어 있지 않으면
        if @stack.read
```

```ruby
        # 대응하는 닫는 괄호가 나오지 않은 여는 괄호가 있는 것이니
        # 오류를 생성한다.
        return "#{@stack.read} does not have closing brace"
      end

      # 줄에 오류가 없으면 true를 반환한다.
      return true
    end

    private

    def is_opening_brace?(char)
      ["(", "[", "{"].include?(char)
    end

    def is_closing_brace?(char)
      [")", "]", "}"].include?(char)
    end

    def is_not_a_match(opening_brace, closing_brace)
      closing_brace != {"(" => ")", "[" => "]", "{" => "}"}[opening_brace]
    end
  end
end
```

lint 메서드는 자바스크립트 코드가 포함된 문자열을 받아 다음 명령문으로 각 문자를 순회한다.

```ruby
text.each_char do |char|
```

여는 괄호가 나오면 스택에 푸시한다.

```ruby
if is_opening_brace?(char)
  @stack.push(char)
```

문자가 여는 괄호인지 확인하는 is_opening_brace?라는 헬퍼 메서드를 다음과 같이 정의해 사용한다.

```ruby
["(", "[", "{"].include?(char)
```

닫는 괄호가 나오면 스택의 위에서 팝해 popped_opening_brace라는 변수에 저장한다.

```ruby
popped_opening_brace = @stack.pop
```

스택은 여는 괄호만 저장하므로 스택이 비어 있지 않다고 가정하면 무엇을 팝하든 여는 괄호 중 하나일 것이다.

하지만 스택이 비어 있으면 nil을 팝할 수 있다. 이는 문법 오류 타입2에 해당한다.

```
if !popped_opening_brace
    return "#{char} doesn't have opening brace"
end
```

단순화하기 위해 린팅 과정 중 오류가 발생하면 단순 문자열에 오류 메시지를 넣어 반환하게 했다.

스택에서 여는 괄호를 **팝했다면** 현재 닫는 괄호와 종류가 같은지 확인한다. 다르면 문법 오류 타입 3이다.

```
if is_not_a_match(popped_opening_brace, char)
    return "#{char} has mismatched opening brace"
end
```

(is_not_a_match 헬퍼 메서드는 코드 끝에 정의되어 있다.)

마지막으로 줄을 모두 파싱한 후에는 스택에 여는 괄호가 남아 있는지 확인한다. 남아 있으면 닫지 못한 여는 괄호가 있었다는 뜻이니 오류 메시지를 생성한다. 이는 문법 오류 타입1이다.

```
if @stack.read
    return "#{@stack.read} does not have closing brace"
end
```

끝으로 자바스크립트에 아무 오류도 없으면 true를 반환한다.

이제 다음과 같이 Linter 클래스를 사용할 수 있다.

```
linter = Linter.new
puts linter.lint("( var x = { y: [1, 2, 3] } )")
```

자바스크립트 코드 줄이 올바르므로 true를 반환한다.

하지만 여는 괄호가 하나 빠진 오류가 있는 줄을 입력하면,

```
"var x = { y: [1, 2, 3] })"
```

") doesn't have opening brace"라는 오류 메시지가 나온다.

예제는 스택을 사용해 린터를 아주 깔끔한 알고리즘으로 구현했다. 하지만 실제로 스택은 내부적으로 배열을 사용하는데 꼭 스택을 써야 할까? 그냥 배열로 같은 일을 해내면 안될까?

9.4 제약을 갖는 데이터 구조의 중요성

정의대로 스택이 제약을 갖는 배열일 뿐이라면 스택이 하는 일은 배열도 할 수 있다는 뜻이다. 그렇다면 스택이 주는 이점은 무엇일까?

스택(그리고 곧 나올 큐)처럼 제약을 갖는 데이터 구조는 다음과 같은 이유로 중요하다.

첫째, 제약을 갖는 데이터 구조를 사용하면 잠재적 버그를 막을 수 있다. 예를 들어 린팅 알고리즘은 스택의 위에서 항목을 제거하는 경우에만 동작한다. 프로그래머가 무심코 배열 중간에서 항목을 삭제하는 코드를 작성하면 알고리즘은 고장 난다. 스택 위 항목을 제외하고는 삭제할 수 없으므로 스택을 사용하면 위에서만 항목을 제거하게 된다.

둘째, 스택 같은 데이터 구조는 문제를 해결하는 새로운 사고 모델(mental model)을 제공한다. 가령 스택은 후입 선출(LIFO) 프로세스에 대한 전반적인 아이디어를 제공한다. 이렇게 되면 LIFO 사고방식에 입각해 방금 본 린터 같은 종류의 문제를 풀 수 있다.

또한 스택과 LIFO 속성을 제대로 이해해서 작성한 코드는 다른 개발자에게 익숙하고 명쾌하게 읽힌다. 알고리즘에 쓰인 스택을 발견하는 순간 그 알고리즘이 LIFO 기반 프로세스로 동작함을 알게 된다.

9.4.1 스택 요약

스택은 마지막에 들어 온 데이터부터 먼저 처리해야 할 때 이상적이다. 가령 워드 프로세서의 "되돌리기" 함수가 스택의 훌륭한 활용 사례다. 사용자가 타이핑하는 각 키스트로크를 추적해 스택에 푸시한다. 이후 사용자가 "되돌리기" 키를 누르면 가장 최근 키스트로크를 스택에서 팝한 후 문서에서 제거한다. 이제 스택 맨 위에는 다음으로 가장 최근에 눌렀던 키스트로크가 놓이게 되고 필요에 따라 되돌릴 수 있다.

9.5 / 큐

큐(queue) 역시 임시 데이터를 처리하기 위해 디자인된 데이터 구조다. 데이터를 처리하는 순서만 제외하면 많은 면에서 스택과 비슷하다. 스택처럼 큐도 추상 데이터 타입이다.

극장에 줄 서 있는 사람들을 큐처럼 생각할 수 있다. 줄 맨 앞에 있는 사람이 그 줄을 떠나 가장 먼저 극장에 들어간다. 큐 역시 큐에 첫 번째로 추가된 항목이 가장 먼저 제거된다. 그래서 컴퓨터 과학자는 큐를 First In, First Out의 약자인 "FIFO"로 표현한다.

늘어선 줄처럼 큐도 주로 가로로 묘사된다. 또한 흔히 큐의 시작을 **앞**(front), 큐의 끝을 **뒤**(back)라 부른다.

스택과 마찬가지로 큐도 다음과 같은 세 가지 제약을 갖는 배열이다(다만 제약 사항이 조금 다르다).

- 데이터는 큐의 끝에만 삽입할 수 있다(스택과 동일한 동작이다).
- 데이터는 큐의 앞에서만 삭제할 수 있다(스택과 정반대 동작이다).
- 큐의 앞에 있는 원소만 읽을 수 있다(마찬가지로 스택과 정반대 동작이다).

빈 큐로 시작해서 큐가 어떻게 동작하는지 보자.

먼저 5를 삽입한다(큐 삽입에는 흔히 인큐(enqueue)라는 용어를 쓰지만 이 책에서는 삽입과 인큐라는 용어를 번갈아 사용한다).

❤ 그림 9-20

다음으로 9를 삽입한다.

❤ 그림 9-21

다음으로 100을 삽입한다.

▼ 그림 9-22

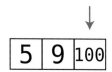

지금까지는 스택과 동일하게 동작했다. 하지만 큐의 앞에서부터 데이터를 삭제하므로 삭제는 역순이다(큐에서 원소를 삭제하는 것을 **디큐**(dequeue)라고도 부른다).

데이터를 삭제하려면 큐의 맨 앞에 있는 5부터 시작해야 한다.

▼ 그림 9-23

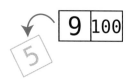

다음으로 9를 삭제한다.

▼ 그림 9-24

이제 큐에는 원소가 100 하나 남았다.

9.5.1 큐 구현

앞서 언급했듯이 큐는 추상 데이터 타입이다. 다른 여러 추상 데이터 타입처럼 많은 프로그래밍 언어에 큐가 구현되어 있지 않다. 다음은 루비로 구현한 큐다.

```ruby
class Queue
    def initialize
        @data = []
    end
```

```
    def enqueue(element)
        @data << element
    end


    def dequeue
        # shift 메서드는 배열에서 첫 번째 원소를
        # 제거해서 반환한다.
        @data.shift
    end


    def read
        @data.first
    end
end
```

다시 말하지만 Queue 클래스는 정해진 방식으로만 데이터를 처리하도록 데이터와의 상호작용을 제한하는 인터페이스로 배열을 감싼다. enqueue 메서드는 배열 끝에 데이터를 삽입하고 dequeue 메서드는 배열에서 첫 번째 항목을 제거한다. 또한 read 메서드는 배열의 첫 번째 원소만 본다.

9.6 큐 다뤄보기

출력 잡(job)부터 웹 애플리케이션의 백그라운드 워커에 이르기까지 많은 애플리케이션에서 흔하게 큐를 사용한다.

프린터가 네트워크상에 있는 여러 컴퓨터로부터 출력 잡을 받아들일 수 있도록 루비로 간단한 인터페이스를 프로그래밍한다고 하자. 요청받은 순서대로 각 문서를 출력하고 싶다.

다음의 코드는 앞서 루비로 구현한 Queue 클래스를 사용한다.

```
class PrintManager

    def initialize
        @queue = Queue.new
    end


    def queue_print_job(document)
        @queue.enqueue(document)
```

```
    end

    def run
        # 루프를 실행할 때마다
        # 큐 앞에 있는 문서를 읽는다.
        while @queue.read
            # 문서를 디큐해서 출력한다.
            print(@queue.dequeue)
        end
    end

    private

    def print(document)
        # 실제 프린터를 실행시키는 코드다.
        # 데모용으로 터미널에 출력한다.
        puts document
    end

end
```

이 클래스를 다음과 같이 활용한다.

```
print_manager = PrintManager.new
print_manager.queue_print_job("First Document")
print_manager.queue_print_job("Second Document")
print_manager.queue_print_job("Third Document")
print_manager.run
```

queue_print_job을 호출할 때마다 "문서"(예제에서는 문자열로 표현)를 큐에 추가한다.

```
def queue_print_job(document)
    @queue.enqueue(document)
end
```

run을 호출하면 요청받은 순서대로 처리하며 각 문서를 print한다.

```
def run
    while @queue.read
        print(@queue.dequeue)
    end
end
```

각 문서를 출력할 때 어떻게 디큐하는지 잘 보자.

앞선 코드를 실행하면 프로그램은 요청받은 순서대로 세 문서를 출력한다.

```
First Document
Second Document
Third Document
```

이 예제는 단순화됐고 실제 출력 시스템이 다뤄야 할 핵심 기능을 추상화하기도 했지만 실제로 위와 같은 애플리케이션은 필수적으로 큐를 사용하고 큐는 이러한 시스템 개발에 토대가 된다.

또한 큐는 요청받은 순서대로 요청을 처리하므로 비동기식 요청을 처리하는 완벽한 도구이기도 하다. 이 외에 이륙을 기다리는 비행기나 의사를 기다리는 환자처럼 정해진 순서대로 이벤트가 발생해야 하는 실세계 시나리오를 모델링하는 데 흔하게 쓰인다.

DATA STRUCTURES AND ALGORITHMS

9.7 마무리

지금까지 알아봤듯이 스택과 큐는 실용적인 알고리즘을 간결하게 처리할 수 있는 프로그래머의 도구다.

스택과 큐를 이해했으니 새 도전과제가 생겼다. 스택에 기반한 재귀를 배우는 것이다. 재귀 역시 이 책의 나머지 부분에서 다룰 더 뛰어나고 대단히 효율적인 많은 알고리즘의 토대다.

DATA STRUCTURES AND ALGORITHMS

9.8 연습 문제

다음 연습 문제는 스택과 큐를 실습해 볼 기회다. 해답은 528쪽에 나와 있다.

1. 전화를 건 사람을 잠시 대기시킨 후 "다음 연결 가능한 통화원"에게 연결해 주는 콜센터 소프트웨어를 작성 중이라면 스택을 쓰겠는가 큐를 쓰겠는가?

2. 1, 2, 3, 4, 5, 6의 순서대로 스택에 수를 푸시한 후 두 항목을 팝하면 스택에서 어떤 수를 읽는가?

3. 1, 2, 3, 4, 5, 6의 순서대로 큐에 수를 삽입한 후 두 항목을 디큐하면 큐에서 어떤 수를 읽는가?

4. 스택을 사용해 문자열을 거꾸로 만드는 함수를 작성하라(예를 들어 "abcde"는 "edcba"가 된다). 앞서 구현했던 Stack 클래스를 사용해도 좋다.

10^장

재귀를 사용한 재귀적 반복

재귀(recursion)는 이후 나올 보다 고급 알고리즘을 이해하기 위한 컴퓨터 과학의 핵심 개념이다. 재귀를 올바르게 사용하면 까다로운 문제 유형을 놀랍도록 간단하게 풀 수 있다. 때로는 마법처럼 보일 정도다.

들어가기 앞서 깜짝 퀴즈가 있다!

다음처럼 정의한 blah() 함수를 호출하면 무슨 일이 벌어질까?

```
function blah() {
    blah();
}
```

대충 짐작했겠지만 blah()가 자신을 호출하고 또 blah()가 자신을 반복적으로 호출하면서 함수 자신을 무한대로 호출한다.

재귀는 함수가 자기 자신을 호출할 때를 뜻하는 용어다. 사실 이 예제와 같은 무한 재귀는 전혀 쓸모가 없다. 그러나 올바르게만 활용하면 재귀는 강력한 도구가 될 수 있다.

10.1 루프 대신 재귀

당신은 지금 NASA에서 일하고 있고 우주선 발사에 쓰일 카운트다운 함수를 프로그래밍해야 한다. 작성할 함수는 10과 같은 숫자를 받아 10부터 0까지 숫자를 표시해야 한다.

잠시 쉬면서 이 함수를 원하는 언어로 구현해 보자. 구현이 끝났을 때 이어서 읽는다.

십중팔구 다음 자바스크립트 구현처럼 간단한 루프로 작성했을 것이다.

```
function countdown(number) {
    for(let i = number; i >= 0; i--) {
        console.log(i);
    }
}
countdown(10);
```

구현에는 문제가 없지만 루프가 **필요** 없었을 수도 있다.

어떻게 하면 될까?

루프 대신에 재귀를 써보자. 다음은 재귀로 countdown 함수를 구현한 첫 번째 시도다.

```
function countdown(number) {
    console.log(number);
    countdown(number - 1);
}
```

코드를 한 단계씩 살펴보자.

1단계: countdown(10)을 호출하므로 인수 변수인 number는 10부터 시작한다.

2단계: number(값 10이 들어 있음)를 콘솔에 출력한다.

3단계: countdown 함수가 끝나기 전에 number - 1은 9이니 countdown(9)를 호출한다.

4단계: countdown(9)가 실행된다. 이때 number(현재는 9)를 콘솔에 출력한다.

5단계: countdown(9)가 끝나기 전에 countdown(8)을 호출한다.

6단계: countdown(8)이 실행된다. 콘솔에 8을 출력한다.

단계별로 코드를 계속 살펴보기 전에 어떤 방식으로 재귀를 이용해 목적을 달성하는지 짚고 넘어가자. 루프 구조체 없이 단순히 **countdown** 함수 호출만으로 10부터 카운트다운해서 각 숫자를 콘솔에 출력하고 있다.

루프를 사용할 수 있는 경우라면 거의 대부분 재귀도 **쓸 수** 있다. 물론 재귀를 쓸 수 있다는 이유만으로 **무조건** 재귀를 써야 한다는 것은 아니다. 재귀는 명쾌한 코드를 작성해 줄 수 있는 하나의 도구다. 앞선 예제의 경우 재귀적인 방법이 전형적인 for 루프보다 더 훌륭하거나 효율적이지는 않다. 하지만 재귀가 빛을 발하는 예제를 곧 살펴보겠다. 그때까지는 재귀가 어떻게 동작하는지 계속해서 알아보자.

DATA STRUCTURES AND ALGORITHMS

10.2 / 기저 조건

countdown 함수를 단계별로 이어서 살펴보자. 간결하게 볼 수 있도록 몇몇 단계는 생략하겠다.

21단계: countdown(0)을 호출한다.

22단계: number(즉, 0)를 콘솔에 출력한다.

23단계: countdown(-1)을 호출한다.

24단계: number(즉, -1)를 콘솔에 출력한다.

앗. 보다시피 이 방법은 무한대로 음수를 출력하므로 완벽하지 않다.

카운트다운을 0에서 끝내고 재귀가 영원히 지속되는 것을 막을 방법이 있어야 완벽한 방법이 된다.

number가 0이면 더 이상 countdown()을 호출하지 않는 조건문을 추가해서 문제를 해결할 수 있다.

```
function countdown(number) {
    console.log(number);
    if(number === 0) {
        return;
    } else {
        countdown(number - 1);
    }
}
```

number가 0이면 코드는 countdown() 함수를 다시 호출하지 않고 반환만 하므로 더는 countdown() 이 호출되지 않는다.

재귀에 쓰이는 용어로 함수가 반복되지 않는 이러한 경우를 **기저 조건**(base case)이라 부른다. 예제의 countdown() 함수는 0이 기저 조건이다. 재차 말하지만 모든 재귀 함수에는 무한대로 호출되지 않게 하는 기저 조건이 적어도 하나 있어야 한다.

10.3 재귀 코드 읽기

시간을 들여 연습하면 재귀에 익숙해질 수 있으며 궁극적으로 두 가지 스킬, 재귀 코드 **읽기**와 재귀 코드 **작성**하기를 익히게 된다. 재귀 코드를 읽는 편이 조금 더 쉬우므로 읽기 연습을 먼저 해보자.

계승(factorial)을 계산하는 예제를 살펴보자.

계승은 예제로 가장 잘 설명된다.

3의 계승은 다음과 같다.

$$3 \times 2 \times 1 = 6$$

5의 계승은 다음과 같다.

$$5 \times 4 \times 3 \times 2 \times 1 = 120$$

다음 루비 코드는 주어진 수의 계승을 반환하는 함수를 재귀적으로 구현했다.

```ruby
def factorial(number)
    if number == 1
        return 1
    else
        return number * factorial(number - 1)
    end
end
```

언뜻 복잡해 보이지만, 다음 방법을 따라 읽으면 코드가 어떻게 동작하는지 차례차례 살피기 쉽다.

1. 기저 조건을 찾는다.

2. 기저 조건에서 함수가 어떻게 동작하는지 살핀다.

3. "끝에서 두 번째" 조건을 찾는다. 곧 보이겠지만 이는 기저 조건 바로 전 조건이다.

4. "끝에서 두 번째" 조건에서 함수가 어떻게 동작하는지 살핀다.

5. 방금 분석한 조건의 바로 전 조건을 찾아가며 위 절차를 반복하고 그 때마다 함수가 어떻게 동작하는지 살핀다.

이 절차를 예제 코드에 적용해 보자. 코드를 분석해 보면 경로가 두 개임을 금방 알아차릴 것이다.

```ruby
if number == 1
    return 1
else
    return number * factorial(number - 1)
end
```

보다시피 factorial이 자신을 호출하는 부분에서 재귀가 일어난다.

```ruby
else
    return number * factorial(number - 1)
end
```

따라서 함수가 자기 자신을 호출하지 **않는** 조건인 다음 코드가 기저 조건임이 틀림없다.

```
if number == 1
    return 1
```

결론적으로 number가 1일 때가 기저 조건이다.

이제 기저 조건, 즉 factorial(1)을 처리한다고 가정하고 factorial 메서드를 살펴보자. 다시 말하지만 관련 코드는 아랫부분이다.

```
if number == 1
    return 1
```

꽤 간단하다. 기저 조건이므로 어떤 재귀도 일어나지 않는다. factorial(1)을 호출하면 메서드는 단순히 1을 반환한다. 이제 냅킨을 꺼내서 이 사실을 기록하자.

❤ 그림 10-1

factorial (1) returns 1

다음 조건인 factorial(2)로 넘어가 보자. 관련 코드 줄은 아랫부분이다.

```
else
    return number * factorial(number - 1)
end
```

따라서 factorial(2)를 호출하면 2 * factorial(1)을 반환한다. 2 * factorial(1)을 계산하려면 factorial(1)이 무엇을 반환하는지 알아야 한다. 냅킨을 확인해 보면 1을 반환하고 있다는 것을 알 수 있다. 따라서 2 * factorial(1)은 2 × 1, 즉 2를 반환한다.

이 사실을 냅킨에 기록하자.

❤ 그림 10-2

factorial (2) returns 2

factorial (1) returns 1

이제 factorial(3)을 호출하면 어떻게 될까? 마찬가지로 관련 코드 줄은 아랫부분이다.

```
    else
        return number * factorial(number - 1)
    end
```

따라서 return 3 * factorial(2)로 바뀐다. factorial(2)는 무엇을 반환하는가? 냅킨에 적었으므로 처음부터 다시 알아볼 필요 없다. factorial(2)는 2를 반환한다. 따라서 factorial(3)은 6(3 × 2 = 6)을 반환한다. 어서 이 놀라운 사실을 냅킨에 기록하자.

❤ 그림 10-3

factorial (3) returns 6

factorial (2) returns 2

factorial (1) returns 1

잠시 쉬면서 factorial(4)는 무엇을 반환하는지 스스로 알아보자.

이처럼 기저 조건부터 분석을 시작해서 나아가는 것은 재귀 코드를 추론하는 훌륭한 방법이다.

DATA STRUCTURES AND ALGORITHMS

10.4 컴퓨터의 눈으로 바라본 재귀

재귀를 완벽히 이해하려면 컴퓨터가 재귀 함수를 어떻게 처리하는지 알아야 한다. 인간은 앞서 본 "냅킨" 방법으로 재귀를 추론할 수 있다. 하지만 컴퓨터는 함수 내에서 다시 그 함수를 호출하는 복잡한 작업을 수행해야 한다. 지금부터 컴퓨터가 재귀 함수를 실행하는 절차를 부분부분 나눠서 살펴보자.

가령 factorial(3)을 호출한다고 하자. 3은 기저 조건이 아니므로 컴퓨터는 다음 코드 줄로 가서 함수 factorial(2)를 실행한다.

```
    return number * factorial(number - 1)
```

이때 주목할 점이 있다. 컴퓨터가 factorial(2) 실행을 시작할 때 아직 factorial(3) 실행은 끝나지 않았다.

그래서 컴퓨터에서 재귀가 까다로운 것이다. 컴퓨터가 factorial(3)의 end 키워드에 도달할 때까지 factorial(3)는 끝나지 않는다. 결국 기이한 상황에 놓인다. 컴퓨터는 아직 factorial(3)를 **다 실행하지 않았는데** factorial(3)를 실행하는 중에 factorial(2) 실행을 시작하는 것이다.

게다가 factorial(2)가 factorial(1)을 실행시키니 factorial(2) 역시 끝이 아니다. 정말 이상하다. factorial(3)를 실행하는 중에 컴퓨터는 factorial(2)를 호출하고 2를 실행하는 중에 컴퓨터는 factorial(1)를 실행한다. 결국 factorial(1)은 factorial(2)와 factorial(3) 둘 다를 실행하는 중에 실행되는 것이다.

컴퓨터는 어떻게 이러한 정보를 전부 기록할까? factorial(1)이 끝나면 다시 돌아가 factorial(2)를 마저 실행해야 한다는 사실을 어떻게든 기억해야 한다. 또한 factorial(2)를 끝낸 후 factorial(3)를 완료해야 한다는 사실도 기억해야 한다.

10.4.1 호출 스택

다행히도 바로 앞 장인 **9장 스택과 큐로 간결한 코드 생성**에서 스택을 배웠다. 컴퓨터는 스택을 사용해 어떤 함수를 호출 중인지 기록한다. 이 스택을 목적에 딱 맞게 **호출 스택**(call stack)이라 부른다.

factorial 예제에서 호출 스택이 어떻게 동작하는지 살펴보자.

컴퓨터는 factorial(3)을 호출하며 시작한다. 하지만 이 메서드가 종료되기 전에 factorial(2)를 호출한다. 컴퓨터가 아직 factorial(3)을 실행 중인지 알려면 컴퓨터는 이 정보를 호출 스택에 푸시해야 한다.

❤ 그림 10-4

위 그림은 컴퓨터가 factorial(3)를 실행 중이라는 뜻이다(실제로 컴퓨터는 실행하던 코드 줄과 변숫값 등도 저장해야 하지만 위 그림에서는 단순하게 묘사했다).

이어서 컴퓨터는 factorial(2)를 실행한다. 이제 factorial(2)는 연이어 factorial(1)을 호출한다. 하지만 factorial(1)을 실행하기 전에 컴퓨터는 아직 factorial(2)를 실행 중임을 기억해야 하므로 마찬가지로 호출 스택에 푸시한다.

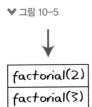

이어서 컴퓨터는 factorial(1)을 실행한다. 1이 기저 조건이므로 factorial (1)은 factorial 메서드를 호출하지 않고 끝난다.

컴퓨터는 factorial(1)을 끝낸 후 호출 스택을 확인해 실행 중이던 함수가 있는지 본다. 호출 스택에 데이터가 있으면 컴퓨터에 아직 해야 할 일이 남았다는 뜻이며 실행 중인 다른 함수를 마무리해야 한다는 뜻이다.

기억하겠지만 스택에는 가장 위 원소만 팝할 수 있다는 제약이 있다. 가장 위 원소는 **가장 최근에 호출된 함수**, 즉 컴퓨터가 다음으로 마무리해야 할 함수이니 이러한 제약은 재귀에 이상적이다. 마지막에(즉 가장 최근에) 호출했던 함수를 가장 먼저 완료해야 하므로 LIFO와 맞아 떨어진다.

컴퓨터가 다음으로 할 일은 호출 스택 가장 위 원소를 팝하는 것이다. 현재는 factorial(2)다.

▼ 그림 10-6

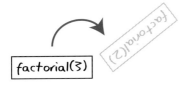

컴퓨터는 factorial(2) 실행을 완료한다.

이제 컴퓨터는 스택에서 다음 항목을 팝한다. 이때 스택에는 factorial(3)만 남았으니 컴퓨터는 이 항목을 팝해서 factorial(3) 실행을 완료한다.

현재 스택은 비어 있으므로 컴퓨터는 메서드를 모두 실행했음을 알게 되고, 재귀는 끝난다.

전체적인 과정을 다시 살펴보면 컴퓨터가 3의 계승을 계산한 순서는 다음과 같다.

1. factorial(3)이 먼저 호출된다. 완료하기 전에⋯.

2. factorial(2)가 두 번째로 호출된다. 완료하기 전에⋯.

3. factorial(1)이 세 번째로 호출된다.

4. factorial(1)이 먼저 완료된다.

5. factorial(2)가 factorial(1)의 결과를 토대로 완료된다.

6. 끝으로 factorial(3)이 factorial(2)의 결과를 토대로 완료된다.

factorial 함수는 재귀에 기반해 이뤄지는 계산이다. 이 계산은 궁극적으로 factorial(1)이 자신의 결과(즉 1)를 factorial(2)에 전달함으로써 이뤄진다. 이후 factorial(2)는 이 1과 2를 곱해서 2를 얻고 이 결과를 factorial(3)에 전달한다. 최종적으로 factorial(3)은 이 결과를 받아 3을 곱해 6이라는 결과를 계산한다.

이러한 방법을 **호출 스택을 통해 값 위로 전달하기**(passing a value up through the call stack)라고 부르기도 한다. 즉 각 재귀 함수는 계산된 값을 "부모" 함수에 반환한다. 마침내 최초로 호출된 함수가 최종 값을 계산한다.

10.4.2 스택 오버플로

이 장을 시작하며 봤던 무한 재귀 예제를 다시 살펴보자. 기억하겠지만 blah()는 자기 자신을 무한정 호출했다. 호출 스택은 어떻게 될까?

무한 재귀에서는 컴퓨터가 반복해서 같은 함수를 호출 스택에 푸시한다. 단기 메모리에 더 이상 데이터를 저장할 공간이 없을 때까지 호출 스택은 점점 늘어난다. 결국 **스택 오버플로**(stack overflow)라는 오류가 발생한다. 컴퓨터는 재귀를 강제로 중단하고 "메모리가 다 찼으니 더 이상의 함수 호출을 거부한다!"라고 외친다.

10.5 / 파일시스템 순회

재귀가 어떻게 동작하는지 알았으니 재귀 없이는 풀기 어려웠을 문제를 해결할 수 있다.

재귀와 자연스럽게 들어맞는 한 가지 문제 유형은 몇 단계나 깊이 들어가야 하는지 모르는 상황에서 문제를 여러 단계로 파고 들어야 할 때다.

파일시스템을 순회하는 예제를 살펴보자. 어떤 디렉터리 내에 있는 모든 파일에 대해 모든 하위 디렉터리명을 출력하는 등의 작업을 하는 스크립트가 있다고 하자. 단 하나의 디렉터리 내에 있는 파일만 처리하는 스크립트가 아니라 그 디렉터리의 하위 디렉터리, 그리고 하위 디렉터리의 하위 디렉터리에 있는 모든 파일에 대해 수행되길 원한다.

주어진 디렉터리의 모든 하위 디렉터리명을 출력하는 간단한 루비 스크립트를 만들어 보자.

```ruby
def find_directories(directory)
  # 디렉터리 내 각 파일을 검사한다.
  # 이러한 "파일" 중 일부는 사실 하위 디렉터리일 수 있다.
  Dir.foreach(directory) do |filename|

    # 현재 파일이 하위 디렉터리면
    if File.directory?("#{directory}/#{filename}") &&
    filename != "." && filename != ".."

      # 전체 경로명을 출력한다.
      puts "#{directory}/#{filename}"
    end
  end
end
```

디렉터리명을 넣어 위 함수를 호출한다. 현재 디렉터리에 대해 호출하고 싶으면 다음과 같이 작성한다.

```ruby
find_directories(".")
```

이 스크립트는 주어진 디렉터리 내에 각 파일을 순회한다. 파일이 하위 디렉터리면(단 현재 디렉터리를 뜻하는 마침표나 이전 디렉터리를 뜻하는 쌍마침표가 아니면) 하위 디렉터리명을 출력한다.

이 스크립트도 잘 동작하긴 하지만 현재 디렉터리의 **바로 다음에** 있는 하위 디렉터리명만 출력한다. 하위 디렉터리의 하위 디렉터리명은 출력하지 않는다.

한 단계 더 깊이 탐색할 수 있도록 스크립트를 업데이트해 보자.

```ruby
def find_directories(directory)
  # 한 단계 아래 디렉터리를 순회한다.
  Dir.foreach(directory) do |filename|
    if File.directory?("#{directory}/#{filename}") &&
    filename != "." && filename != ".."
      puts "#{directory}/#{filename}"

      # 두 단계 아래 하위 디렉터리를 순회한다.
      Dir.foreach("#{directory}/#{filename}") do |inner_filename|
```

```
        if File.directory?("#{directory}/#{filename}/#{inner_filename}") &&
        inner_filename != "." && inner_filename != ".."
            puts "#{directory}/#{filename}/#{inner_filename}"
        end
      end

    end
  end
end
```

이제 스크립트는 디렉터리를 찾을 때마다 그 디렉터리의 하위 디렉터리에 대해 동일한 루프를 수행해서 하위 디렉터리명을 출력한다. 하지만 이 스크립트도 한계가 있다. 두 단계 아래까지만 찾기 때문이다. 셋이나 넷, 다섯 단계 밑까지 찾으려면 어떻게 해야 할까? 다섯 단계로 중첩된 루프가 필요하다.

또한 하위 디렉터리가 더 이상 없을 때까지 찾으려면 어떻게 해야 할까? 몇 단계까지 있는지 모르므로 불가능해 보인다.

이럴 때 재귀가 매우 유용하다. 재귀를 사용하면 원하는 만큼 아래로 가는 스크립트를 작성할 수 있다. 게다가 매우 간단하다!

```
def find_directories(directory)
    Dir.foreach(directory) do |filename|
        if File.directory?("#{directory}/#{filename}") &&
        filename != "." && filename != ".."
            puts "#{directory}/#{filename}"

            # 하위 디렉터리에 대해 함수를 재귀적으로 호출한다.
            find_directories("#{directory}/#{filename}")
        end
    end
end
```

이 스크립트는 파일이 하위 디렉터리면 그 하위 디렉터리에 find_directories 메서드를 호출한다. 결국 이 스크립트는 모든 하위 디렉터리를 찾을 때까지 깊이 들어간다.

이 알고리즘이 파일시스템 예제에 어떻게 적용되는지 시각적으로 확인하려면 위 스크립트가 어떤 순서로 하위 디렉터리를 순회하는지 보여주는 그림 10-7을 참고한다.

관련된 절차는 **18.5절 깊이 우선 탐색**에서 다시 한 번 시각적으로 자세히 설명하겠다.

▼ 그림 10-7

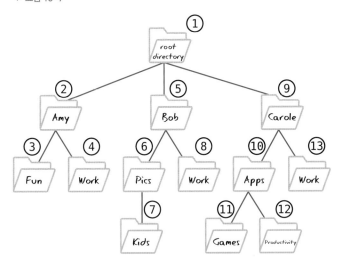

DATA STRUCTURES AND ALGORITHMS

10.6 / 마무리

파일시스템 예제에서 봤듯이 알고리즘이 임의의 단계 만큼 깊이 들어가야 한다면 재귀가 좋은 방법일 수 있다.

이제 재귀가 어떻게 동작하는지, 재귀가 얼마나 유용한지 알았다. 또한 재귀적 코드를 단계별로 살피고 읽는 법도 배웠다. 하지만 개발자 대부분은 막상 재귀 함수를 작성하려고 할 때 어려움을 겪는다. 11장에서는 재귀적으로 작성하는 법을 보다 쉽게 익히는 기법을 알아보겠다. 그 과정에서 재귀가 매우 유용한 도구로 쓰이는 주요 유스케이스도 살펴본다.

10.7 연습 문제

다음 연습 문제는 재귀를 실습해 볼 기회다. 해답은 529쪽에 나와 있다.

1. 다음의 함수는 low부터 high까지의 수를 하나 걸러 하나씩 출력한다. 예를 들어 low가 0이고 high가 10이면 다음과 같이 출력한다.

```
0
2
4
6
8
10
```

다음 함수의 기저 조건을 알아내자.

```
def print_every_other(low, high)
    return if low > high
    puts low
    print_every_other(low + 2, high)
end
```

2. 아이가 컴퓨터를 가지고 놀다가 factorial 함수에 손대는 바람에 다음처럼 (n − 1)이 아닌 (n − 2)로 factorial을 계산하게 됐다. 다음의 함수로 factorial(10)을 실행하면 어떤 값이 나올지 예측해 보자.

```
def factorial(n)
    return 1 if n == 1
    return n * factorial(n - 2)
end
```

3. 다음의 함수는 low와 high라는 두 수를 받는다. 함수는 low부터 high까지의 모든 수의 합을 반환한다. 예를 들어 low가 1이고 high가 10이면 함수는 1부터 10까지의 합인 55를 반환한다. 하지만 코드에 기저 조건이 빠져 있어 무한대로 실행된다! 올바른 기저 조건을 넣어 코드를 수정하자.

```
def sum(low, high)
    return high + sum(low, high - 1)
end
```

4. 다음의 배열은 숫자와 배열을 포함하며 이때 배열은 다시 수와 배열을 포함할 수 있다.

```
array = [
    1,
    2,
    3,
    [4, 5, 6],
    7,
    [8,
        [9, 10, 11,
            [12, 13, 14]
        ]
    ],
    [15, 16, 17, 18, 19,
        [20, 21, 22,
            [23, 24, 25,
                [26, 27, 29]
            ], 30, 31
        ], 32
    ], 33
]
```

배열 내 모든 숫자(오로지 숫자만)를 출력하는 재귀 함수를 작성하라.

memo

11^장

재귀적으로
작성하는 법

10장에서는 재귀가 무엇이고 어떻게 동작하는지 배웠다. 하지만 과거 재귀를 배웠던 경험을 떠올려 보면 재귀가 어떻게 동작하는지 이해해도 여전히 재귀 함수를 작성하기 힘들었다.

체계적으로 연습하고 다양한 재귀 패턴을 접하며 마침내 "재귀적으로 작성하는" 법을 보다 쉽게 익힐 수 있는 몇 가지 기법을 찾아 냈고 이 방법을 공유하려 한다. 이 과정에서 재귀가 유용하게 쓰이는 영역을 더 소개하겠다.

11장에서는 재귀의 효율성은 논하지 않는다. 사실 재귀는 알고리즘의 시간 복잡도에 몹시 부정적인 영향을 미치지만 이는 11장의 주제가 아니다. 우선은 재귀적 사고방식을 기르는 데 집중하자.

11.1 재귀 카테고리: 반복 실행

여러 가지 재귀 문제를 다루면서 문제에 다양한 "카테고리"가 있음을 알게 됐다. 어떤 카테고리에 효과적인 기법을 터득하면 같은 카테고리에 속하는 문제와 마주했을 때 같은 기법을 적용할 수 있었다.

가장 쉬웠던 카테고리는 반복적으로 한 작업을 실행하는 알고리즘이었다.

10장에서 보았던 나사 우주선 카운트다운 알고리즘이 대표적인 예다. 코드는 가령 10에서부터 9, 8, …, 0까지의 수를 출력한다. 함수의 출력 횟수는 매번 다르나 코드의 본질은 결국 하나의 작업, 즉 숫자 출력 작업을 반복적으로 실행하는 것이다.

자바스크립트 구현은 다음과 같았다.

```javascript
function countdown(number) {
    console.log(number);

    if(number === 0) { // number가 0일 때가 기저 조건이다.
        return;
    } else {
        countdown(number - 1);
    }
}
```

관찰해 보니 반복 실행 카테고리에 속하는 문제들은 함수의 마지막 줄에서 단순히 그 함수를 다시 한 번 호출했다. 이 코드에서는 countdown(number - 1)이다. 이 줄의 역할은 하나다. 다음 재귀 호출이다.

10장의 디렉터리 출력 알고리즘 역시 반복 실행 카테고리의 한 예다. 이 함수는 디렉터리명 출력 작업을 반복적으로 실행한다.

루비 코드는 다음과 같있다.

```ruby
def find_directories(directory)
    Dir.foreach(directory) do |filename|
        if File.directory?("#{directory}/#{filename}") &&
            filename != "." && filename != ".."
            puts "#{directory}/#{filename}"

            # 하위 디렉터리에 대해 함수를 재귀적으로 호출한다.
            find_directories("#{directory}/#{filename}")
        end
    end
end
```

마찬가지로 코드 마지막 줄인 find_directories("#{directory}/#{filename}")에서 재귀 함수를 다시 호출해 실행한다.

11.1.1 재귀 트릭: 추가 인자 넘기기

"반복적으로 실행하는" 카테고리의 문제 하나를 직접 풀어 보자. 숫자 배열을 받아 배열 내 각 숫자를 두 배로 만드는 알고리즘을 작성하려고 한다. 단 새 배열을 만드는 것이 아니라 배열 자체에서 수정하겠다.

이 알고리즘도 한 작업을 반복적으로 실행하는 카테고리에 속한다. 명확하게 말하면 반복적으로 숫자를 두 배로 만든다. 먼저 첫 번째 숫자를 두 배로 만든다. 두 번째 숫자로 넘어가 두 배로 만들고 이 과정을 반복한다.

제자리 수정이라는 개념이 헷갈릴 수 있으니 짚고 넘어 가자.

데이터를 조작하는 기본적인 방식은 일반적으로 두 가지다. 배열 내 값을 두 배로 만드는 과정으로 살펴보자. 배열 [1, 2, 3, 4, 5]를 두 배로 만들어 [2, 4, 6, 8, 10]이라는 배열이 나오려면 방법은 둘 중 하나다.

첫 번째 방법은 원래 배열은 그대로 두고 "두 배로 만든" 데이터를 포함하는 새 배열을 생성하는 것이다. 다음 코드를 보자.

```
a = [1, 2, 3, 4, 5]
b = double_array(a)
```

double_array 함수는 새 배열을 생성해 반환하므로 a와 b 값을 확인해 보면 다음과 같다.

```
a # [1, 2, 3, 4, 5]
b # [2, 4, 6, 8, 10]
```

원래 배열은 바뀌지 않았고 b에는 새 배열이 들어 있다.

두 번째 방법은 **제자리**(in-place) 수정이라 불린다. 실제 함수에 전달된 **원본 배열**을 바꾼다는 뜻이다.

제자리 수정을 한 후 a와 b를 확인해 보면 다음과 같다.

```
a # [2, 4, 6, 8, 10]
b # [2, 4, 6, 8, 10]
```

제자리 함수는 실제로 a를 수정했고 b는 사실상 a와 같은 배열을 가리킬 뿐이다.

새 배열을 생성하든 원래 배열을 제자리에서 수정하든 선택은 사용자의 몫이고 프로젝트 상황에 따라 달라진다. 제자리 알고리즘은 **19장 공간 제약 다루기**에서 더 논하겠다.

이 알고리즘을 double_array()라 명명하고 파이썬으로 작성해 보자. 앞서 배웠듯이 마지막 줄에 재귀 호출을 넣자.

```
def double_array(array):
    double_array(array)
```

이제 실제로 숫자를 두 배로 만드는 코드를 추가해야 한다. 그런데 어떤 숫자를 두 배로 만들까? 일단 첫 번째 숫자를 두 배로 만들자.

```
def double_array(array):
    array[0] *= 2
    double_array(array)
```

인덱스0에 있는 숫자를 두 배로 만들었다. 그럼 인덱스1에 있는 숫자는 어떻게 두 배로 만들까?

만일 재귀 대신 루프를 사용한다면 인덱스를 기록하는 변수를 두고 다음 코드처럼 계속해서 1씩 증가시켜야 한다.

```python
def double_array(array):
    index = 0

    while (index < len(array)):
        array[index] *= 2
        index += 1
```

하지만 재귀 함수에서 인수는 배열뿐이다. 인덱스를 기록하고 증가시킬 방법이 필요하다. 어떻게 해결할까?

다음 비법을 소개할 차례다.

인자를 하나 더 전달하자!

함수 앞부분을 수정해 배열 외에 기록할 인덱스까지 인수로 받자.

```python
def double_array(array, index):
```

이렇게 하면 함수를 호출할 때 다음처럼 배열과 시작 인덱스, 즉 0을 전달해야 한다.

```python
double_array([1, 2, 3, 4, 5], 0)
```

함수 인수에 인덱스를 넣었으니 이제 연속적인 재귀 호출마다 인덱스를 증가시키고 기록할 방법이 생겼다. 코드로 나타내면 다음과 같다.

```python
def double_array(array, index):
    array[index] *= 2
    double_array(array, index + 1)
```

연속된 호출마다 첫 번째 인수로 배열을 다시 전달하고 증가된 인덱스도 함께 전달한다. 이로써 전형적인 루프처럼 인덱스를 기록할 수 있게 됐다.

그래도 코드는 아직 완벽하지 않다. 인덱스가 배열 끝을 지날 때 함수는 오류를 던지면서 존재하지 않는 숫자를 두 배로 만들려 한다. 기저 조건을 넣어야 해결된다.

```python
def double_array(array, index):
    # 기저 조건: 인덱스가 배열 끝을 지날 때
    if index >= len(array):
```

```
    return

array[index] *= 2
double_array(array, index + 1)
```

다음의 함수로 위 코드를 테스트할 수 있다.

```
array = [1, 2, 3, 4]
double_array(array, 0)
print(array)
```

이제 재귀 함수가 완벽해졌다. 하지만 사용 중인 프로그래밍 언어에서 인수 기본값을 지원한다면 더 간결하게 작성할 수 있다.

일단은 함수를 다음과 같이 호출해야 한다.

```
double_array([1, 2, 3, 4, 5], 0)
```

두 번째 인자로 0을 전달하는 방식이 영 깔끔하지 못하다. 비법대로 돌아가려면 인덱스를 유지할 수밖에 없다. 어쨌든 인덱스는 **항상** 0부터 시작하고 싶다.

하지만 인자 기본값을 사용하면 다음처럼 원래 방식대로 간단하게 함수를 호출할 수 있다.

```
double_array([1, 2, 3, 4, 5])
```

이 호출이 동작하도록 코드를 업데이트해보겠다.

```
def double_array(array, index=0):
    # 기저 조건: 인덱스가 배열 끝을 지날 때
    if index >= len(array):
        return

    array[index] *= 2
    double_array(array, index + 1)
```

index=0이라고 인수 기본값을 할당한 것이 전부다. 이렇게 하면 함수를 처음 호출할 때 인덱스 인자를 전달하지 않아도 된다. 다만 이외 모든 연속적인 호출에서는 인덱스 인자를 사용해야 한다.

함수 인자를 추가하는 이 "비법"은 재귀 함수를 작성하는 일반적이고도 편리한 기법이다.

11.2 / 재귀 카테고리: 계산

앞 절에서는 작업을 반복 실행하는 첫 번째 재귀 함수 카테고리를 논했다. 11장의 나머지 부분에서는 두 번째 일반적인 카테고리인 하위 문제에 기반해 계산 수행하기를 자세히 설명하겠다.

두 수의 합을 반환하는 함수나 배열에서 최댓값을 찾는 함수처럼 계산 수행이 목적인 함수가 많다. 이러한 함수는 입력을 받아 그 입력에 따른 계산 결과를 반환한다.

10장 재귀를 사용한 재귀적 반복에서 재귀가 유용하게 쓰이는 한 가지 영역이 임의의 단계 만큼 깊이 들어가는 문제를 풀 때라고 배웠다. 재귀가 유용하게 쓰이는 또 하나의 영역은 **하위 문제의 계산 결과에 기반해 계산할 수 있을 때**다.

하위 문제(subproblem)를 정의하기 앞서 10장의 계승 문제로 다시 돌아가 보자. 이미 배웠듯이 6의 계승은 다음과 같다.

$$6 \times 5 \times 4 \times 3 \times 2 \times 1$$

어떤 수의 계승을 계산하는 함수를 작성할 때 1부터 시작해 결과를 계산해 나가는 전형적인 루프를 사용해도 된다. 즉 1에 2를 곱하고, 그 결과에 3을 곱하고, 다시 4를 곱해서 6까지 가는 방식이다.

이 함수를 루비로 구현하면 다음과 같다.

```ruby
def factorial(n)
    product = 1

    (1..n).each do |num|
        product *= num
    end

    return product
end
```

하지만 문제에 다르게 접근해 볼 수 있다. 즉 **하위 문제**에 기반해 계승을 계산하는 것이다.

하위 문제는 입력을 더 작게 한 똑같은 문제다. 예제에 하위 문제를 적용해 보자.

하위 문제 관점에서 생각해 보면 factorial(6)은 factorial(5)의 결과에 6을 곱한 값이다.

factorial(6)은 $6 \times 5 \times 4 \times 3 \times 2 \times 1$이고, factorial(5)는 $5 \times 4 \times 3 \times 2 \times 1$이니 factorial(6)은 $6 \times$ factorial(5)와 동등하다고 볼 수 있다.

11

재귀적으로 작성하는 법

즉 factorial(5)의 결과를 알면 간단히 그 결과에 6을 곱해 factorial(6)의 답을 구할 수 있다.

factorial(5)는 더 큰 문제의 결과를 계산하는 데 쓰이는 더 작은 문제이므로 factorial(5)를 factorial(6)의 **하위 문제**라 부른다.

코드로 구현하면 다음과 같다.

```ruby
def factorial(number)
    if number == 1
        return 1
    else
        return number * factorial(number - 1)
    end
end
```

한 번 더 강조하자면 number와 하위 문제인 factorial(number - 1)을 곱해 결과를 계산하는 return number * factorial(number - 1)이 코드의 핵심 줄이다.

11.2.1 두 가지 계산 방식

앞서 봤듯이 계산 함수를 작성하는 방식은 두 가지였다. "상향식"으로 답을 찾아 갈 수도 있고, 문제의 하위 문제에 기반해 계산함으로써 "하향식"으로 문제를 해결해 나갈 수도 있다. **상향식**(bottom up)과 **하향식**(top down)이라는 용어는 실제 컴퓨터 과학 교재에서 재귀 전략을 논할 때 쓰인다.

사실 두 방식 모두 재귀로 가능하다. 앞서 전형적인 루프로 상향식 방식을 풀어 보았으나 재귀로도 상향식 전략을 구현할 수 있다.

단, 다음과 같이 인자를 추가로 전달하는 비법을 써야 한다.

```ruby
def factorial(n, i=1, product=1)
    return product if i > n
    return factorial(n, i + 1, product * i)
end
```

이 구현에는 인자가 3개인데, 하나는 앞서 나왔던 계산할 계승 수인 n이고, 또 하나는 1부터 시작해 연속되는 호출마다 n이 될 때까지 1씩 증가하는 간단한 변수 i이다. 끝으로 product는 각 연속적인 수를 계속해서 곱한 결과를 저장하는 변수다. 연속적인 호출마다 계속 product를 전달해 그 값을 기록한다.

이렇게 재귀로 상향식 방식을 구현할 수 있으나 그다지 간결하지 못하며 전형적인 루프에 비해 이렇다 할 장점도 없다.

상향식에서는 루프를 쓰든 재귀를 쓰든 같은 전략으로 계산한다. 즉 계산 방식이 같다.

하지만 하향식에서는 재귀를 써야 한다. 하향식 전략을 구현할 방법은 재귀뿐이며 이것이 재귀가 강력한 도구로 자리매김한 주된 이유 중 하나다.

11.3 / 하향식 재귀: 새로운 사고방식

이제 11장의 핵심에 다가갈 차례다. 재귀는 하향식 방식을 구현하는 데 탁월하다. 하향식 사고방식은 **문제를 해결하는 새로운 사고 전략**(mental strategy)**을 제공**하기 때문이다. 즉 재귀적 하향식 방식은 문제를 완전히 다른 방식으로 생각하게 해준다.

구체적으로 말해 하향식으로 풀어 나갈 때는 머릿속에서 "문제를 뒤로 미루게" 된다. 상향식으로 풀어 나갈 때 통상적으로 고려해야 하는 문제의 본질에 세부적으로 파고들지 않아도 된다.

무슨 뜻인지 이해하려면 하향식 factorial 구현의 핵심 줄을 다시 한 번 보자.

```
return number * factorial(number - 1)
```

위 코드는 factorial(number - 1)의 결과를 이용해 계산한다. 호출할 factorial 함수가 어떻게 동작하는지 코드를 작성할 때 알아야 할까? 엄밀히 말해 그렇지 않다. 다른 함수를 호출하는 코드를 작성할 때는 내부적으로 어떻게 동작하는지 모르더라도 늘 그 함수가 올바른 값을 반환하리라고 가정한다.

예제에서도 factorial 함수 호출 결과에 기반해 답을 계산할 때 factorial 함수가 어떻게 동작하는지 몰라도 되며 그저 올바른 결과를 반환하리라고 기대할 수 있다. 물론 묘하게도 **자신이 바로 그 factorial 함수의 작성자이지만!** 이 코드 줄은 **factorial 함수 내에** 존재한다. 하지만 그래서 하향식 사고가 대단한 것이다. 어떻게 보면 문제를 해결하는 법조차 몰라도 문제를 풀 수 있다.

하향식 전략을 "재귀적으로" 작성해서 구현할 때는 뇌를 조금 쉬게 해주자. 계산이 실제 어떻게 이뤄지는지 세부적인 내용은 무시해도 좋다. 그저 "세부 사항은 하위 문제에서 다루게 두자"라고 말하자.

11.3.1 하향식 사고 절차

아직 하향식 재귀에 경험이 부족하면 시간을 가지고 하향식으로 생각하는 법을 연습하자. 다만 하향식 문제와 씨름할 때 다음 세 가지 사고 절차를 따라 생각하면 도움이 된다.

1. 작성 중인 함수를 이미 누군가 구현해 놓았다고 상상하자.

2. 문제의 하위 문제를 찾자.

3. 하위 문제에 함수를 호출하면 어떻게 되는지 보고 거기서부터 시작하자.

당장은 위 단계가 막연하게 들릴 수 있으나 예제를 따라가다 보면 명확하게 이해된다.

11.3.2 배열 합

주어진 배열 내 모든 수를 합하는 sum이라는 함수를 작성한다고 하자. 예를 들어 배열 [1, 2, 3, 4, 5]를 함수에 전달하면 모든 수의 합인 15를 반환한다.

가장 먼저 할 일은 sum 함수가 이미 구현되어 있다고 가정하는 것이다. 뻔히 함수를 작성하는 도중이지만 억지로 믿는 수밖에 없다. 불신은 잠시 접어 두고 sum 함수가 잘 동작한다고 상상하자.

다음으로 하위 문제를 찾자. 이는 과학보다 예술에 가까우나 연습을 거치면 나아진다. 예제의 하위 문제는 첫 번째 원소를 제외한 배열 내 모든 수, 즉 배열 [2, 3, 4, 5]다.

마지막으로 하위 문제에 sum 함수를 적용할 때 어떻게 되는지 보자. sum 함수는 "잘 동작"하고 있고 하위 문제가 [2, 3, 4, 5]이면 sum([2, 3, 4, 5])를 호출할 때 어떻게 될까? 당연히 2 + 3 + 4 + 5인 14가 나온다.

그럼 [1, 2, 3, 4, 5]의 합을 구하는 문제를 풀려면 sum([2, 3, 4, 5])의 결과에 첫 번째 수인 1만 더하면 된다.

슈도코드로 작성하면 다음과 같다.

```
return array[0] + sum(the remainder of the array)
```

루비로는 다음과 같을 것이다.

```
return array[0] + sum(array[1, array.length - 1])
```

(대부분의 언어에서 array[x, y] 문법은 인덱스 x부터 인덱스 y까지의 배열을 반환한다.)

믿기 어려우나 문제를 풀었다! 잠시 뒤 알아볼 기저 조건은 생략하고 sum 함수를 작성하면 다음과 같다.

```
def sum(array)
    return array[0] + sum(array[1, array.length - 1])
end
```

모든 수를 어떻게 합할지 생각하지 않았다. 누군가 sum 함수를 대신 구현해 놓았다고 생각하고 하위 문제를 적용했을 뿐이다. 문제를 뒤로 미뤘는데, 그렇게 함으로써 전체 문제를 풀었다.

끝으로 기저 조건을 처리해야 한다. 하위 문제에서 반복적으로 다시 하위 문제를 호출하다 보면 결국 sum([5])의 하위 문제에 도달한다. 함수는 배열의 나머지 부분과 5를 더하려 하는데 배열에 더 이상 원소가 없다.

기저 조건을 추가해서 처리해야 한다.

```
def sum(array)
    # 기조 조건: 배열에 원소가 하나만 남았을 때
    return array[0] if array.length == 1

    return array[0] + sum(array[1, array.length - 1])
end
```

이제 다 끝났다.

11.3.3 문자열 뒤집기

다른 예제를 하나 더 살펴보자. 문자열을 뒤집는 reverse 함수를 작성하려고 한다. 함수는 "abcde"라는 인수를 받으면 "edcba"를 반환한다.

먼저 하위 문제를 찾자. 거듭 말하지만 연습이 필요한데 보통은 다음으로 가장 작은 문제를 제일 먼저 시도한다.

그러니 문자열 "abcde"의 하위 문제를 "bcde"라고 가정하자. 이 하위 문제는 원래 문자열에서 첫 번째 문자를 뺀 것이다.

다음으로 누군가 큰 호의를 베풀어 대신 reverse 함수를 구현해 놓았다고 상상하자. 얼마나 친절한가!

reverse 함수를 쓸 수 있고 하위 문제가 "bcde"이니 이제 reverse("bcde")를 호출할 수 있다는 뜻이고 "edcb"가 반환된다.

여기까지 됐다면 "a" 처리는 식은 죽 먹기다. 문자열 끝에 붙이기만 하면 된다.

코드로는 다음과 같다.

```
def reverse(string)
    return reverse(string[1, string.length - 1]) + string[0]
end
```

하위 문제에 reverse를 호출하고 그 결과 끝에 첫 번째 문자를 추가하면 끝이다.

이번에도 기저 조건은 잠시 생략했다. 정말 믿기 힘든 마법이다.

기저 조건은 문자열에 문자가 하나일 때이므로 다음과 같은 코드 줄을 추가해서 처리한다.

```
def reverse(string)
    # 기저 조건: 문자 하나로 된 문자열
    return string[0] if string.length == 1

    return reverse(string[1, string.length - 1]) + string[0]
end
```

이제 끝났다.

11.3.4 X 세기

연이어 성공하고 있으니 예제를 하나 더 풀어 보자. 주어진 문자열에서 "x"의 개수를 반환하는 count_x라는 함수를 작성하자. 함수에 문자열 "axbxcxd"를 전달하면 문자 "x"의 인스턴스가 3개이니 3을 반환한다.

먼저 하위 문제를 찾자. 앞선 예제처럼 하위 문제는 원래 문자열에서 첫 번째 문자를 뺀 것이다. 즉 "axbxcxd"의 하위 문제는 "xbxcxd"다.

다음으로 count_x가 이미 구현되어 있다고 상상하자. count_x("xbxcxd")라고 하위 문제에 count_x를 호출하면 3이 나온다. 첫 번째 문자도 "x"면 여기에 1을 더하면 된다(첫 번째 문자가 "x"가 **아니면** 하위 문제의 결과에 아무것도 더하지 않는다).

따라서 코드로 작성하면 다음과 같다.

```
def count_x(string)
    if string[0] == "x"
        return 1 + count_x(string[1, string.length - 1])
    else
        return count_x(string[1, string.length - 1])
    end
end
```

조건문이 직관적이다. 첫 번째 문자가 "x"면 하위 문제의 결과에 1을 더한다. 그렇지 않으면 하위 문제의 결과를 그대로 반환한다.

기본적으로는 다 끝났다. 기저 조건만 처리하면 된다.

문자열에 문자가 하나만 있을 때를 기저 조건으로 할 수 있다. 하지만 남은 문자가 "x"일 수도 있고 "x"가 아닐 수도 있으니 실제로는 기저 조건이 두 개가 되어 이상한 코드가 만들어진다.

11 재귀적으로 작성하는 법

```
def count_x(string)

    # 기저 조건:
    if string.length == 1
        if string[0] == "x"
            return 1
        else
            return 0
        end
    end

    if string[0] == "x"
        return 1 + count_x(string[1, string.length - 1])
    else
        return count_x(string[1, string.length - 1])
    end
end
```

다행히 이를 단순화시킬 또 하나의 간단한 비법이 있다. 많은 언어에서 string[1, 0]을 호출하면 빈 문자열을 반환한다.

이 점을 고려하면 실제로 코드를 더 간단하게 작성할 수 있다.

```
def count_x(string)

    # 기저 조건: 빈 문자열
    return 0 if string.length == 0
```

```
        if string[0] == "x"
            return 1 + count_x(string[1, string.length - 1])
        else
            return count_x(string[1, string.length - 1])
        end
    end
```

새로운 버전의 기저 조건은 문자열이 비었을 때(string.length == 0)이다. 빈 문자열에는 "x"가 있을리 없으니 0을 반환한다.

문자열에 문자가 하나면 함수는 다음 함수 호출 결과에 1 또는 0을 더한다. string.length - 1이 0이므로 다음 함수 호출은 count_x(string[1, 0])이다. string[1, 0]은 빈 문자열이므로 이 마지막 호출이 기저 조건이고, 즉 0을 반환한다.

이제 정말 끝났다.

참고로 많은 언어에서 array[1, 0]을 호출해도 빈 배열을 반환하니 앞선 두 예제에도 같은 비법을 적용할 수 있다.

11.4 / 계단 문제

새로운 사고 전략을 사용해 하향식 재귀로 특정 계산 문제를 해결하는 법을 배웠다. 하지만 여전히 회의적이고 의문이 들 수 있다. "대체 이 새로운 사고 전략이 왜 필요한가? 루프만으로도 문제를 잘 풀어 왔는데."

간단한 계산에는 새로운 사고 전략이 실제로 필요 없을 수도 있다. 하지만 보다 복잡한 함수라면 재귀적인 사고방식으로 코드를 훨씬 쉽게 작성할 수 있다. 경험으로 체득한 사실이다!

가장 좋아하는 예제를 하나 소개하겠다. "계단 문제"라 불리는 유명한 질문인데 다음과 같다.

N개짜리 계단이 있고 누군가 한 번에 하나 혹은 둘, 세 계단까지 올라갈 수 있다고 하자. 계단 끝까지 올라가는 "경로"는 몇 개일까? N개짜리 계단일 때 이를 계산하는 함수를 작성하라.

그림 11-1은 5개짜리 계단 끝까지 올라가는 세 가지 가능한 경로를 보여준다.

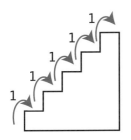 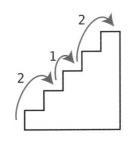 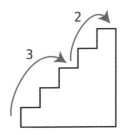

경로는 딱 세 개다.

우선은 상향식 방식으로 문제를 풀어 보자. 즉 가장 단순한 경우부터 가장 복잡한 경우로 거슬러 올라가자.

계단 수가 하나뿐이면 당연히 가능한 경로도 하나다.

계단 수가 2개면 경로는 2개다. 한 계단씩 두 번 올라가거나 두 계단을 한 번에 뛰어 올라가거나. 다음과 같이 표현하겠다.

    1, 1
    2

계단 수가 3개면 가능한 경로는 4개다.

    1, 1, 1
    1, 2
    2, 1
    3

계단 수가 4개면 가능한 경로는 7개다.

    1, 1, 1, 1
    1, 1, 2
    1, 2, 1
    1, 3
    2, 1, 1
    2, 2
    3, 1

한 단계 더 나아가 계단 수가 5개일 때 모든 조합을 구해 보자. 쉽지 않다! 고작 5계단일 뿐인데 말이다. 11계단이면 조합이 몇 개일지 상상해 보자.

이제 핵심 질문으로 들어가자. 모든 경로를 세는 **코드를 어떻게 작성할까?**

재귀적 사고방식을 취하지 않으면 이 계산을 수행하는 알고리즘을 이해하기 힘들다. 하지만 하향식으로 생각하면 문제가 놀랍도록 단순해진다.

11개짜리 계단이면 머릿속에 떠오르는 첫 번째 하위 문제는 10개짜리 계단이다. 일단 이를 하위 문제로 하자. 10개짜리 계단에 오르는 경로 수를 알면 이를 기반으로 11개짜리 계단에 오르는 가능한 경로를 계산할 수 있을까?

우선 11개짜리 계단에 오르려면 적어도 10개짜리 계단에 오르는 단계 수 만큼은 무조건 필요하다. 즉 10번째 계단까지 오르는 모든 경로를 알면 거기서부터 꼭대기까지 한 계단 더 올라갈 수 있다.

하지만 9번째나 8번째 계단에서도 한 번에 꼭대기까지 올라올 수 있으니 완벽한 답은 아니다.

조금 더 생각해 보면 10번째 계단에서 11번째 계단으로 가는 경로를 따를 경우 9번째 계단에서 11번째 계단으로 가는 경로는 따르지 않을 것이다. 반대로 9번째 계단에서 11번째 계단으로 바로 가면 10번째 계단을 거치는 경로는 따르지 않을 것이다.

따라서 꼭대기까지 가는 경로 수는 최소한 10번째 계단까지 가는 경로 수에 9번째 계단까지 가는 경로 수를 더한 값이다.

또한 한 번에 3계단도 오를 수 있으므로 8번째 계단에서 11번째 계단으로 단번에 뛰어오르는 경로 수도 포함시켜야 한다.

결론적으로 꼭대기까지 가는 경로 수는 적어도 10번째와 9번째, 8번째 계단까지 가는 모든 경로 수의 합이다.

하지만 조금 더 생각해 보면 이 외에 꼭대기까지 가는 경로는 더 이상 없다. 누구도 7번째 계단에서 11번째 계단까지 한 번에 못 가지 않는가. 따라서 N개짜리 계단일 때 경로 수는 다음과 같을 것이다.

```
number_of_paths(n - 1) + number_of_paths(n - 2) + number_of_paths(n - 3)
```

다음은 기저 조건을 제외하고 함수를 코드로 나타낸 것이다.

```
def number_of_paths(n)
    number_of_paths(n - 1) + number_of_paths(n - 2) + number_of_paths(n - 3)
end
```

필요한 코드가 이게 다라니 너무 간단해서 정답이 아닐 것만 같다. 하지만 정답이다. 이제 기저 조건만 처리하면 된다.

11.4.1 계단 문제 기저 조건

계단 문제의 기저 조건은 알아내기 다소 까다롭다. 이 함수에서 n은 3 또는 2, 1 셋 중 하나일 수 있기 때문이다. 함수는 자기 자신을 0 또는 음수 n에 대해 호출하게 된다. 예를 들어 number_of_paths(2)는 number_of_paths(1)과 number_of_paths(0), number_of_paths(-1)에 대해 자신을 호출한다.

해결할 한 가지 방법은 기저 조건을 전부 "하드코딩"하는 것이다.

```
def number_of_paths(n)
    return 0 if n <= 0
    return 1 if n == 1
    return 2 if n == 2
    return 4 if n == 3
    return number_of_paths(n - 1) + number_of_paths(n - 2) + number_of_paths(n - 3)
end
```

또 다른 방법은 시스템을 영리하게 "조작"할 이상하지만 효과적인 기저 조건을 고안하는 것이다. 무슨 뜻인지 보이겠다.

number_of_paths(1)의 결과는 당연히 1이어야 하므로 다음과 같은 기저 조건으로 시작하겠다.

```
return 1 if n == 1
```

number_of_paths(2)는 2를 반환해야 하지만 이 기저 조건은 굳이 명시하지 않아도 된다. number_of_paths(2)가 number_of_paths(1) + number_of_paths(0) + number_of_paths(-1)로 계산된다는 점을 활용하자. number_of_paths(1)이 1을 반환하므로 number_of_paths(0)이 1을 반환하고 number_of_paths(-1)이 0을 반환하게 하면 모두 합해 2, 즉 원하던 결과가 나온다.

따라서 다음과 같은 기저 조건을 추가한다.

```
return 0 if n < 0
return 1 if n == 1 || n == 0
```

number_of_paths(2) + number_of_paths(1) + number_of_paths(0)의 합을 반환하는 number_of_paths(3)로 넘어 가자. 결과는 4여야 한다. 계산대로 동작하는지 보자. 앞서 number_of_paths(2)가 2를 반환하도록 조작했다. number_of_paths(1)은 1을 반환하고 number_of_paths(0)도 1을 반환하니 합해서 4이고 원하던 값이다.

이제 최종적으로 함수를 다음과 같이 작성할 수 있다.

```
def number_of_paths(n)
    return 0 if n < 0
    return 1 if n == 1 || n == 0
    return number_of_paths(n - 1) + number_of_paths(n - 2) + number_of_paths(n - 3)
end
```

앞선 코드만큼 바로 이해되지는 않지만 코드 두 줄로 기저 조건을 모두 처리했다.

이처럼 하향식 재귀 방식을 사용하면 다른 방식보다 훨씬 쉽게 문제를 풀 수 있다.

11.5 애너그램 생성

설명을 마무리짓기 위해 이제껏 보지 못한 가장 복잡한 재귀 문제를 풀어 보겠다. 성공하려면 재귀 도구 상자에 넣어 두었던 모든 도구를 사용해야 한다.

주어진 문자열의 모든 애너그램(anagram) 배열을 반환하는 함수를 작성하자. 애너그램이란 문자열 내 모든 문자들을 재배열한 문자열이다. 예를 들어 다음은 "abc"의 애너그램이다.

```
["abc",
 "acb",
 "bac",
 "bca",
 "cab",
 "cba"]
```

이제 문자열 "abcd"의 모든 애너그램을 구해 보자. 이 문제를 하향식 사고방식으로 접근해 보자.

아마도 "abcd"의 하위 문제는 "abc"일 것이다. 그렇다면 "abc"의 모든 애너그램을 반환하는 anagram 함수가 있을 때 이를 사용해 어떻게 "abcd"의 모든 애너그램을 만들어낼까? 잠시 생각해

보고 방법을 떠올려 보자.

저자가 떠올린 방식을 설명해 보겠다(물론 다른 방법도 있다).

"abc"의 애너그램 6개에 대해 각 애너그램 내 가능한 자리마다 "d"를 붙여 "abcd"의 모든 순열을 만들어 낼 수 있다.

▼ 그림 11-2

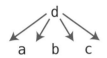 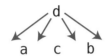 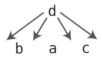

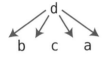 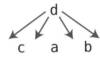 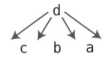

다음은 위 알고리즘의 루비 구현이다. 보다시피 11장에서 다뤘던 어떤 예제보다 확실히 더 복잡하다.

```ruby
def anagrams_of(string)
  # 기저 조건: string에 문자가 하나일 때
  # 문자 하나짜리 문자열만 포함하는 배열을 반환한다.
  return [string[0]] if string.length == 1

  # 모든 애너그램을 저장할 배열을 생성한다.
  collection = []

  # 두 번째 문자부터 마지막 문자까지의 부분 문자열에서 모든 애너그램을 찾는다.
  # 예를 들어, string이 "abcd"면 부분 문자열은 "bcd"이니
  # "bcd"의 모든 애너그램을 찾는다.
  substring_anagrams = anagrams_of(string[1, string.length - 1])

  # 각 부분 문자열을 순회한다.
  substring_anagrams.each do |substring_anagram|

    # 0부터 string 끝을 하나 지난 인덱스까지
    # 부분 문자열의 각 인덱스를 순회한다.
    (0..substring_anagram.length).each do |index|

      # 부분 문자열 애너그램의 복사본을 생성한다.
      copy = String.new(substring_anagram)
```

```
      # string의 첫 번째 문자를 부분 문자열 애너그램 복사본에 삽입한다.
      # 삽입 위치는 루프에서 접근하고 있는 인덱스에 따라 달라진다.
      # 이어서 새 문자열을 애너그램 컬렉션에 추가한다.
      collection << copy.insert(index, string[0])
    end
  end

    # 전체 애너그램 컬렉션을 반환한다.
    return collection
  end
```

코드가 간단하지 않으니 나눠서 살펴보자. 우선 기저 조건은 건너 뛰겠다.

전체 애너그램 컬렉션을 모을 빈 배열을 생성하며 시작한다.

```
collection = []
```

이 배열은 함수 끝에서 반환할 바로 그 배열이다.

다음으로 string의 부분 문자열의 모든 애너그램 배열을 가져 온다. 부분 문자열은 두 번째 문자부터 마지막 문자까지의 하위 문제 문자열이다. 예를 들어 문자열 "hello"의 부분 문자열은 "ello"다.

```
substring_anagrams = anagrams_of(string[1, string.length - 1])
```

보다시피 하향식 사고방식을 적용해 anagrams_of 함수가 부분 문자열에 대해 이미 잘 동작하고 있다고 가정한다.

이제 substring_anagrams의 각 애너그램을 순회한다.

```
substring_anagrams.each do |substring_anagram|
```

다음 코드 줄로 넘어가기 전에 루프와 재귀를 함께 섞어 사용한다는 점에 주목할 필요가 있다. 재귀를 쓴다고 코드에서 루프를 전부 없애야 **한다**는 뜻은 아니다! 당면한 문제를 가장 자연스럽게 해결할 수 있는 방식으로 각 도구를 사용하고 있다.

이제 각 부분 문자열 애너그램에 대해 인덱스를 순회하면서 부분 문자열 애너그램의 복사본을 만들고 string의 첫 문자(그 부분 문자열에 포함되지 않은 유일한 문자)를 그 인덱스에 삽입한다. 이렇게 할 때마다 새 애너그램이 만들어지는데 이를 collection에 추가한다.

```
(0..substring_anagram.length).each do |index|
    copy = String.new(substring_anagram)
    collection << copy.insert(index, string[0])
end
```

여기까지 완료되면 애너그램 collection을 반환한다.

기저 조건은 부분 문자열에 문자가 딱 하나 들어 있을 때, 즉 애너그램 자체가 그 문자일 때다!

11.5.1 애너그램 생성의 효율성

덧붙여서 애너그램 생성 알고리즘의 효율성을 잠깐 분석해 보자. 흥미로운 사실이 드러난다. 애너그램 생성의 시간 복잡도는 지금까지 접하지 못한 새로운 빅 오 카테고리다.

애너그램이 몇 개 생성되는지 살펴보면 흥미로운 패턴을 발견하게 된다.

문자 3개로 된 문자열이라면 각 문자로 시작하는 순열을 생성한다. 각 순열마다 나머지 두 문자 중 하나를 중간에 올 문자로, 마지막 남은 문자를 마지막 문자로 고른다. 이는 3 × 2 × 1, 즉 6개의 순열이다.

문자열 길이를 달리 해서 살펴보면 다음과 같다.

> 문자 4개: 애너그램 4 × 3 × 2 × 1개
>
> 문자 5개: 애너그램 5 × 4 × 3 × 2 × 1개
>
> 문자 6개: 애너그램 6 × 5 × 4 × 3 × 2 × 1개

패턴이 보이는가? 바로 계승(factorial)이다!

즉 문자열에 문자가 6개면 애너그램 수는 6의 계승이다. 6 × 5 × 4 × 3 × 2 × 1로 계산하면 720이다.

계승을 뜻하는 수학 기호는 느낌표다. 따라서 6의 계승은 6!로 나타내고 10의 계승은 10!로 나타낸다.

빅 오는 데이터 원소가 N개일 때 얼마나 많은 단계 수가 필요한가라는 핵심 질문에 대한 답이었다. 예제에서 N은 문자열 길이다.

길이가 N인 문자열은 애너그램을 N!개 생성한다. 빅 오 표기법으로는 **O(N!)**으로 나타낸다. 이를 **계승 시간**(factorial time)이라고도 부른다.

O(N!)은 매우 느리지만 **모든** 애너그램을 생성해야 하는데 문자 N개로 된 단어에는 애너그램이 N! 개이니 더 나은 방법이 없다.

어쨌든 재귀는 위 알고리즘에서 중추적인 역할을 하며, 복잡한 문제를 푸는 데 재귀가 어떻게 쓰이는지 보여주는 중요한 예제다.

❤ 그림 11-3

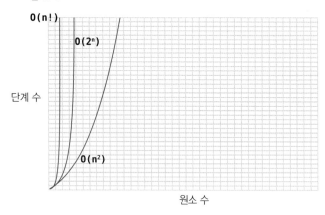

11.6 마무리

재귀를 사용해 함수를 작성하는 법을 익히려면 연습은 필수다. 하지만 11장에서 소개한 비법과 기법으로 이러한 학습 과정이 훨씬 수월해졌다.

그러나 재귀를 배우는 여정은 아직 끝이 아니다. 재귀는 다양한 문제를 해결하는 훌륭한 도구이지만 주의 깊게 사용하지 않으면 코드가 **현저히** 느려진다. 12장에서는 재귀를 사용하되 코드를 깔끔하고 빠르게 유지시키는 법을 배우겠다.

11.7 연습 문제

다음 연습 문제는 재귀를 실습해 볼 기회다. 해답은 530쪽에 나와 있다.

1. 문자열 배열을 받아 모든 문자열에 쓰인 문자 개수를 반환하는 함수를 재귀적으로 작성하라. 예를 들어 입력 배열이 ["ab", "c", "def", "ghij"]이면 문자가 총 10개이니 출력은 10이어야 한다.

2. 수 배열을 받아 짝수만 포함하는 새 배열을 반환하는 함수를 재귀적으로 작성하라.

3. "삼각수(Triangular Numbers)"라는 수열이 있다. 1, 3, 6, 10, 15, 21로 시작해 패턴 내 N번째 수까지 일정 패턴이 이어진다. N번째 값은 N에 바로 앞 숫자를 더한 값이다. 예를 들어 수열에서 7번째 수는 7(즉 N)에 21(수열에서 바로 앞에 수)을 더한 28이다. 숫자 N을 받아 수열 내 올바른 값을 반환하는 함수를 작성하라. 즉 함수에 숫자 7을 전달하면 함수는 28을 반환해야 한다.

4. 문자열을 받아 문자 "x"가 들어 간 첫 번째 인덱스를 반환하는 함수를 재귀적으로 작성하라. 예를 들어 문자열 "abcdefghijklmnopqrstuvwxyz"에서 "x"는 인덱스 23에 있다. 단순한 풀이를 위해 문자열에는 **무조건** "x"가 한 번 이상 나타난다고 가정하자.

5. "유일 경로(Unique Paths)"라고 불리는 문제가 있다. 행과 열로 이뤄진 격자판이 있다고 하자. 행 수와 열 수를 받아 왼쪽 맨 윗칸에서 오른쪽 맨 아랫칸까지 가는 "최단" 경로의 개수를 계산하는 함수를 작성하라.

예를 들어 3개 행과 7개 열로 이뤄진 격자판은 다음과 같다. "S"(Start)부터 "F"(Finish)까지 가려고 한다.

▼ 그림 11-4

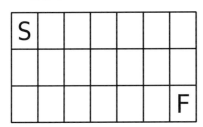

239

"최단" 경로에 따라 매 단계마다 한 칸 오른쪽으로 움직이거나

▼ 그림 11-5

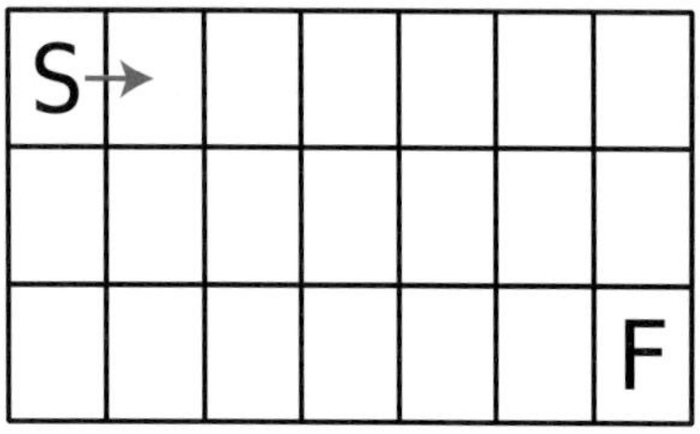

한 칸 아래로 움직인다.

▼ 그림 11-6

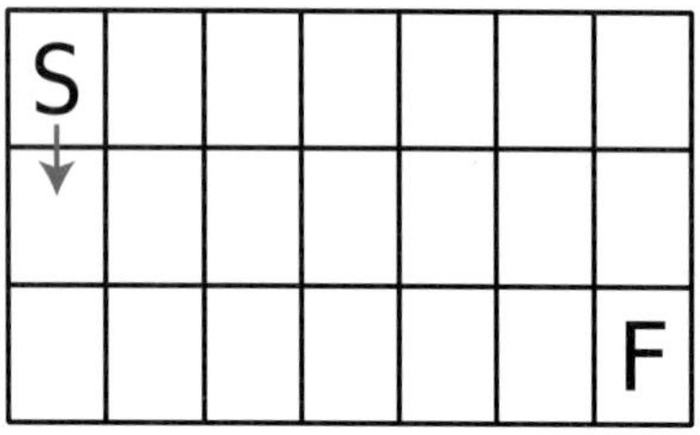

다시 말하지만 함수는 최단 경로의 개수를 계산해야 한다.

12장

동적 프로그래밍

12.1 불필요한 재귀 호출

12.2 빅 오를 위한 작은 개선

12.3 재귀의 효율성

12.4 하위 문제 중첩

12.5 메모이제이션을 통한 동적 프로그래밍

12.6 상향식을 통한 동적 프로그래밍

12.7 마무리

12.8 연습 문제

11장에서는 재귀적으로 작성하는 법과 재귀로 보다 복잡한 문제를 해결하는 법을 배웠다.

그러나 재귀로 확실히 어떤 문제는 해결할 수 있어도 제대로 사용하지 않으면 또 다른 문제가 발생하기도 한다. 실제로 재귀는 종종 $O(2^N)$ 같은 가장 느린 빅 오 카테고리의 주된 요인이다.

다행히도 이러한 문제를 상당수 피할 수 있다. 12장에서는 재귀 코드의 속도를 느리게 만드는 가장 흔한 걸림돌을 찾고 그러한 알고리즘을 빅 오 관점에서 어떻게 나타내는지 배운다. 무엇보다 이러한 문제를 개선하는 법도 함께 배운다.

더 다행인 것은 12장에서 소개할 기법이 실제로 상당히 간단하다는 것이다. 이렇듯 쉬우면서도 효과적인 방법을 사용해 어떻게 재귀의 악몽을 재귀의 행복으로 바꾸는지 알아 보자.

12.1 불필요한 재귀 호출

다음의 재귀 함수는 배열에서 최댓값을 찾는다.

```
def max(array)

    # 기저 조건: 배열에 원소가 하나면
    # 최댓값의 정의에 따라 그 원소가 최댓값이다.
    return array[0] if array.length == 1

    # 첫 번째 원소와 나머지 배열에서 가장 큰 원소를 비교한다.
    # 첫 번째 원소가 더 크면
    # 그 원소를 최댓값으로 반환한다.
    if array[0] > max(array[1, array.length - 1])
        return array[0]
    # 그렇지 않으면 나머지 배열의 최댓값을 반환한다.
    else
        return max(array[1, array.length - 1])
    end
end
```

각 재귀 호출의 핵심은 하나의 수(array[0])와 나머지 배열의 최댓값 간 비교다(나머지 배열의 최댓값을 계산하기 위해 함수 안에서 연속적으로 max 함수를 호출하므로 이 함수는 재귀 함수다).

조건문으로 비교를 수행한다. 다음은 조건문의 앞부분이다.

```
if array[0] > max(array[1, array.length - 1])
    return array[0]
```

이 코드는 하나의 수(array[0])가 나머지 배열에서 가장 큰 수(max(array[1, array.length -1]))에 비해 크면 정의에 따라 array[0]이 최댓값이므로 그 원소를 반환한다는 뜻이다.

다음은 조건문의 뒷부분이다.

```
else
    return max(array[1, array.length - 1])
```

이 코드는 array[0]이 나머지 배열의 최댓값보다 크지 않으면 나머지 배열의 최댓값이 전체 배열의 최댓값이므로 그 값을 반환한다는 뜻이다.

코드는 잘 동작하지만 비효율적인 부분이 숨어 있다. 주의 깊게 살펴보면 코드에 max(array[1, array.length -1])가 조건문 앞과 뒤에 한 번씩, 두 번 나온다.

이렇게 되면 max(array[1, array.length -1])를 호출할 때마다 재귀 호출이 쇄도하게 된다.

[1, 2, 3, 4]라는 배열을 사용해 단계별로 살펴보자.

알다시피 1과 [2, 3, 4]의 최댓값을 비교하며 시작한다. 이어서 2와 [3, 4]의 최댓값을 비교하고, 다시 3과 [4]를 비교한다. 이때도 마찬가지로 [4]로 한 번 더 재귀 호출을 수행하는데 이 때가 기저 조건이다.

하지만 코드가 어떻게 실행되는지 제대로 알려면 "바닥" 호출부터 분석해 호출 사슬(call chain)을 따라 올라가야 한다.

시작해 보자.

12.1.1 max 재귀 분석

max([4])를 호출하면 함수는 단순히 숫자 4를 반환한다. 앞서 말했듯이 배열에 원소가 하나일 때가 기저 조건이기 때문에 다음 코드 줄을 실행한다.

```
return array[0] if array.length == 1
```

함수를 딱 한 번 호출하니 이해하기 쉽다.

♥ 그림 12-1

```
max([4])
```

호출 사슬 위로 올라가며 max([3, 4])를 호출할 때 어떻게 되는지 보자. 조건문 앞부분 (if array[0] > max(array[1, array.length - 1]))에서 3과 max([4])를 비교한다. 하지만 max([4]) 역시 재귀 호출이다. 그림 12-2는 max([4])를 호출하는 max([3, 4])를 보여준다.

♥ 그림 12-2

화살표 옆에 "1st"라는 라벨을 붙여 이 재귀 호출이 max([3, 4])의 조건문 **앞**부분에서 발생했음을 표시했다.

여기까지 끝나면 코드는 3과 max([4])의 결과를 비교한다. 3은 결과인 4보다 크지 않으므로 조건문 뒷부분(return max(array[1, array.length - 1]))을 실행한다. 따라서 max([4])를 반환한다.

하지만 max([4])를 반환하면 실제로 max([4]) 함수를 호출하게 된다. 이때 두 번째로 max([4])가 호출된다.

♥ 그림 12-3

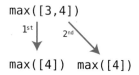

보다시피 함수 max([3, 4])는 max([4])를 결국 두 번 호출한다. 물론 불필요하다면 피하고 싶다. max([4])의 결과를 이미 한 번 계산했는데 무엇하러 같은 결과를 얻으려고 같은 함수를 다시 호출해야 하는가?

그런데 호출 사슬에서 한 단계 올라가면 문제는 더욱 악화된다.

max([2, 3, 4])를 호출할 때 어떻게 되는지 보자.

조건문 앞부분을 실행하는 동안 2와 max([3, 4])를 비교하는데 max([3, 4])는 이미 앞에서 살펴봤다.

▼ 그림 12-4

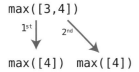

따라서 max([3, 4])를 호출하는 max([2, 3, 4])는 다음과 같을 것이다.

▼ 그림 12-5

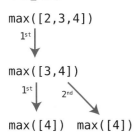

하지만 뜻밖의 결말이 기다린다. 여기까지는 max([2, 3, 4])의 조건문 **앞**부분에서만 일어난 일이다. 조건문 뒷부분에서 max([3, 4])를 다시 호출한다.

▼ 그림 12-6

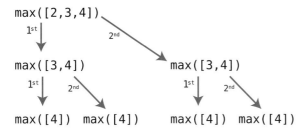

이런!

용기를 내어 호출 사슬 꼭대기로 올라가 max([1, 2, 3, 4])를 호출해 보자. 끝까지 실행할 경우 조건문 앞과 뒤에서 모두 max를 호출하면 그림 12-7처럼 된다.

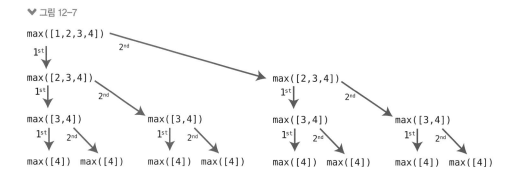

즉 max([1, 2, 3, 4])를 호출하면 실제로 max 함수를 총 15번 호출한다.

함수 맨 앞에 puts "RECURSION"이라는 명령문을 추가해 직접 확인할 수 있다.

```
def max(array)
    puts "RECURSION"

    # 나머지 코드는 동일하므로 생략한다.
```

이 코드를 실행하면 RECURSION이라는 단어가 터미널에 총 15번 출력된다.

이 중 **어떤** 호출은 정말 필요하지만 필요 없는 호출도 있다. 가령 max([4])는 꼭 호출해야 하지만 그 결과를 한 번만 계산해도 충분한다. 하지만 예제에서는 8번이나 호출한다.

12.2 빅 오를 위한 작은 개선

다행히도 이러한 추가적인 재귀 호출을 전부 없앨 손쉬운 방법이 있다. 코드에서 max를 딱 한 번만 호출하고 그 결과를 변수에 저장하면 된다.

```
def max(array)

    return array[0] if array.length == 1

    # 나머지 배열의 최댓값을 계산해서
    # 변수에 저장한다.
    max_of_remainder = max(array[1, array.length - 1])
```

```
        # 첫 번째 수와 이 변수를 비교한다.
    if array[0] > max_of_remainder
        return array[0]
    else
        return max_of_remainder
    end
  end
```

이렇게 간단히 수정해서 구현하면 max를 단 4번 호출한다. puts "RECURSION" 줄을 추가한 후 코드를 실행해 직접 확인해 보자.

비결은 필요한 함수 호출을 한 번만 수행하고 그 결과를 변수에 저장함으로써 함수를 다시 호출하지 않아도 되게 하는 것이다.

이전의 함수와 살짝 수정한 함수 간 효율성 차이가 꽤나 극명하다.

DATA STRUCTURES AND ALGORITHMS

12.3 재귀의 효율성

개선된 두 번째 max 함수는 배열 내 값 개수만큼 자신을 재귀적으로 호출한다. 이는 O(N)이다.

지금까지 봤던 O(N)에는 루프가 있었고 루프를 N번 실행했다. 하지만 같은 빅 오 원리를 재귀에도 적용할 수 있다.

기억하겠지만 빅 오는 데이터 원소가 N개일 때 얼마나 많은 단계 수가 필요한가라는 핵심 질문에 대한 답이었다.

개선된 max 함수는 배열 내 값이 N개일 때 N번 실행되므로 시간 복잡도가 O(N)이다. 함수 자체에 여러 단계, 가령 5단계를 포함하더라도 그 시간 복잡도는 O(5N)일 것이고 결국 O(N)이 된다.

하지만 첫 번째 함수는 실행할 때마다 자신을 두 번 호출했다(기저 조건 제외). 이 함수가 배열 크기가 달라질 때 어떻게 실행되는지 보자.

표 12-1은 배열 크기에 따른 max 호출 횟수를 보여준다.

▼ 표 12-1

원소 개수(N)	호출 횟수
1	1
2	3
3	7
4	15
5	31

패턴이 보이는가? 데이터가 1씩 커질 때 알고리즘에 필요한 단계 수는 대략 **2배**씩 늘어난다. **7.9 절 암호 크래커**에서 설명했듯이 이는 $O(2^N)$ 패턴이다. 이미 알겠지만 현저히 느린 알고리즘이다.

하지만 개선된 max 함수는 max를 배열 내 원소 수만큼만 호출한다. 즉 두 번째 max 함수의 효율성은 $O(N)$이다.

예제는 강력한 교훈을 내포한다. 불필요한 재귀 호출을 피하는 것이 재귀를 빠르게 만드는 핵심 비결이다. 계산 결과를 변수에 저장하는 부분이 언뜻 봐서는 코드에서 아주 사소한 변화이더라도 궁극적으로 함수 속도를 $O(2^N)$에서 $O(N)$으로 변화시킨다.

12.4 하위 문제 중첩

피보나치 수열(Fibonacci sequence)은 다음과 같이 무한대로 이어지는 수학적 수열이다.

$$0, 1, 1, 2, 3, 5, 8, 13, 21, 34, 55 \cdots$$

0과 1로 시작하며 이어지는 수는 수열의 앞 두 수의 합이다. 예를 들어 55는 앞선 두 수인 21과 34의 합이다.

다음의 파이썬 함수는 피보나치 수열의 N번째 수를 반환한다. 예를 들어 함수에 10을 전달하면 수열의 10번째 수가 55이므로 55를 반환한다(0은 수열에서 0번째 수로 간주된다).

```python
def fib(n):
    # 기저 조건은 수열의 처음 두 수다.
    if n == 0 or n == 1:
```

```
        return n

    # 앞의 두 피보나치 수의 합을 반환한다.
    return fib(n - 2) + fib(n - 1)
```

다음 코드가 함수의 핵심이다.

```
    return fib(n - 2) + fib(n - 1)
```

이 코드는 피보나치 수열에서 앞의 두 수를 합한다. 매우 간결한 재귀 함수다.

하지만 함수가 자시 자신을 **두 번** 호출하니 당장 머릿속에 경고음이 울려야 한다.

6번째 피보나치 수 계산을 예로 들어 보자. fib(6) 함수는 그림 12-8에서처럼 fib(4)와 fib(5)를 모두 호출한다.

▼ 그림 12-8

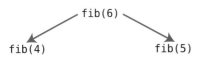

앞서 봤듯이 자신을 두 번 호출하는 함수는 $O(2^N)$이 되기 쉽다. fib(6)의 모든 재귀 호출을 따라가 보면 정말 그렇다.

▼ 그림 12-9

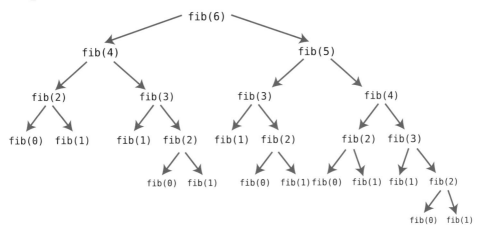

이제는 $O(2^N)$이 상당히 무시무시하다는 사실을 인정해야 할 것이다.

```
12
동적 프로그래밍
```

12장의 첫 번째 예제에서는 간단한 변경 하나로 최적화에 성공했으나 피보나치 수열의 최적화는 그렇게 간단하지 않다.

변수에 저장할 데이터가 단지 하나가 아니기 때문이다. fib(n - 2)과 fib(n - 1)를 모두 계산 **해야** 하는데(피보나치 수는 두 수의 합이므로) 그중 한 결과만 저장해서는 나머지 한 결과를 얻지 못한다.

컴퓨터 과학에서는 이를 일컬어 **하위 문제 중첩**(overlapping subproblems)이라 부른다. 이 용어를 파헤쳐 보자.

동일한 문제를 작게 만들어 해결함으로써 어떤 문제를 풀 때 더 작은 문제를 **하위 문제**라 부른다. 이는 새로운 개념이 아니다. 재귀를 논하면서 내내 자주 다뤘던 개념이다. 피보나치 수열에서는 더 작은 수를 먼저 계산해서 각 수를 계산한다. 이렇게 더 작은 수를 계산하는 것이 하위 문제다.

그렇지만 하위 문제가 **중첩**되는 이유는 fib(n - 2)와 fib(n - 1)이 결과적으로 같은 함수를 여러 번 중복해서 호출하기 때문이다. 즉 fib(n - 1)은 fib(n - 2)가 먼저 했던 계산을 수차례 똑같이 반복한다. 예를 들어 그림 12-9에서 보듯이 fib(4)와 fib(5) 모두 fib(3)을 호출한다(이 밖에도 여러 호출이 중복된다).

막다른 골목에 다다른 것 같다. 피보나치 예제에서는 많은 함수를 중복 호출할 수밖에 없고 결국 알고리즘은 $O(2^N)$의 속도로 매우 느리게 실행된다. 할 수 있는 일이 없다.

아니, 있으려나?

12.5 메모이제이션을 통한 동적 프로그래밍

다행히도 방법이 있다. 바로 동적 프로그래밍이라는 방법을 통해서다. **동적 프로그래밍**(dynamic programming)은 하위 문제가 중첩되는 재귀 문제를 최적화하는 절차다.

("동적"이란 단어에 너무 의미를 두지 말자. 왜 이 용어가 쓰이게 됐는지 논란이 많으나 이제부터 설명할 기법에 동적인 요소는 전혀 없다.)

동적 프로그래밍을 통한 알고리즘 최적화에는 일반적으로 두 기법 중 하나를 사용한다.

첫 번째 기법은 **메모이제이션**(memoization)이라 불린다. 아, 오타가 아니다. 메모이제이션은 하위 문제가 중첩될 때 재귀 호출을 감소시키는 간단하면서도 아주 뛰어난 기법으로서 메(meh)−모(moe)−이(ih)−제이(ZAY)−션(shun)이라고 발음한다.

본질적으로 메모이제이션은 먼저 계산한 함수 결과를 **기억**해 재귀 호출을 감소시킨다(이러한 관점에서 보면 메모이제이션은 발음이 비슷한 메모리제이션(memorization)과 정말 유사하다).

피보나치 예제에서 fib(3)을 처음 호출하면 함수는 계산을 하고 2를 반환한다. 다만 반환하기 전에 함수는 결과를 해시 테이블에 저장한다. 해시 테이블은 다음과 같을 것이다.

    {3: 2}

fib(3)의 결과가 2라는 뜻이다.

같은 방식으로 코드는 새로 계산한 결과를 모두 메모이징(memorize)한다. 예를 들어 fib(4)와 fib(5), fib(6)을 호출한 후 해시 테이블은 다음과 같을 것이다.

    {
        3: 2,
        4: 3,
        5: 5,
        6: 8
    }

위와 같은 해시 테이블이 생겼으니 이제 다음 번 재귀 호출을 피할 수 있다. 방법은 다음과 같다.

메모이제이션이 없으면 fib(4)는 평상시처럼 fib(3)과 fib(2)를 호출하고 연이어 그 안에서 재귀 호출을 이어간다. 하지만 해시 테이블이 생겼으니 다르게 접근할 수 있다. 가령 fib(4)는 무심코 fib(3)을 호출하는 대신 해시 테이블을 확인해 fib(3)의 결과가 미리 계산되었는지 본다. 키 3이 해시 테이블에 없을 때에만 fib(4)는 fib(3)을 호출한다.

메모이제이션은 하위 문제 중첩의 핵심을 제대로 파고든다. 하위 문제가 중첩되면 결국 동일한 재귀 호출을 반복해서 계산하게 된다. 메모이제이션을 사용하면 새로운 계산을 할 때마다 해시 테이블에 저장하고 나중에 쓸 수 있다. 이로써 하지 않았던 계산만 수행한다.

다 좋은데 한 가지 문제가 눈에 띈다. 각 재귀 함수는 해시 테이블에 어떻게 접근할까?

함수의 두 번째 인자로 해시 테이블을 전달하면 된다.

해시 테이블은 메모리 내 객체이므로 함수 호출 중에 수정하더라도 한 재귀 호출에서 다음 재귀 호출로 전달할 수 있다. 심지어 호출 스택을 풀어 갈 때도 마찬가지다. 처음 호출할 때 해시 테이블이 비어 있어도 최초 호출의 실행이 끝나는 시점에는 해시 테이블이 데이터로 가득 차 있을 것이다.

12.5.1 메모이제이션 구현

해시 테이블을 함께 전달하려면 해시 테이블을 두 번째 인수로 추가해서 인수를 두 개 받도록 함수를 수정해야 한다. 이 해시 테이블을 메모이제이션의 앞부분을 따서 memo라 부르겠다.

```
def fib(n, memo):
```

함수를 처음 호출할 때 다음과 같이 숫자와 빈 해시 테이블을 전달한다.

```
fib(6, {})
```

fib가 자기 자신을 호출할 때마다 해시 테이블도 함께 전달되고 그 과정에서 해시 테이블이 점점 채워진다.

다음은 함수의 나머지 부분이다.

```
def fib(n, memo):

    if n == 0 or n == 1:
        return n

    # (memo라는) 해시 테이블을 확인해
    # fib(n)이 이미 계산됐는지 본다.
    if not memo.get(n):

        # n이 memo에 없으면 재귀로 fib(n)을 계산한 후
        # 그 결과를 해시 테이블에 저장한다.
        memo[n] = fib(n - 2, memo) + fib(n - 1, memo)

    # 이제 fib(n)의 결과가 확실히 memo에 들어 있다.
    # (이전부터 있었을 수도 있고 앞 코드에서 방금 저장했을 수도 있다.
    # 어쨌든 분명 들어 있다.)
    # 따라서 그 값을 반환한다.
    return memo[n]
```

한 줄씩 분석해 보자.

앞서 말했듯이 함수는 이제 두 인자, 즉 n과 해시 테이블인 memo를 받는다.

```
def fib(n, memo):
```

다음처럼 memo에 기본값을 할당하면 처음 호출할 때 빈 해시 테이블을 명시적으로 전달하지 않아도 된다.

```python
def fib(n, memo={}):
```

어떤 경우든 기저 조건은 0과 1로 똑같고 메모이제이션에는 영향이 없다.

재귀 호출을 하기 전 코드는 주어진 n에 대해 fib(n)이 이미 계산됐는지 먼저 확인한다.

```python
if not memo.get(n):
```

(n에 대한 계산 결과가 해시 테이블에 있으면 그 결과를 return memo[n]으로 반환한다.)

n에 대해 아직 계산하지 않은 경우에만 계산을 진행한다.

```python
memo[n] = fib(n - 2, memo) + fib(n - 1, memo)
```

이 코드는 계산 결과를 memo 해시 테이블에 저장하므로 다시 계산할 필요가 없다.

한 가지 더, 함수를 호출할 때마다 memo를 어떻게 fib 함수에 인수로 전달하는지 눈 여겨 보자. 이것이 모든 fib 함수 호출에 memo 해시 테이블을 공유하는 비법이다.

보다시피 알고리즘의 핵심부는 바뀌지 않았다. 여전히 재귀로 문제를 해결하며 fib 계산은 여전히 기본적으로 fib(n - 2) + fib(n - 1)이다. 하지만 계산하는 수가 처음 나오는 수면 그 결과를 해시 테이블에 저장하고, 이미 한 번 계산된 수면 다시 계산하지 않고 해시 테이블에서 그 값을 가져 온다.

메모이제이션 버전의 재귀 호출을 그림으로 나타내면 다음과 같다.

▼ 그림 12-10

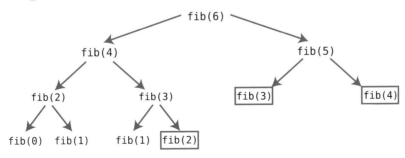

그림 12-10에서 네모 표시된 부분은 결과를 해시 테이블에서 가져오는 호출이다.

그렇다면 위 함수의 빅 오는 무엇일까? N이 달라질 때 재귀 호출을 몇 번 하는지 보자.

원소 개수(N)	호출 횟수
1	1
2	3
3	5
4	7
5	9
6	11

N에 대해 (2N) − 1번 호출함을 알 수 있다. 빅 오에서는 상수를 버리므로 이는 O(N) 알고리즘이다.

O(2^N)에 비해 엄청난 향상이다. 메모이제이션 파이팅!

12.6 상향식을 통한 동적 프로그래밍

앞서 동적 프로그래밍은 두 기법 중 하나로 가능하다고 말한 바 있다. 멋진 기법인 메모이제이션을 먼저 살펴봤다.

"상향식"이라 불리는 두 번째 기법은 훨씬 덜 세련되고 심지어 기법이라는 부르기도 애매하다. 상향식은 그저 같은 문제를 재귀 대신 (루프 같은) 다른 방식으로 해결한다는 뜻이다.

상향식이 동적 프로그래밍의 하나로 간주되는 이유는 동적 프로그래밍이 재귀적으로 풀 수 있는 문제에 대해 중첩되는 하위 문제를 중복 호출하지 않게 해주기 때문이다. 재귀 대신 반복(즉 루프)을 사용하는 것도 엄밀히 말해 이렇게 하는 방법 중 하나다.

문제가 재귀로 더 자연스럽게 풀린다면 오히려 상향식이 "기법"에 가까워진다. 피보나치 수열 생성이 재귀로 깔끔하고 간결하게 풀리는 예다. 반복적 방식은 덜 직관적이기에 같은 문제를 반복으로 풀려면 머리를 더 많이 써야 한다(11장의 계단 문제를 루프로 푼다고 상상해 보자. 윽).

피보나치 함수를 어떻게 상향식으로 구현하는지 알아 보자.

12.6.1 상향식 피보나치

상향식에서는 처음 두 피보나치 수인 0과 1로 시작한다. 그리고 반복이라는 전형적인 기법을 사용해 수열을 만들어 간다.

```python
def fib(n):

    if n == 0:
        return 0

    # a와 b는 각각 수열의 처음 두 수로 시작한다.
    a = 0
    b = 1

    # 1부터 n까지 루프를 수행한다.
    for i in range(1, n):

        # a와 b는 각각 수열의 다음 수로 이동한다.
        # 즉, b는 b + a가 되고 a는 바로 이전의 b가 된다.
        # 임시 변수를 사용해 바꾼다.
        temp = a
        a = b
        b = temp + a

    return b
```

피보나치 수열의 처음 두 수가 0과 1이므로 a와 b는 각각 0과 1로 시작한다.

이어서 n까지 수열의 각 수를 계산하는 루프를 시작한다.

```python
for i in range(1, n):
```

수열의 다음 수를 계산하려면 앞의 두 수를 더해야 한다. 가장 최근 값은 a에, 두 번째로 가장 최근 값은 temp에 할당한다.

```python
temp = a
a = b
```

이 두 수를 합해 수열의 새로운 수, 즉 b에 할당한다.

```python
b = temp + a
```

코드는 1부터 N까지의 간단한 루프이므로 N단계가 걸린다. 메모이제이션 방식처럼 O(N)이다.

12.6.2 메모이제이션 대 상향식

동적 프로그래밍의 주요 기법인 메모이제이션과 상향식을 살펴봤다. 어떤 기법이 더 나은가?

보통은 문제에 따라 그리고 애초에 왜 재귀를 사용하는지에 따라 다르다. 재귀가 주어진 문제를 푸는 간결하고 직관적인 해법이면 재귀로 풀면서 메모이제이션으로 하위 문제 중첩을 처리하고 싶을 수 있다. 하지만 반복적 방식도 충분히 직관적이면 반복으로 해결하고 싶을 수도 있다.

메모이제이션을 쓰더라도 재귀가 반복에 비해 오버헤드가 더 든다는 사실을 간과해서는 안 된다. 구체적으로 말하면 재귀를 어떻게 사용하든 컴퓨터는 호출 스택에 모든 호출을 기록해야 하므로 메모리를 소모한다. 메모이제이션 자체도 해시 테이블을 사용하므로 마찬가지로 컴퓨터 공간을 추가로 소모한다(**19장 공간 제약 다루기**에서 자세히 설명하겠다).

재귀가 매우 직관적이지 않은 이상 일반적으로 상향식을 택하는 편이 더 낫다. 재귀가 더 직관적이면 재귀를 사용하되 메모이제이션으로 빠르게 만들어야 한다.

12.7 / 마무리

효율적인 재귀 코드를 작성하는 능력, 즉 초인적인 힘이 생겼다. 매우 효율적이지만 아직 덜 향상된 알고리즘을 곧 다루게 될 텐데 이 중 상당수는 재귀 원리에 기반한다.

12.8 / 연습 문제

다음 연습 문제는 동적 프로그래밍을 실습해 볼 기회다. 해답은 533쪽에 나와 있다.

1. 다음의 함수는 수 배열을 받아 그 합을 반환하되 합이 100을 초과하게 만드는 수는 제외한다. 어떤 수를 더해 합이 100이 넘으면 그 수는 무시한다. 하지만 함수에서 불필요한 재귀 호출이 일어나고 있다. 코드를 수정해 불필요한 재귀를 없애자.

```
def add_until_100(array)
    return 0 if array.length == 0
    if array[0] + add_until_100(array[1, array.length - 1]) > 100
        return add_until_100(array[1, array.length - 1])
    else
        return array[0] + add_until_100(array[1, array.length - 1])
    end
end
```

2. 다음의 함수는 재귀를 사용해 "골롬 수열(Golomb sequence)"이라는 수학적 수열의 N번째 수를 계산한다. 하지만 형편없이 비효율적이다! 메모이제이션으로 최적화하자(골롬 수열이 실제로 어떻게 동작하는지 몰라도 문제를 충분히 풀 수 있다).

```
def golomb(n)
    return 1 if n == 1
    return 1 + golomb(n - golomb(golomb(n - 1)));
end
```

3. 다음은 11장 연습 문제에 나왔던 "유일 경로" 문제의 해법이다. 메모이제이션으로 효율성을 개선하자.

```
def unique_paths(rows, columns)
    return 1 if rows == 1 || columns == 1
    return unique_paths(rows - 1, columns) + unique_paths(rows, columns - 1)
end
```

memo

13^장

속도를 높이는
재귀 알고리즘

앞서 살펴봤듯이 재귀를 이해하면 파일시스템 순회나 애너그램 생성 같은 온갖 새로운 알고리즘을 사용할 수 있게 된다. 13장에서는 코드를 훨씬 더 빠르게 실행시킬 수 있는 알고리즘에서도 재귀가 핵심 기술임을 배우겠다.

지금까지 버블 정렬과 선택 정렬, 삽입 정렬 같은 많은 정렬 알고리즘을 살펴봤다. 하지만 실제로 배열을 정렬할 때는 이러한 방법을 쓰지 않는다. 컴퓨터 언어에는 대부분 내장 정렬 함수가 있어 사용자가 스스로 구현하는 데 드는 시간과 노력을 아껴준다. 컴퓨터 언어 중 대다수가 내부적으로 채택한 정렬 알고리즘이 바로 **퀵 정렬**(Quicksort)이다.

(많은 컴퓨터 언어에 퀵 정렬이 내장돼 있음에도 불구하고) 퀵 정렬을 깊이 알아보려는 이유는 퀵 정렬의 동작 방식을 공부함으로써 재귀를 사용해 어떻게 알고리즘의 속도를 크게 향상시키는지 배울 수 있고, 실제 쓰이고 있는 다른 실용적인 알고리즘에도 똑같이 적용할 수 있기 때문이다.

퀵 정렬은 매우 빠른 정렬 알고리즘으로 특히 평균 시나리오에서 효율적이다. 최악의 시나리오(즉, 역순으로 정렬된 배열)에서는 삽입 정렬이나 선택 정렬과 성능이 유사하지만 대부분의 경우 일어나는 평균 시나리오에서는 훨씬 빠르다.

퀵 정렬은 **분할**(partitioning)이라는 개념에 기반하므로 분할을 먼저 알아보자.

13.1 / 분할

배열을 **분할**(partition)한다는 것은 배열로부터 임의의 수를 가져와(이후 이 수를 피벗(pivot)이라 부름) 피벗보다 작은 모든 수는 피벗의 왼쪽에, 피벗보다 큰 모든 수는 피벗의 오른쪽에 두는 것이다. 이어지는 예제에서 설명할 간단한 알고리즘으로 분할을 수행한다.

다음과 같은 배열이 있다고 하자.

▼ 그림 13-1

0	5	2	1	6	3

일관된 설명을 위해 가장 오른쪽에 있는 값을 항상 피벗으로 고르겠다(물론 다른 값을 골라도 무방하다). 예제에서는 숫자 3이 피벗이다. 피벗은 동그라미로 표시하겠다.

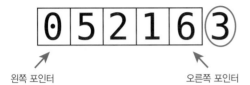

이어서 두 "포인터"를 사용해 하나는 배열 가장 왼쪽에 있는 값에, 다른 하나는 피벗을 제외한 배열 가장 오른쪽에 있는 값에 할당한다.

▼ 그림 13-3

이제 다음과 같은 단계를 따라 실제로 분할할 수 있다.

1. 왼쪽 포인터를 한 셀씩 계속 오른쪽으로 옮기면서 피벗보다 크거나 같은 값에 도달하면 멈춘다.

2. 이어서 오른쪽 포인터를 한 셀씩 계속 왼쪽으로 옮기면서 피벗보다 작거나 같은 값에 도달하면 멈춘다. 또는 배열 맨 앞에 도달해도 멈춘다.

3. 오른쪽 포인터가 멈춘 후에는 둘 중 하나를 선택해야 한다. 왼쪽 포인터가 오른쪽 포인터에 도달했으면(또는 넘어섰으면) 4단계로 넘어간다. 그렇지 않으면 왼쪽 포인터와 오른쪽 포인터가 가리키고 있는 값을 교환한 후 1,2,3단계를 반복한다.

4. 끝으로 왼쪽 포인터가 현재 가리키고 있는 값과 피벗을 교환한다.

분할이 끝나면 피벗 왼쪽에 있는 값은 모두 피벗보다 작고, 피벗 오른쪽에 있는 값은 모두 피벗보다 크다고 확신할 수 있다. 또한, 다른 값들은 아직 완전히 정렬되지 않았지만 피벗 자체는 이제 배열 내에서 올바른 위치에 있다는 뜻이다.

이 절차를 예제에 적용해 보자.

1단계: 왼쪽 포인터(현재 0을 가리키고 있음)와 피벗(값 3)을 비교한다.

▼ 그림 13-4

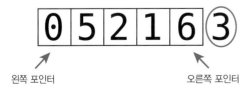

0은 피벗보다 작으므로 다음 단계에서 왼쪽 포인터를 옮긴다.

2단계: 왼쪽 포인터를 옮긴다.

▼ 그림 13-5

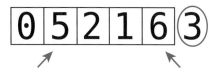

왼쪽 포인터(5)와 피벗을 비교한다. 5가 피벗보다 작은가? 그렇지 않으므로 왼쪽 포인터를 멈추고 다음 단계에서 오른쪽 포인터를 이동시키기 시작한다.

3단계: 오른쪽 포인터(6)와 피벗을 비교한다. 피벗보다 큰가? 크므로 다음 단계에서 포인터를 옮긴다.

4단계: 오른쪽 포인터를 옮긴다.

▼ 그림 13-6

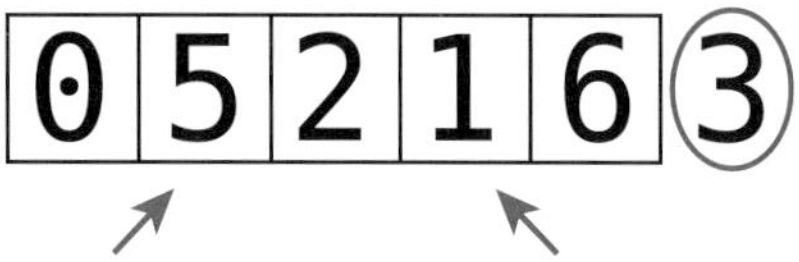

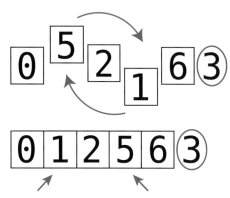

오른쪽 포인터(1)와 피벗을 비교한다. 피벗보다 큰가? 그렇지 않으므로 오른쪽 포인터를 멈춘다.

5단계: 두 포인터가 모두 멈췄으니 두 포인터의 값을 교환한다.

▼ 그림 13-7

다음 단계에서 다시 왼쪽 포인터를 이동시킨다.

6단계: 왼쪽 포인터를 옮긴다.

▼ 그림 13-8

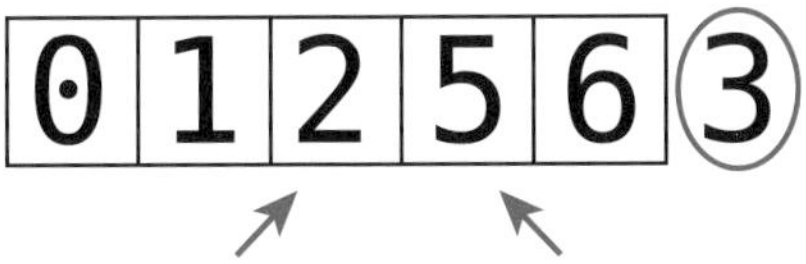

0 1 2 5 6 3

왼쪽 포인터(2)와 피벗을 비교한다. 피벗보다 작은가? 작으므로 왼쪽 포인터를 옮긴다.

7단계: 왼쪽 포인터를 다음 셀로 옮긴다. 이때 왼쪽과 오른쪽 포인터 모두 같은 값을 가리키고 있다.

▼ 그림 13-9

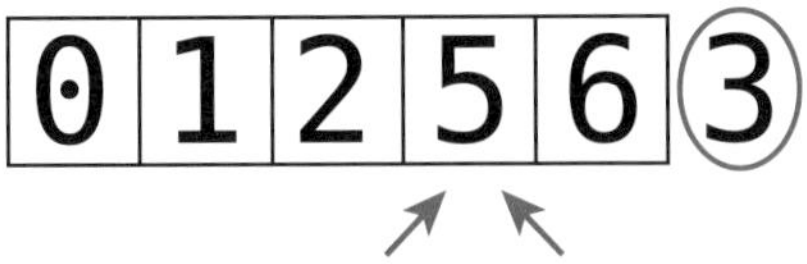

0 1 2 5 6 3

왼쪽 포인터와 피벗을 비교한다. 왼쪽 포인터가 피벗보다 큰 값을 가리키고 있으므로 멈춘다. 이때 왼쪽 포인터가 오른쪽 포인터에 도달했으므로 포인터 이동을 중지한다.

8단계: 분할의 마지막 단계로서 왼쪽 포인터가 가리키고 있는 값과 피벗을 교환한다.

▼ 그림 13-10

0 1 2 5 6 3
0 1 2 3 6 5

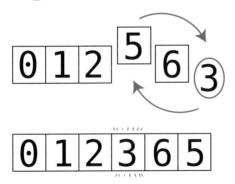

배열은 완전히 정렬되지 않았지만 분할은 성공적으로 끝냈다. 즉, 피벗이 숫자 3이었으므로 3보다 작은 모든 수는 3의 왼쪽에, 3보다 큰 모든 수는 3의 오른쪽에 있다. 또한, 3이 **이제 배열 내에서 올바른 위치에 있게 됐다.**

13.1.1 코드 구현: 분할

다음은 루비로 구현한 SortableArray 클래스로 지금까지 설명한 방법대로 배열을 분할하는
partition! 메서드를 포함한다.

```ruby
class SortableArray

    attr_reader :array

    def initialize(array)
        @array = array
    end

    def partition!(left_pointer, right_pointer)

        # 항상 가장 오른쪽에 있는 값을 피벗으로 선택한다.
        # 나중에 사용할 수 있도록 피벗의 인덱스를 저장한다.
        pivot_index = right_pointer

        # 피벗 값을 저장해 둔다.
        pivot = @array[pivot_index]

        # 피벗 바로 왼쪽에서 오른쪽 포인터를 시작시킨다.
        right_pointer -= 1

        while true do

            # 피벗보다 크거나 같은 값을 가리킬 때까지
            # 왼쪽 포인터를 오른쪽으로 옮긴다.
            while @array[left_pointer] < pivot do
                left_pointer += 1
            end

            # 피벗보다 작거나 같은 값을 가리킬 때까지
            # 오른쪽 포인터를 왼쪽으로 옮긴다.
            while @array[right_pointer] > pivot do
                right_pointer -= 1
            end

            # 이제 왼쪽 포인터와 오른쪽 포인터 모두 이동을 멈췄다.
            # 왼쪽 포인터가 오른쪽 포인터에 도달했거나 넘어섰는지 확인한다.
            # 그렇다면 루프를 빠져 나가 이후 코드에서 피벗을 교환한다.
```

```
        if left_pointer >= right_pointer
            break

        # 왼쪽 포인터가 오른쪽 포인터보다 앞에 있으면
        # 왼쪽 포인터와 오른쪽 포인터의 값을 교환한다.
        else
            @array[left_pointer], @array[right_pointer] =
                @array[right_pointer], @array[left_pointer]

            # 다음 번 왼쪽 포인터와 오른쪽 포인터의 이동을 위해
            # 왼쪽 포인터를 오른쪽으로 옮긴다.
            left_pointer += 1
        end

    end

    # 분할의 마지막 단계로 왼쪽 포인터의 값과 피벗을 교환한다.
    @array[left_pointer], @array[pivot_index] =
        @array[pivot_index], @array[left_pointer]

    # 이어지는 예제에 나올 quicksort 메서드를 위해 left_pointer를 반환한다.
    return left_pointer
  end

end
```

코드를 부분부분 나눠 살펴보자.

partition! 메서드는 왼쪽 포인터와 오른쪽 포인터의 시작점을 인자로 받는다.

```
def partition!(left_pointer, right_pointer)
```

배열에 위 메서드를 처음 호출하면 두 포인터는 각각 배열의 왼쪽과 오른쪽 끝을 가리킨다. 하지만 퀵 정렬은 배열의 일부분에 대해서도 위 메서드를 호출한다. 즉 왼쪽 포인터와 오른쪽 포인터가 항상 배열의 양 끝을 가리키리라고 가정할 수 없으니 메서드 인수로 받아야 한다. 완전한 퀵 정렬 알고리즘을 설명할 때 더욱 명확히 이해가 갈 것이다.

다음으로 피벗을 선택한다. 피벗은 항상 처리하는 범위 내 가장 오른쪽 원소다.

```
pivot_index = right_pointer
pivot = @array[pivot_index]
```

피벗을 결정했으면 right_pointer를 피벗 바로 왼쪽 항목으로 옮긴다.

```
right_pointer -= 1
```

이어서 left_pointer와 right_pointer가 만날 때까지 실행되는 루프를 시작시킨다. 루프 내에서 또 다른 루프를 실행해 left_pointer가 피벗보다 크거나 같은 항목에 도달할 때까지 오른쪽으로 옮긴다.

```
while @array[left_pointer] < pivot do
    left_pointer += 1
end
```

비슷하게 right_pointer가 피벗보다 작거나 같은 항목에 도달할 때까지 왼쪽으로 옮긴다.

```
while @array[right_pointer] > pivot do
    right_pointer -= 1
end
```

left_pointer와 right_pointer가 이동을 멈추면 두 포인터가 마주쳤는지 확인한다.

```
if left_pointer >= right_pointer
    break
```

마주쳤으면 루프를 종료하고 잠시 후 피벗을 교환할 준비를 한다. 반면 두 포인터가 아직 마주치지 않았으면 두 포인터의 값을 교환한다.

```
@array[left_pointer], @array[right_pointer] =
    @array[right_pointer], @array[left_pointer]
```

끝으로 두 포인터가 마주쳤으면 left_pointer의 값과 피벗을 교환한다.

```
@array[left_pointer], @array[pivot_index] =
    @array[pivot_index], @array[left_pointer]
```

메서드는 퀵 정렬 알고리즘에 필요한 left_pointer를 반환한다(곧 설명하겠다).

13.2 / 퀵 정렬

퀵 정렬 알고리즘은 분할과 재귀로 이뤄진다. 알고리즘은 다음과 같이 동작한다.

1. 배열을 분할한다. 피벗은 이제 올바른 위치에 있다.

2. 피벗의 왼쪽과 오른쪽에 있는 하위 배열을 각각 또 다른 배열로 보고 1단계와 2단계를 재귀적으로 반복한다. 즉, 각 하위 배열을 분할하고 각 하위 배열에 있는 피벗의 왼쪽과 오른쪽에서 더 작아진 하위 배열을 얻는다. 이어서 이러한 하위 배열을 다시 분할하는 과정을 반복한다.

3. 하위 배열이 원소를 0개 또는 1개 포함하면 기저 조건이므로 아무것도 하지 않는다.

예제로 돌아가 보자. 배열 [0, 5, 2, 1, 6, 3]으로 시작해서 전체 배열에 대해 한 번의 분할을 수행했었다. 퀵 정렬은 분할로 시작하므로 이미 퀵 정렬 과정을 일부 수행해 본 것이다. 다음 그림까지 알아봤었다.

▼ 그림 13-11

그림에서 볼 수 있듯이 값 3이 피벗이었다. 피벗은 올바른 위치에 있으므로 피벗의 왼쪽과 오른쪽을 정렬해야 한다. 어쩌다 보니 피벗 왼쪽은 이미 정렬돼 있지만, 컴퓨터는 아직 모른다.

분할이 끝나면 다음으로 피벗 왼쪽에 있는 모든 값을 하나의 배열로 보고 분할한다.

현재로서는 배열의 나머지 부분에 관심이 없으므로 당분간 어둡게 표시하겠다.

▼ 그림 13-12

하위 배열 [0, 1, 2] 중에서 가장 오른쪽 원소를 피벗으로 하겠다. 즉, 숫자 2다.

▼ 그림 13-13

왼쪽과 오른쪽 포인터를 설정한다.

▼ 그림 13-14

이제 이 하위 배열을 분할할 준비가 됐다. 이전에 중지했던 8단계 이후부터 살펴보자.

9단계: 왼쪽 포인터(0)와 피벗(2)을 비교한다. 0은 피벗보다 작으므로 왼쪽 포인터를 옮긴다.

10단계: 왼쪽 포인터를 한 셀 오른쪽으로 옮기면 이제 오른쪽 포인터와 같은 값을 가리키게 된다.

▼ 그림 13-15

왼쪽 포인터와 피벗을 비교한다. 값 1은 피벗보다 작으므로 포인터를 옮긴다.

11단계: 왼쪽 포인터를 한 셀 오른쪽으로 옮기면 이제 피벗을 가리키게 된다.

▼ 그림 13-16

이때 왼쪽 포인터가 가리키는 값이 피벗과 동일하므로(그 값이 바로 피벗이니까!) 왼쪽 포인터를 멈춘다.

왼쪽 포인터가 어떻게 오른쪽 포인터를 지나치는지 잘 보자. 그래도 괜찮다. 알고리즘은 이러한 상황에서도 제대로 동작하도록 디자인됐다.

12단계: 이제 오른쪽 포인터를 동작시킨다. 하지만 오른쪽 포인터의 값(1)이 피벗보다 작으므로 그대로 둔다.

왼쪽 포인터가 오른쪽 포인터를 지나쳤으므로 이번 분할에서는 더 이상 포인터를 이동시키지 않는다.

13단계: 다음으로 피벗과 왼쪽 포인터의 값을 교환한다. 우연히 왼쪽 포인터가 피벗을 가리키게 됐으므로 피벗 자신을 교환한다. 따라서 아무런 변화도 없다. 이제 분할이 끝났고 피벗(2)은 올바른 위치에 놓여졌다.

▼ 그림 13-17

피벗(2) 왼쪽에는 하위 배열인 [0, 1]이 있고, 오른쪽에는 어떤 하위 배열도 없다. 다음 단계는 피벗 왼쪽에 있는 하위 배열, 즉 [0, 1]을 재귀적으로 분할하는 것이다. 피벗 오른쪽에는 하위 배열이 없으므로 처리할 필요가 없다.

다음 단계에서는 하위 배열인 [0, 1]에만 초점을 맞추므로 배열의 나머지 부분은 다음처럼 어둡게 표시하겠다.

▼ 그림 13-18

하위 배열인 [0, 1]을 분할하기 위해 가장 오른쪽 원소(1)를 피벗으로 하겠다. 왼쪽과 오른쪽 포인터는 어디에 둘까? 왼쪽 포인터는 당연히 0을 가리키겠지만 오른쪽 포인터는 피벗의 한 셀 왼쪽에서 시작하므로 오른쪽 포인터도 0을 가리킬 것이다. 따라서 다음과 같다.

▼ 그림 13-19

이제 분할을 시작할 수 있다.

14단계: 왼쪽 포인터(0)와 피벗(1)을 비교한다.

피벗보다 작으므로 옮긴다.

15단계: 왼쪽 포인터를 한 셀 오른쪽을 옮긴다. 이제 피벗을 가리킨다.

▼ 그림 13-21

오른쪽 포인터   왼쪽 포인터

왼쪽 포인터의 값(1)이 피벗보다 작지 않으므로(그 값이 바로 피벗이므로) 왼쪽 포인터를 더 이상 이동하지 않는다.

16단계: 오른쪽 포인터와 피벗을 비교한다. 피벗보다 작은 값을 가리키고 있으므로 더 이상 이동하지 않는다. 왼쪽 포인터가 오른쪽 포인터를 지나쳤으므로 이번 분할에서는 더 이상 포인터를 이동시키지 않는다.

17단계: 왼쪽 포인터와 피벗을 교환한다. 이번에도 마찬가지로 왼쪽 포인터가 실제 피벗을 가리키고 있으므로 교환해도 변경이 없다. 피벗은 이제 올바른 위치에 있고, 분할도 끝났다.

결과는 다음과 같다.

▼ 그림 13-22

다음으로 가장 최근 피벗의 왼쪽에 있는 하위 배열을 분할해야 한다. 현재 이 하위 배열은 단 하나의 원소로 이뤄진 [0]이다. 원소가 0 또는 1개인 배열은 기저 조건이므로 아무것도 하지 않는다. 이 원소는 자동으로 올바른 위치에 있다고 간주된다. 따라서 다음과 같다.

그림 13-23

3을 피벗으로 선택해서 3의 왼쪽에 있는 하위 배열([0, 1, 2])을 재귀적으로 분할했다. 앞서 설명했듯이 이제 3의 오른쪽에 있는 하위 배열인 [6, 5]를 재귀적으로 분할해야 한다.

[0, 1, 2, 3]은 이미 정렬됐으므로 어둡게 표시하고 [6, 5]에만 초점을 맞추겠다.

그림 13-24

이번 분할에서는 가장 오른쪽 원소(5)를 피벗으로 한다. 다음과 같다.

그림 13-25

분할을 준비하면서 왼쪽과 오른쪽 포인터 모두 6을 가리키도록 할당한다.

그림 13-26

18단계: 왼쪽 포인터(6)와 피벗(5)을 비교한다. 6은 피벗보다 크므로 왼쪽 포인터는 더 이상 움직이지 않는다.

19단계: 오른쪽 포인터도 6을 가리키고 있으므로 이론상 왼쪽으로 한 셀 이동해야 한다. 하지만 6의 왼쪽에 더 이상 셀이 없으므로 오른쪽 포인터는 이동을 멈춘다. 왼쪽 포인터와 오른쪽 포인터가 만났으므로 이번 분할에서는 더 이상 어떤 포인터도 이동하지 않는다. 즉, 마지막 단계를 수행할 차례다.

20단계: 피벗과 왼쪽 포인터의 값을 교환한다.

▼ 그림 13-27

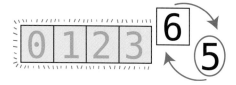

피벗(5)은 이제 다음과 같이 올바른 위치에 놓여졌다.

▼ 그림 13-28

기술적으로 다음에 해야 할 작업은 하위 배열 [5, 6]의 왼쪽과 오른쪽 하위 배열을 재귀적으로 분할하는 것이다. 왼쪽에는 하위 배열이 없으므로 오른쪽 하위 배열만 분할하면 된다. 5의 오른쪽에 있는 하위 배열은 원소가 하나인 [6]이므로 기저 조건을 충족하고, 따라서 아무것도 하지 않는다. 당연히 6은 올바른 위치에 있다.

▼ 그림 13-29

이제 다했다!

13.2.1 코드 구현: 퀵 정렬

퀵 정렬을 성공적으로 끝내려면 다음 quicksort! 메서드를 앞서 보인 SortableArray 클래스에 추가한다.

```ruby
def quicksort!(left_index, right_index)
    # 기저 조건: 하위 배열에 원소가 0개 또는 1개일 때
    if right_index - left_index <= 0
        return
```

```
    end

    # 범위 내 원소들을 분할하고 피벗의 인덱스를 가져온다.
    pivot_index = partition!(left_index, right_index)

    # 피벗 왼쪽에 대해 quicksort! 메서드를 재귀적으로 호출한다.
    quicksort!(left_index, pivot_index - 1)

    # 피벗 오른쪽에 대해 quicksort! 메서드를 재귀적으로 호출한다.
    quicksort!(pivot_index + 1, right_index)
  end
```

코드가 놀랍도록 간결하지만 그래도 한 줄씩 살펴보자. 일단 기저 조건은 생략하겠다.

우선 left_index와 right_index 사이의 원소들을 분할한다.

```
    pivot_index = partition!(left_index, right_index)
```

quicksort!를 처음 실행할 때는 전체 배열을 분할한다. 이어지는 호출에서는 원래 배열의 일부인 left_index와 right_index 사이의 원소들을 분할한다.

이때 partition!의 반환값을 pivot_index라는 변수에 할당한다. 기억하겠지만 이 값은 partition! 메서드가 끝나는 시점의 피벗을 가리키는 left_pointer였다.

이어서 피벗의 왼쪽과 오른쪽 하위 배열에 quicksort!를 재귀적으로 호출한다.

```
    quicksort!(left_index, pivot_index - 1)
    quicksort!(pivot_index + 1, right_index)
```

하위 배열이 0개 또는 1개의 원소를 포함하는 기저 조건에 도달하면 재귀가 종료된다.

```
    if right_index - left_index <= 0
      return
    end
```

다음과 같은 코드로 퀵 정렬 구현을 테스트해 볼 수 있다.

```
    array = [0, 5, 2, 1, 6, 3]
    sortable_array = SortableArray.new(array)
    sortable_array.quicksort!(0, array.length - 1)
    p sortable_array.array
```

13.3 / 퀵 정렬의 효율성

퀵 정렬의 효율성을 알아내려면 **한 번** 분할할 때의 효율성을 밝혀야 한다.

분할에 필요한 단계를 분류해 보면 단계가 두 종류임을 알 수 있다.

- **비교**: 각 값과 피벗을 비교한다.

- **교환**: 적절한 때에 왼쪽과 오른쪽 포인터가 가리키고 있는 값을 교환한다.

각 분할마다 배열 내 각 원소를 피벗과 비교하므로 최소 N번 비교한다. 분할을 한 번 할 때마다 왼쪽과 오른쪽 포인터가 서로 만날 때까지 매 셀을 이동하기 때문이다.

하지만 교환 횟수는 데이터가 어떻게 정렬되어 있느냐에 따라 다르다. 가능한 값을 모두 교환한다 해도 한 번에 값 두개를 교환하므로 한 분할에서 최대 N / 2번 교환한다. 다음 그림에서 보듯이 원소 6개를 3번의 교환으로 분할한다.

▼ 그림 13-30

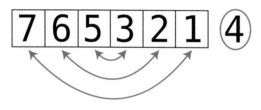

대부분의 경우 매 단계마다 교환이 일어나지는 않는다. **무작위**로 정렬된 데이터가 있을 때, 일반적으로 대략 값의 반 정도만 교환한다. 즉 평균적으로 N / 4번 정도 교환한다.

따라서 평균적으로 N번 비교하고, N / 4번 교환한다. 즉 데이터 원소가 N개일 때 대략 1.25N단계가 걸린다. 빅 오 표기법은 상수를 무시하므로 O(N) 시간에 분할을 실행한다고 볼 수 있다.

이는 **한 번** 분할할 때의 효율성이다. 하지만 퀵 정렬은 여러 번 분할하므로 퀵 정렬의 효율성을 알아내려면 좀 더 분석해야 한다.

13.3.1 한눈에 보는 퀵 정렬

시각적으로 보다 쉽게 이해할 수 있도록 그림 13-31에서 원소가 8개인 배열에 대한 전형적인 퀵 정렬을 한눈에 알아볼 수 있게 묘사했다. 특히 이 그림은 얼마나 많은 원소에 대해 각 분할을 수행하는지 보여준다. 어떤 수를 정렬했느냐는 중요하지 않으므로 실제 수는 배열에서 제외했다. 다음 그림에서 어둡게 표시하지 않은 셀 그룹이 정렬 중인 하위 배열이다.

▼ 그림 13-31

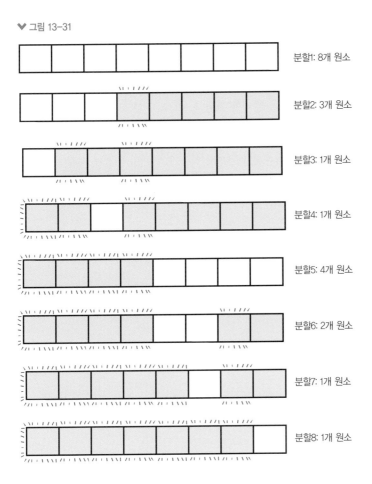

총 8번 분할하는데 분할할 때마다 하위 배열의 크기가 다르다. 원소가 8개인 원래 배열을 분할하고, 크기가 4와 3, 2인 하위 배열을 분할하고, 크기가 1인 배열을 4번 분할한다.

퀵 정렬은 기본적으로 연이은 분할로 수행되는데, 각 분할마다 하위 배열의 원소가 N개일 때 약 N단계가 걸린다. 결국 모든 하위 배열의 크기를 합하면 퀵 정렬에 걸리는 총 단계 수가 나온다.

원소 8개

원소 3개

원소 1개

원소 1개

원소 4개

원소 2개

원소 1개

+ 원소 1개
_____

총 약 21단계

원래 배열에 원소가 8개일 때 퀵 정렬에 약 21단계가 걸렸다. 이는 각 분할 후 피벗이 하위 배열의 중간 부근에 놓일 것이라는 최선 또는 평균적인 시나리오를 가정한 것이다.

원소가 16개인 배열에 대해 퀵 정렬에 약 64단계가 걸리고 원소가 32개인 배열에 대해 약 160단계가 걸린다. 다음의 표를 보자.

❤ 표 13-1

N	퀵 정렬 단계 수(근사치)
4	8
8	24
16	64
32	160

(예제에서는 크기가 8인 배열에 대해 퀵 정렬에 21단계가 걸렸으나 위 표에는 24로 표기했다. 정확한 수치는 경우에 따라 다르고 24 역시 타당한 근사치일 뿐이다. 이어지는 설명의 이해를 돕기 위해 특별히 24로 명시했다.)

13.3.2 빅 오로 나타낸 퀵 정렬

빅 오 표기법 관점에서 퀵 정렬을 어떻게 분류할까?

앞서 봤던 패턴을 보면 다음의 표에 나오듯이 배열의 원소가 N개일 때 퀵 정렬에 필요한 단계 수는 약 N × logN이다.

▼ 표 13-2

N	logN	N × logN	퀵 정렬 단계 수(근사치)
4	2	8	8
8	3	24	24
16	4	64	64
32	5	160	160

실제로 퀵 정렬의 효율성을 위 표처럼 표현한다. 퀵 정렬은 O(NlogN)짜리 알고리즘이다. 처음 배우는 빅 오 카테고리다!

다음 그래프는 O(NlogN)이 다른 빅 오 카테고리와 어떻게 다른지 나란히 보여준다.

▼ 그림 13-32

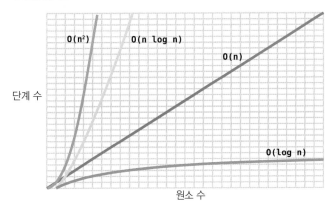

퀵 정렬의 단계 수가 N × logN에 부합하는 것은 그저 우연이 아니다. 보다 광범위하게 퀵 정렬을 생각해 보면 이유를 알 수 있다.

배열을 분할할 때마다 하위 배열 두 개로 나눈다. 배열 중간 어딘가를 피벗이라 가정하면(평균적인 경우에 일어나는 상황), 이 두 하위 배열은 크기가 거의 비슷하다.

크기가 1이 될 때까지 각 하위 배열을 반으로 나누려면 배열을 몇 번 나눠야 할까? 크기가 N인 배열이면 logN번 걸린다. 그림으로 살펴보자.

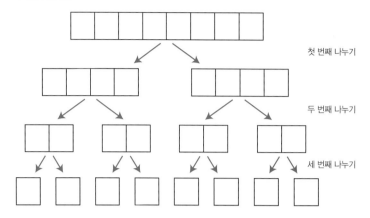

보다시피 크기가 8인 배열은 각 원소로 나눌 때까지 "반으로" 세 번 나눈다. 이 값이 logN이며, 1이 될 때까지 반으로 나누는 횟수를 뜻하는 logN의 정의에 정확히 부합한다.

따라서 퀵 정렬에는 N × logN 단계가 걸린다. logN번 반으로 나누고, 나눌 때마다 모든 하위 배열에 대해 분할을 수행하는데 그 하위 배열의 원소 수를 모두 합하면 N이다(모든 하위 배열은 원소가 N개인 원래 배열의 조각들이니 합하면 N이다).

그림 13-33에 잘 나와 있다. 그림 맨 위를 보면 원소가 8개인 원래 배열을 분할해 크기가 4인 하위 배열 두 개를 생성한다. 뒤이어 양쪽 모두에서 크기가 4인 하위 배열을 분할한다. 결국 원소 8개를 다시 분할하는 셈이다.

O(N × logN)이 근사치임을 잊지 말자. 실제로는 원래 배열에 대해 O(N)번 더 분할한다. 게다가 피벗은 "반으로 나누기"가 아니므로 배열이 깔끔하게 딱 반으로 나뉘지도 않는다.

다음 그림은 분할 이후의 피벗을 무시한 보다 현실적인 예제다.

❤ 그림 13-34

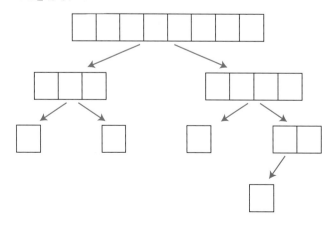

13.4 / 퀵 정렬의 최악의 시나리오

지금까지 본 많은 알고리즘에서 최선의 경우는 배열이 이미 정렬됐을 때였다. 하지만 퀵 정렬에서 최선의 시나리오는 분할 후 피벗이 하위 배열의 한가운데 있을 때다. 흥미롭게도 일반적으로 배열의 값이 상당히 잘 섞여 있을 때 일어난다.

퀵 정렬에서 최악의 시나리오는 피벗이 항상 하위 배열의 정중앙이 아닌 한쪽 끝에 있을 때다. 배열이 완전히 오름차순 또는 내림차순일 때 일어날 수 있다. 다음 그림이 이러한 절차를 보여준다.

▼ 그림 13-35

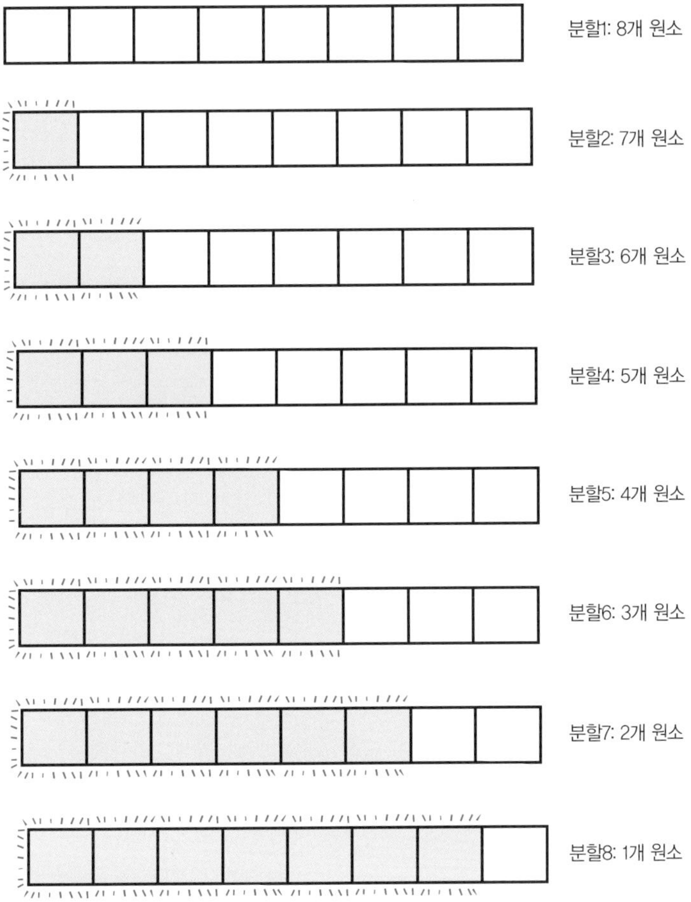

분할1: 8개 원소

분할2: 7개 원소

분할3: 6개 원소

분할4: 5개 원소

분할5: 4개 원소

분할6: 3개 원소

분할7: 2개 원소

분할8: 1개 원소

위 그림에서 보듯이 피벗이 항상 각 하위 배열의 왼쪽 끝에 놓인다.

각 분할마다 교환은 한 번뿐이지만 비교가 너무 많으므로 손해다. 첫 번째 예제에서 피벗은 항상 중간 즈음에 있었고 첫 번째 분할 후에는 비교적 작은 하위 배열에 대해 각 분할을 수행했다(가장 큰 하위 배열의 크기가 4였다). 하지만 위 예제는 처음 다섯 번의 분할을 크기가 4 이상인 하위 배열에 대해 수행한다. 또한, 각 분할마다 하위 배열에 있는 원소 수만큼 비교한다.

따라서 최악의 시나리오에서 8 + 7 + 6 + 5 + 4 + 3 + 2 + 1개의 원소를 분할하고, 총 36번 비교한다.

공식으로 표현하면 원소가 N개일 때 N + (N – 1) + (N – 2) + (N – 3) ⋯ + 1단계가 걸린다. **7.8절 모든 곱 구하기**에서 봤듯이 이 공식은 N^2 / 2로 계산되므로 빅 오로는 $O(N^2)$이다.

따라서 최악의 시나리오에서 퀵 정렬의 효율성은 $O(N^2)$이다.

13.4.1 퀵 정렬 대 삽입 정렬

퀵 정렬을 알았으니 좀 더 단순한 정렬 알고리즘인 삽입 정렬과 비교해 보자.

❤ 표 13-3

	최선의 경우	평균적인 경우	최악의 경우
삽입 정렬	O(N)	$O(N^2)$	$O(N^2)$
퀵 정렬	O(NlogN)	O(NlogN)	$O(N^2)$

최악의 시나리오에서는 동일하고, 최선의 시나리오에서는 퀵 정렬보다 삽입 정렬이 실제로 더 빠르다. 하지만 퀵 정렬이 삽입 정렬보다 훨씬 우수한 까닭은 평균 시나리오, 다시 말해 대부분의 경우 일어나는 시나리오 때문이다. 평균적인 경우에 삽입 정렬은 엄청 큰 $O(N^2)$이 걸리는 반면 퀵 정렬은 훨씬 빠른 O(NlogN)이다.

평균적인 상황에서 퀵 정렬이 우수하므로 내부적으로 퀵 정렬을 사용해 내장 정렬 함수를 구현하는 언어가 많다. 따라서 퀵 정렬을 직접 구현할 일은 거의 없다. 하지만 퀵 셀렉트라 불리는 매우 유사한 알고리즘이 실용적으로 쓸모가 있을 수 있다.

13.5 퀵 셀렉트

무작위로 정렬된 배열이 있을 때, 정렬은 안 해도 되지만 배열에서 열 번째로 작은 값 혹은 열다섯 번째로 큰 값을 알고 싶다고 하자. 가령 수많은 시험 점수가 있을 때 25번째 백분위수나 중간 점수를 알고 싶을 때 도움이 될 것이다.

전체 배열을 정렬한 후 적절한 인덱스를 바로 찾아보면 이 문제를 풀 수 있다.

하지만 퀵 정렬처럼 빠른 정렬 알고리즘을 사용한다 해도 이 알고리즘에는 최소 평균적으로 O(NlogN)이 걸린다. 나쁜 방법은 아니지만 **퀵 셀렉트**(Quickselect)라 알려진 뛰어난 작은 알고리즘으로 훨씬 더 나은 성능을 낼 수 있다. 퀵 셀렉트도 분할에 기반하며, 퀵 정렬과 이진 검색의 하이브리드 정도로 생각할 수 있다.

13장 앞부분에서 살펴봤듯이 분할이 끝나면 피벗 값은 배열 내 올바른 위치에 있게 된다. 퀵 셀렉트는 다음과 같은 방법으로 이 정보를 활용한다.

값이 8개인 배열이 있을 때 이 배열 내에서 두 번째로 작은 값을 찾고 싶다고 하자.

먼저 전체 배열을 분할한다.

▼ 그림 13-36

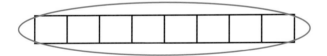

분할 후 피벗은 바라건대 배열 중간 부분에 있을 것이다.

▼ 그림 13-37

이제 피벗은 올바른 위치에 있고, 다섯 번째 셀이므로 어떤 값이 배열 내에서 다섯 번째로 작은지 알게 됐다.

예제는 다섯 번째가 아닌 두 번째로 작은 값을 찾고 있다. 그래도 두 번째로 작은 값이 피벗의 왼쪽 어딘가에 있음을 알게 됐다. 이제 피벗의 오른쪽에 있는 모든 수는 무시하고 왼쪽 하위 배열에만 집중할 수 있다. 이 점에서 퀵 셀렉트와 이진 검색이 유사하다. 즉, 배열을 계속 반으로 나누되 찾고 있는 값이 있을 반쪽에만 집중한다.

다음으로 피벗 왼쪽에 있는 하위 배열을 분할한다.

▼ 그림 13-38

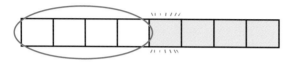

이 하위 배열의 새 피벗을 세 번째 셀로 하자.

▼ 그림 13-39

이제 세 번째 셀의 값이 올바른 위치에 있게 됐고, 이 값이 배열에서 세 번째로 작은 값임을 안다. 정의에 의하면 두 번째로 작은 값은 이 피벗의 왼쪽 어딘가에 있다. 이제 세 번째 셀의 왼쪽에 있는 하위 배열을 분할한다.

▼ 그림 13-40

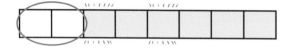

다음 분할이 끝나면 가장 작은 값과 두 번째로 작은 값이 배열 내에서 올바른 위치에 있게 된다.

▼ 그림 13-41

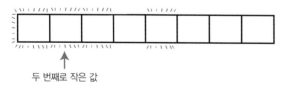

두 번째로 작은 값

이제 두 번째 셀에 있는 값을 가져와서 자신 있게 이 값이 전체 배열에서 두 번째로 작은 값이라고 말할 수 있다. 퀵 셀렉트의 훌륭한 점 중 하나는 **전체 배열을 정렬하지 않고도** 올바른 값을 찾을 수 있다는 것이다.

퀵 정렬은 배열을 반으로 나눌 때마다 원래 배열의 모든 셀을 (하위 배열의 형태로) 다시 분할해야 하므로 O(NlogN)이 걸린다. 반면 퀵 셀렉트는 배열을 반으로 나눌 때마다 필요한 반쪽, 즉 찾고 있는 값이 있을 반쪽만 분할하면 된다.

13.5.1 퀵 셀렉트의 효율성

퀵 셀렉트의 효율성을 분석해 보면 평균 시나리오에서 O(N)이다. 왜 그럴까?

앞서 원소가 8개인 배열 예제에서는 원소가 8개인 배열, 원소가 4개인 하위 배열, 원소가 2개인 하위 배열, 이렇게 총 3번 분할했다.

기억하겠지만 각 분할이 일어날 때마다 분할 중인 하위 배열에 대해 N단계가 걸린다. 따라서 3번 분할하는 데 총 8 + 4 + 2 = 14단계다. 즉 원소가 8개인 배열에는 대략 14단계가 걸린다.

원소가 64개인 배열은 64 + 32 + 16 + 8 + 4 + 2 = 126단계를 실행한다. 원소가 128개면 254단계일 것이다. 또한, 원소가 256개면 510단계일 것이다.

원소가 N개인 배열에 대략 2N 단계가 걸림을 알 수 있다.

(공식으로 표현하면 원소가 N개일 때, N + (N/2) + (N/4) + (N/8) + ⋯ 2단계다. 합하면 항상 약 2N단계다.)

빅 오는 상수를 무시하므로 2N에서 2를 버리면 퀵 셀렉트의 효율성은 O(N)이다.

13.5.2 코드 구현: 퀵 셀렉트

다음 코드는 앞서 설명한 SortableArray 클래스 안에 넣을 수 있는 quickselect! 메서드 구현이다. quicksort! 메서드와 매우 유사함을 알게 될 것이다.

```
def quickselect!(kth_lowest_value, left_index, right_index)
    # 기저 조건이면, 즉 하위 배열에 셀이 하나면 찾고 있던 값을 찾은 것이다.
    if right_index - left_index <= 0
        return @array[left_index]
    end

    # 배열을 분할하고 피벗의 위치를 가져온다.
    pivot_index= partition!(left_index, right_index)
```

```
            # 찾고 있는 값이 피벗 왼쪽에 있으면
        if kth_lowest_value < pivot_index
            # 피벗 왼쪽의 하위 배열에 대해
            # 재귀적으로 퀵 셀렉트를 수행한다.
            quickselect!(kth_lowest_value, left_index, pivot_index - 1)
        # 찾고 있는 값이 피벗 오른쪽에 있으면
        elsif kth_lowest_value > pivot_index
            # 피벗 오른쪽의 하위 배열에 대해
            # 재귀적으로 퀵 셀렉트를 수행한다
            quickselect!(kth_lowest_value, pivot_index + 1, right_index)
        else # kth_lowest_value == pivot_index
            # 분할 후 피벗의 인덱스가 k번째 작은 값의 인덱스와 같으면
            # 찾고 있던 값을 찾은 것이다.
            return @array[pivot_index]
        end
    end
```

정렬되지 않은 배열에서 두 번째로 작은 값을 찾고 싶다면 다음 코드를 실행한다.

```
array = [0, 50, 20, 10, 60, 30]
sortable_array = SortableArray.new(array)
p sortable_array.quickselect!(1, 0, array.length - 1)
```

quickselect! 메서드는 첫 번째 인수에 0부터 시작하는 인덱스 위치를 받는다. 두 번째로 작은 값
을 원하면 1을 넘긴다. 두 번째 인수와 세 번째 인수는 각각 배열의 왼쪽 인덱스와 오른쪽 인덱스다.

13.6 다른 알고리즘의 핵심 역할을 하는 정렬

현재까지 알려진 가장 빠른 정렬 알고리즘의 속도는 O(NlogN)이다. 퀵 정렬이 가장 유명하나 다
른 알고리즘도 많다. 병합 정렬(Mergesort) 역시 잘 알려진 O(NlogN) 정렬 알고리즘이다. 훌륭한
재귀 알고리즘이니 한 번쯤 찾아보기 바란다.

여기서 중요한 점은 가장 빠른 정렬 알고리즘이 O(NlogN)이라는 사실인데, 이 속도가 다른 알고
리즘에도 영향을 미치기 때문이다. 어떤 알고리즘은 더 큰 프로세스의 한 컴포넌트로서 정렬을 사
용한다.

4장 빅 오로 코드 속도 올리기에서 다뤘던 배열에 중복이 있는지 확인하는 문제를 예로 들어 보자.

첫 번째 해법에서는 중첩을 사용해 효율성이 O(N²)이었다. O(N)이 걸리는 해법도 있었으나 메모리를 더 소모한다고 덧붙인 바 있다(**19장 공간 제약 다루기**에서 자세히 다루겠다). 따라서 O(N) 방식은 없다고 가정하자. O(N²)인 이차 해법을 개선할 수 있을까? 힌트를 주자면 정렬을 이용하면 된다!

배열을 미리 정렬하면 뛰어난 알고리즘을 만들 수 있다.

원래 배열이 [5, 9, 3, 2, 4, 5, 6]이었다고 하자. 5가 두 번 나오니 중복이 있는 배열이다.

이 배열을 정렬하면 [2, 3, 4, 5, 5, 6, 9]가 된다.

이어서 하나의 루프로 각 숫자를 순회한다. 매 숫자를 검사하며 다음 숫자와 동일한지 확인한다. 동일하면 중복을 찾은 것이다. 중복을 찾지 못한 채 루프가 종료되면 중복이 없는 것이다.

핵심은 숫자를 미리 정렬해 중복 숫자를 한데 모아 두는 것이다.

예제에서는 첫 번째 숫자인 2부터 살폈다. 이 숫자가 다음 숫자와 동일한지 확인한다. 다음 숫자는 3이므로 중복이 아니다.

이어서 3과 그다음 숫자인 4를 확인하고 중복이 아니므로 넘어간다. 4와 5를 확인하고 다시 다음으로 넘어간다.

이제 첫 번째 5와 그다음 숫자인 두 번째 5를 검사한다. 아! 중복 숫자 쌍을 찾았으니 true를 반환한다.

자바스크립트로 구현하면 다음과 같다.

```javascript
function hasDuplicateValue(array) {
    // 먼저 배열을 정렬한다.
    // (자바스크립트에서 숫자를 "알파벳"순이 아닌 크기순으로 정렬하려면
    // 정렬 함수를 다음과 같이 사용해야 한다.)
    array.sort((a, b) => (a < b) ? -1 : 1);

    // 배열의 각 값을 마지막 값까지 순회한다.
    for(let i = 0; i < array.length - 1; i++) {

        // 현재 값이 배열의 다음 값과 같으면
        // 중복을 찾은 것이다.
        if(array[i] == array[i + 1]) {
            return true;
        }
```

```
        }

        // true를 반환하지 않고 배열 끝까지 왔으면
        // 중복이 없다는 뜻이다.
        return false;
    }
```

위 알고리즘은 정렬을 하나의 컴포넌트로서 사용한다. 위 알고리즘을 빅 오로 어떻게 표현할까?

우선 배열부터 정렬했다. 자바스크립트 내 sort() 함수의 효율성을 O(NlogN)이라고 가정하자. 이어서 N단계에 걸쳐 배열을 순회했다. 따라서 알고리즘에는 (NlogN) + N단계가 걸린다.

여러 차수가 섞여 있는 경우 낮은 차수는 높은 차수에 비해 사소하므로 빅 오 표기법에서는 가장 높은 차수의 N만 남긴다고 배웠다. 여기서도 마찬가지로 N은 NlogN에 비해 사소하므로 표현식을 O(NlogN)으로 줄일 수 있다.

이제 다 됐다! 정렬을 사용해 O(NlogN)인 알고리즘으로 개선했다. 원래의 O(N²) 알고리즘에 비하면 대단한 발전이다.

많은 알고리즘에서 정렬을 더 큰 프로세스의 일부로 사용한다. 그렇게 함으로써 최소 O(NlogN) 알고리즘이 된다는 사실을 이제 알았다. 물론 다른 일까지 하는 알고리즘은 더 느려질 수 있으나 항상 O(NlogN)이 기준이다.

13.7 마무리

퀵 정렬과 퀵 셀렉트는 골치 아픈 문제를 푸는 멋지고 효율적인 해결법을 제시하는 재귀 알고리즘이다. 이해하기는 어렵지만 깊은 생각 끝에 나온 알고리즘이 얼마나 성능을 높일 수 있는지 보여주는 좋은 예다.

보다 고급 알고리즘을 배웠으니 새로운 방향에서 다양한 자료 구조를 새롭게 탐색해 보자. 이제는 재귀를 사용해 연산하는 자료 구조를 완벽히 다룰 준비가 됐다. 아주 흥미로울뿐더러 각 자료 구조가 지닌 특별한 능력이 다양한 애플리케이션에 얼마나 힘이 되는지 알게 될 것이다.

13.8 연습 문제

다음 연습 문제는 빠른 정렬을 실습해 볼 기회다. 해답은 534쪽에 나와 있다.

1. 양수 배열이 주어졌을 때, 세 수의 가장 큰 곱을 반환하는 함수를 작성하라. 중첩 루프 3개를 쓰는 방식은 $O(N^3)$이 걸리므로 아주 느리다. 정렬을 사용해 $O(NlogN)$의 속도로 계산하도록 함수를 구현하자(더 빠르게 구현할 수 있으나 우선은 정렬을 사용해 코드를 더 빠르게 만드는 데 중점을 두자).

2. 다음의 함수는 정수 배열에서 "빠진 숫자"를 찾는다. 즉 배열은 0부터 배열 길이만큼의 모든 정수를 포함해야 하는데 숫자 하나가 빠져 있다. 예를 들어 배열 [5, 2, 4, 1, 0]에는 숫자 3이 빠졌고 배열 [9, 3, 2, 5, 6, 7, 1, 0, 4]에는 8이 빠졌다.

다음은 $O(N^2)$짜리 구현이다(includes 메서드를 사용하면 컴퓨터가 전체 배열에서 n을 찾아야 하므로 그것만 이미 $O(N)$이다).

```
function findMissingNumber(array) {
    for(let i = 0; i < array.length; i++) {
        if(!array.includes(i)) {
            return i;
        }
    }

    // If all numbers are present:
    return null;
}
```

정렬을 사용해 $O(NlogN)$이 걸리도록 위 함수를 새롭게 구현하자(더 빠르게 구현할 수 있으나 우선은 정렬을 사용해 코드를 더 빠르게 만드는 데 중점을 두자).

3. 배열에서 가장 큰 수를 찾는 함수 세 개를 각각 다르게 구현하자. 한 함수는 $O(N^2)$으로, 하나는 $O(NlogN)$으로, 하나는 $O(N)$으로 작성하자.

memo

14^장

노드 기반
자료 구조

이어지는 장들에서 다룰 다양한 자료 구조는 모두 **노드**(node)라는 개념에 기반해 만들어졌다. 곧 알아보겠지만 노드란 컴퓨터 메모리 곳곳에 흩어져 있는 데이터 조각이다. 노드 기반 자료 구조는 데이터를 조직하고 접근하는 새로운 방법을 제공하는데 성능상 큰 이점이 많다.

14장에서는 가장 간단한 노드 기반 자료 구조이자 이후 배울 내용의 기반인 연결 리스트를 살펴본다. 또한, 연결 리스트와 배열이 거의 같아 보이지만, 연결 리스트는 효율성 면에서 장단점 (trade-off)이 있어 어떤 상황에서 성능이 크게 높아지는지도 알아보겠다.

14.1 연결 리스트

연결 리스트(linked list)는 배열과 마찬가지로 항목의 리스트를 표현하는 자료 구조다. 배열과 연결 리스트는 외견상 상당히 비슷한 모습으로 동작하지만 내부적으로는 크게 다르다.

1장에서 설명했듯이 컴퓨터에 들어 있는 메모리는 데이터 조각을 저장하는 셀들의 거대한 집합으로 나타낼 수 있다. 앞서 배웠듯이 코드에서 배열을 생성하면 다음 그림처럼 메모리 내에 연속된 빈 셀 그룹을 찾아 사용자 애플리케이션이 데이터를 저장할 수 있도록 할당한다.

▼ 그림 14-1

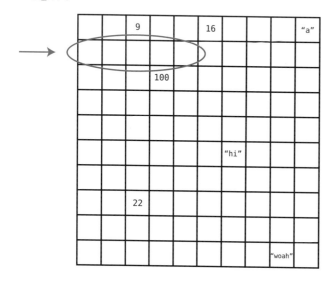

컴퓨터는 어떤 메모리 주소든 한 번에 접근할 수 있으므로 배열 내 어떤 인덱스든 바로 갈 수 있다고도 설명했다. "인덱스 4에 있는 값을 찾아라"라고 코드를 작성하면 컴퓨터는 한 단계로 그 셀에 갈 수 있다. 다시 말하지만 프로그램은 배열이 어떤 메모리 주소부터 시작하는지, 가령 메모리 주소 1000인지 알고 있으며, 인덱스 4를 찾고 싶으면 간단히 메모리 주소 1004로 가면 된다는 것을 알고 있다.

반면 연결 리스트는 상당히 다르게 동작한다. 연결 리스트 내 데이터는 연속된 메모리 블록이 아니라 컴퓨터 메모리 전체에 걸쳐 여러 셀에 퍼져 있을 수 있다.

메모리에 곳곳에 흩어진 연결된 데이터를 노드(node)라 부른다. 연결 리스트에서 각 노드는 리스트 내 한 항목을 나타낸다. 그렇다면 큰 의문이 든다. 노드가 메모리 내에 서로 인접해 있지 않다면 컴퓨터는 어떤 노드들이 같은 연결 리스트에 속하는지 어떻게 알까?

이 답이 바로 연결 리스트의 핵심이다. 각 노드는 약간의 추가 정보, 즉 연결 리스트 내에 **다음** 노드의 메모리 주소도 포함한다.

이 추가 데이터, 즉 다음 노드의 메모리 주소로의 포인터를 **링크**(link)라 부른다. 연결 리스트를 그림으로 묘사하면 다음과 같다.

▼ 그림 14-2

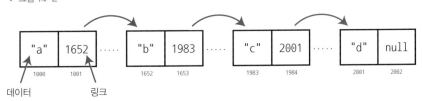

위 예제를 보면 연결 리스트에 "a", "b", "c", "d", 4개의 데이터가 있다. 하지만 데이터를 저장하는 데 각 노드마다 메모리 셀 두 개씩, 총 메모리 셀 8개를 사용한다. 첫 번째 셀에는 실제 데이터가 들어 있고, 두 번째 셀에는 다음 노드의 시작 메모리 주소를 뜻하는 링크가 들어 있다. 마지막 노드의 링크는 연결 리스트가 끝나므로 null이다.

(연결 리스트의 첫 번째 노드를 **헤드**(head), 마지막 노드를 **테일**(tail)이라고도 부른다.)

컴퓨터가 연결 리스트의 시작 메모리 주소를 알면 그 리스트를 다룰 준비가 끝난 것이다! 각 노드에는 다음 노드의 링크가 들어 있으니 컴퓨터는 각 링크를 따라 전체 리스트를 연결하기만 하면 된다.

데이터가 컴퓨터 메모리 전체에 흩어질 수 있다는 점에서 연결 리스트가 배열보다 유리할 수 있다. 배열은 데이터를 저장하기 위해 연속된 전체 셀 블록을 찾아야 하는데 배열이 커질수록 굉장히 어렵다. 물론 세부적인 사항은 프로그래밍 언어가 알아서 처리하므로 신경 쓰지 않아도 된다. 하지만 연결 리스트와 배열에 눈이 번쩍 뜨일 만한 차이가 있음을 곧 보이겠다.

14.2 연결 리스트 구현

자바처럼 연결 리스트가 내장된 프로그래밍 언어도 있다. 하지만 그렇지 않은 언어가 많고 생각보다 간단하게 직접 구현할 수 있다.

루비로 연결 리스트를 구현해 보자. Node와 LinkedList라는 두 클래스를 사용해 구현하겠다. Node 클래스를 먼저 만들어 보자.

```ruby
class Node

  attr_accessor :data, :next_node

  def initialize(data)
    @data = data
  end

end
```

Node 클래스에는 속성이 두 가지다. 노드의 원래 값(예를 들어 문자열 "a")인 data와 리스트 내 다음 노드로의 링크인 next_node다. 다음과 같이 Node 클래스를 사용한다.

```ruby
node_1 = Node.new("once")
node_2 = Node.new("upon")
node_3 = Node.new("a")
node_4 = Node.new("time")

node_1.next_node = node_2
node_2.next_node = node_3
node_3.next_node = node_4
```

이 코드로 "once"와 "upon", "a", "time"이라는 문자열을 포함하는 노드 네 개짜리 리스트를 생성했다.

이 구현에서는 next_node가 실제 메모리 주소 대신 또 다른 Node 인스턴스를 참조한다. 그래도 결과는 같다. 노드가 컴퓨터 메모리 여기저기에 흩어져도 노드의 링크를 사용해 전체 리스트를 연결할 수 있다.

따라서 앞으로는 각 링크를 특정 메모리 주소가 아닌 또 다른 노드로의 포인터로 설명하겠다. 이에 따라 연결 리스트를 그림 14-3처럼 단순화시킬 수 있다.

▼ 그림 14-3

그림 14-3에서 각 노드는 두 개의 "셀"로 이뤄진다. 첫 번째 셀은 노드의 데이터를 포함하고, 두 번째 셀은 다음 노드를 가리킨다.

이 그림은 루비로 구현한 Node 클래스를 나타낸다. data 메서드는 노드의 데이터를 반환하고 next_node 메서드는 리스트 내 다음 노드를 반환한다. 따라서 **next_node 메서드가 노드의 링크 역할을 한다.**

Node 클래스만 있어도 연결 리스트를 생성할 수 있지만, 프로그램에 연결 리스트가 어디서부터 시작하는지 쉽게 알려줄 방법이 필요하다. 이를 위해 앞서 보인 Node 클래스 외에 LinkedList 클래스도 생성하겠다. 다음은 기본적인 LinkedList 클래스다.

```
class LinkedList

    attr_accessor :first_node

    def initialize(first_node)
        @first_node = first_node
    end

end
```

LinkedList 인스턴스의 역할은 리스트의 첫 번째 노드를 추적하는 것 뿐이다.

앞서 node_1, node_2, node_3, node_4를 포함하는 노드 사슬을 생성했었다. 이제 이 LinkedList 클래스로 다음과 같이 코드를 작성해 리스트를 참조할 수 있다.

```
list = LinkedList.new(node_1)
```

list 변수는 리스트의 첫 번째 노드에 접근하는 LinkedList 인스턴스이므로 연결 리스트에 대한 핸들처럼 동작한다.

이때 정말 중요한 사실이 드러난다. **연결 리스트를 다룰 때는 첫 번째 노드에만 즉시 접근할 수 있다.** 곧 알아보겠지만 이는 심각한 영향을 미친다.

그래도 언뜻 보면 연결 리스트와 배열은 상당히 유사하다. 둘 다 그저 리스트일 뿐이다. 하지만 더 깊이 분석해 보면 두 자료 구조의 성능에 꽤 극적인 차이가 있음을 알게 된다! 대표적인 연산인 읽기와 검색, 삽입, 삭제로 들어가 보자.

14.3 읽기

알다시피 컴퓨터는 O(1) 만에 배열에서 값을 읽는다. 지금부터는 연결 리스트에서 읽기의 효율성을 알아보자.

가령 연결 리스트의 세 번째 항목에 있는 값을 읽을 때, 컴퓨터는 메모리 어디에서 찾아야 할지 바로 알 수 없으므로 한 단계로 찾을 수 없다. 연결 리스트의 각 노드는 메모리 **어디든** 있을 수 있기 때문이다! 프로그램은 연결 리스트의 **첫 번째** 노드의 메모리 주소만 안다. 나머지 노드가 어디에 있는지 바로 알지 못한다.

세 번째 노드를 읽으려면 컴퓨터는 일련의 과정을 거쳐야 한다. 먼저 첫 번째 노드에 접근한다. 이어서 첫 번째 노드의 링크를 따라 두 번째 노드로 가고 뒤이어 두 번째 노드의 링크를 따라 세 번째 노드로 간다.

어떤 노드를 가든 항상 첫 번째 노드부터 시작해야 하고, 원하는 노드에 도달할 때까지 노드 사슬을 따라가야 한다.

리스트의 마지막 노드를 읽으려면 리스트에 노드가 N개일 때 N단계가 걸린다. 연결 리스트 읽기에서 최악의 시나리오가 O(N)이라는 점은 어떤 원소든 O(1)만에 읽는 배열에 비해 심각한 단점이다. 하지만 연결 리스트가 빛을 발하는 순간이 있음을 곧 알게 될 테니 걱정하지 말자.

14.3.1 코드 구현: 연결 리스트 읽기

이제 LinkedList 클래스 내에 read 메서드를 추가해 보자.

```
def read(index)
    # 리스트의 첫 번째 노드에서 시작한다.
    current_node = first_node
    current_index = 0

    while current_index < index do
        # 찾고 있는 인덱스에 도착할 때까지 각 노드의 링크를 계속 따라간다.
        current_node = current_node.next_node
        current_index += 1

        # 리스트 끝에 도착했다면 찾고 있는 값이 리스트에 없다는 뜻이므로
        # 널을 반환한다.
        return nil unless current_node
    end

    return current_node.data
end
```

리스트의 네 번째 노드를 읽으려면 노드의 인덱스를 넣어 메서드를 호출한다.

```
list.read(3)
```

이 메서드의 동작을 한 단계씩 살펴보자.

먼저 현재 접근하고 있는 노드를 참조하는 current_node라는 변수를 생성한다. 첫 번째 노드부터 접근하므로 다음과 같다.

```
current_node = first_node
```

기억하겠지만 first_node는 LinkedList 클래스의 속성이었다.

또한 current_node의 인덱스를 기록해 언제 원하는 인덱스에 도달하는지 알 수 있어야 한다. 첫 번째 노드의 인덱스가 0이므로 다음과 같다.

```
current_index = 0
```

이어서 current_index가 읽으려는 인덱스보다 작을 때까지 실행하는 루프를 시작시킨다.

```
while current_index < index do
```

루프의 각 패스스루에서는 리스트의 다음 노드에 접근해 그 노드를 새 current_node로 만든다.

```
current_node = current_node.next_node
```

current_index도 1씩 증가시킨다.

```
    current_index += 1
```

각 패스스루가 끝날 때마다 리스트 끝에 도달했는지 확인해 읽으려는 인덱스가 리스트에 없으면 nil을 반환한다.

```
    return nil unless current_node
```

리스트 마지막 노드에는 next_node가 할당되지 않으므로 마지막 노드의 next_node는 실제로 nil 이고 따라서 이 코드는 올바르게 동작한다. 마지막 노드에서 current_node = current_node. next_node를 호출하면 current_node가 nil이 된다.

끝으로 루프를 무사히 빠져나왔다면 원하는 인덱스에 도달한 것이다. 따라서 다음 코드로 현재 노드의 값을 반환한다.

```
    return current_node.data
```

14.4 / 검색

알다시피 검색은 리스트 내에서 값을 찾아 그 인덱스를 반환하는 것이다. 배열을 선형 검색할 때 컴퓨터는 한 번에 한 값씩 검사하므로 속도가 O(N)이었다.

연결 리스트의 검색 속도도 O(N)이다. 값을 검색하려면 읽기와 비슷한 과정을 거쳐야 한다. 즉 첫 번째 노드에서 시작해 각 노드의 링크를 따라 다음 노드로 간다. 그리고 찾고 있는 값을 찾을 때까지 매 값을 검사한다.

14.4.1 코드 구현: 연결 리스트 검색

다음과 같이 루비로 검색 연산을 구현할 수 있다. 다음 index_of 메서드를 호출하며 검색할 값을 전달한다.

```
def index_of(value)
    # 리스트의 첫 번째 노드에서 시작한다.
    current_node = first_node
    current_index = 0

    begin
        # 찾고 있던 데이터를 찾았으면 반환한다.
        if current_node.data == value
            return current_index
        end

        # 그렇지 않으면 다음 노드로 이동한다.
        current_node = current_node.next_node
        current_index += 1
    end while current_node

    # 데이터를 찾지 못한 채 전체 리스트를 순회했으면 널을 반환한다.
    return nil
end
```

이제 다음 코드로 리스트 내 어떤 값이든 검색할 수 있다.

```
list.index_of("time")
```

보다시피 검색 기법은 읽기와 비슷하다. 다만 루프가 특정 인덱스에서 중지되지 않고 value를 찾거나 리스트 끝에 도달할 때까지 실행된다는 점이 다르다.

DATA STRUCTURES AND ALGORITHMS

14.5 삽입

아직까지는 연결 리스트가 성능 면에서 깊은 인상을 주지 못했다. 검색에서는 배열에 비해 나을 것이 없었고 읽기에서는 성능이 훨씬 떨어졌다. 하지만 연결 리스트가 유용한 순간이 있으니 걱정하지 말자. 사실 바로 지금이다.

연결 리스트가 배열에 비해 **어떤 상황에서** 뚜렷한 장점을 보이는 연산이 바로 삽입이다.

배열 삽입에서 최악의 시나리오는 프로그램이 인덱스 0에 데이터를 삽입할 때였다. 나머지 데이터를 한 셀씩 오른쪽으로 옮겨야 하므로 효율성이 O(N)이었다. 반면 연결 리스트는 리스트 앞에 삽입하는 데 딱 한 단계, O(1)만 걸린다. 이유를 알아보자.

다음과 같은 연결 리스트가 있다고 하자.

▼ 그림 14-4

"yellow"를 리스트 앞에 삽입하려면 새 노드를 생성하고 노드가 "blue"를 포함하는 노드를 가리 키게끔 하면 된다.

▼ 그림 14-5

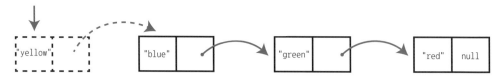

(또한 코드에서는 first_node 속성이 "yellow" 노드를 가리키도록 LinkedList 인스턴스도 업데 이트해야 한다.)

배열과 달리 연결 리스트에는 데이터를 하나도 시프트하지 않고 리스트 앞에 데이터를 삽입할 수 있는 유연성이 있다. 정말 편리하다.

이론적으로는 데이터를 연결 리스트 내 **어디에** 삽입하든 딱 한 단계만 걸리지만 한 가지 알아둘 점 이 있다. 다시 예제로 돌아가보자. 연결 리스트는 이제 다음과 같아졌다.

▼ 그림 14-6

"purple"을 인덱스 2("blue"와 "green" 사이)에 삽입해 보자. 실제 삽입은 한 단계면 된다. 다음 그림처럼 새 퍼플 노드를 생성하고 블루 코드의 링크만 퍼플 노드를 가리키도록 수정하면 된다.

▼ 그림 14-7

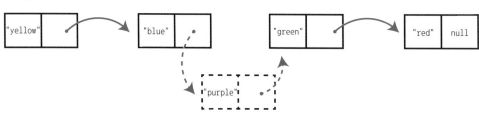

문제는 컴퓨터가 이렇게 하려면 먼저 인덱스 1에 있는 노드("blue")에 **가야** 그 노드의 링크가 새로 생성된 노드를 가리키도록 수정할 수 있다는 것이다. 하지만 앞서 봤듯이 주어진 인덱스의 항목에 접근하는 연결 리스트 읽기에 이미 O(N)이 걸린다. 어떻게 동작하는지 보자.

새 노드를 인덱스 1 뒤에 추가하고 싶다. 따라서 컴퓨터는 리스트의 인덱스 1로 가야 한다. 이렇게 하려면 리스트 앞에서부터 시작해야 한다.

▼ 그림 14-8

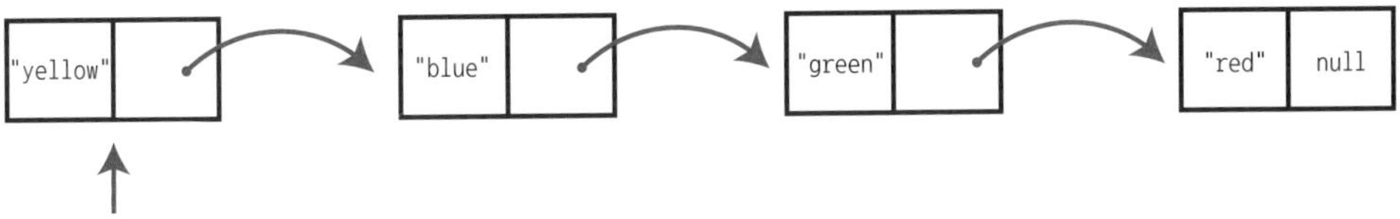

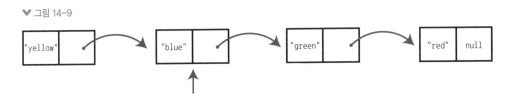

이어서 첫 번째 링크를 따라 다음 노드에 접근한다.

▼ 그림 14-9

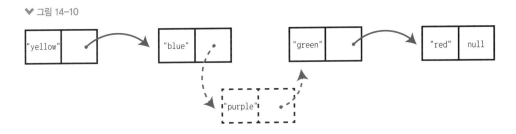

인덱스 1을 찾았으므로 이제 새 노드를 추가할 수 있다.

▼ 그림 14-10

이때 "purple"을 추가하는 데 3단계가 걸렸다. 리스트 **끝**에 추가했다면 인덱스 3을 찾는 4단계와 새 노드를 삽입하는 1단계, 총 5단계가 걸렸을 것이다.

결국 리스트 끝에 삽입하는 최악의 시나리오에 N + 1단계가 걸리니 사실상 연결 리스트 삽입은 O(N)이다.

하지만 리스트 **앞**에 삽입하는 최선의 시나리오에는 O(1)이다.

흥미롭게도 위 분석을 통해 배열과 연결 리스트의 최선과 최악의 시나리오가 정확히 서로 정반대임을 알 수 있다. 상황별로 정리하면 다음 표와 같다.

▼ 표 14-1

시나리오	배열	연결 리스트
앞에 삽입	최악의 경우	최선의 경우
중간에 삽입	평균적인 경우	평균적인 경우
끝에 삽입	최선의 경우	최악의 경우

즉 배열은 끝에 삽입할 때, 연결 리스트는 앞에 삽입할 때 유리하다.

이제 연결 리스트가 리스트 앞에 삽입할 때 얼마나 빠른지 알았다. 14장 뒷부분에서 이를 실제로 훌륭히 활용하는 예를 알아보겠다.

14.5.1 코드 구현: 연결 리스트 삽입

LinkedList 클래스에 삽입 메서드를 추가해 보자. 이 메서드를 insert_at_index라 부르겠다.

```
def insert_at_index(index, value)
    # 전달받은 value로 새 노드를 생성한다.
    new_node = Node.new(value)

    # 리스트 앞에 삽입하는 경우
    if index == 0
        # 새 노드의 링크가 첫 번째 노드를 가리키게 한다.
        new_node.next_node = first_node
        # 새 노드를 리스트의 첫 노드로 만든다.
        self.first_node = new_node
        return
    end

    # 앞이 아닌 다른 위치에 삽입하는 경우

    current_node = first_node
    current_index = 0

    # 먼저, 삽입하려는 새 노드의 바로 앞 노드에 접근한다.
    while current_index < (index - 1) do
```

```
            current_node = current_node.next_node
            current_index += 1
        end

        # 새 노드의 링크가 다음 노드를 가리키게 한다.
        new_node.next_node = current_node.next_node

        # 새 노드를 가리키도록 앞 노드의 링크를 수정한다.
        current_node.next_node = new_node
    end
```

위 메서드를 사용하려면 새 value와 삽입하려는 index를 모두 전달해야 한다.

예를 들어 다음과 같이 인덱스 3에 "purple"을 삽입한다.

```
    list.insert_at_index(3, "purple")
```

insert_at_index를 부분부분 나눠 살펴보자.

먼저 메서드에 제공된 값으로 새 Node 인스턴스를 생성한다.

```
    new_node = Node.new(value)
```

이어서 인덱스 0, 즉 리스트 앞에 삽입하는 경우를 처리한다. 리스트 내 다른 위치에 삽입할 때와 알고리즘이 다르므로 별개로 처리해야 한다.

리스트 앞에 삽입하려면 new_node를 리스트의 첫 번째 노드와 연결한 후 지금부터 new_node를 첫 번째 노드로 선언한다.

```
    if index == 0
        new_node.next_node = first_node
        self.first_node = new_node
        return
    end
```

더 할 일이 없으니 return 키워드로 메서드를 조기 종료한다.

나머지 코드에서는 리스트 앞이 아닌 다른 위치에 삽입하는 경우를 처리한다.

읽기와 검색에서처럼 리스트의 첫 번째 노드부터 접근한다.

```
    current_node = first_node
    current_index = 0
```

뒤이어 while 루프로 new_node를 삽입하려는 위치의 바로 앞 노드에 접근한다.

```
while current_index < (index - 1) do
    current_node = current_node.next_node
    current_index += 1
end
```

이때 current_node가 new_node의 바로 앞 노드다.

이어서 new_node의 링크에 current_node의 다음 노드를 할당한다.

```
new_node.next_node = current_node.next_node
```

끝으로 current_node의 링크가 new_node를 가리키도록 바꾼다.

```
current_node.next_node = new_node
```

이제 다했다!

14.6 / 삭제

연결 리스트는 삭제도 매우 빠른데, 특히 리스트 앞에서 삭제할 때 그렇다.

연결 리스트 앞에서 노드를 삭제하려면 한 단계면 된다. 연결 리스트의 first_node가 두 번째 노드를 가리키게 하면 된다.

"once", "upon", "a", "time" 값을 포함하는 연결 리스트 예제로 돌아가 보자. "once"를 삭제하고 싶으면 "upon"에서 시작하도록 연결 리스트를 바꾸면 된다.

```
list.first_node = node_2
```

이와 반대로 배열은 첫 번째 원소를 삭제할 때 나머지 데이터를 모두 한 셀씩 왼쪽으로 시프트해야 하므로 효율성이 O(N)이다.

연결 리스트에서 **마지막** 노드를 삭제하는 경우, 실제 삭제에는 한 단계가 걸린다. 끝에서 두 번째 노드를 가져와 링크를 null로 만들면 된다. 하지만 리스트 앞에서부터 시작해서 노드에 도착할 때까지 링크를 따라가야 하므로 끝에서 두 번째 노드를 가져오는 데 이미 N단계가 걸린다.

다음 표는 배열과 연결 리스트의 다양한 삭제 시나리오를 대조한다. 삽입과 정말 똑같다.

▼ 표 14-2

상황	배열	연결 리스트
앞에서 삭제	최악의 경우	최선의 경우
중간에서 삭제	평균적인 경우	평균적인 경우
끝에서 삭제	최선의 경우	최악의 경우

연결 리스트 앞이나 뒤에서의 삭제는 간단하지만 중간에서의 삭제는 조금 더 복잡하다.

앞서 본 색깔 연결 리스트에서 인덱스 2("purple")에 있는 값을 삭제해 보자.

▼ 그림 14-11

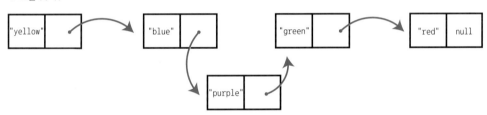

먼저 삭제하려는 노드의 바로 **앞** 노드("blue")에 접근해야 한다. 이어서 블루 노드의 링크가 삭제하려는 노드 바로 뒤 노드("green")을 가리키도록 바꾼다.

그림 14-12에서 "blue"노드의 링크가 어떻게 "purple"에서 "green"으로 바뀌는지 보여 준다.

▼ 그림 14-12

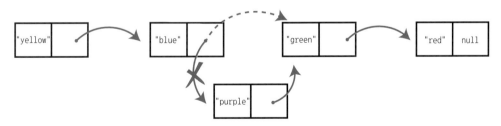

흥미롭게도 연결 리스트에서 노드를 삭제해도 그 노드는 여전히 메모리 어딘가에 남는다. 리스트 내 다른 노드와의 연결 고리를 끊음으로써 리스트에서만 제거할 뿐이다. 메모리에는 그대로 존재하지만 어쨌든 리스트에서 노드를 삭제하는 **효과**를 낳는다.

(이렇게 삭제된 노드를 처리하는 방식은 프로그래밍 언어마다 다르다. 어떤 언어에서는 쓰이지 않는 노드를 자동으로 감지해 "가비지 컬렉트"하고 메모리를 해제한다.)

14.6.1 코드 구현: 연결 리스트 삭제

LinkedList 클래스 내 삭제 연산은 다음과 같을 것이다. delete_at_index라는 메서드에 삭제하려는 인덱스를 전달한다.

```
def delete_at_index(index)
    # 첫 번째 노드를 삭제하는 경우
    if index == 0
        # 단순히 현재 두 번째 노드를 첫 번째 노드에 할당한다.
        self.first_node = first_node.next_node
        return
    end

    current_node = first_node
    current_index = 0

    # 먼저 삭제하려는 노드의 바로 앞 노드를 찾아 current_node에 할당한다.
    while current_index < (index - 1) do
        current_node = current_node.next_node
        current_index += 1
    end

    # 삭제하려는 노드의 바로 뒤 노드를 찾는다.
    node_after_deleted_node = current_node.next_node.next_node

    # current_node의 링크가 node_after_deleted_node를 가리키도록 수정한다.
    # 이렇게 하면 삭제하려는 노드가 리스트에서 제외된다.
    current_node.next_node = node_after_deleted_node
end
```

앞서 본 insert_at_index 메서드와 상당히 유사하다. 새로운 부분만 짚고 넘어가자.

먼저 index가 0인 경우, 즉 리스트의 첫 번째 노드를 삭제하려는 경우를 처리한다. 코드는 상상을 초월할 정도로 간단하다.

```
self.first_node = first_node.next_node
```

리스트의 first_node만 두 번째 노드로 바꾸면 된다!

메서드의 나머지 부분은 리스트 내 다른 위치에서의 삭제를 처리한다. 우선 while 루프로 삭제하려는 노드 바로 앞 노드에 접근해야 한다. 이 노드가 current_node가 된다.

뒤이어 삭제하려는 노드 바로 **뒤** 노드를 가져와 node_after_deleted_node라는 변수에 저장한다.

```
node_after_deleted_node = current_node.next_node.next_node
```

노드에 접근하는 방법은 매우 간단하다. 그냥 current_node의 다음 다음 노드다!

이어서 current_node의 링크가 node_after_deleted_node를 가리키도록 수정한다.

```
current_node.next_node = node_after_deleted_node
```

DATA STRUCTURES AND ALGORITHMS

14.7 / 연결 리스트 연산의 효율성

연결 리스트와 배열을 분석해서 비교해 보면 다음 표와 같다.

▼ 표 14-3

연산	배열	연결 리스트
읽기	O(1)	O(N)
검색	O(N)	O(N)
삽입	O(N) (끝에서 하면 O(1))	O(N) (앞에서 하면 O(1))
삭제	O(N) (끝에서 하면 O(1))	O(N) (앞에서 하면 O(1))

전체적으로 보면 시간 복잡도 면에서 연결 리스트는 그다지 매력적이지 않다. 검색과 삽입, 삭제는 배열과 비슷하고 읽기는 훨씬 느리다. 그렇다면 누가 연결 리스트를 사용하려고 할까?

연결 리스트가 효과적으로 쓰이려면 **실제 삽입과 삭제 단계가 O(1)이라는 점**을 활용해야 한다.

하지만 리스트 앞에서 삽입하거나 삭제할 때만 그렇지 않은가? 앞서 살펴봤듯이 다른 위치에서 삽입하거나 삭제할 때는 그 노드에 접근하는 데만 최대 N단계가 걸린다.

그런데 어쩌다보니 다른 목적으로 이미 올바른 노드에 접근해 있는 시나리오가 있다. 다음 예제가 이에 해당한다.

14.8 / 연결 리스트 다루기

연결 리스트가 빛을 발하는 경우는 한 리스트를 검사해서 많은 원소를 삭제할 때다. 예를 들어 이메일 주소 리스트를 샅샅이 검토해서 유효하지 않은 형식의 이메일을 모두 삭제하는 애플리케이션을 만든다고 하자.

리스트가 배열이든 연결 리스트든 전체 리스트를 한 번에 한 원소씩 살펴보며 각 값을 검사해야 하므로 N단계가 걸린다. 하지만 실제로 이메일 주소를 삭제할 때 어떻게 되는지 보자.

배열에서는 이메일 주소를 삭제할 때마다 빈 공간을 메꾸기 위해 나머지 데이터를 왼쪽으로 시프트해야 하는 또 다른 O(N) 단계가 필요하다. 모든 시프트는 다음 이메일 주소를 검사하기도 전에 일어난다.

이메일 주소 열 개 중 하나가 유효하지 않다고 가정하자. 이메일 주소 천 개로 이뤄진 리스트가 있을 때 약 100개는 유효하지 않다. 즉 알고리즘은 이메일 천 개를 모두 읽는 데 1,000단계가 걸린다. 더불어 유효하지 않은 주소 100개를 삭제할 때 다른 원소 천 개를 시프트해야 할 수 있으니 삭제에 추가로 약 100,000단계가 걸린다.

하지만 연결 리스트에서는 리스트 전체를 살펴보면서 삭제가 필요하면 그저 그 노드의 링크가 적절한 노드를 가리키도록 바꾸면 되므로 각 삭제마다 딱 한 단계가 걸린다. 이메일이 천 개 있을 때, 알고리즘은 1,000개의 읽기 단계와 100개의 삭제 단계, 딱 1,100단계만 걸린다.

연결 리스트는 삽입이나 삭제 시 다른 데이터를 시프트하지 않아도 되므로 전체 리스트를 훑으며 삽입이나 삭제를 수행하기에 매우 알맞은 자료 구조다.

14.9 / 이중 연결 리스트

연결 리스트의 종류는 사실 다양하다. 지금까지 다뤘던 연결 리스트는 "전형적인" 연결 리스트였으나 일부를 조금 수정해 연결 리스트를 엄청나게 향상시킬 수 있다.

연결 리스트 변형 중 하나가 **이중 연결 리스트**(doubly linked list)다.

이중 연결 리스트는 각 노드에 2개의 링크가 있다는 점만 제외하면 연결 리스트와 비슷하다. 한 링크는 다음 노드를 가리키고, 다른 한 링크는 앞 노드를 가리킨다. 그뿐만 아니라 이중 연결 리스트는 첫 번째 노드 외에 마지막 노드도 항상 기록한다.

이중 연결 리스트는 다음처럼 생겼다.

▼ 그림 14-13

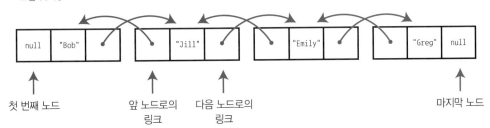

| null | "Bob" | | | "Jill" | | | "Emily" | | | "Greg" | null |

첫 번째 노드　　　　　　앞 노드로의　　다음 노드로의　　　　　　　　　마지막 노드
　　　　　　　　　　　　　링크　　　　　링크

이중 연결 리스트의 핵심부를 루비로 구현하면 다음과 같다.

```ruby
class Node

    attr_accessor :data, :next_node, :previous_node

    def initialize(data)
        @data = data
    end

end

class DoublyLinkedList

    attr_accessor :first_node, :last_node

    def initialize(first_node=nil, last_node=nil)
        @first_node = first_node
```

```
            @last_node = last_node
      end

   end
```

이중 연결 리스트는 항상 첫 노드와 마지막 노드를 모두 알고 있으므로 각각 한 단계, 즉 O(1)에 접근할 수 있다. 따라서 리스트 앞에서의 읽기나 삽입, 삭제를 O(1)에 하듯이 리스트 끝에서의 읽기, 삽입, 삭제도 O(1)에 할 수 있다.

그림 14-14처럼 이중 연결 리스트 끝에 데이터를 삽입한다.

▼ 그림 14-14

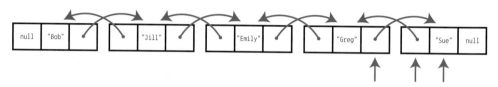

새 노드("Sue")를 생성해서 이 노드의 previous_node가 연결 리스트의 last_node("Greg")를 가리 키도록 한다. 이어서 last_node("Greg")의 next_node가 새 노드("Sue")를 가리키도록 바꾼다. 끝 으로 새 노드("Sue")를 이 연결 리스트의 last_node로 선언한다.

14.9.1 코드 구현: 이중 연결 리스트 삽입

다음은 DoublyLinkedList 클래스에 추가할 수 있는 새로운 insert_at_end 메서드 구현이다.

```
def insert_at_end(value)
   new_node = Node.new(value)

   # 연결 리스트에 아직 원소가 없을 때
   if !first_node
      @first_node = new_node
      @last_node = new_node
   else # 연결 리스트에 원소가 하나 이상 있을 때
      new_node.previous_node = @last_node
      @last_node.next_node = new_node
      @last_node = new_node
   end
end
```

이 메서드에서 가장 중요한 부분만 언급하겠다.

먼저 새 노드를 생성한다.

```
new_node = Node.new(value)
```

이어서 new_node의 previous_node 링크가 현재 마지막 노드를 가리키게 한다.

```
new_node.previous_node = @last_node
```

뒤이어 마지막 노드의 링크(지금까지 nil이었음)를 바꿔 new_node를 가리키게 한다.

```
@last_node.next_node = new_node
```

끝으로 DoublyLinkedList의 인스턴스에 마지막 노드가 new_node임을 알린다.

```
@last_node = new_node
```

14.9.1 앞과 뒤로 이동

"전형적인" 연결 리스트는 리스트 **앞으로**만 이동할 수 있다. 즉 첫 번째 노드에 접근해 링크를 따라 리스트의 나머지 노드를 찾을 수 있다. 하지만 이전 노드를 몰라 뒤로는 이동할 수 없다.

이와 달리 이중 연결 리스트는 리스트 **앞과** 뒤로 모두 이동할 수 있어 훨씬 유연하다. 실제로 마지막 노드에서 시작해 첫 번째 노드로 거슬러 올라갈 수도 있다.

DATA STRUCTURES AND ALGORITHMS

14.10 이중 연결 리스트 기반 큐

이중 연결 리스트는 리스트 앞과 끝 모두에 바로 접근할 수 있으므로 O(1)에 양 끝에 데이터를 삽입할 수 있을 뿐 아니라 O(1)에 양 끝에서 데이터를 삭제할 수 있다.

이중 연결 리스트는 O(1) 시간에 리스트 끝에 데이터를 삽입하고 O(1) 시간에 리스트 앞에서 데이터를 삭제할 수 있으므로 **큐를 위한 완벽한 내부 자료 구조**다.

9.5 큐에서 살펴봤던 큐는 데이터를 끝에만 삽입할 수 있고 앞에서만 삭제할 수 있는 항목들의 리스트였다. 9장에서는 큐가 추상 데이터 타입의 하나이며 배열을 사용해 내부적으로 큐를 구현할 수 있다고 배웠다.

큐는 끝에서 삽입하고 앞에서 삭제하므로 내부 자료 구조로서 배열이 잘 어울린다. 배열은 끝에 삽입하는 데 O(1)이지만 앞에서 삭제하는 데 O(N)이다.

반면 이중 연결 리스트는 끝에 삽입하고 앞에서 삭제하는 데 모두 O(1)이다. 따라서 큐의 내부 자료 구조로서 완벽하다.

14.10.1 코드 구현: 이중 연결 리스트 기반 큐

다음은 이중 연결 리스트를 기반으로 한 완전한 큐 예제다.

```ruby
class Node

    attr_accessor :data, :next_node, :previous_node

    def initialize(data)
        @data = data
    end

end

class DoublyLinkedList

    attr_accessor :first_node, :last_node

    def initialize(first_node=nil, last_node=nil)
        @first_node = first_node
        @last_node = last_node
    end

    def insert_at_end(value)
        new_node = Node.new(value)

        # 연결 리스트에 아직 원소가 없을 때
        if !first_node
            @first_node = new_node
            @last_node = new_node
```

```ruby
        else # 연결 리스트에 노드가 하나 이상 있을 때
            new_node.previous_node = @last_node
            @last_node.next_node = new_node
            @last_node = new_node
        end
    end


    def remove_from_front
        removed_node = @first_node
        @first_node = @first_node.next_node
        return removed_node
    end

end

class Queue
    attr_accessor :data

    def initialize
        @data = DoublyLinkedList.new
    end

    def enque(element)
        @data.insert_at_end(element)
    end

    def deque
        removed_node = @data.remove_from_front
        return removed_node.data
    end

    def read
        return nil unless @data.first_node
        return @data.first_node.data
    end
end
```

이중 연결 리스트로 동작하도록 다음의 remove_from_front 메서드를 DoublyLinkedLIst 클래스
에 추가했다.

```ruby
def remove_from_front
    removed_node = @first_node
    @first_node = @first_node.next_node
```

```
        return removed_node
    end
```

리스트의 @first_node를 현재 두 번째 노드로 바꿈으로써 첫 번째 노드를 실질적으로 삭제한다. 이후 삭제한 노드를 반환한다.

Queue 클래스는 DoublyLinkedList를 기반으로 메서드를 구현한다. enqueue 메서드는 DoublyLinkedList의 insert_at_end 메서드를 사용한다.

```
    def enque(element)
        @data.insert_at_end(element)
    end
```

비슷하게 dequeue 메서드는 리스트 앞에서 삭제하는 연결 리스트의 능력을 활용한다.

```
    def deque
        removed_node = @data.remove_from_front
        return removed_node.data
    end
```

이중 연결 리스트로 큐를 구현함으로써 삽입과 삭제 모두 O(1)만에 할 수 있게 됐다. 정말 멋지다.

14.11 / 마무리

앞서 봤듯이 배열과 연결 리스트 간 미묘한 차이로 인해 코드가 전에 없이 빨라진다.

연결 리스트를 알아보며 노드 개념도 배웠다. 그러나 연결 리스트는 가장 단순한 노드 기반 자료 구조일 뿐이다. 이어지는 장들에서 보다 복잡하면서도 흥미로운 노드 기반 구조를 배운다. 노드가 어떻게 대단한 힘과 효율을 내는지 알아보며 새로운 세계로 발을 들이겠다.

14.12 연습 문제

다음 연습 문제는 연결 리스트를 실습해 볼 기회다. 해답은 536쪽에 나와 있다.

1. 전형적인 LinkedList 클래스에 리스트 내 모든 원소를 출력하는 메서드를 추가하자.

2. DoublyLinkedList 클래스에 리스트 내 모든 원소를 **거꾸로** 출력하는 메서드를 추가하자.

3. 전형적인 LinkedList 클래스에 리스트의 마지막 원소를 반환하는 메서드를 추가하자. 단 리스트에 원소가 몇 개인지는 모른다고 가정하자.

4. 다음은 까다로운 문제다. 전형적인 LinkedList 클래스에 리스트를 거꾸로 뒤집는 메서드를 추가하자. 즉 원래 리스트가 A -> B -> C라면 리스트의 모든 링크를 C -> B -> A로 바꿔야 한다.

5. 기발한 연결 리스트 퍼즐 하나를 내겠다. 전형적인 연결 리스트 중간에 있는 노드에는 접근하지만 연결 리스트 자체에는 접근하지 못한다고 하자. 즉 Node 인스턴스를 가리키는 변수는 있지만 LinkedList 인스턴스에는 접근하지 못한다. 이러한 상황에서 이 노드의 링크를 따라가면 중간 노드에서 끝까지의 모든 항목을 찾을 수 있으나 이 노드의 앞에 있는 노드는 찾을 방법이 없다.

리스트에서 이 노드를 실질적으로 삭제하는 코드를 작성하자. 이 노드만 제거하고 남은 리스트 전체는 완전한 상태를 유지해야 한다.

memo

15장

이진 탐색 트리로
속도 향상

데이터를 특정 순서로 정리하고 싶을 수 있다. 예를 들어 이름을 알파벳순으로 정렬하거나 제품 목록을 낮은 가격 순으로 정렬하고 싶다.

퀵 정렬 같은 정렬 알고리즘으로 데이터를 완벽하게 오름차순으로 정리할 수 있지만 비용이 든다. 앞서 봤듯이 정렬 알고리즘은 아무리 빨라도 O(NlogN) 시간이 걸린다. 따라서 데이터를 **자주** 정 렬해야 하면 다시 정렬하는 일이 없게 애초에 데이터를 항상 정렬된 순서로 유지하는 편이 합리적 이다.

정렬된 배열은 순서대로 데이터를 유지하는 간단하면서도 효과적인 도구다. 또한 특정 연산에 매 우 빨라서 읽기에는 O(1), 검색(이진 검색을 사용할 때)에는 O(logN)이 걸린다.

하지만 정렬된 배열에도 한 가지 문제가 있다.

정렬된 배열은 삽입과 삭제가 상대적으로 느리다. 정렬된 배열에 값을 삽입할 때마다 먼저 더 큰 값을 전부 한 셀 오른쪽으로 시프트해야 한다. 또한, 정렬된 배열에서 값을 삭제할 때마다 더 큰 값을 전부 한 셀 왼쪽으로 시프트해야 한다. 최악의 시나리오(배열의 첫 번째 셀에 값을 삽입하거 나 삭제할 때)일 경우 N단계가 걸리고, 평균적으로 N / 2단계가 걸린다. 어쨌든 O(N)이고, O(N) 은 단순한 삽입이나 삭제치고 비교적 느리다.

전반적으로 빠른 속도를 내는 자료 구조를 원한다면 해시 테이블이 좋은 선택지다. 해시 테이블은 검색, 삽입, 삭제가 O(1)이다. 하지만 순서를 유지하지 못하므로 알파벳순으로 목록을 정렬하는 애플리케이션에는 적절치 않다.

그렇다면 순서를 유지하면서도 빠른 검색과 삽입, 삭제가 가능한 자료 구조가 필요하면 어떻게 해 야 할까? 정렬된 배열도 해시 테이블도 완벽하지 않다.

이진 탐색 트리로 들어가 보자.

15.1 / 트리

14장에서는 연결 리스트라는 노드 기반 자료 구조를 소개했다. 전형적인 연결 리스트는 각 노드 마다 그 노드와 다른 한 노드를 연결하는 링크를 포함한다. **트리**(tree) 역시 노드 기반 자료 구조이 지만 트리의 각 노드는 **여러** 노드로의 링크를 포함할 수 있다.

다음은 간단한 트리를 그림으로 표현한 것이다.

▼ 그림 15-1

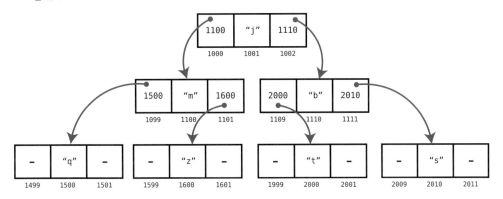

예제의 각 노드에는 다른 두 노드로 이어지는 링크가 있다. 메모리 주소를 모두 표시하지 않고도 간결하게 트리를 그림으로 표현할 수 있다.

▼ 그림 15-2

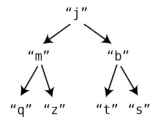

트리에 쓰이는 고유한 용어를 알아보자.

- 가장 상위 노드(예제에서는 "j")를 **루트**(root)라 부른다. 이 그림에서 루트는 보다시피 트리의 **꼭대기**다. 전형적으로 트리를 묘사하는 방식이다.

- 예제에서 "j"를 "m"과 "b"의 **부모**(parent)라 한다. 반대로 "m"과 "b"는 "j"의 **자식**이다. 이와 비슷하게 "m"은 "q"와 "z"의 부모이며, "q"와 "z"는 "m"의 자식이다.

- 패밀리 트리에는 노드에 **자손**(descendant)과 **조상**(ancestor)이 있을 수 있다. 한 노드의 자손은 그 노드에서 생겨난 모든 노드이며, 한 노드의 조상은 그 노드를 생겨나게 한 모든 노드다. 예제에서 "j"는 트리 내 나머지 노드의 조상이고 따라서 나머지 모든 노드는 "j"의 자손이다.

이진 탐색 트리로 속도 향상

- 트리에는 **레벨**(level)이 있다. 각 레벨은 트리에서 같은 줄(row)이다. 예제 트리는 세 레벨이다.

▼ 그림 15-3

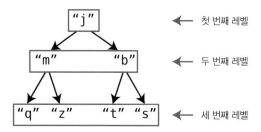

- 트리의 **프로퍼티**(property)는 **균형 잡힌** 정도를 말한다. 모든 노드에서 하위 트리의 노드 개수가 같으면 그 트리는 **균형**(balanced) **트리**다.

예를 들어 위 트리는 완벽한 균형 트리다. 각 노드마다 두 하위 트리의 노드 수가 같다. 루트 노드("j")의 두 하위 트리는 각각 노드 세 개를 포함한다. 잘 보면 트리 내 모든 노드가 마찬가지다. 예를 들어 "m" 노드의 두 하위 트리도 각각 노드 한 개를 포함한다.

반면 다음의 트리는 **불균형**(imbalanced) **트리**다.

▼ 그림 15-4

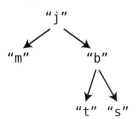

루트 오른쪽 하위 트리가 왼쪽 하위 트리보다 노드가 많으므로 균형이 맞지 않다.

15.2 / 이진 탐색 트리

트리 기반 자료 구조는 종류가 다양하지만, 이 장에서는 **이진 탐색 트리**(binary search tree)라 알려진 트리에 초점을 맞추겠다.

트리에 **이진**(binary)과 **탐색**(search)이라는 수식어 두 개가 붙는다.

이진 트리는 각 노드에 자식이 0개나 1개, 2개다.

이진 탐색 트리는 다음의 규칙이 추가된 트리다.

- 각 노드의 자식은 최대 "왼쪽"에 하나, "오른쪽"에 하나다.

- 한 노드의 "왼쪽" 자손은 그 노드보다 작은 값만 포함할 수 있다. 마찬가지로 "오른쪽" 자손
  은 그 노드보다 큰 값만 포함할 수 있다.

다음은 숫자 값을 포함하는 이진 탐색 트리 예제다.

▼ 그림 15-5

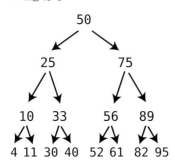

각 노드마다 그 노드보다 작은 값을 갖는 자식 하나, 즉 왼쪽 화살표로 표시된 자식과 큰 값을 갖
는 자식 하나, 즉 오른쪽 화살표로 표시된 자식이 있다.

또한 50의 왼쪽 자손은 전부 50보다 작다. 50의 오른쪽 자손 역시 모두 50보다 크다. 모든 노드
에서 같은 패턴이 반복된다.

다음 예제는 이진 트리지만 이진 **탐색** 트리가 아니다.

▼ 그림 15-6

각 노드에 자식이 0개나 1개, 2개이니 이진 트리다. 하지만 루트 노드에 "왼쪽" 자식만 둘이니 이
진 **탐색** 트리가 아니다. 즉 노드보다 작은 자식이 둘이나 된다. 이진 탐색 트리로서 유효하려면 최
대 왼쪽 자식 하나(더 작은), 오른쪽 자식 하나(더 큰)만 있어야 한다.

하나의 트리 노드를 파이썬으로 구현하면 다음과 같다.

```
class TreeNode:
    def __init__(self,val,left=None,right=None):
        self.value = val
        self.leftChild = left
        self.rightChild = right
```

이제 다음처럼 간단한 트리를 만들 수 있다.

```
node1 = TreeNode(25)
node2 = TreeNode(75)
root = TreeNode(50, node1, node2)
```

다음 절에서는 이진 트리의 고유한 구조 덕분에 어떤 값이든 매우 빠르게 찾을 수 있음을 보이겠다.

15.3 / 검색

예제 이진 탐색 트리를 다시 보자.

▼ 그림 15-7

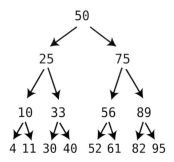

다음은 이진 탐색 트리를 검색하는 알고리즘이다.

1. 노드를 "현재 노드"로 지정한다(알고리즘을 시작할 때는 루트 노드가 첫 번째 "현재 노드"다).

2. 현재 노드의 값을 확인한다.

3. 찾고 있는 값이면 좋다!

4. 찾고 있는 값이 현재 노드보다 작으면 왼쪽 하위 트리를 검색한다.

5. 찾고 있는 값이 현재 노드보다 크면 오른쪽 하위 트리를 검색한다.

6. 찾고 있는 값을 찾았거나 트리 바닥에 닿을 때까지(찾고 있는 값이 트리에 없는 경우) 1단계부터 5단계를 반복한다.

61을 검색해보자. 이 과정을 그림으로 따라가 보면서 얼마나 많은 단계가 걸리는지 알아보자.

트리 검색은 반드시 루트부터 시작해야 한다.

❤ 그림 15-8

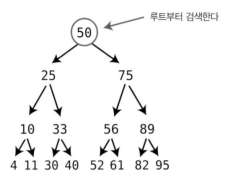

다음으로 컴퓨터는 스스로에게 묻는다. 검색하고 있는 수(61)가 이 노드의 값보다 큰가 작은가? 찾고 있는 수가 현재 노드보다 작으면 왼쪽 자식에서 찾는다. 찾고 있는 수가 현재 노드보다 크면 오른쪽 자식에서 찾는다.

위 예제에서 61은 50보다 크므로 오른쪽 어딘가에 있음을 알 수 있고, 따라서 오른쪽 자식을 검색한다. 왼쪽에는 61이 있을 리 없으니 검색에서 제외한 노드는 그림에서 어둡게 표시했다.

❤ 그림 15-9

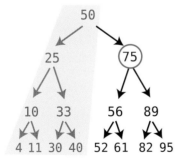

"내가 찾던 수가 맞나요?"라고 알고리즘이 묻는다. 75는 찾고 있는 61이 아니므로 다음 레벨로 내려가야 한다. 61은 75보다 작으므로 61이 있을 수 있는 왼쪽 자식을 검사한다.

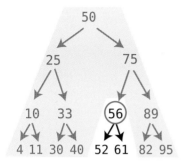

56은 찾고 있는 61이 아니므로 검색을 계속한다. 61은 56보다 크므로 56의 오른쪽 자식에서 61을 찾는다.

▼ 그림 15-11

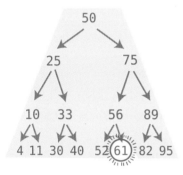

드디어 찾았다! 원하는 값을 찾는 데 4단계가 걸렸다.

15.3.1 이진 탐색 트리 검색의 효율성

방금 검색했던 단계를 조금 다른 시각에서 바라보면 각 단계마다 검색할 대상이 남은 노드의 반으로 줄어든다. 예를 들어 처음에 루트 노드에서 검색을 시작할 때 찾고 있는 값은 루트의 자손 중 하나일 것이다. 하지만 루트의 오른쪽 자식을 검색하기로 결정하는 순간 왼쪽 자식과 그 자식의 **모든 자손**은 검색에서 제외된다.

따라서 이진 탐색 트리 검색은 각 단계마다 남은 값 중 반을 제거하는 모든 알고리즘을 나타내는 O(logN)이다(물론 뒤이어 설명할 최선의 시나리오인 포화 균형 이진 탐색 트리에서만 그렇다).

15.3.2 log(N) 레벨

이진 탐색 트리 검색이 왜 O(logN)인지 다른 방식으로도 설명할 수 있다. 이 설명을 통해 균형 이진 트리에 노드가 N개면 레벨(즉, 줄)이 약 logN개라는 이진 트리의 또 다른 일반적 속성이 밝혀진다.

이해를 돕기 위해 트리의 모든 줄이 노드로 완전히 채워져 있고 빈 자리가 없다고 가정하자. 이렇게 가정하면 가득 채운 새 레벨을 트리에 추가할 때마다 트리의 노드 개수가 대략 두 배로 늘어난다(실제로 노드를 두 배로 늘리면 레벨이 하나를 늘어난다).

예를 들어 레벨이 4인 이진 트리가 완전히 채워져 있을 때 노드는 15개다(직접 세어 보자). 다섯 번째 레벨을 가득 채워 추가하면 네 번째 레벨에 있는 8개 노드 각각에 자식이 둘씩 추가된다. 즉 노드 16개가 새로 추가되면서 트리 크기가 대략 두 배로 늘어난다.

이렇듯 레벨을 새로 추가할 때마다 트리 크기가 두 배가 된다. 따라서 **노드가 N개인 트리에서 모든 자리마다 노드를 두려면 log(N) 레벨이 필요하다.**

이진 검색은 각 검색 단계마다 남은 데이터 중 반을 제거할 수 있는 log(N) 패턴이었다. 이진 트리에 필요한 레벨 수도 같은 패턴을 따른다.

노드 31개를 포함하는 이진 트리를 예로 들어 보자. 다섯 번째 레벨에 이 중 16개 노드를 둔다. 여기서 대략 데이터의 반을 처리한다. 이제 나머지 15개 노드를 둘 공간을 찾아야 한다. 네 번째 레벨에서 이 중 8개를 처리하면 7개가 남는다. 세 번째 레벨에서 이 중 4개를 처리하면 3개가 남는다.

log31을 계산하면 (약) 5다. 따라서 노드가 N개인 균형 트리의 레벨은 log(N)이라 할 수 있다.

이렇게 생각하면 이진 탐색 트리 검색에 왜 최대 log(N)단계가 걸리는지 충분히 이해가 된다. 각 검색 단계마다 레벨을 하나씩 내려가면서 트리의 레벨 수 만큼 들어가기 때문이다.

어떤 방식으로 생각하든 이진 탐색 트리 검색에는 O(logN)이 걸린다.

이처럼 이진 탐색 트리 검색은 O(logN)인데 정렬된 배열의 이진 검색도 마찬가지다. 선택한 각 수가 가능한 남은 값 중 반을 제거한다. 이러한 면에서 이진 탐색 트리 검색은 정렬된 배열의 이진 검색과 효율성이 같다.

하지만 삽입에 있어서는 정렬된 배열보다 이진 트리가 훨씬 뛰어나다. 곧 알아보겠다.

15.3.3 코드 구현: 이진 탐색 트리 검색

검색 연산뿐 아니라 앞으로 다른 이진 탐색 트리 연산을 구현할 때도 재귀를 많이 활용할 것이다.

10장 재귀를 사용한 재귀적 반복에서 배웠듯이 재귀는 임의이 깊이만큼 들어가야 하는 자료 구조를 다룰 때 꼭 필요하다. 레벨이 무한한 트리가 바로 그러한 자료 구조다.

재귀를 사용해 검색을 파이썬으로 구현하면 다음과 같다.

```python
def search(searchValue, node):
    # 기저 조건: 노드가 없거나
    # 찾고 있던 값이면
    if node is None or node.value == searchValue:
        return node

    # 찾고 있는 값이 현재 노드보다 작으면
    # 왼쪽 자식을 검색한다.
    elif searchValue < node.value:
        return search(searchValue, node.leftChild)

    # 찾고 있는 값이 현재 노드보다 크면
    # 오른쪽 자식을 검색한다.
    else: # searchValue > node.value
        return search(searchValue, node.rightChild)
```

search 함수는 찾고 있는 searchValue와 검색 기반으로 사용할 node를 입력으로 받는다. 처음 search를 호출할 때 node는 루트 노드다. 하지만 이어지는 재귀 호출에서 node는 트리 내 다른 노드일 수 있다.

함수는 네 가지 경우를 처리하는데 그중 둘은 기저 조건이다.

```python
if node is None or node.value == searchValue:
    return node
```

한 가지 기저 조건은 노드에 찾고 있는 searchValue가 들어 있는 경우다. 이때는 그 노드를 반환하고 더 이상 재귀 호출을 하지 않는다.

나머지 기저 조건은 node is None일 때다. 다른 경우를 먼저 알아본 후 보면 이해하기 쉬우니 잠시 후 설명하겠다.

다음은 searchValue가 현재 노드의 값보다 작을 때다.

```python
elif searchValue < node.value:
    return search(searchValue, node.leftChild)
```

값이 트리에 있다고 가정하면 searchValue는 이 노드의 왼쪽 자손 중에 있을 것이다. 따라서 노드의 왼쪽 자식에 대해 search 함수를 재귀적으로 호출한다.

다음은 반대로 searchValue가 현재 노드의 값보다 클 때다.

```
else: # searchValue > node.value
    return search(searchValue, node.rightChild)
```

이때는 현재 노드의 오른쪽 자식에 대해 search를 재귀적으로 호출한다.

현재 노드의 자식에 대해 재귀적으로 호출할 때 현재 노드에 자식이 있는지 검사하지 않았다. 이는 첫 번째 기저 조건의 역할이다.

```
if node is None
```

다시 말해 자식 노드에 대해 search를 호출했는데 존재하지 않으면 None을 반환한다(실제로 node에 None이 들어 있다). 이러한 경우는 searchValue가 있어야 하는 노드에 접근했으나 검색에 실패한, 즉 searchValue가 트리에 존재하지 않을 때 발생한다. searchValue가 트리에 없다는 의미로 None을 반환하는 것이 적절하다.

DATA STRUCTURES AND ALGORITHMS

15.4 / 삽입

앞서 언급했듯이 이진 탐색 트리는 삽입에 가장 뛰어나다.

앞서 사용한 트리에 숫자 45를 삽입해 보자. 첫 번째로 해야 할 일은 45를 붙일 올바른 노드를 찾는 것이다. 검색을 시작하려면 루트부터 시작한다.

▼ 그림 15-12

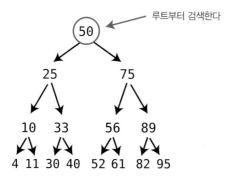

루트부터 검색한다

45는 50보다 작으므로 왼쪽 자식으로 내려간다.

▼ 그림 15-13

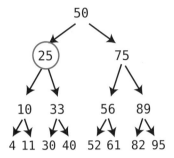

45는 25보다 크므로 오른쪽 자식을 검사해야 한다.

▼ 그림 15-14

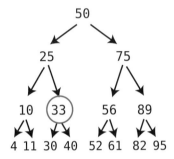

45는 33보다 크므로 33의 오른쪽 자식을 확인한다.

▼ 그림 15-15

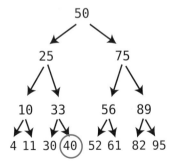

더 이상 자식이 없는 노드이므로 갈 곳이 없다. 즉, 삽입할 준비가 됐다.

45는 40보다 크므로 40의 오른쪽 자식 노드로서 45를 삽입한다.

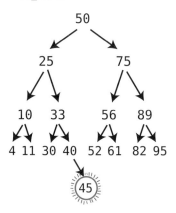

예제는 삽입에 5단계가 걸렸다. 검색 4단계와 삽입 1단계다. 삽입은 항상 검색에 한 단계 더 추가된다. 즉, 삽입은 (logN) + 1단계가 걸리며 빅 오는 상수를 무시하므로 O(logN)이다.

이와 대조적으로 정렬된 배열에서는 검색뿐 아니라 값을 삽입할 공간을 마련하기 위해 많은 데이터를 오른쪽으로 시프트해야 하기 때문에 삽입에 O(N)이 걸린다.

그래서 이진 탐색 트리가 매우 효율적이다. 정렬된 배열은 검색에 O(logN), 삽입에 O(N)이 걸리는 반면, 이진 트리는 검색과 삽입 **모두** O(logN)이다. 데이터를 많이 변경할 애플리케이션이라면 특히 중요하다.

15.4.1 코드 구현: 이진 탐색 트리 삽입

다음은 이진 탐색 트리에 새 값을 삽입하는 파이썬 구현이다. search 함수처럼 재귀다.

```python
def insert(value, node):
    if value < node.value:

        # 왼쪽 자식이 없으면 왼쪽 자식으로서 값을 삽입한다.
        if node.leftChild is None:
            node.leftChild = TreeNode(value)
        else:
            insert(value, node.leftChild)

    elif value > node.value:

        # 오른쪽 자식이 없으면 오른쪽 자식으로서 값을 삽입한다.
```

```
    if node.rightChild is None:
        node.rightChild = TreeNode(value)
    else:
        insert(value, node.rightChild)
```

insert 함수는 삽입하려는 value와 그 value를 자손으로 두는 조상 노드인 node를 입력으로 받는다.

먼저 value가 현재 node의 값보다 작은지 확인한다.

```
    if value < node.value:
```

value가 node보다 작으면 node의 왼쪽 자손 어딘가에 value를 삽입해야 한다.

현재 node에 왼쪽 자식이 있는지 확인한다 node에 왼쪽 자식이 없으면 이곳이 딱 value가 들어갈 자리이므로 value를 왼쪽 자식으로 넣는다.

```
    if node.leftChild is None:
        node.leftChild = TreeNode(value)
```

재귀 호출이 없으니 이 코드가 기저 조건이다.

하지만 node에 이미 왼쪽 자식이 있으면 그 자리에 값을 넣을 수 없다. 대신 왼쪽 자식에 대해 insert를 재귀적으로 호출함으로써 value를 넣을 자리를 계속 검색한다.

```
    else:
        insert(value, node.leftChild)
```

언젠가는 자식이 없는 자손 노드에 도달하게 되고 그곳이 value가 들어갈 자리다.

함수 나머지 부분은 이와 정반대로 value가 현재 node보다 큰 경우를 처리한다.

15.4.2 삽입 순서

한 가지 알아둘 점은 무작위로 정렬된 데이터로 트리를 생성해야 대개 균형 잡힌 트리가 생성된다는 점이다. 반대로 **정렬된** 데이터를 트리에 삽입하면 불균형이 심하고 덜 효율적일 수 있다. 예를 들어 데이터를 순서대로, 즉 1, 2, 3, 4, 5로 삽입하면 다음과 같은 트리가 생성될 것이다.

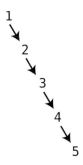

위 트리는 완벽히 선형이라 위 트리에서 5를 검색하는 데 O(N)이 걸린다.

하지만 같은 데이터를 3, 2, 4, 1, 5 순서로 삽입하면 균형 잡힌 트리가 된다.

♥ 그림 15–18

오로지 균형 트리일 때만 검색에 O(logN)이 걸린다.

이러한 이유로 정렬된 배열을 이진 탐색 트리로 변환하고 싶을 때는 먼저 데이터 순서를 무작위로 만드는 게 좋다.

살펴봤듯이 최악의 시나리오인 불균형이 심한 트리 검색은 O(N)이었다. 반면 최선의 시나리오인 완전히 균형 잡힌 트리 검색은 O(logN)이다. 데이터를 무작위로 삽입한 일반적인 시나리오라면 균형이 꽤 잘 잡힌 트리일 것이고 검색에는 약 O(logN)이 걸릴 것이다.

DATA STRUCTURES AND ALGORITHMS

15.5 삭제

삭제는 이진 탐색 트리에서 가장 어려운 연산이며 주의 깊게 실행해야 한다.

다음 이진 탐색 트리에서 4를 제거해보자.

▼ 그림 15-19

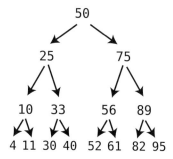

먼저 4를 찾는 검색을 수행한다. 이미 해봤으니 그림으로 나타내지 않겠다.

4를 찾았으면 한 단계로 4를 삭제한다.

▼ 그림 15-20

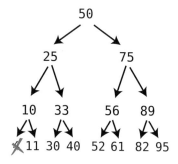

여기까지는 간단했다. 하지만 10을 삭제하면 어떻게 되는지 보자.

▼ 그림 15-21

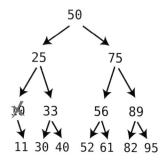

11이 트리와 연결이 끊긴다. 11을 영원히 잃게 되므로 이렇게 하면 안 된다.

하지만 10이 있던 자리에 11을 넣어 문제를 해결할 수 있다.

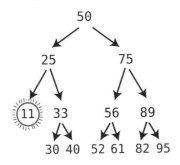

지금까지 배운 삭제 알고리즘은 다음과 같은 규칙을 따른다.

- 삭제할 노드에 자식이 없으면 그냥 삭제한다.

- 삭제할 노드에 자식이 하나면 노드를 삭제하고 그 자식을 삭제된 노드가 있던 위치에 넣는다.

15.5.1 자식이 둘인 노드 삭제

가장 복잡한 시나리오는 자식이 둘인 노드를 삭제하는 것이다. 다음의 트리에서 56을 삭제하고 싶다고 하자.

▼ 그림 15-23

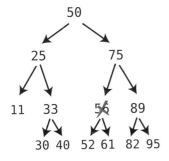

자식이었던 52와 61을 어떻게 해야 할까? **둘 다** 56이 있던 자리에 놓을 수는 없다. 세 번째 삭제 알고리즘 규칙을 적용할 차례다.

- 자식이 둘인 노드를 삭제할 때는 삭제된 노드를 **후속자**(successor) 노드로 대체한다. 후속자 노드란 **삭제된 노드보다 큰 값 중 최솟값**을 갖는 자식 노드다.

이해하기 어려운 문장이다. 다시 말하자면 삭제된 노드와 그 노드의 모든 자손을 오름차순으로 정렬했을 때 방금 삭제한 노드 다음으로 큰 수가 후속자 노드다.

예제에서는 삭제한 노드에 자손이 둘 뿐이니 후속자 노드를 찾기가 쉽다. 52-56-61로 오름차순 정렬하면 56 다음으로 큰 수는 61이다.

후속자 노드를 찾았으면 삭제된 노드가 있던 자리에 넣는다. 따라서 56을 61로 대체한다.

▼ 그림 15-24

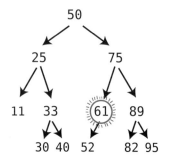

15.5.2 후속자 노드 찾기

컴퓨터는 후속자 노드를 어떻게 찾을까? 트리 상단에 있는 노드를 삭제하기가 어렵다.

다음과 같은 알고리즘으로 후속자 노드를 찾는다.

- 삭제된 값의 오른쪽 자식을 방문해서 그 자식의 왼쪽 자식을 따라 계속해서 방문하며 더 이상 왼쪽 자식이 없을 때까지 내려간다. 바닥(bottom) 값이 후속자 노드다.

좀 더 복잡한 예제로 실제 동작을 다시 살펴보자. 루트 노드를 삭제해 보자.

▼ 그림 15-25

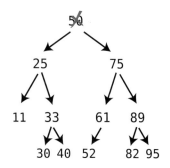

이제 50이 있던 위치, 즉 루트 노드에 후속자 노드를 넣어야 한다. 후속자 노드를 찾아보자.

이렇게 하려면 먼저 삭제한 노드의 오른쪽 자식을 방문한 후, 왼쪽 자식이 없는 노드가 나올 때까지 **왼쪽 방향**으로 계속 내려가야 한다.

▼ 그림 15-26

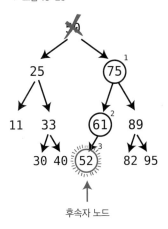

후속자 노드

후속자 노드는 52였다.

후속자 노드를 찾았으므로 52를 삭제된 노드에 넣는다.

▼ 그림 15-27

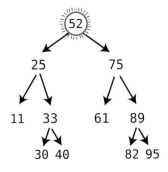

이제 끝났다!

15.5.3 오른쪽 자식이 있는 후속자 노드

하지만 아직 고려하지 않은 경우가 하나 있는데, 후속자 노드에 오른쪽 자식이 있을 때다. 예제 트리의 52에 오른쪽 자식을 추가해서 다시 생성해 보자.

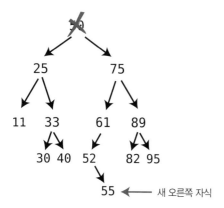

새 오른쪽 자식

이때 후속자 노드인 52를 그냥 루트에 넣으면 자식인 55가 연결이 끊어진다. 따라서 삭제 알고리즘에는 규칙이 하나 더 있다.

- 만약 후속자 노드에 오른쪽 자식이 있으면 후속자 노드를 삭제된 노드가 있던 자리에 넣은 후, 후속자 노드의 오른쪽 자식을 **후속자 노드의 원래 부모의 왼쪽 자식**으로 넣는다.

이해하기 어려운 문장이 또 나왔다. 단계별로 살펴보자.

먼저 후속자 노드(52)를 루트에 넣는다. 55는 부모와 연결이 끊긴다.

▼ 그림 15-29

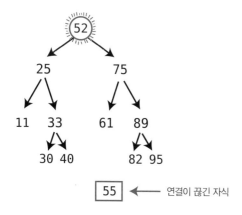

55 ◀── 연결이 끊긴 자식

다음으로 55를 후속자 노드의 원래 부모의 왼쪽 자식에 넣는다. 61이 후속자 노드의 부모였으므로 55는 61의 왼쪽 자식이 된다.

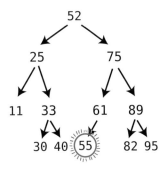

이제 **정말로** 끝났다.

15.5.4 완전한 삭제 알고리즘

모든 단계를 종합하면 이진 탐색 트리의 삭제 알고리즘은 다음과 같다.

- 삭제할 노드에 자식이 없으면 그냥 삭제한다.

- 삭제할 노드에 자식이 하나면 노드를 삭제하고 자식을 삭제된 노드가 있던 위치에 넣는다.

- 자식이 둘인 노드를 삭제할 때는 삭제된 노드를 후속자 노드로 대체한다. 후속자 노드란 **삭제된 노드보다 큰 값 중 최솟값**을 갖는 자식 노드다.

- 후속자 노드를 찾으려면 삭제된 값의 오른쪽 자식을 방문해서 그 자식의 왼쪽 자식을 따라 계속해서 방문하며 더 이상 왼쪽 자식이 없을 때까지 내려간다. 바닥(bottom) 값이 후속자 노드다.

- 만약 후속자 노드에 오른쪽 자식이 있으면 후속자 노드를 삭제된 노드가 있던 자리에 넣은 후, 후속자 노드의 오른쪽 자식을 **후속자 노드의 원래 부모의 왼쪽 자식**으로 넣는다.

15.5.5 코드 구현: 이진 탐색 트리 삭제

다음 파이썬 코드는 이진 탐색 트리 삭제를 재귀적으로 구현한 것이다.

```python
def delete(valueToDelete, node):

    # 트리 바닥에 도달해서 부모 노드에 자식이 없으면 기저 조건이다.
```

```
    if node is None:
        return None

    # 삭제하려는 값이 현재 노드보다 작거나 크면
    # 현재 노드의 왼쪽 혹은 오른쪽 하위 트리에 대한 재귀 호출의 반환값을
    # 각각 왼쪽 혹은 오른쪽 자식에 할당한다.
    elif valueToDelete < node.value:
        node.leftChild = delete(valueToDelete, node.leftChild)

        # 현재 노드(와 존재한다면 그 하위 트리)를 반환해서
        # 현재 노드의 부모의 왼쪽 혹은 오른쪽 자식의 새로운 값으로 쓰이게 한다.
        return node
    elif valueToDelete > node.value:
        node.rightChild = delete(valueToDelete, node.rightChild)
        return node

    # 현재 노드가 삭제하려는 노드인 경우
    elif valueToDelete == node.value:

        # 현재 노드에 왼쪽 자식이 없으면
        # 오른쪽 자식(과 존재한다면 그 하위 트리)을
        # 그 부모의 새 하위 트리로 반환함으로써 현재 노드를 삭제한다.
        if node.leftChild is None:
            return node.rightChild

            # (현재 노드에 왼쪽 또는 오른쪽 자식이 없으면
            # 이 함수 코드 첫 줄에 따라 None을 반환하게 된다.)

        elif node.rightChild is None:
            return node.leftChild

        # 현재 노드에 자식이 둘이면
        # 현재 노드의 값을 후속자 노드의 값으로 바꾸는
        # (아래) lift 함수를 호출함으로써 현재 노드를 삭제한다.
        else:
            node.rightChild = lift(node.rightChild, node)
            return node

def lift(node, nodeToDelete):

    # 이 함수의 현재 노드에 왼쪽 자식이 있으면
    # 왼쪽 하위 트리로 계속해서 내려가도록 함수를 재귀적으로 호출함으로써
    # 후속자 노드를 찾는다.
    if node.leftChild:
        node.leftChild = lift(node.leftChild, nodeToDelete)
```

```
        return node
    # 현재 노드에 왼쪽 자식이 없으면
    # 이 함수의 현재 노드가 후속자 노드라는 뜻이므로
    # 현재 노드의 값을 삭제하려는 노드의 새로운 값으로 할당한다.
    else:
        nodeToDelete.value = node.value
        # 후속자 노드의 오른쪽 자식이 부모의 왼쪽 자식으로 쓰일 수 있도록 반환한다.
        return node.rightChild
```

코드가 다소 복잡하니 나눠서 살펴보자.

함수는 인수 두 개를 받는다.

```
def delete(valueToDelete, node):
```

valueToDelete는 트리에서 삭제하려는 값이고 node는 트리의 루트다. 함수를 처음 호출할 때는 node가 실제 루트 노드이지만 재귀적으로 호출할 때는 트리에서 더 아래로 내려가 더 작은 하위 트리의 노드다. 전체 트리든 그 하위 트리든 node는 항상 루트다.

기저 조건은 노드가 실제로 존재하지 않을 때다.

```
if node is None:
    return None
```

다시 말해 재귀 호출에서 존재하지 않는 자식 노드에 접근할 때다. 이때 None을 반환한다.

이어서 valueToDelete가 현재 node의 값보다 작거나 큰지 확인한다.

```
elif valueToDelete < node.value:
    node.leftChild = delete(valueToDelete, node.leftChild)
    return node
elif valueToDelete > node.value:
    node.rightChild = delete(valueToDelete, node.rightChild)
    return node
```

한눈에 이해하기 쉬운 코드는 아닐 수 있으나 어떻게 동작하는지 보자. valueToDelete가 현재 node의 값보다 작으면 valueToDelete가 트리 어딘가에 있다고 가정했을 때 현재 node의 왼쪽 자손 중에 있을 것이다.

이때 기발하게 현재 node의 왼쪽 자식을 현재 node의 왼쪽 자식에 대해 재귀적으로 delete 함수를 호출한 결과로 **덮어쓴다**. delete 함수 자체가 궁극적으로 노드를 반환하니 이 결과를 가져와 현재 node의 왼쪽 자식으로 넣는다.

하지만 왼쪽 자식에 대한 delete 호출이 자기 자신을 반환할 수 있기 때문에 이렇게 "덮어쓰기"해도 실제 왼쪽 자식이 바뀌지 않을 때가 많다. 이해하기 쉽도록 다음의 예제 트리에서 4를 삭제해보자.

▼ 그림 15-31

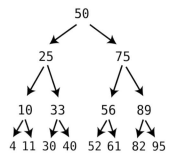

처음에 node는 루트 노드이고 값이 50이다. 4(valueToDelete)는 50보다 작으니 50의 왼쪽 자식은 50의 현재 왼쪽 자식인 25에 대해 delete를 호출한 결과일 것이다.

그럼 50의 왼쪽 자식은 어떻게 바뀔까? 한번 보자.

25에 delete를 재귀적으로 호출하면 또 다시 4가 25(현재 node)보다 작으니 25의 왼쪽 자식인 10에 대해 재귀 호출을 이어간다. 하지만 25의 왼쪽 자식이 어떻게 바뀌든 return node를 수행하므로 현재 함수 호출이 끝날 때 어쨌든 **25 노드를 반환한다.**

조금 전에 말했듯이 50의 왼쪽 자식은 25에 대해 delete를 호출한 결과인데 마지막에 25를 반환하니 실제로 50의 왼쪽 자식은 바뀌지 않는다.

하지만 이어진 재귀 호출에서 실제 삭제를 수행하면 현재 node의 왼쪽 혹은 오른쪽 자식이 **바뀐다.**

다음 코드를 살펴보자.

```
elif valueToDelete == node.value:
```

보다시피 현재 node가 삭제할 노드다. 올바르게 삭제하려면 먼저 현재 노드에 자식이 있는지 알아내야 한다. 이에 따라 삭제 알고리즘이 달라진다.

먼저 삭제할 노드에 왼쪽 자식이 있는지 확인한다.

```
if node.leftChild is None:
    return node.rightChild
```

현재 node에 왼쪽 자식이 없으면 현재 node의 **오른쪽** 자식을 이 함수의 결과로 반환한다. **어떤 노드를 반환하든 호출 스택 이전 노드의 왼쪽 혹은 오른쪽 자식으로 들어감**을 기억하자. 따라서 현재 node에 오른쪽 자식이 있다고 가정한다. 이 오른쪽 자식을 반환해 호출 스택 이전 노드의 자식 노드로 만들면 사실상 트리에서 현재 node가 삭제된다.

한편 현재 node에 오른쪽 자식이 없더라도 함수의 결과로 None을 전달하니 문제없다. 이렇게 해도 사실상 트리에서 현재 node가 삭제된다.

다음 코드로 넘어가서 현재 node에 왼쪽 자식은 없고 오른쪽 자식만 있어도 마찬가지로 쉽게 현재 노드를 삭제할 수 있다.

```
elif node.rightChild is None:
    return node.leftChild
```

현재 node의 왼쪽 자식이 호출 스택 이전 노드의 자식 노드가 되도록 반환함으로써 현재 node를 삭제한다.

마지막으로 삭제하려는 노드에 자식이 **둘**인 경우가 가장 복잡하다.

```
else:
    node.rightChild = lift(node.rightChild, node)
    return node
```

이때는 lift 함수를 호출해 그 결과를 현재 node의 오른쪽 자식으로 넣는다.

lift 함수가 하는 일은 무엇일까?

lift 함수를 호출할 때는 현재 node의 오른쪽 자식과 node 자체를 전달한다. lift 함수는 네 가지 일을 한다.

1. 후속자 노드를 찾는다.

2. nodeToDelete의 값을 후속자 노드의 값으로 덮어쓴다. 이렇게 후속자 노드를 올바른 위치에 넣는다. 실제 후속자 노드 **객체**를 어디론가 옮기는 것이 아니라 그 값을 "삭제 중인" 노드에 복사할 뿐이다.

3. 실제 후속자 노드 객체를 삭제하기 위해 함수는 원래 후속자 노드의 오른쪽 자식을 후속자 노드 부모의 왼쪽 자식으로 넣는다.

4. 재귀가 모두 끝나면 처음에 전달받은 원래 rightChild를 반환하거나 혹은 (원래 rightChild에 왼쪽 자식이 없어) 원래 rightChild가 후속자 노드가 됐으면 None을 반환한다.

이제 lift의 반환값을 받아 현재 node의 오른쪽 자식으로 넣는다. 이로써 오른쪽 자식이 바뀌지 않거나 혹은 오른쪽 자식이 후속자 노드로 쓰였다면 None으로 바뀐다.

delete 함수는 이 책에서 가장 복잡한 코드 중 하나이므로 누구에게나 어렵다. 위 과정을 모두 읽었더라도 전체 프로세스를 이해하려면 세심하게 분석해야 할 수 있다.

15.5.6 이진 탐색 트리 삭제의 효율성

검색과 삽입처럼 트리 삭제도 일반적으로 O(logN)이다. 삭제에는 검색 한 번과 연결이 끊긴 자식을 처리하는 단계가 추가로 필요하기 때문이다. O(N)이 걸리는 정렬된 배열 삭제와 대조적이다. 정렬된 배열에서 값을 삭제할 때는 삭제된 값의 빈 공간을 메우기 위해 원소를 왼쪽으로 시프트해야 한다.

15.6 / 이진 탐색 트리 다뤄보기

이진 탐색 트리는 검색과 삽입, 삭제에서 O(logN)의 효율성을 자랑하므로 정렬된 데이터를 저장하고 조작해야 하는 시나리오에서 효율적인 선택임을 알아봤다. 정렬된 배열은 데이터 검색이 이진 탐색 트리만큼 빠르지만 이진 탐색 트리는 데이터 삽입과 삭제가 훨씬 빠르므로 데이터를 자주 수정할 경우 특히 효율적이다.

예를 들어 책 제목 리스트를 관리하는 애플리케이션을 생성한다고 하자. 애플리케이션에 다음과 같은 기능을 원한다.

- 프로그램은 책 제목을 알파벳 순으로 출력할 수 있어야 한다.
- 프로그램은 리스트를 계속해서 바꿀 수 있어야 한다.
- 프로그램은 사용자가 리스트에서 제목을 검색할 수 있게 해야 한다.

책 리스트가 자주 바뀔 일이 없다면 데이터를 저장할 자료 구조로서 정렬된 배열이 적절하다. 하지만 현재 만드는 앱은 실제로 많은 변경을 처리할 수 있어야 한다. 리스트에 제목이 수백만 개라면 이진 탐색 트리를 사용하는 게 좋다.

트리는 아마 다음과 같을 것이다.

▼ 그림 15-32

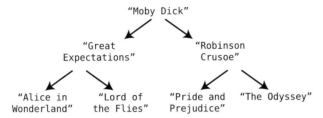

알파벳 순으로 제목이 놓여져 있다. 알파벳 순서상 앞에 나오는 제목은 "더 작은" 값, 뒤에 나오는 제목은 "더 큰" 값으로 간주한다.

15.7 이진 탐색 트리 순회

이진 탐색 트리에서 어떻게 데이터를 검색하고 삽입하고 삭제하는지 이미 다뤘다. 하지만 전체 책 제목 리스트를 알파벳 순으로 출력하고 싶다고 얘기한 바 있다. 어떻게 할 수 있을까?

먼저, 트리의 노드를 모두 빠짐없이 **방문**할 수 있어야 한다. 노드에 방문한다는 것은 노드에 접근한다는 뜻이다. 자료 구조에서 모든 노드를 방문하는 과정을 자료 구조 **순회**(traversal)라 부른다.

둘째, 리스트를 순서대로 출력할 수 있도록 트리를 알파벳 오름차순으로 순회할 수 있어야 한다. 트리를 순회하는 방법은 여러 가지인데, 이 애플리케이션에서는 각 제목을 알파벳 순으로 출력할 수 있도록 **중위 순회**(inorder traversal)라 알려진 방법을 수행하겠다.

재귀는 중위 순회를 수행하는 훌륭한 도구다. 노드에 호출할 traverse라는 재귀 함수를 생성하겠다. 함수는 다음과 같은 단계를 수행한다.

1. 노드의 왼쪽 자식에 함수(traverse)를 재귀적으로 호출한다. 왼쪽 자식이 없는 노드에 닿을 때까지 함수를 계속 호출한다.

2. 노드를 "방문"한다(예제인 책 제목 앱에서는 이 단계에서 노드의 값을 출력한다).

3. 노드의 오른쪽 자식에 함수(traverse)를 재귀적으로 호출한다. 오른쪽 자식이 없는 노드에 닿을 때까지 함수를 계속 호출한다.

이 재귀 알고리즘의 기저 조건은 자식이 없는 노드에 traverse를 호출할 때이며 단순히 return만 수행한다.

다음은 책 제목 리스트를 처리하는 파이썬 traverse_and_print 함수다.

```python
def traverse_and_print(node):
    if node is None:
        return
    traverse_and_print(node.leftChild)
    print(node.value)
    traverse_and_print(node.rightChild)
```

중위 순회를 단계별로 살펴보자.

먼저 Moby Dick에 traverse_and_print를 호출한 후 이어서 Moby Dick의 왼쪽 자식인 Great Expectations에 traverse_and_print를 호출한다.

```
traverse_and_print(node.leftChild)
```

이 호출을 수행하기 전에 호출 스택에 Moby dick으로 함수를 수행 중이었고 그 왼쪽 자식을 순회하는 중임을 추가한다.

❤ 그림 15-33

"Moby Dick": 왼쪽 자식

이제 traverse_and_print("Great Expectations")로 넘어가 Great Expectations의 왼쪽 자식인 Alice in Wonderland에 traverse_and_print를 호출한다.

이 호출을 수행하기 전에 호출 스택에 traverse_and_print("Great Expectations")를 추가한다.

❤ 그림 15-34

"Great Expectations": 왼쪽 자식
"Moby Dick": 왼쪽 자식

traverse_and_print("Alice in Wonderland")는 Alice in Wonderland의 왼쪽 자식에 traverse_and_print를 호출한다. 하지만 왼쪽 자식이 없으므로(기저 조건) 무엇도 하지 않는다.

traverse_and_print의 다음 줄에서 "Alice in Wonderland"를 출력한다.

```
print(node.value)
```

이어서 함수는 **Alice in Wonderland**의 **오른쪽** 자식에 traverse_and_print를 호출하려 한다.

```
traverse_and_print(node.rightChild)
```

하지만 오른쪽 자식이 없으므로(기저 조건) 함수는 무엇도 하지 않고 반환한다. traverse_and_print("Alice in Wonderland") 함수가 끝났으니 호출 스택을 확인해 이 복잡한 재귀 호출 속에서 무엇을 하던 중인지 본다.

▼ 그림 15-35

"Great Expectations": 왼쪽 자식
"Moby Dick": 왼쪽 자식

아, 맞다. traverse_and_print("Great Expectations")를 하던 중이었고 방금 그 왼쪽 자식에 대한 traverse_and_print 호출을 끝냈다. 이 항목을 호출 스택에서 팝(pop)하자.

▼ 그림 15-36

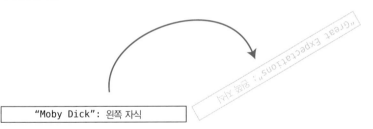

"Moby Dick": 왼쪽 자식

다음으로 넘어가자. 이어서 함수는 "Great Expectations"을 출력하고 오른쪽 자식인 **Lord of the Flies**에 traverse_and_print를 호출한다. 하지만 이 호출을 수행하기 전에 수행하던 함수 위치를 호출 스택에 넣자.

▼ 그림 15-37

"Great Expectations": 오른쪽 자식
"Moby Dick": 왼쪽 자식

이제 traverse_and_print("Lord of the Flies")를 실행한다. 먼저 왼쪽 자식에 traverse_and_print를 호출하는데 자식이 없다. 다음으로 **Lord of the Flies**를 출력한다. 끝으로 오른쪽 자식에 traverse_and_print를 호출하는데 여기도 자식이 없으니 함수가 종료된다.

호출 스택을 보니 **Great Expectations**의 오른쪽 자식에 traverse_and_print를 실행하던 중이었다. 그림 15-37처럼 스택에서 팝하고 다음으로 넘어간다.

▼ 그림 15-38

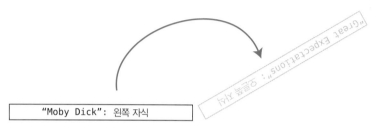

이제 마침내 traverse_and_print("Great Expectations")에서 할 일도 전부 끝났으니 호출 스택으로 돌아가 다음으로 무엇을 해야 하는지 본다.

▼ 그림 15-39

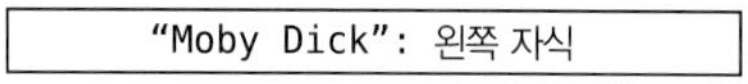

Moby Dick의 왼쪽 자식에 traverse_and_print를 실행하던 중이었다. 호출 스택에서 팝하고(잠시 스택이 빈다) traverse_and_print("Moby Dick")에서 다음으로 할 일인 **Moby Dick**을 출력한다.

이어서 **Moby Dick**의 오른쪽 자식에 traverse_and_print를 호출한다. 이를 호출 스택에 추가한다.

▼ 그림 15-40

"Moby Dick": 오른쪽 자식

번잡하지 않게(이미 너무 늦은 것 같긴 하지만) 여기서부터는 traverse_and_print 함수를 직접 해본다.

함수를 모두 실행하면 다음 그림에서 보여지는 순서대로 노드를 출력했을 것이다.

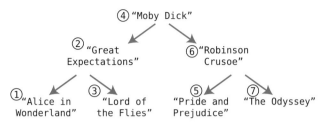

이러한 방식으로 책 제목 리스트를 알파벳 순으로 출력하겠다는 목표가 이뤄진다. 정의에 따르면 순회는 트리의 노드 N개를 모두 방문하므로 트리 순회는 O(N)이 걸린다.

15.8 마무리

이진 탐색 트리는 정렬 순서를 유지하는 강력한 노드 기반 자료 구조이자 빠른 검색과 삽입, 삭제도 제공한다. 사촌격인 연결 리스트보다 복잡하지만 가치가 엄청나다.

하지만 이진 탐색 트리는 트리 종류 중 하나일 뿐이다. 다른 종류의 트리가 많고, 각각 특수한 상황에서 특유의 이점이 있다. 16장에서는 구체적이면서도 일반적인 시나리오에서 속도상의 이점이 있는 또다른 트리를 알아본다.

15.9 연습 문제

다음 연습 문제는 이진 탐색 트리를 실습해 볼 기회다. 해답은 540쪽에 나와 있다.

1. 빈 이진 탐색 트리에 수열 [1, 5, 9, 2, 4, 10, 6, 3, 8]을 순서대로 삽입한다고 하자. 이진 탐색 트리가 최종적으로 어떤 모습일지 그림으로 나타내자. 수는 반드시 앞서 나열한 순서대로 삽입해야 한다.

2. 값이 1,000개인 균형 잡힌 이진 탐색 트리가 있을 때 이 트리에서 어떤 값을 검색하는 데 최대 몇 단계가 걸릴까?

3. 이진 탐색 트리에서 가장 큰 값을 찾는 알고리즘을 작성하라.

4. 앞서 **중위** 순회로 책 제목 리스트를 출력하는 방법을 설명했었다. 트리를 순회하는 방법으로 **전위**(preorder) 순회도 있다. 다음은 예제였던 책 앱에 들어갈 코드다.

```
def traverse_and_print(node):
    if node is None:
        return
    print(node.value)
    traverse_and_print(node.leftChild)
    traverse_and_print(node.rightChild)
```

(**Moby Dick** 등의 책 제목을 포함했던) 예제 트리를 전위 순회로 출력할 때는 책 제목을 순서대로 나열하라. 참고로 예제 트리는 다음과 같았다.

▼ 그림 15-42

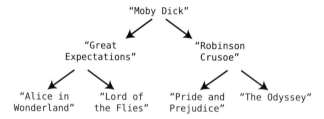

5. **후위**(postorder) 순회라는 순회 방법도 있다. 다음은 예제 책 앱에 들어갈 코드다.

```
def traverse_and_print(node):
    if node is None:
        return
    traverse_and_print(node.leftChild)
    traverse_and_print(node.rightChild)
    print(node.value)
```

(4번 연습 문제에도 나왔던) 예제 트리를 후위 순회로 출력할 때는 책 제목을 순서대로 나열하라.

16^장

힙으로 우선순위
유지하기

트리를 알게 되면서 새로운 자료 구조가 많이 드러났다. 15장에서는 특히 이진 탐색 트리에 중점을 뒀으나 다른 트리 종류도 많다. 모든 자료 구조가 그렇듯이 각 트리 종류마다 장단점이 있고 특정 상황에서 어떤 종류를 활용해야 할지 아는 것이 가장 중요하다.

16장에서는 특정 시나리오에 유리하게 활용할 수 있는 특별한 힘을 지닌 트리 자료 구조 종류 중 하나인 힙을 알아본다. 힙은 데이터 세트에서 가장 큰 또는 가장 작은 데이터 원소를 계속 알아내야 할 때 특히 유용하다.

힙의 기능을 제대로 파악하기 위해 지금까지 보지 못했던 새로운 자료 구조인 우선순위 큐부터 살펴보자.

16.1 / 우선순위 큐

9.5 큐에서 배웠던 큐는 First In, First Out(FIFO) 방식으로 항목을 처리하는 리스트였다. 근본적으로 큐 끝에서만 데이터를 삽입하고 큐 앞에서만 접근과 삭제를 수행한다. 큐의 데이터에 접근하려면 데이터가 삽입됐던 순서에 우선권이 있다.

우선순위 큐(priority queue)는 삭제와 접근에 있어 전형적인 큐와 흡사하나 삽입에 있어 정렬된 배열과 비슷한 리스트다. 즉 우선순위 큐 **앞**에서만 데이터에 접근하고 삭제하되 데이터를 삽입할 때는 데이터를 늘 특정 순서대로 정렬시킨다.

우선순위 큐가 유용하게 쓰이는 대표적인 예는 병원 응급실의 중증도 분류체계 관리 애플리케이션이다. 응급실에서는 도착한 순서를 엄격히 따져 환자를 치료하지 않는다. 대신 중증도를 따져 치료한다. 치명상을 입은 환자가 갑자기 도착하면 감기에 걸린 환자가 몇 시간 먼저 도착했더라도 그 환자를 큐 맨 앞에 놓는다.

중증도 분류체계에서 환자의 중증도를 1부터 10의 등급으로 매긴다고 하자. 10이 가장 위험한 상태다. 우선순위 큐는 다음과 같을 것이다.

▼ 그림 16-1

환자 C – 중증도: 10
환자 A – 중증도: 6
환자 B – 중증도: 4
환자 D – 중증도: 2

↑ 우선순위 큐 앞

다음으로 치료할 환자를 정할 때 항상 우선순위 큐 앞에 있는 환자, 즉 가장 시급하게 치료해야 할 환자를 고른다. 위 그림에서 다음 환자는 C다.

갑자기 중증도가 3인 다음 환자가 도착하면 처음부터 이 환자를 우선순위 큐 내 적절한 위치에 넣는다. 이 환자를 E라 부르겠다.

♥ 그림 16-2

환자 C - 중증도: 10
환자 A - 중증도: 6
환자 B - 중증도: 4
환자 E - 중증도: 3	←
환자 D - 중증도: 2

우선순위 큐는 추상 데이터 타입의 한 예다. 다시 말해 보다 기초적인 다른 자료 구조로 구현할 수 있다. 우선순위 큐를 간단하게 구현하려면 정렬된 배열을 이용하면 된다. 즉 배열을 사용하되 다음의 제약을 가한다.

- 데이터를 삽입할 때 항상 적절한 순서를 유지한다.

- 데이터는 배열 끝에서만 삭제한다(배열 끝이 우선순위 큐의 앞이다).

방식은 이해하기 쉬우나 효율성을 분석해보자.

우선순위 큐의 주요 연산은 삭제와 삽입이다.

1장 자료 구조가 중요한 까닭에서 봤듯이 배열 앞에서 삭제는 인덱스0에 생긴 빈 자리를 메우기 위해 모든 데이터를 시프트해야 하므로 O(N)이다. 하지만 영리하게 구현을 바꿔 배열 **끝**을 우선순위 큐 **앞**으로 삼았다. 이렇게 하면 항상 배열 끝에서 삭제하니 O(1)이다.

삭제가 O(1)이니 아직은 우선순위 큐에 문제가 없다. 하지만 삽입은 어떨까?

정렬된 배열에 삽입은 새 데이터를 넣을 자리를 알아내기 위해 배열 원소 N개를 모두 확인해야 하니 O(N)이었다(데이터를 넣을 자리가 배열 앞쪽이라 해도 어차피 나머지 데이터를 전부 오른쪽으로 시프트해야 한다).

따라서 배열 기반 우선순위 큐는 삭제가 O(1), 삽입이 O(N)이다. 우선순위 큐에 항목이 많아지면 O(N) 삽입으로 인해 애플리케이션에 원치 않은 지연이 발생할 수 있다.

그래서 컴퓨터 과학자는 우선순위 큐에서 보다 효율적인 기반으로 쓰일 또 다른 자료 구조를 찾아냈다. 이 자료 구조가 바로 힙이다.

16.2 / 힙

힙에는 몇 가지 종류가 있으나 **이진 힙**(binary heap)을 주로 다루겠다.

이진 힙은 특수한 종류의 이진 트리다. 이진 트리는 각 노드에 최대 자식 노드가 둘인 트리였다 (15장에 나오는 이진 **탐색** 트리 역시 특수한 종류의 이진 트리였다).

이진 힙에도 최대 힙(max-heap)과 최소 힙(min-heap)이라는 두 종류가 있다. 우선 최대 힙을 다루 겠으나 둘 간에 큰 차이가 없음을 곧 알게 될 것이다.

힙은 다음의 조건을 따르는 이진 트리다.

- 각 노드의 값은 그 노드의 모든 자손 노드의 값보다 커야 한다. 이 규칙을 **힙 조건**(heap condition)이라 부른다.

- 트리는 **완전**(complete)해야 한다(무슨 뜻인지 잠시 후 설명하겠다).

이 두 가지 조건을 자세히 살펴보자. 힙 조건부터 시작하겠다.

16.2.1 힙 조건

힙 조건(heap condition)이란 각 노드의 값이 그 노드의 모든 자손 노드보다 커야 한다는 뜻이다.

예를 들어 다음 트리에서 각 노드는 그 자손보다 크므로 힙 조건을 만족한다.

▼ 그림 16-3

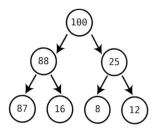

루트 노드인 100에 100보다 큰 자손은 없다. 마찬가지로 88은 두 자식보다 크고 25도 마찬가지다.

다음 트리는 힙 조건을 만족하지 않으니 유효한 힙이 아니다.

▼ 그림 16-4

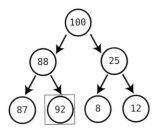

92가 부모인 88보다 크다. 힙 조건을 만족하지 않는다.

보다시피 힙은 이진 탐색 트리와 매우 다르게 조직된다. 이진 탐색 트리에서 각 노드의 오른쪽 자식은 그 노드보다 크다. 하지만 힙에서 노드는 그 노드의 모든 자손보다 **크다**. 이른바 "이진 탐색 트리로는 힙을 만들 수 없다(심지어 비슷하게도)."

정반대의 힙 조건으로, 즉 각 노드가 자손보다 **작은** 값을 갖도록 힙을 구성할 수도 있다. 이러한 힙을 앞서 언급했던 **최소 힙**이라 부른다. 이 책에서는 각 노드가 그 노드의 모든 자손 노드보다 **큰 최대 힙**에 초점을 맞추겠다. 궁극적으로 최대 힙을 쓰든 최소 힙을 쓰든 차이는 미미하다. 두 힙은 힙 조건만 반대일 뿐 그 밖에 모든 면에서 동일하다. 근본적인 개념은 같다.

16.2.2 완전 트리

트리가 완전해야 한다는 두 번째 힙 규칙으로 넘어가 보자.

완전 트리(complete tree)는 빠진 노드 없이 노드가 완전히 채워진 트리다. 따라서 트리의 각 레벨을 왼쪽부터 오른쪽으로 읽었을 때 모든 자리마다 노드가 있다. 하지만 바닥 줄에는 빈 자리가 있을 수 있다. 단 빈 자리의 오른쪽으로 어떤 노드도 없어야 한다. 예제를 보면 가장 쉽게 이해된다.

다음의 트리는 트리의 각 레벨(즉 각 줄)이 노드로 완전히 채워져 있으므로 완전하다.

▼ 그림 16-5

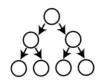

다음의 트리는 세 번째 레벨에 한 노드가 빠졌으므로 완전하지 않다.

❤ 그림 16-6

반면 다음의 트리는 바닥 줄에 빈 자리가 있으나 빈 자리의 오른쪽으로 어떤 노드도 없으므로 사실상 완전하다.

❤ 그림 16-7

결국 힙은 힙 조건을 만족하는 완전 트리다. 다음은 또 다른 힙 예제다.

❤ 그림 16-8

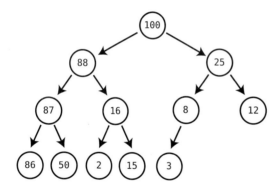

각 노드가 자손보다 크고 트리가 완전하므로 유효한 힙이다. 바닥 줄에 빈 자리가 있으나 트리 오른쪽에만 국한된다.

16.3 힙 속성

힙이 무엇인지 알았으니 이제 흥미로운 속성 몇 가지를 알아보자.

힙 조건에 따라 힙은 특정 방식으로 정렬되지만 이러한 정렬은 힙에서 값을 검색하는 데 전혀 도움이 되지 않는다.

예를 들어 그림 16-8에서 값 3을 검색한다고 하자. 루트 노드인 100에서 시작했을 때 왼쪽 자손과 오른쪽 자손 중 어느 쪽을 검색해야 할까? 이진 탐색 트리라면 당연히 3이 100의 왼쪽 자손일 것이다. 하지만 힙에서는 3이 100의 조상이 아니라 자손이라는 것만 안다. 어느 자식을 검색해야 할지 전혀 알 수 없다. 실제로 3은 100의 오른쪽 자손이지만 왼쪽 자손일 수도 있었다.

따라서 힙은 이진 탐색 트리에 비해 **약한 정렬**(weakly ordered)이라고 말한다. 힙에는 자손이 조상보다 클 수 없다는 **분명한** 순서가 있지만 값을 검색하기에는 부족하다.

아마 지금쯤 모두 알았겠지만 환기하면 좋을 또 하나의 힙 속성은 힙에서는 루트 노드가 항상 최댓값이라는 점이다(최소 힙에서는 루트 노드가 항상 최솟값이다). 어째서 힙이 우선순위 큐를 구현하는 훌륭한 도구인지 말해주는 대목이다. 우선순위 큐에서는 항상 가장 큰 우선순위를 갖는 값에 접근하려 한다. 알다시피 힙에서는 항상 루트 노드다. 다시 말해 루트 노드가 가장 높은 우선순위를 갖는 항목에 해당한다.

힙의 주요 연산은 삽입과 삭제다. 앞서 말했듯이 힙에서 검색하려면 각 노드를 검사해야 하므로 힙으로는 대개 검색 연산을 구현하지 않는다(또한 힙에는 단순히 루트 노드의 값만 보는 "읽기" 연산이 선택적으로 있을 수 있다).

힙의 주요 연산이 어떻게 동작하는지 알아보기 앞서 앞으로 나올 알고리즘에 많이 쓰일 용어 하나를 정의하자.

힙에는 **마지막 노드**(last node)가 있다. 힙의 마지막 노드는 바닥 레벨에서 가장 오른쪽에 있는 노드다.

그림 16-9를 보자.

이 힙의 마지막 노드는 바닥 줄에서 가장 오른쪽에 있는 노드인 3이다.

▼ 그림 16-9

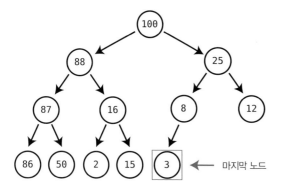

← 마지막 노드

이제 힙의 주요 연산을 살펴보자.

16.4 힙 삽입

힙에 새 값을 삽입하려면 다음 알고리즘을 수행한다.

1. 새 값을 포함하는 노드를 생성하고 바닥 레벨의 가장 오른쪽 노드 옆에 삽입한다. 즉 이 값이 힙의 마지막 노드가 된다.

2. 이어서 새로 삽입한 노드와 그 부모 노드를 비교한다.

3. 새 노드가 부모 노드보다 크면 새 노드와 부모 노드를 스왑한다.

4. 새 노드보다 큰 부모 노드를 만날 때까지 3단계를 반복하며 새 노드를 힙 위로 올린다.

이 알고리즘을 직접 수행해보자. 다음은 그림 16-9의 힙에 4를 삽입하는 과정이다.

1단계: 힙의 마지막 노드로 40을 추가한다.

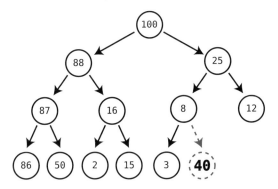

다음과 같이 해서는 안 된다.

❤ 그림 16-11

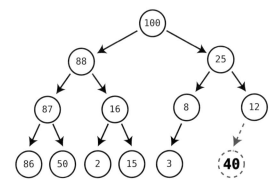

40을 12의 자식으로 넣으면 빈 자리 오른쪽에 노드가 생기므로 트리가 **불완전**해진다. 힙이 되려면 항상 완전해야 한다.

2단계: 40을 그 부모 노드인 8과 비교한다. 40이 8보다 크므로 두 노드를 스왑한다.

❤ 그림 16-12

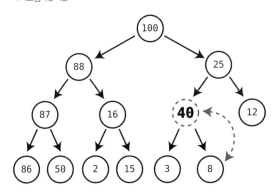

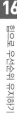

3단계: 40을 새 부모 노드인 25와 비교한다. 40이 25보다 크므로 두 노드를 스왑한다.

▼ 그림 16-13

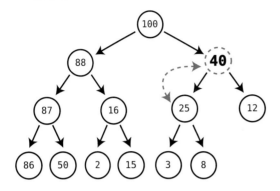

4단계: 40을 그 부모 노드인 100과 비교한다. 40은 100보다 작으므로 여기서 끝낸다!

새 노드를 힙 위로 올리는 과정을 노드를 위로 **트리클링**(trickling)한다고 표현한다. 때로는 오른쪽으로, 때로는 왼쪽으로 올라가지만 어쨌든 올바른 위치에 안착할 때까지 항상 위로 올라간다.

힙 삽입의 효율성은 O(logN)이다. 15장에서 봤듯이 노드가 N개인 이진 트리는 약 log(N)개 줄을 갖는다. 최악의 경우 새 값을 꼭대기 줄까지 트리클링해서 올려야 하므로 최대 log(N)단계가 걸린다.

16.5 마지막 노드 탐색

삽입 알고리즘이 상당히 간단해 보이지만 작은 문제가 하나 있다. 가장 첫 단계에서 새 값을 힙의 마지막 노드로 넣는다. 하지만 한 가지 질문이 생긴다. 마지막 노드 자리를 어떻게 찾을까?

40을 삽입하기 전 힙을 다시 보자.

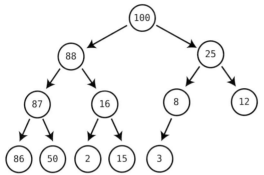

그림으로 보면 바로 안다. 40이 마지막 노드가 되려면 바닥 줄에서 다음으로 노드를 넣을 수 있는 자리인 8의 오른쪽 자식으로 넣어야 한다.

하지만 컴퓨터에는 눈이 없으니 힙을 위 그림처럼 줄로 묶어서 보지 못한다. 루트 노드만 보이고 링크를 따라 자식 노드에 갈 수 있다. 컴퓨터가 새 값을 넣을 자리를 찾는 알고리즘을 어떻게 만들까?

예제 힙을 보자. 루트 노드인 100에서 시작할 때 컴퓨터에 새 마지막 노드가 들어갈 다음으로 비어 있는 자리를 100의 오른쪽 자손 중에서 찾으라고 말하는가?

예제에서는 다음으로 비어 있는 자리가 100의 오른쪽 자손 중에 있으니 이렇게 해도 되지만 다른 힙도 보자.

▼ 그림 16-15

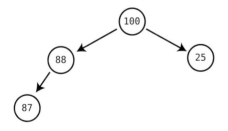

위 힙에서 새 마지막 노드가 들어 갈 다음으로 비어 있는 자리는 88의 오른쪽 자식, 즉 100의 **왼쪽** 자손 중에 있다.

근본적으로 힙에서 검색하기 불가능하듯이 힙의 마지막 노드(혹은 새 마지막 노드가 들어 갈 다음으로 비어 있는 자리)도 모든 노드를 검사하지 않고는 효율적으로 찾을 수 없다.

그렇다면 어떻게 다음으로 노드가 들어 갈 자리를 **찾을까?** 잠시 뒤 설명하겠지만 우선은 이 이슈를 마지막 노드 문제(Problem of the Last Node)라 부르자. 나중에 다시 다루겠다.

그 전에 힙의 다른 주요 연산인 삭제를 알아보자.

16.6 / 힙 삭제

힙에서 값을 삭제하려면 루트 **노드만 삭제할 수 있다**는 점을 먼저 알아야 한다. 이는 가장 높은 우선순위를 갖는 항목만 접근하고 삭제하는 우선순위 큐의 동작 방식과 일치한다.

힙의 루트 노드를 삭제하는 알고리즘은 다음과 같다.

1. **마지막 노드**를 루트 노드 자리로 옮긴다. 결과적으로 원래 루트 노드는 삭제된다.

2. 루트 노드를 적절한 자리까지 아래로 트리클링한다. 이 트리클링이 어떻게 동작하는지 곧 설명하겠다.

그림 16-16에서 루트 노드를 삭제한다고 하자.

▼ 그림 16-16

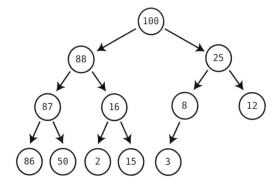

예제에서 루트 노드는 100이다. 100을 삭제하려면 마지막 노드를 루트에 덮어쓴다. 예제에서 마지막 노드는 3이다. 따라서 3을 100이 있던 자리에 넣는다.

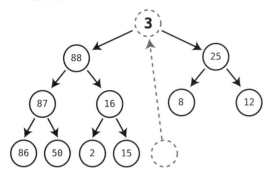

힙 조건이 깨졌으니 힙을 그대로 두어서는 안 된다. 현재 3은 어떤(실제로는 대부분의) 자손보다 작다. 바로 잡으려면 힙 조건을 다시 만족할 때까지 3을 아래로 트리클링해야 한다.

노드를 아래로 트리클링할 때 내려갈 수 있는 방향이 둘이므로 아래로의 트리클링은 위로의 트리 클링보다 조금 더 복잡하다. 즉 왼쪽 자식과 스왑할 수도 있고 오른쪽 자식과 스왑할 수도 있다(반면 위로 트리클링할 때는 노드와 스왑할 부모가 딱 하나다).

아래로 트리클링하는 알고리즘은 다음과 같다. 명확하게 설명하기 위해 트리클링하는 노드를 "트리클 노드"라 부르겠다(다소 징그럽지만 참자).

1. 트리클 노드의 두 자식을 확인해 어느 쪽이 더 큰지 본다.

2. 트리클 노드가 두 자식 노드 중 큰 노드보다 작으면 큰 노드와 트리클 노드를 스왑한다.

3. 트리클 노드에 그 노드보다 큰 자식이 없을 때까지 1, 2단계를 반복한다.

직접 수행해보자.

1단계: 트리클 노드인 3에는 현재 88와 25, 두 자식이 있다. 둘 중 88이 더 크고 3이 88보다 작으니 트리클 노드와 88을 스왑한다.

♥ 그림 16-18

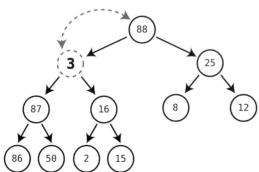

16

힙으로 우선순위 유지하기

2단계: 이제 트리클 노드에 87과 16, 두 자식이 있다. 둘 중 87이 더 크고 87은 트리클 노드보다 크다. 따라서 트리클 노드와 87을 스왑한다.

▼ 그림 16-19

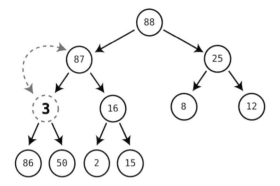

3단계: 트리클 노드의 자식은 현재 86과 50이다. 둘 중 86이 더 크고 86은 트리클 노드보다 크니 트리클 노드와 86을 스왑한다.

▼ 그림 16-20

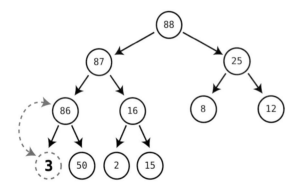

여기까지 오면 트리클 노드에 자기보다 큰 자식이 없다(사실은 자식이 없다). 힙 조건을 만족하므로 이제 끝이다.

트리클 노드와 두 자식 중 더 큰 노드를 스왑하는 이유는 작은 노드와 스왑하면 힙 조건이 바로 깨지기 때문이다. 트리클 노드와 작은 자식을 스왑하면 어떻게 되는지 보자.

트리클 노드 3을 다시 루트에 넣어보자.

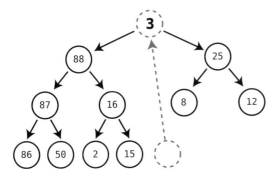

3을 더 작은 자식인 25와 스왑한다.

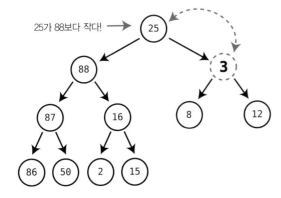

25가 88의 부모가 됐다. 88이 부모보다 크니 힙 조건이 깨진다.

힙에서 삭제하려면 루트부터 시작해 log(N)개 레벨을 거쳐 노드를 트리클링해야 하므로 삽입과 마찬가지로 시간 복잡도가 O(logN)이다.

DATA STRUCTURES AND ALGORITHMS

16.7 힙 대 정렬된 배열

힙의 효율성을 알았으니 이제 왜 힙이 우선순위 큐를 구현하는 훌륭한 방식인지 알아볼 차례다.

다음 표는 정렬된 배열과 힙을 나란히 비교한다.

	정렬된 배열	힙
삽입	O(N)	O(logN)
삭제	O(1)	O(logN)

쓸데없는 비교처럼 보인다. 정렬된 배열은 삽입에 있어 힙보다 느리지만 삭제에 있어 힙보다 빠르다. 하지만 다음과 같은 이유로 힙을 선택하는 편이 더 낫다.

O(1)이 엄청나게 빠르긴 해도 O(logN) 역시 **매우** 빠르다. 이에 비해 O(N)은 느리다. 이 점을 염두해 표 16-1을 다음과 같이 다시 작성할 수 있다.

▼ 표 16-2

	정렬된 배열	힙
삽입	느림	매우 빠름
삭제	엄청나게 빠름	매우 빠름

이렇게 보면 왜 힙을 선택하는 편이 나은지 보다 명확하다. 때로는 엄청 빠르고 때로는 느린 자료 구조보다는 일관되게 매우 빠른 자료 구조를 사용하는 편이 낫다.

우선순위 큐가 일반적으로 삽입과 삭제를 거의 비슷한 비율로 수행한다는 점에 주목할 필요가 있다. 들어 온 환자를 모두 치료해야 하는 응급실 예제를 떠올려 보자. 삽입과 삭제, 둘 다 빨라야 한다. 어느 한 연산이라도 느리면 우선순위 큐는 효율성이 떨어진다.

따라서 우선순위 큐의 주요 연산인 삽입과 삭제를 매우 빠른 속도로 수행하려면 힙을 사용한다.

DATA STRUCTURES AND ALGORITHMS

16.8 다시 살펴보는 마지막 노드 문제

힙 삭제 알고리즘이 간단해 보여도 마지막 노드 문제부터 풀어야 한다.

앞서 설명했듯이 삭제의 첫 번째 단계에서 마지막 노드를 루트 노드로 옮긴다. 하지만 그에 앞서 마지막 노드를 어떻게 찾을까?

마지막 노드 문제(Problem of Last Node)를 풀기 전에 왜 삽입과 삭제에 마지막 노드가 꼭 필요한지부터 알아보자. 새 값을 힙의 다른 위치에 삽입하면 안 될까? 삭제할 때 루트 노드를 마지막 노드 대신 다른 노드와 대체할 수 없을까?

다른 노드와 바꾸는 경우를 생각해 보자. 힙이 불완전해진다는 사실을 곧 깨닫게 된다. 하지만 또 다른 질문이 떠오른다. 왜 힙에는 완전성(completeness)이 그토록 **중요할까?**

이유는 **균형 잡힌** 힙으로 유지하고 싶어서다.

또 다른 삽입 예제로 이해를 돕겠다. 다음과 같은 힙이 있다.

▼ 그림 16-23

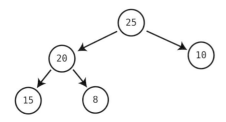

위 힙에 5를 삽입할 때 균형 잡힌 힙으로 유지할 방법은 5를 마지막 노드로, 즉 10의 자식으로 만드는 것 뿐이다.

▼ 그림 16-24

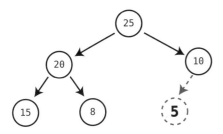

위 알고리즘을 제외한 다른 방법은 트리에 불균형을 초래한다. 가상의 예를 들어 보자. 어떤 알고리즘은 왼쪽 자식만 따라가면 쉽게 찾을 수 있는 바닥에서 가장 왼쪽에 있는 노드에 새 노드를 삽입한다. 이렇게 하면 5는 15의 자식이 된다.

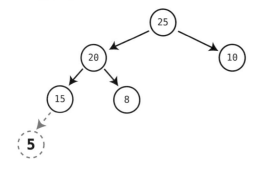

힙에 균형이 깨졌다. 계속해서 바닥 가장 왼쪽 자리에 새 노드를 삽입하면 얼마나 불균형해질지 불 보듯 뻔하다.

비슷한 이유로 힙에서 삭제할 때도 힙이 균형을 잃지 않도록 항상 마지막 노드를 루트 노드로 넣는다. 조금 전 예제를 다시 보자.

▼ 그림 16-26

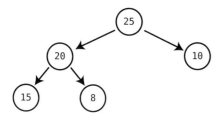

아까처럼 가상의 예로 항상 가장 오른쪽 아래에 있는 노드를 루트 자리로 옮긴다고 가정하면 10이 루트 노드가 되고, 결국 오른쪽 자손은 하나도 없이 왼쪽 자손만 잔뜩 있는 불균형 힙이 된다.

이러한 균형이 너무나 중요한 이유는 O(logN) 안에 연산이 가능하기 때문이다. 다음과 같이 불균형이 심한 트리는 순회에 O(N)단계가 걸린다.

▼ 그림 16-27

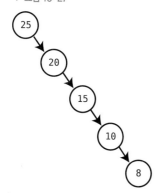

결국 다시 마지막 노드 문제로 돌아간다. 어떤 힙에서든 일관되게 마지막 노드를 찾는 알고리즘은 무엇일까(다시 말하지만 노드 N개를 모두 순회하지 않고도)?

이제 이야기의 방향을 바꿀 차례다.

16.9 배열로 힙 구현하기

마지막 노드 찾기는 힙 연산의 핵심이고 또한 효율적으로 찾아야 하므로 **주로 배열을 사용해 힙을 구현한다.**

지금까지는 모든 트리가 (연결 리스트처럼) 링크로 연결된 독립적인 노드로 구성된다고 가정했으나 배열로도 힙을 구현할 수 있음을 보이겠다. 즉 힙 자체가 내부적으로 배열을 사용하는 추상 데이터 타입일 수 있다.

다음 그림에서 힙 값을 어떻게 배열에 저장하는지 보여준다.

▼ 그림 16-28

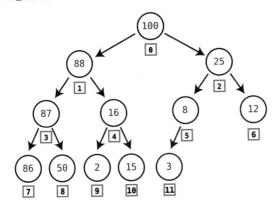

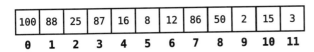

배열로 구현하기 위해 각 노드마다 배열의 인덱스를 할당한다. 각 노드 아래 네모 칸에 노드의 인덱스를 표시했다. 유심히 살펴보면 특정 패턴에 따라 각 노드의 인덱스를 할당했음을 알 수 있다.

루트 노드는 항상 인덱스0에 저장한다. 한 레벨 아래로 내려가 왼쪽에서 오른쪽 방향으로 진행하면서 각 노드마다 배열의 다음 인덱스를 할당한다. 따라서 두 번째 레벨에서 왼쪽 노드(88)는 인덱스1, 오른쪽 노드(25)는 인덱스2가 된다. 레벨 끝에 도달하면 다음 레벨로 내려가 같은 패턴을 반복한다.

힙을 배열로 구현하는 이유는 마지막 노드 문제를 해결하기 위해서다. 어떻게 해결할까?

그림 16-28처럼 힙을 구현하면 **마지막 노드는 항상 배열의 마지막 원소**다. 위에서 아래로, 왼쪽에서 오른쪽으로 이동하며 각 값을 배열에 할당하므로 마지막 노드가 항상 배열의 마지막 값이다. 앞선 예제에서 보듯이 마지막 노드 3이 배열의 마지막 값이다.

마지막 노드가 항상 배열 끝이므로 아주 간단하게 마지막 노드를 찾을 수 있다. 마지막 원소에 접근하면 된다. 뿐만 아니라 힙에 새 노드를 삽입할 때도 배열 끝에 삽입하면 새 노드가 마지막 노드가 된다.

배열 기반 힙이 어떻게 동작하는지 자세히 알아보기 앞서 미리 기본 구조를 코딩할 수 있다. 다음은 힙의 앞 부분을 루비로 구현한 것이다.

```ruby
class Heap
  def initialize
    @data = []
  End

  def root_node
    return @data.first
  end

  def last_node
    return @data.last
  end
end
```

빈 배열로 힙을 초기화한다. root_node 메서드는 배열의 첫 번째 항목을 반환하고, last_node 메서드는 배열의 마지막 값을 반환한다.

16.9.1 배열 기반 힙 순회

앞서 봤듯이 힙 삽입과 삭제 알고리즘이 가능하려면 힙을 트리클링할 수 있어야 한다. 그리고 이러한 트리클링이 가능하려면 노드의 부모나 자식에 접근해서 힙을 순회할 수 있어야 한다. 하지만 값이 전부 배열에 저장되어 있는데 노드에서 노드를 어떻게 이동할까? 단순히 각 노드의 링크를 따라가면 힙 순회가 간단할 것이다. 하지만 힙이 내부적으로 배열이므로 어떤 노드가 어떤 노드와 연결되는지 어떻게 알까?

흥미롭게 해결하는 방법이 있다. 앞서 설명했던 패턴대로 힙 노드에 인덱스를 할당하면 다음과 같은 힙 특성을 항상 만족한다.

- 어떤 노드의 왼쪽 자식을 찾으려면 (index * 2) + 1 공식을 사용한다.
- 어떤 노드의 오른쪽 자식을 찾으려면 (index * 2) + 2 공식을 사용한다.

그림 16-28의 인덱스4에 있는 16을 보자. 16의 왼쪽 자식을 찾기 위해 인덱스(4)에 2를 곱해서 1을 더하면 9가 된다. 즉 인덱스9가 인덱스4에 있는 노드의 왼쪽 자식이다.

비슷하게 인덱스4의 오른쪽 자식을 찾기 위해 4에 2를 곱하고 2를 더하면 10이 된다. 즉 인덱스 10이 인덱스4의 오른쪽 자식이다.

두 공식이 항상 참이므로 트리를 배열로 처리할 수 있다.

다음의 두 메서드를 Heap 클래스에 추가하자.

```
def left_child_index(index)
    return (index * 2) + 1
end

def right_child_index(index)
    return (index * 2) + 2
end
```

두 메서드는 배열 내 인덱스를 받아 각각 왼쪽 혹은 오른쪽 자식 인덱스를 반환한다.

다음은 배열 기반 힙의 또 다른 중요한 특성이다.

- 어떤 노드의 부모를 찾으려면 (index - 1) / 2 공식을 사용한다.

위 공식에서 정수 나눗셈을 사용한다는 점에 주목하자. 즉 소숫점 이하를 버린다. 예를 들어 3 / 2 는 더 정확한 값인 1.5가 아니라 1이다.

예제 힙의 인덱스4를 다시 한 번 보자. 인덱스 4를 가져와 1을 빼고 2로 나누면 1이다. 그림에서 보듯이 인덱스4에 있는 노드의 부모는 인덱스1에 있다.

따라서 또 하나의 메서드를 Heap 클래스에 추가할 수 있다.

```
def parent_index(index)
    return (index - 1) / 2
end
```

이 메서드는 인덱스를 받아 부모 노드의 인덱스를 계산한다.

16.9.2 코드 구현: 힙 삽입

힙의 필수 요소를 모두 갖췄으니 삽입 알고리즘을 구현해보자.

```
def insert(value)
    # value를 배열 끝에 삽입해 마지막 노드로 만든다.
    @data << value

    # 새로 삽입한 노드의 인덱스를 저장한다.
    new_node_index = @data.length - 1

    # 다음 루프는 "위로 트리클링"하는 알고리즘을 실행한다.

    # 새 노드가 루트 자리에 없고
    # 새 노드가 부모 노드보다 크면
    while new_node_index > 0 &&
    @data[new_node_index] > @data[parent_index(new_node_index)]
        # 새 노드와 부모 노드를 스왑한다.
        @data[parent_index(new_node_index)], @data[new_node_index] =
        @data[new_node_index], @data[parent_index(new_node_index)]

        # 새 노드의 인덱스를 업데이트한다.
        new_node_index = parent_index(new_node_index)
    end
end
```

지금껏 해왔듯이 부분부분 나눠 살펴보자.

insert 메서드는 힙에 삽입할 값을 받는다. 우선 새 값을 배열 끝에 추가해 마지막 노드로 만든다.

```
@data << value
```

이어서 향후 연산에 쓰이는 새 노드의 인덱스를 저장한다. 현재 이 인덱스는 배열의 마지막 인덱스다.

```
new_node_index = @data.length - 1
```

다음으로 while 루프를 사용해 새 노드를 올바른 위치까지 위로 트리클링한다.

```
while new_node_index > 0 &&
@data[new_node_index] > @data[parent_index(new_node_index)]
```

두 조건을 만족할 때까지 루프를 실행한다. 주된 조건은 새 노드가 부모 노드보다 클 때이다. 또한 새 노드의 인덱스가 0보다 커야 한다. 존재하지도 않는 부모와 루트 노드를 비교하려 하면 아주 흥미로운 일이 펼쳐진다.

루프를 실행할 때마다 새 노드가 현재 부모보다 크므로 새 노드와 부모 노드를 스왑한다.

```
@data[parent_index(new_node_index)], @data[new_node_index] =
@data[new_node_index], @data[parent_index(new_node_index)]
```

새 노드의 인덱스도 적절히 업데이트한다.

```
new_node_index = parent_index(new_node_index)
```

루프는 새 노드가 부모보다 클 때만 실행되므로 새 노드가 올바른 자리에 들어가면 루프가 종료된다.

16.9.3 코드 구현: 힙 삭제

다음은 루비로 구현한 힙 항목 삭제다. delete 메서드가 핵심 메서드이지만 코드의 간결성을 위해 has_greater_child와 calculate_larger_child_index라는 두 헬퍼 메서드를 만들었다.

```
def delete
    # 힙에서는 루트 노드만 삭제하므로
    # 배열에서 마지막 노드를 팝해 루트 노드로 넣는다.
    @data[0] = @data.pop
    # "트리클 노드"의 현재 인덱스를 기록한다.
    trickle_node_index = 0

    # 다음 루프는 "아래로 트리클링"하는 알고리즘을 실행한다.
    # 트리클 노드에 자기보다 큰 자식이 있으면 루프를 실행한다.
    while has_greater_child(trickle_node_index)
        # 더 큰 자식의 인덱스를 변수에 저장한다.
```

```
            larger_child_index = calculate_larger_child_index(trickle_node_index)

            # 트리클 노드와 더 큰 자식을 스왑한다.
            @data[trickle_node_index], @data[larger_child_index] =
            @data[larger_child_index], @data[trickle_node_index]

            # 트리클 노드의 새 인덱스를 업데이트한다.
            trickle_node_index = larger_child_index
        end
    end

    def has_greater_child(index)
        # index에 있는 노드에 왼쪽 자식이나 오른쪽 자식이 있는지
        # 어느 한 자식이라도 index에 있는 노드보다 큰지 확인한다.
      (@data[left_child_index(index)] &&
        @data[left_child_index(index)] > @data[index]) ||
      (@data[right_child_index(index)] &&
        @data[right_child_index(index)] > @data[index])
    end

    def calculate_larger_child_index(index)
        # 오른쪽 자식이 없으면
        if !@data[right_child_index(index)]
            # 왼쪽 자식의 인덱스를 반환한다.
            return left_child_index(index)
        end

        # 오른쪽 자식의 값이 왼쪽 자식의 값보다 크면
        if @data[right_child_index(index)] > @data[left_child_index(index)]
            # 오른쪽 자식의 인덱스를 반환한다.
            return right_child_index(index)
        else # 왼쪽 자식의 값이 오른쪽 자식의 값보다 크거나 같으면
            # 왼쪽 자식의 인덱스를 반환한다.
            return left_child_index(index)
        end
    end
```

delete 메서드부터 자세히 알아보자.

delete 메서드는 결과적으로 루트 노드만 삭제하므로 어떤 인수도 받지 않는다. 메서드는 다음과 같이 동작한다.

먼저 배열에서 마지막 값을 삭제해 첫 번째 값으로 넣는다.

```
@data[0] = @data.pop
```

루트 노드의 값을 마지막 노드의 값으로 덮어쓰기하는 간단한 코드 한 줄만으로 기존 루트 노드를 사실상 삭제한다.

이어서 새 루트 노드를 적절한 자리까지 아래로 트리클링한다. 앞서 이 노드를 "트리클 노드"라 불렀고 위 코드에도 똑같이 적용했다.

실제 트리클링을 시작하기 앞서 향후 연산에 쓰이는 트리클 노드의 인덱스를 저장한다. 현재 트리클 노드는 인덱스0에 있다.

```
trickle_node_index = 0
```

이어서 while 루프를 사용해 트리클 다운 알고리즘을 실행한다. 이 루프는 트리클 노드에 그 노드보다 큰 자식이 있는 동안 실행된다.

```
while has_greater_child(trickle_node_index)
```

이때 주어진 노드에 그 노드보다 큰 자식이 있는지를 반환하는 has_greater_child 메서드를 사용한다.

루프 안에서는 먼저 트리클 노드의 자식 중 더 큰 자식의 인덱스를 찾는다.

```
larger_child_index = calculate_larger_child_index(trickle_node_index)
```

이때 트리클 노드의 더 큰 자식의 인덱스를 반환하는 calculate_larger_child_index 메서드를 사용한다. 이 인덱스를 larger_child_index라는 변수에 저장한다.

다음으로 트리클 노드와 더 큰 자식을 스왑한다.

```
@data[trickle_node_index], @data[larger_child_index] =
@data[larger_child_index], @data[trickle_node_index]
```

끝으로 트리클 노드의 인덱스를 방금 전 스왑한 인덱스로 업데이트한다.

```
trickle_node_index = larger_child_index
```

16.9.4 대안 구현

힙을 모두 구현했다. 내부적으로 배열을 써서 힙을 구현했으나 연결 리스트로도 구현할 수 있었다 (이렇게 구현하면 2진수를 활용하는 다른 방법으로 마지막 노드 문제를 해결한다).

하지만 배열로 구현한 까닭은 더 널리 쓰이는 방식이기 때문이다. 트리를 배열로 구현하는 방법 또한 매우 흥미롭다.

사실 배열을 사용하면 15장에 나왔던 이진 탐색 트리를 비롯해 **어떤** 종류의 이진 트리든 구현할 수 있다. 하지만 힙은 마지막 노드를 쉽게 찾아준다는 점에서 배열로 구현하면 유리한 첫 이진 트리 사례다.

16.10 / 우선순위 큐로 쓰이는 힙

힙이 어떻게 동작하는지 알았으니 다시 한 바퀴 돌아 오랜 친구인 우선순위 큐로 돌아가자.

다시 말하지만 우선순위 큐의 주요 함수는 큐에서 가장 높은 우선순위를 갖는 항목에 바로 접근하는 것이다. 응급실 예제로 보자면 증상이 가장 심각한 환자를 먼저 치료해야 한다.

그래서 우선순위 큐 구현에는 힙이 딱 어울린다. 힙에서는 가장 높은 우선순위의 항목이 항상 루트 노드에 있으니 바로 접근할 수 있다. 가장 높은 우선순위의 항목을 처리할(그리고 삭제할) 때마다 다음으로 높은 우선순위의 항목이 힙 꼭대기로 오면서 다음으로 처리할 준비를 갖춘다. 또한 이 과정에서 힙은 삽입과 삭제를 모두 아주 빠른 O(logN)으로 처리한다.

정렬된 배열과 대조해보자. 정렬된 배열에서는 새 값을 올바른 자리에 두는 데 훨씬 느린 O(N) 삽입이 걸린다.

결국 힙의 약한 정렬이 **굉장한 장점**으로 작용했다. 완벽히 정렬할 필요가 없으니 새 값을 O(logN) 시간에 삽입할 수 있다. 동시에 힙은 언제든 필요한 항목에, 즉 힙의 최댓값에 항상 **접근할 수 있을 만큼 정렬**되어 있다.

16.11 마무리

지금까지 다양한 종류의 트리가 다양한 종류의 문제를 어떻게 최적화하는지 알아봤다. 이진 탐색 트리는 삽입 비용을 최소화하며 빠르게 검색했고, 힙은 우선순위 큐를 만드는 완벽한 도구였다.

17장에서는 일상적으로 사용하는 가장 일반적인 텍스트 기반 연산에 쓰이는 또 다른 트리를 알아본다.

16.12 연습 문제

다음 연습 문제는 힙을 실습해 볼 기회다. 해답은 541쪽에 나와 있다.

1. 다음 힙에 값 11을 삽입하면 힙이 어떤 모습일지 그려보자.

▼ 그림 16-29

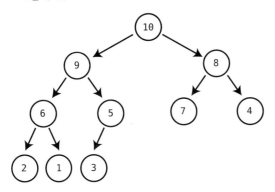

2. 1번 문제의 힙에서 루트 노드를 삭제하면 힙이 어떤 모습일지 그려보자.

3. 55, 22, 34, 10, 2, 99, 68의 순서로 힙에 삽입해 완전히 새로운 힙을 만들었다고 하자. 힙에서 한 번에 한 수씩 팝하며 그 수를 새 배열에 삽입하면 배열에 수가 어떤 순서로 나타날까?

memo

17장

트라이(trie)해 보는 것도 나쁘지 않다

스마트폰의 자동 완성(autocomplete) 기능이 어떻게 동작하는지 궁금했던 적 있는가? 자동 완성이란 "catn"이라고 입력하면 스마트폰에서 "catnip"이나 "catnap" 같은 단어를 추천해주는 기능이다(눈치챘겠지만 캣닢은 저자가 애용하는 단어다).

단어를 자동으로 완성하기 위해 스마트폰은 전체 단어 사전에 접근한다. 하지만 이러한 단어들을 어떤 자료 구조에 저장할까?

영단어를 전부 배열에 저장했다고 잠시 상상해보자. 정렬되지 않은 배열이면 "catn"으로 시작하는 단어를 찾기 위해 사전 내 모든 단어를 검색해야 한다. 다시 말해 O(N)이고, 사전 내 전체 단어 개수를 뜻하는 N이 상당히 큰 수임을 감안하면 매우 느린 연산이다.

해시 테이블도 **단어를 통째로** 해싱해야 값을 저장할 메모리 위치가 결정되니 별로 도움이 되지 않는다. 해시 테이블에 "catn"이 없는데 무슨 수로 "catnip"이나 "catnap"이 해시 테이블 어디에 있는지 쉽게 찾겠는가.

정렬된 배열에 단어를 저장하면 성능이 크게 개선된다. 즉 배열에 단어가 알파벳순으로 들어 있으면 이진 검색으로 O(logN) 시간 안에 "catn"으로 시작하는 단어를 찾는다. 심지어 O(logN)도 나쁘지 않은데 더 빨라질 수도 있다. 특수한 트리 기반 자료 구조를 사용하면 O(1)의 속도로 원하는 단어에 접근한다.

트라이는 자동 완성이나 자동 수정(autocorrect) 같은 중요한 기능을 지원하므로 17장의 예제에서는 텍스트 처리 애플리케이션에서 어떻게 **트라이**(trie)를 활용하는지 보이겠다. 물론 IP 주소나 전화번호를 처리하는 애플리케이션 등에도 쓰인다.

17.1 / 트라이

트리의 한 종류인 **트라이**(trie)는 자동 완성 같은 텍스트 기반 기능에 이상적이다. 트라이가 어떻게 동작하는지 살펴보기 앞서 왜 트라이라고 발음하는지부터 보자.

(아무도 물은 적은 없으나) 개인적인 의견을 말하자면 트라이는 가장 어이없게 명명된 자료 구조 중 하나다. 트라이라는 단어는 사실 **추출**(retrieval)이라는 단어에 유래한다. 따라서 엄밀히 말해 "트리(tree)"로 발음해야 한다. 하지만 **트리**(tree)는 모든 트리 기반 자료 구조에 보편적으로 쓰이는 용어이므로 혼동을 막기 위해 주로 "트라이(try)"로 발음한다. 어떤 책에서는 프리픽스 트리 혹은

디지털 트리라고도 부르나 놀랍게도 트라이라는 이름이 가장 유명하다. 그래서 이 책에서도 트라이라 부른다.

자세한 설명에 들어가기 앞서 한 마디만 더 하겠다. 트라이는 이 책에 나오는 다른 자료 구조들처럼 명쾌하게 설명되지 않는다. 여러 교재마다 트라이를 조금씩 다르게 구현한다. 이 책에서는 가장 간단하고 이해하기 쉬운 구현으로 택했으나 얼마든지 다르게 구현할 수 있다. 어떤 구현이든 대강의 개념은 같다.

17.1.1 트라이 노드

대부분의 트리처럼 트라이도 다른 노드를 가리키는 노드들의 컬렉션이다. 하지만 트라이는 이진 트리가 아니다. 이진 트리는 노드에 셋 이상의 자식이 있을 수 없으나 트라이 노드는 자식 노드 **개수에 제한이 없다.**

이 책의 구현에서는 각 트라이 노드마다 해시 테이블을 포함하며, 해시 테이블에서 키는 알파벳이고 값은 트라이의 다른 노드다. 다음 그림을 보자.

▼ 그림 17-1

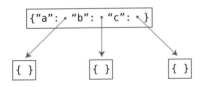

루트 노드는 키가 "a"와 "b", "c"인 해시 테이블을 포함한다. 값은 이 노드의 자식인 다른 트라이 노드다. 자식 역시 마찬가지로 그 자식을 가리키는 해시 테이블을 포함한다(일단 자식들의 해시 테이블은 비워 두었으나 뒤에 나올 그림에서는 데이터를 포함한다).

실제 트라이 노드 구현 자체는 매우 간단하다. 다음은 파이썬으로 구현한 TrieNode 클래스다.

```
class TrieNode:

    def __init__(self):
        self.children = {}
```

보다시피 트라이 노드는 해시 테이블만 포함한다.

(콘솔에) 루트 노드의 데이터를 출력하면 다음과 같다.

```
{'a': <__main__.TrieNode instance at 0x108635638>,
 'b': <__main__.TrieNode instance at 0x108635878>,
 'c': <__main__.TrieNode instance at 0x108635ab8>}
```

다시 말하지만 해시 테이블에서 키는 개개 문자열이고 값은 다른 TrieNode 인스턴스다.

17.1.2 트라이 클래스

완벽하게 트라이를 생성하려면 루트 노드를 추적하는 Trie 클래스도 별도로 필요하다.

```
class Trie:

    def __init__(self):
        self.root = TrieNode()
```

이 클래스는 루트 노드를 가리키는 self.root 변수를 관리한다. 이렇게 구현해서 새 Trie를 생성하면 빈 TrieNode가 루트가 된다.

이 장을 진행하면서 다른 트라이 연산 메서드도 이 Trie 클래스에 추가하겠다.

17.2 / 단어 저장

예제 트라이에서 가장 중요한 부분은 단어 저장이다. 그림 17–2에서 어떻게 "ace", "bad", "cat"이라는 단어를 트라이에 저장하는지 보자.

트라이는 각 단어의 각 문자를 각각의 트라이 노드로 바꿔 세 개의 단어를 저장한다. 예를 들어 루트 노드에서 시작해 키 "a"를 따라가면 키 "c"를 포함하는 자식 노드를 가리킨다. 키 "c"는 다시 키 "e"를 포함하는 노드를 가리킨다. 이 세 문자를 하나로 연결하면 단어 "ace"가 된다.

이러한 패턴을 알면 트라이가 어떻게 단어 "bad"와 "cat"을 저장하는지도 알 수 있다.

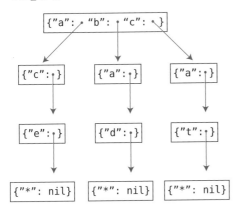

잘 보면 단어들의 마지막 문자에도 자식 노드가 있다. 예를 들어 단어 "ace"의 노드 "e"를 보면 키가 "*", 즉 별표인 해시 테이블을 포함하는 자식 노드를 가리킨다(값은 중요하지 않으니 그냥 널로 넣는다). 이는 단어의 끝을 나타내며, 다시 말해 "ace"가 완전한 한 단어라는 뜻이다. 왜 "*"를 키로 쓰는지 잠시 뒤 설명하겠다.

지금부터가 훨씬 더 흥미롭다. 단어 "act"도 저장하고 싶다고 하자. 이를 위해 이미 존재하는 기존 키 "a", "c"는 그대로 두고 키 "t"를 포함하는 새 노드를 추가한다. 다음 그림을 보자.

♥ 그림 17-3

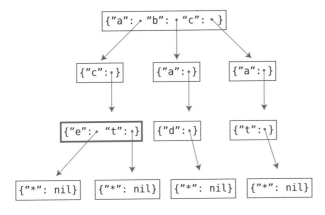

굵게 표시한 노드의 해시 테이블을 보면 이제 자식 노드가 "e"와 "t"둘이다. 이렇게 함으로써 "ace"와 "act"둘 다 유효한 사전 단어가 됐다.

그림으로 나타내기 쉽도록 이제부터 트라이를 보다 간단하게 표현하겠다. 다음 그림은 이 트라이를 새롭게 표현한 것이다.

❤ 그림 17-4

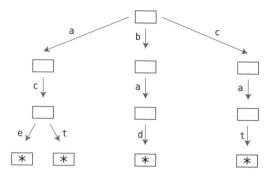

각 해시 테이블의 키를 그 자식 노드를 가리키는 화살표 옆에 두었다.

17.2.1 별표(asterisk)의 필요성

트라이에 "bat"과 "batter"를 저장하고 싶다고 하자. "batter"가 "bat"을 포함하는 흥미로운 예제다. 다음과 같이 처리한다.

❤ 그림 17-5

```
   ▢
  b↓
   ▢
  a↓
   ▢
  t↓
{*,"t"}
  t↓
   ▢
  e↓
   ▢
  r↓
  *
```

첫 번째 "t"는 키가 둘인 노드를 가리킨다. 한 키는 (값이 널인) "*"고 나머지 한 키는 값이 또 다른 노드를 가리키는 "t"다. 즉 "bat"자체가 하나의 단어임과 동시에 더 긴 "batter"의 접두사임을 나타낸다.

위 그림에서는 전형적인 해시 테이블 문법을 따르지 않고 문법을 압축시켜 공간을 절약했다. 앞서 중괄호는 노드에 해시 테이블이 들어 있다는 뜻이었다. 하지만 앞 그림에서 {*, "t"}는 키 값 쌍이 아니라 두 개의 키다. 키 "*"의 값은 널이고 키 "t"의 값은 다음 노드다.

위 예제는 왜 "*"를 써야 하는지 잘 보여준다. "*"는 단어의 일부도 단어일 수 있음을 나타내는 데 꼭 필요하다.

모두 합쳐 더 복잡한 예제로 만들어보자. 다음은 단어 "ace"와 "act", "bad", "bake", "bat", "batter", "cab", "cat", "catnap", "catnip"을 포함하는 트라이다.

▼ 그림 17-6

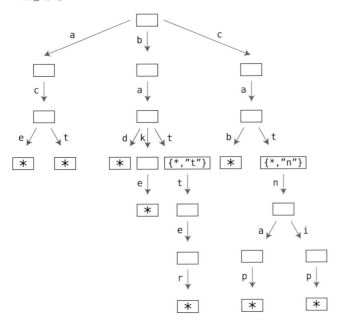

실제 애플리케이션에 쓰이는 트라이는 단어를 수천 개 포함한다. 꼭 영어 전체가 아니더라도 최소한 가장 흔히 쓰이는 단어라도 포함한다.

자동 완성 기능을 개발하려면 먼저 기초 트라이 연산부터 분석하자.

17.3 트라이 검색

검색은 가장 대표적인 트라이 연산으로서 트라이에 어떤 문자열이 있는지 알아내는 것이다. 검색의 목적은 크게 두 가지인데, 하나는 문자열이 **완전한** 단어인지 알아내는 것, 또 하나는 문자열이 최소한 어떤 단어의 **접두사**인지(즉 어떤 단어의 앞부분인지) 알아내는 것이다. 둘 다 비슷하지만 후자인 접두사를 찾는 검색을 구현하겠다. 접두사를 찾다 보면 완전한 단어도 자연스레 찾을 수 있다.

접두사 검색 알고리즘은 다음과 같은 단계를 수행한다(뒤에 나오는 예제에서 한 단계씩 수행하다 보면 더 분명하게 이해된다).

1. currentNode라는 변수를 만든다. 알고리즘을 시작할 때 이 변수는 루트 노드를 가리킨다.

2. 검색 문자열의 각 문자를 순회한다.

3. 검색 문자열의 각 문자를 가리키며 currentNode에 그 문자를 키로 하는 자식이 있는지 본다.

4. 자식이 없으면 검색 문자열이 트라이에 없다는 뜻이니 None을 반환한다.

5. currentNode에 현재 문자를 키로 하는 자식이 있으면 currentNode를 그 자식 노드로 업데이트한다. 이어서 2단계로 돌아가 검색 문자열 내 각 문자를 계속 순회한다.

6. 검색 문자열을 끝까지 순회했으면 검색 문자열을 찾았다는 뜻이다.

직접 해보기 위해 그림 17-6의 트라이에서 문자열 "cat"을 검색해보자.

준비: currentNode에 루트 노드를 할당한다(그림 17-7에서 currentNode를 굵게 표시했다). 그림 17-7처럼 문자열의 첫 번째 문자인 "c"를 가리킨다.

1단계: 루트 노드에 키가 "c"인 자식이 있으니 currentNode를 그 키의 값으로 업데이트한다. 이어서 그림 17-8처럼 다음 문자인 "a"를 가리키며 검색 문자열 내 문자들을 계속 순회한다.

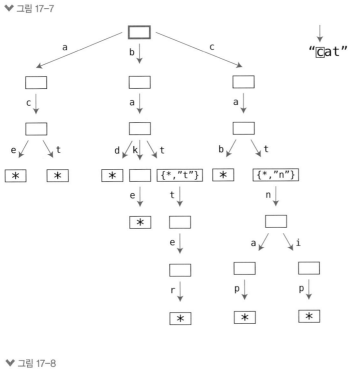

▼ 그림 17-7

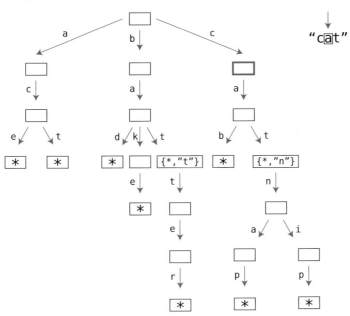

▼ 그림 17-8

2단계: currentNode에 키가 "a"인 자식이 있는지 검사한다. 있으니 그 자식을 새 "로 할당한다.

계속해서 문자열 내 다음 문자인 "t"를 찾는다.

❤ 그림 17-9

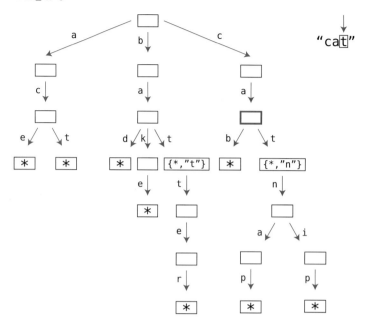

3단계: 검색 문자열의 "t"를 가리키는 중이다. currentNode에 "t"라는 자식이 있으니 그림 17-10에서처럼 그 자식을 따라간다.

❤ 그림 17-10

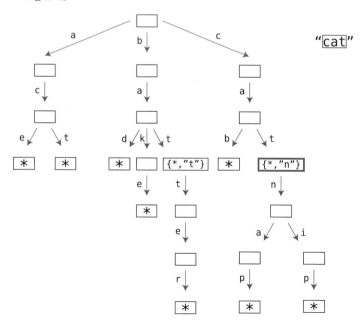

검색 문자열 끝까지 도달했으니 트라이에서 "cat"을 찾은 것이다.

17.3.1 코드 구현: 트라이 검색

Trie 클래스에 다음의 search 메서드를 추가해 트라이 검색을 구현하자.

```python
def search(self, word):
    currentNode = self.root

    for char in word:
        # 현재 노드에 현재 문자를 키로 하는 자식이 있으면
        if currentNode.children.get(char):
            # 자식 노드를 따라간다.
            currentNode = currentNode.children[char]
        else:
            # 현재 노드의 자식 중에 현재 문자가 없으면
            # 검색하려는 단어가 트라이에 없는 것이다.
            return None

    return currentNode
```

search 메서드는 검색하려는 단어(혹은 접두사)에 해당하는 문자열을 받는다.

먼저 currrentNode에 루트 노드를 할당한다.

```python
currentNode = self.root
```

이어서 검색하려는 단어의 각 문자를 순회한다.

```python
for char in word:
```

각 루프 안에서 현재 노드에 현재 문자를 키로 하는 자식이 있는지 확인한다. 자식이 있으면 현재 노드를 그 자식 노드로 업데이트 한다.

```python
if currentNode.children.get(char):
    currentNode = currentNode.children[char]
```

자식이 없으면 더 이상 찾을 길이 없고 검색하려는 단어가 트라이에 없다는 뜻이니 None을 반환한다.

루프를 끝까지 통과했으면 트라이에서 단어 전체를 찾은 것이다. 이때는 currentNode를 반환한다. 그냥 True를 반환하지 않고 현재 노드를 반환하는 이유는 잠시 뒤 설명할 자동 완성 기능을 지원하기 위해서다.

17.4 / 트라이 검색의 효율성

트라이 검색의 장점은 엄청난 효율성이다.

필요한 단계 수를 분석해 보자.

앞선 알고리즘은 검색 문자열의 각 문자를 한 번에 하나씩 살펴본다. 그러면서 각 노드의 해시 테이블을 사용해 한 단계만에 적절한 자식 노드를 찾는다. 알다시피 해시 테이블 룩업에는 딱 O(1) 시간이 걸린다. 따라서 알고리즘은 **검색 문자열 내 문자 수 만큼** 단계가 걸린다.

이는 정렬된 배열에 이진 검색을 수행하는 것보다 훨씬 빠르다. N이 사전 내 단어 수일 때 이진 검색은 O(logN)이다. 이와 달리 트라이 검색은 검색하려는 단어 내 문자 수 만큼의 단계만 걸린다. 단어 "cat"은 3단계면 된다.

트라이 검색은 빅 오로 나타내기 약간 까다롭다. 단계 수가 검색 문자열의 길이에 따라 달라지기 때문에 상수가 아니며, 따라서 O(1)이라 말할 수 없다. 또한 N은 일반적으로 자료 구조 내 데이터 양을 말하는데 O(N)은 오해의 소지가 있다. N은 트라이 내 노드 수를 뜻하며 이 값은 검색 문자열 내 문자 수보다 훨씬 크다.

많은 교재에서 이 복잡도를 O(K)라 부른다. K는 검색 문자열 내 문자 수다. N이 아닌 문자면 되지만 K로 정했다.

검색 문자열마다 길이가 다르므로 O(K)가 상수는 아니지만 한 가지 의미 있는 면에서 상수 시간과 비슷하다. 상수가 아닌 알고리즘은 대부분 처리해야 할 데이터양에 따라 좌우된다. 즉 데이터 N이 커질수록 알고리즘이 느려진다. 하지만 O(K) 알고리즘에서는 트라이가 엄청나게 커지더라도 검색 속도에 영향이 없다. 문자 3개로 된 문자열이면 O(K) 알고리즘은 트라이가 얼마나 크든 항상 3단계만 걸린다. 알고리즘 속도에 영향을 미치는 요인은 사용 가능한 전체 데이터가 아니라 입력 크기뿐이다. 그래서 O(K) 알고리즘이 매우 효율적인 것이다.

검색이 트라이에 수행하는 가장 흔한 연산 유형이지만 일단은 데이터로 트라이를 생성해야 테스트해 볼 수 있으니 다음으로 삽입을 다뤄보자.

17.5 / 트라이 삽입

트라이에 새 단어를 삽입하는 과정은 기존 단어를 검색하는 과정과 비슷하다.

삽입 알고리즘은 다음과 같다.

1. currentNode라는 변수를 만든다. 알고리즘을 시작할 때 이 변수는 루트 노드를 가리킨다.

2. 검색 문자열의 각 문자를 순회한다.

3. 검색 문자열의 각 문자를 가리키며 currentNode에 그 문자를 키로 하는 자식이 있는지 본다.

4. 자식이 있으면 currentNode를 그 자식 노드로 업데이트하고 2단계로 돌아가 검색 문자열 내 다음 문자로 넘어간다.

5. currentNode에 현재 문자와 일치하는 자식 노드가 없으면 자식 노드를 생성하고 currentNode를 이 새 노드로 업데이트한다. 이어서 2단계로 돌아가 검색 문자열 내 다음 문자로 넘어간다.

6. 삽입할 단어의 마지막 문자까지 삽입했으면 마지막 노드에 "*"자식을 추가해 단어가 끝났음을 알린다.

직접 해보기 위해 그림 17-6의 트라이에 단어 "can"을 삽입해보자.

준비: currentNode에 루트 노드를 할당한다. 그림 17-11처럼 삽입할 문자열의 첫 번째 문자인 "c"를 가리킨다.

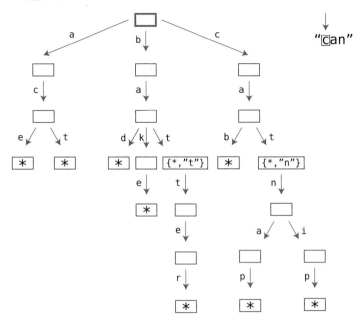

1단계: 루트 노드에 키가 "c"인 자식이 있으니 currentNode를 그 키의 값으로 업데이트한다. 이어서 그림 17-12처럼 삽입할 단어의 다음 문자인 "a"를 가리킨다.

▼ 그림 17-12

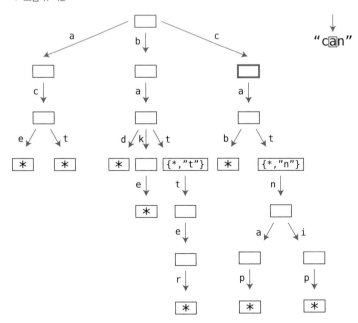

2단계: currentNode에 키가 "a"인 자식이 있는지 검사한다. 있으니 그 자식을 새 currentNode로
할당하고 그림 17-13처럼 삽입할 문자열의 다음 문자인 "n"를 가리킨다.

▼ 그림 17-13

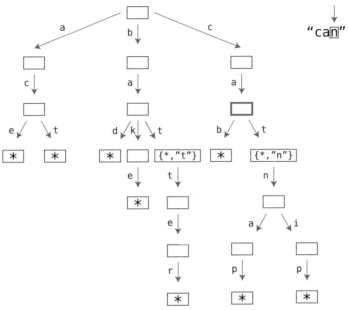

3단계: currentNode에 "n"이 없으니 그림 17-14처럼 키가 "n"인 자식을 생성해야 한다.

▼ 그림 17-14

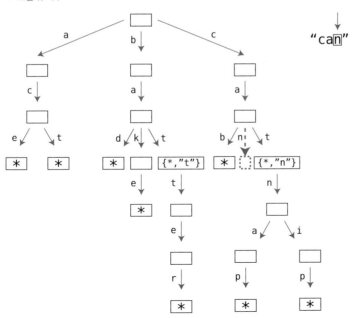

4단계: "can"을 트라이에 모두 삽입했으니 "*"를 자식으로 넣어 마무리한다.

▼ 그림 17-15

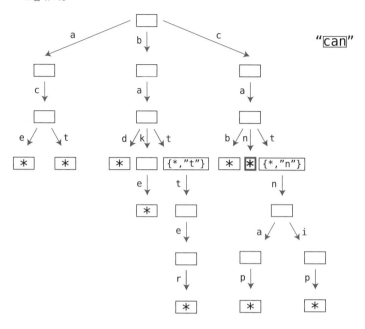

다 끝났다!

17.5.1 코드 구현: 트라이 삽입

다음은 Trie 클래스에 넣을 insert 메서드다. 앞서 봤던 search 메서드와 거의 비슷해 보인다.

```
def insert(self, word):
    currentNode = self.root

    for char in word:
        # 현재 노드에 현재 문자를 키로 하는 자식이 있으면
        if currentNode.children.get(char):
            # 자식 노드를 따라간다.
            currentNode = currentNode.children[char]
        else:
            # 현재 노드의 자식 중에 현재 문자가 없으면
            # 그 문자를 새 자식 노드로 추가한다.
            newNode = TrieNode()
```

```
                    currentNode.children[char] = newNode

                    # 새로 추가한 노드를 따라간다.
                    currentNode = newNode

            # 단어 전체를 트라이에 삽입했으면
            # 마지막으로 *를 추가한다.
            currentNode.children["*"] = None
```

앞 부분은 search 메서드와 동일하다. currentNode에 현재 문자와 일치하는 자식이 없을 때 달라진다. 이때는 현재 문자를 키로 하고, 새 TrieNode를 값으로 하는 새 키-값 쌍을 currentNode의 해시 테이블에 추가한다.

```
    newNode = TrieNode()
    currentNode.children[char] = newNode
```

이어서 currentNode를 새로 추가한 노드로 업데이트한다.

```
    currentNode = newNode
```

이제 새 단어를 모두 삽입할 때까지 루프를 반복한다. 끝나면 마지막 노드의 해시 테이블에 값이 None인 키 "*"를 추가한다.

```
    currentNode.children["*"] = None
```

검색처럼 트라이 삽입에도 약 O(K) 단계가 걸린다. 마지막에 "*"를 추가하니 정확하게 세면 K + 1단계이지만 상수는 무시하므로 속도를 O(K)로 표현한다.

17.6 자동 완성 개발

이제 진짜 자동 완성 기능을 개발할 준비가 됐다. 좀 더 쉽게 하기 위해 이 기능을 사용할 수 있게 해주는 조금 더 단순한 함수를 먼저 만들자.

17.6.1 단어 수집

Trie 클래스에 추가할 다음 메서드는 트라이 내 **모든** 단어를 배열로 반환하는 메서드다. 실제로 사전 **전체**를 나열할 일은 아주 드물다. 하지만 이 메서드는 트라이의 어떤 노드든 인수로 받아 그 노드부터 시작되는 모든 단어를 나열할 수 있다.

다음의 collectAllWords라는 메서드는 특정 노드에서 시작해 트라이 내 모든 단어를 수집한다.

```python
def collectAllWords(self, node=None, word="", words=[]):
    # 메서드는 인수 세 개를 받는다.
    # 첫 번째 인수인 node는 그 자손들에게서 단어를 수집할 노드이다.
    # 두 번째 인수인 word는 빈 문자열로 시작하고
    # 트라이를 이동하면서 문자가 추가된다.
    # 세 번째 인수인 words는 빈 배열로 시작하고
    # 함수가 끝날 때는 트라이 내 모든 단어를 포함한다.

    # 현재 노드는 첫 번째 인자로 전달받은 node다.
    # 아무것도 받지 않았으면 루트 노드다.
    currentNode = node or self.root

    # 현재 노드의 모든 자식을 순회한다.
    for key, childNode in currentNode.children.items():
        # 현재 키가 *이면 완전한 단어 끝에 도달했다는 뜻이므로
        # 이 단어를 words 배열에 추가한다.
        if key == "*":
            words.append(word)
        else: # 아직 단어 중간이면
            # 그 자식 노드에 대해 이 함수를 재귀적으로 호출한다.
            self.collectAllWords(childNode, word + key, words)

    return words
```

재귀를 많이 사용하는 메서드이니 부분부분 나눠 주의 깊게 살펴보자.

메서드는 node와 word, words라는 세 주요 인수를 받는다. node 인수는 트라이 내 어떤 노드에서 단어 수집을 시작할지 명시한다. 이 인수를 넘기지 않으면 메서드는 루트 노드부터 시작해 전체 트라이 내 모든 단어를 수집한다.

word와 words 인수는 메서드 재귀 호출에 쓰이므로 처음에는 명시하지 않아도 된다. words 인수의 기본값은 빈 배열이다. 트라이에서 완전한 단어를 찾을 때마다 그 문자열을 배열에 추가해 함수 마지막에 반환한다.

word 인수의 기본값은 빈 문자열이다. 트라이 사이를 옮겨 다니며 word에 문자를 추가한다. "*"가 나오면 word가 완전한 단어라는 뜻이니 words 배열에 추가한다.

줄 단위로 코드를 살펴보자.

가장 먼저 currentNode를 할당한다.

```
currentNode = node or self.root
```

메서드의 첫 번째 인자로 다른 노드를 전달하지 않으면 기본적으로 currentNode는 루트 노드다. 우선 currentNode가 실제로 루트 노드라고 가정하자.

이어서 currentNode의 자식 해시 테이블에 있는 모든 키-값 쌍을 루프로 순회한다.

```
for key, childNode in currentNode.children.items():
```

루프를 순회할 때 key는 항상 문자 하나짜리 문자열이고 값인 childNode는 또 다른 TrieNode 인스턴스다.

이제 마법이 일어나는 else 절로 넘어가보자.

```
self.collectAllWords(childNode, word + key, words)
```

첫 번째 인수로 childNode를 전달하며 재귀적으로 collectAllWords 함수를 호출한다. 이러한 방식으로 트라이를 순회하며 단어를 수집한다.

두 번째로 전달하는 인수는 word + key다. 단어를 완성하기 위해 트라이의 각 노드를 옮겨 다니며 현재 word에 계속해서 key를 추가한다.

세 번째 인수는 words 배열이다. 재귀 호출에 이 배열을 함께 전달함으로써 트라이를 순회하며 배열 안에 완전한 단어를 수집해 목록을 생성한다.

기저 조건은 키 "*"에 도달해 한 단어를 완성했을 때다. 이때 word를 words 배열에 추가할 수 있다.

```
if key == "*":
    words.append(word)
```

함수 마지막에서 words 배열을 반환한다. 특정 노드를 전달하지 않고 함수를 호출하면 트라이 내 모든 단어 목록을 반환한다.

17.6.2 재귀 연습(walk-through)

단순한 트라이를 사용해 단어 수집 과정을 그림으로 간단히 살펴보자. 다음 그림처럼 트라이에는 "can"과 "cat" 두 단어가 들어 있다.

❤ 그림 17-16

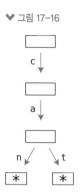

첫 번째 호출: collectAllWords를 처음 호출할 때 currentNode는 루트로 시작하며, word는 빈 문자열, words는 빈 배열이다.

❤ 그림 17-17

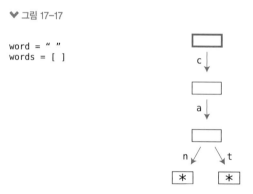

word = " "
words = [ ]

루트 노드의 자식을 순회한다. 루트 노드에 자식 키는 "c" 하나고, 이 키는 한 자식 노드를 가리킨다. 이 자식 노드에 collectAllWords를 재귀적으로 호출하기 전에 현재 호출을 호출 스택에 추가해야 한다.

이어서 자식 노드인 "c"에 대해 collectAllWords를 재귀적으로 호출한다. 이때 word 인수에 word + key를 전달한다. word는 비어 있고 key는 "c"이므로 word + key는 문자열 "c"다. 또한 여전히 빈 배열인 words도 전달한다. 다음 그림은 이 재귀 호출이 이뤄지는 시점을 보여준다.

▼ 그림 17-18

word = "c"
words = [ ]

호출 스택:

collectAllWords(None, " ", words)

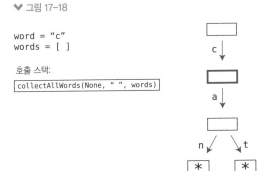

두 번째 호출: 현재 노드의 자식을 순회한다. 자식 키가 "a"딱 하나다. 자식 노드에 collectAllWords 를 재귀적으로 호출하기 전에 현재 호출을 호출 스택에 추가한다. 이어지는 그림에서 이 현재 노드를 자식으로 "a"를 갖는 노드라는 뜻에서 "a" 노드라 부른다.

이어서 collectAllWords를 재귀적으로 호출한다. 이때 자식 노드와 "ca" (word + key), 여전히 빈 배열인 words를 전달한다.

▼ 그림 17-19

word = "ca"
words = [ ]

호출 스택:

collectAllWords("a" node, "c", words)
collectAllWords(None, " ", words)

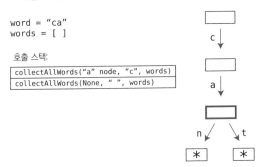

세 번째 호출: 현재 노드의 자식인 "n"과 "t"를 순회한다. "n"먼저 시작한다. 하지만 재귀 호출 전에 먼저 현재 호출을 호출 스택에 추가한다. 이어지는 그림에서 이 현재 노드를 자식으로 "n"과 "t"를 갖는 노드라는 뜻에서 "n/t"노드라 부른다.

이어서 자식 "n"에 collectAllWords를 호출하는데, 이때 word 인수 "can"과 빈 배열인 words도 전달한다.

▼ 그림 17-20

word = "can"
words = [ ]

호출 스택:

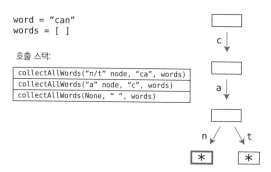

네 번째 호출: 현재 노드의 자식들을 순회한다. 이때 자식은 "*" 하나뿐이다. 즉 기저 조건이다. 현재 word인 "can"을 words 배열에 추가한다.

▼ 그림 17-21

words = ["can"]

다섯 번째 호출: 호출 스택에서 가장 최근 호출을 팝한다. 자식 키가 "n"과 "t"이고 word가 "ca" 였던 노드에 대한 currentAllWords 호출이었다. 팝한다는 것은 그 호출로 돌아간다는 뜻이다(호출 스택에서는 어떤 호출을 팝하든 그 호출로 돌아간다).

▼ 그림 17-22

word = "ca"
words = ["can"]

호출 스택:

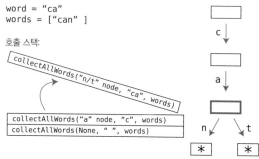

이때 짚고 넘어가야 할 미묘하면서도 중요한 포인트가 있다. 애초에 이 호출을 실행할 때 word 인수는 "ca"였으므로 현재 호출에서 word는 다시 "ca"가 된다. 이와 달리 words 배열은 원래 이 호출을 실행했을 때는 비어 있었으나 이제 단어 "can"을 포함한다.

이렇게 동작하는 이유는 다음과 같다. 배열은 값을 새로 추가해도 메모리에서 계속 같은 객체이므로 많은 프로그래밍 언어에서 배열을 호출 스택 위아래로 전달할 수 있다(같은 개념이 해시 테이블에도 적용된다. 그래서 **12장 동적 프로그래밍**에서 배웠던 메모이제이션 기법에서도 호출 스택에 해시 테이블을 전달했다).

반면 문자열을 수정하면 컴퓨터는 원래 문자열 객체를 실제로 수정하는 대신 새 문자열을 생성한다. 따라서 word를 "ca"에서 "can"으로 업데이트해도 이전 호출에서는 원래 문자열인 "ca"에만 접근할 수 있다(일부 언어에서는 약간 다르게 동작한다. 하지만 이 예제에는 이러한 일반적인 개념이 들어맞는다).

어쨌든 word는 "ca"이고 words에는 단어 "can"이 들어 있는 호출을 실행하는 중이다.

여섯 번째 호출: 이미 키 "n"은 순회했으니 루프에서 이제 키 "t"를 할 차례다. 자식 노드 "t"에 collectAllWords를 재귀적으로 호출하기 전에 현재 호출을 다시 호출 스택에 추가해야 한다(벌써 두 번째로 이 호출을 호출 스택에 추가하고 있다. 앞서 팝했지만 다시 추가한다).

자식 "t"에 collectAllWords를 호출할 때 word 인수 "cat"(word + key)과 words 배열을 전달한다.

▼ 그림 17-23

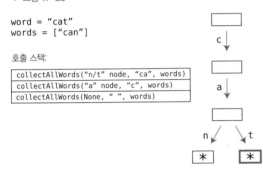

```
word = "cat"
words = ["can"]
```

호출 스택:

```
collectAllWords("n/t" node, "ca", words)
collectAllWords("a" node, "c", words)
collectAllWords(None, " ", words)
```

일곱 번째 호출: 현재 노드의 자식들을 순회한다. 이때 자식은 "*" 하나뿐이니 현재 word인 "cat"을 words 배열에 추가한다.

▼ 그림 17-24

```
words = ["can", "cat"]
```

이제 호출 스택에서 각 호출을 팝하며 words 배열을 반환하고 실행을 완료함으로써 호출 스택을 해제할 수 있다. 이 모든 호출을 시작시켰던 첫 번째 호출, 즉 마지막 호출도 words를 반환하며 끝난다. 이 배열에 문자열 "can"과 "cat"이 있으니 트라이의 전체 단어 목록을 성공적으로 잘 반환했다.

17.7 / 자동 완성 마무리

드디어 자동 완성 기능을 구현할 준비를 마쳤다. 사실 힘든 부분은 이미 거의 다 끝냈다. 조각을 합치는 일만 남았다.

다음은 Trie 클래스에 넣을 수 있는 기본 autocomplete 메서드다.

```python
def autocomplete(self, prefix):
    currentNode = self.search(prefix)
    if not currentNode:
        return None
    return self.collectAllWords(currentNode, prefix)
```

이게 전부다. search 메서드와 collectAllWords 메서드를 함께 사용함으로써 어떤 접두사든 자동으로 완성할 수 있다. 다음과 같이 동작한다.

autocomplete 메서드는 사용자가 입력하기 시작한 문자열인 prefix를 인자로 받는다.

먼저 prefix가 트라이에 존재하는지 검색한다. search 메서드는 접두사가 트라이에 없으면 None을 반환한다. 반면 접두사가 트라이에 있으면 **접두사의 마지막 문자가 들어 있는 트라이 노드**를 반환한다.

앞서 언급했듯이 단어를 찾았을 때 단순히 True를 반환하도록 search를 구현할 수도 있었다. 마지막 노드를 반환한 이유는 search 메서드를 활용해 자동 완성 기능을 지원하기 위해서다.

이제 autocomplete 메서드는 search 메서드가 반환한 노드에 collectAllWords를 호출한다. 이 함수는 마지막 노드에서 시작하는 단어, 다시 말해 입력받은 접두사에 붙어 하나의 단어가 되는 완전한 단어를 모두 찾아서 수집한다.

최종적으로 autocomplete 메서드는 사용자 접두사로 시작하는 모든 단어 배열을 반환하고, 이 배열은 자동 완성 옵션으로 사용자에게 표시된다.

17.8 값을 포함하는 트라이: 자동 완성 업그레이드

조금 더 생각해 보면 사용자가 입력할 만한 단어를 **전부** 표시하는 것이 꼭 훌륭한 자동 완성 기능은 아니다. 예를 들어 옵션 16개를 사용자에게 보여주는 것은 너무 과할 수 있으니 가장 널리 쓰이는 단어만 추려서 보여주는 편이 낫다.

만약 사용자가 "bal"을 입력하기 시작했으면 사용자는 "ball"이나 "bald", "balance" 등을 입력하려던 것일 수 있다. 물론 "balter" 같이 잘 알려지지 않은 단어(궁금한 독자를 위해 설명하면 서툴게 춤춘다는 뜻이다)를 입력하려던 것일 수도 있다. 하지만 "balter"는 흔히 쓰는 단어가 아니므로 이 단어를 쓰려고 했을 가능성은 낮다.

가장 많이 쓰이는 단어 위주로 옵션을 표시하려면 트라이에 단어 인기도 데이터를 함께 저장해야 한다. 다행히도 트라이를 아주 조금만 수정하면 된다.

앞선 트라이 구현에서 키 "*"를 할당할 때 그 값을 널로 넣었다. 값에는 아무 의미가 없어 키 "*"에만 초점을 맞췄기 때문이다.

하지만 이 값을 활용해 단어 자체에 단어의 사용 빈도 같은 데이터를 추가로 저장할 수 있다. 간단한 설명을 위해 그 정도를 1부터 10으로 한정하겠다. 1이 가장 덜 쓰이는 단어, 10이 가장 많이 쓰이는 단어다.

"ball"이 가장 많이 쓰이는 단어이고 인기도가 10점이라고 하자. "balance"는 조금 덜 쓰일 수 있어 9점이다. "bald"는 훨씬 덜 자주 쓰이니 7점이다. "balter"는 거의 알려져 있지 않은 단어이므로 1점으로 하겠다. 이러한 점수를 트라이에 다음과 같이 저장할 수 있다.

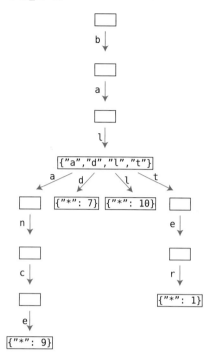

각 키 "*"의 값에 숫자를 넣어 각 단어의 인기도를 효과적으로 저장했다. 이제 트라이 내 단어를 수집할 때 점수를 함께 수집해 인기도 순으로 단어를 정렬할 수 있다. 이로써 가장 많이 쓰이는 단어만 골라 옵션으로 표시할 수 있게 된다.

17.9 / 마무리

지금까지 이진 탐색 트리, 힙, 트라이라는 세 종류의 트리를 살펴봤다. 이 밖에 AVL 트리, 레드-블랙 트리, 2-3-4 트리 등 **많은** 종류의 트리가 있다. 각 트리마다 특정 상황에 유용하게 쓰일 만한 고유한 성질과 동작을 지닌다. 트리 종류를 더 다양하게 배워 두면 좋겠지만 어쨌든 우선은 여러 종류의 트리가 어떻게 서로 다른 문제를 해결하는지 알았다.

이제 이 책의 마지막 자료 구조로 넘어갈 차례다. 트리에 대해 배운 내용은 그래프를 이해하는 바탕이 된다. 그래프는 아주 다양한 상황에서 유용하게 쓰이고 또 그만큼 유명하다. 본격적으로 들어가보자.

17.10 연습 문제

다음 연습 문제는 트라이를 실습해 볼 기회다. 해답은 542쪽에 나와 있다.

1. 다음 트라이에 저장된 모든 단어를 나열하라.

▼ 그림 17-26

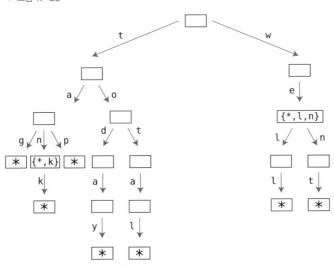

2. "get", "go", "got", "gotten", "hall", "ham", "hammer", "hill", "zebra"를 저장하는 트라이를 그림으로 나타내라.

3. 트라이의 각 노드를 순회하며 "*"를 포함해 각 키를 출력하는 함수를 작성하라.

4. 사용자가 입력한 오탈자를 올바른 단어로 바꿔주는 **autocorrect** 함수를 작성하라. 함수는 사용자가 입력한 텍스트를 문자열로 받는다. 사용자 문자열이 트라이에 **없으면** 함수는 사용자 문자열과 가장 긴 접두사를 공유하는 단어를 반환해야 한다.

    예를 들어 트라이에 "cat", "catnap", "catnip"이 있다고 하자. 사용자가 실수로 "catnar"라고 입력하면 함수는 트라이에서 "catnar"와 가장 긴 접두사를 공유하는 "catnap"을 반환해야 한다. "catnar"와 "catnap"은 5글자짜리 접두사 "catna"를 공유하기 때문이다. "catnip"은 더 짧은 4글자짜리 접두사 "catn"을 공유하므로 답이 아니다.

    한 가지 예를 더 들어보자. 사용자가 "caxasfdij"를 입력하면 "cat"과 "catnap", "catnip" 모두 똑같이 접두사 "ca"를 공유하므로 함수는 아무 단어나 반환할 수 있다.

17

트라이(trie)해 보는 것도 나쁘지 않다

사용자 문자열이 트라이에 있으면 함수는 그 단어를 그대로 반환해야 한다. 설사 사용자 텍스트가 완전한 단어가 아니더라도 오탈자를 교정하려는 것이지 자동 완성 옵션을 보이려는 것이 아니므로 있는 그대로 반환한다.

18^장

그래프로 뭐든지 연결하기

친구를 맺어주는 소셜 네트워크를 만든다고 하자. 앨리스가 밥의 친구라면 밥 역시 앨리스의 친구이듯이 이러한 친구 관계는 상호적이다.

이러한 데이터를 가장 잘 조직하는 방법은 무엇일까?

한 가지 매우 간단한 접근 방식은 2차원 배열로 친구 관계 리스트를 저장하는 것이다.

```
friendships = [
    ["Alice", "Bob"],
    ["Bob", "Cynthia"],
    ["Alice", "Diana"],
    ["Bob", "Diana"],
    ["Elise", "Fred"],
    ["Diana", "Fred"],
    ["Fred", "Alice"]
]
```

각 하위 배열은 둘 사이의 "친구 관계"를 이름 쌍으로 나타낸다.

불행히도 이 방식으로는 앨리스의 친구가 누구인지 빠르게 알 수 없다. 자세히 보면 앨리스는 밥과 다이애나, 프레드와 친구다. 하지만 컴퓨터 입장에서는 목록 내 관계를 일일이 확인해야만 앨리스가 누구와 친구 관계인지 알 수 있다. 이는 O(N)이 걸리는 매우 느린 방법이다.

다행히도 훨씬 **더** 빠른 방법이 있다. **그래프**(graph)라는 알려진 자료 구조를 사용하면 앨리스의 친구를 O(1) **시간** 만에 찾을 수 있다.

18.1 그래프

그래프는 관계에 특화된 자료 구조로서 데이터가 서로 어떻게 연결되는지 쉽게 이해시켜 준다.

앞서 다룬 소셜 네트워크를 그림으로 표현하면 다음과 같다.

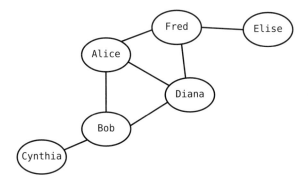

한 사람은 한 노드로, 사람 간 친구 관계는 각 선으로 표현한다. 앨리스를 예로 들면, 앨리스 노드가 밥, 다이애나, 프레드 노드와 선으로 연결되므로 각각 앨리스와 친구 사이임을 알 수 있다.

18.1.1 그래프 대 트리

그래프는 앞서 다뤘던 트리와 비슷하다. 사실 **트리도 그래프의 한 종류**다. 두 자료 구조 모두 서로 연결되는 노드로 구성된다.

그렇다면 그래프와 트리의 차이는 무엇일까?

답은 바로 이것이다. 모든 트리는 그래프이지만, 그래프가 모두 트리는 아니다.

구체적으로 말해 트리로 규정되는 그래프에는 **사이클**(cycle)이 있을 수 없으며 모든 노드가 서로 **연결**되어야 한다. 무슨 뜻인지 알아보자.

그래프에는 **사이클**을 형성하는 노드, 즉 서로 순환적으로 참조하는 노드가 있을 수 있다. 앞선 예제에서 앨리스는 다이애나와 친구고, 다이애나는 밥과 연결되며, 밥은 다시 앨리스와 연결된다. 이 세 노드가 사이클을 형성한다.

반면 트리에는 사이클이 있을 수 "없다". 사이클이 있는 그래프는 트리가 아니다.

트리에만 국한되는 또 다른 특징은 모든 노드가 어떻게든, 심지어 간접적으로라도 다른 노드와 연결된다는 것이다. 하지만 그래프는 완전히 연결되지 않을 수 있다.

다음 그래프를 보자.

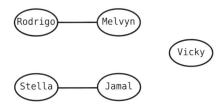

위 소셜 네트워크에는 두 쌍의 친구 관계가 있다. 하지만 친구 관계 중 누구도 다른 쌍의 누군가와 친구가 아니다. 뿐만 아니라 비키는 방금 이 소셜 네트워크에 가입해서 아예 친구가 없다. 이와 달리 트리에는 나머지 트리와 연결되지 않은 노드가 없다.

18.1.2 그래프 용어

그래프에만 쓰이는 몇 가지 기술 용어가 있다. 흔히 각각의 데이터를 **노드**라고 부르지만 "그래프에서는" 각 노드를 **정점**(vertex)이라 부른다. 노드, 다시 말해 정점을 잇는 선도 그래프 용어로 **간선**(edge)이라 부른다. 간선으로 연결된 정점은 서로 **인접한다**(adjacent)고 말한다. 인접한 정점을 **이웃**(neighbor)이라고도 부른다.

그림 18-1의 그래프에서 정점 "앨리스"와 "밥"은 한 간선을 공유하므로 서로 인접한다.

앞서 언급했듯이 그래프에는 다른 정점과 전혀 연결되지 않은 정점이 있을 수 있다. **모든** 정점이 어떻게든 서로 연결된 그래프를 따로 **연결 그래프**(connected graph)라고 부른다.

18.1.3 기초 그래프 구현

이 책에서는 객체 지향 클래스로 그래프를 표현해 코드를 구성하겠으나 기초 해시 테이블(8장 해시 테이블로 매우 빠른 룩업 참고)로도 가장 기본적인 그래프를 표현할 수 있음을 알아두자. 예제 소셜 네트워크를 대충 루비로 구현해 보면 다음과 같다.

```
friends = {
    "Alice" => ["Bob", "Diana", "Fred"],
    "Bob" => ["Alice", "Cynthia", "Diana"],
    "Cynthia" => ["Bob"],
    "Diana" => ["Alice", "Bob", "Fred"],
    "Elise" => ["Fred"],
```

```
    "Fred" => ["Alice", "Diana", "Elise"]
}
```

해시 테이블의 모든 키 값은 한 단계로 찾을 수 있으므로 그래프를 쓰면 앨리스의 친구를 O(1)에 찾을 수 있다.

```
friends["Alice"]
```

이 코드는 앨리스의 모든 친구를 포함하는 배열을 곧바로 반환한다.

18.2 방향 그래프

어떤 소셜 네트워크에서는 관계가 상호적이지 **않다**. 예를 들어 한 소셜 네트워크에서 앨리스는 밥을 팔로우할 수 있지만, 밥이 반드시 앨리스를 팔로우하진 않는다. 누가 누구를 팔로우하는지 보여주는 새로운 그래프를 만들어 보자.

▼ 그림 18-3

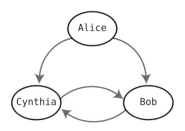

이와 같은 그래프를 **방향 그래프**(directed graph)라 부른다. 이 예제에서 화살표는 관계의 **방향**(direction)을 나타낸다. 앨리스는 밥과 신시아를 둘 다 팔로우하지만 누구도 앨리스를 팔로우하지 않는다. 밥과 신시아는 서로 팔로우한다.

앞서처럼 간단한 해시 테이블 구현으로 이 데이터를 저장할 수 있다.

```
followees = {
    "Alice" => ["Bob", "Cynthia"],
    "Bob" => ["Cynthia"],
    "Cynthia" => ["Bob"]
}
```

배열을 사용해 각각 누구를 **팔로우**(follow)하는지 나타낸다는 점만 다를 뿐이다.

18.3 객체 지향 그래프 구현

지금까지 그래프를 해시 테이블로 구현하는 방법을 보였으나 이제부터는 객체 지향 방식으로 구현하겠다.

루비로 객체 지향 그래프를 구현할 때는 다음과 같이 시작한다.

```ruby
class Vertex
    attr_accessor :value, :adjacent_vertices

    def initialize(value)
        @value = value
        @adjacent_vertices = []
    end

    def add_adjacent_vertex(vertex)
        @adjacent_vertices << vertex
    end
end
```

Vertex 클래스의 주요 속성은 value와 adjacent_vertices 배열이다. 예제 소셜 네트워크에서 각 정점은 한 사람을 나타내고 value는 그 사람의 이름을 포함하는 문자열이다. 더 복잡한 애플리케이션에서는 한 정점에 그 사람에 대한 여러 인물 정보를 더 저장하고 싶을 수 있다.

adjacent_vertices 배열은 정점과 연결되는 모든 정점을 포함한다. add_adjacent_vertex 메서드를 사용해 주어진 정점에 인접한 정점을 추가할 수 있다.

이 클래스를 사용하면 다음 그림에서 누가 누구를 팔로우하는지 나타내는 방향 그래프를 만들 수 있다.

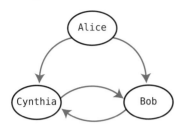

```
alice = Vertex.new("alice")
bob = Vertex.new("bob")
cynthia = Vertex.new("cynthia")

alice.add_adjacent_vertex(bob)
alice.add_adjacent_vertex(cynthia)
bob.add_adjacent_vertex(cynthia)
cynthia.add_adjacent_vertex(bob)
```

(모든 친구 관계가 상호적인) 소셜 네트워크를 위한 **무방향 그래프**(undirected graph)를 만든다면 밥을 앨리스의 친구 목록에 추가할 때 자동으로 앨리스도 밥의 친구 목록에 추가하는 것이 타당하다.

이럴 때는 **add_adjacent_vertex** 메서드를 다음과 같이 수정한다.

```
def add_adjacent_vertex(vertex)
    return if adjacent_vertices.include?(vertex)
    @adjacent_vertices << vertex
    vertex.add_adjacent_vertex(self)
end
```

앨리스에 이 메서드를 호출해 밥을 앨리스의 친구 목록에 추가해보자. 앞선 함수처럼 @adjacent_vertices << vertex로 밥을 앨리스의 @adjacent_vertices 목록에 추가한다. 그리고 이어서 밥의 정점에 vertex.add_adjacent_vertex(self)라고 이 메서드를 다시 호출한다. 이렇게 앨리스도 밥의 친구 목록에 추가한다.

이 방식은 결국 무한 루프에 빠진다. 앨리스와 밥이 끝없이 서로 add_adjacent_vertex를 호출하기 때문이다. 그래서 앨리스의 친구 목록에 밥이 이미 있으면 메서드를 중지할 수 있도록 return if adjacent_vertices.include?(vertex) 행을 추가했다.

단순하게 설명하기 위해 앞으로는 연결된 그래프(다시 말하지만 모든 정점이 어떻게든 서로 연결된 그래프)만 다루겠다. 연결 그래프를 사용하면 앞선 Vertex 클래스 하나로 앞으로 나올 모든 알고리즘을 다룰 수 있다. 전체적으로 생각해 보면 모든 정점이 연결되어 있으니 정점 하나에만 접근할 수 있으면 거기서부터 다른 정점을 모두 찾을 수 있다.

하지만 연결되지 않은 그래프를 다룰 때는 한 정점에서 시작해 모든 정점을 찾는 것이 불가능할 수 있음을 잊지 말아야 한다. 이럴 때는 그래프 정점을 배열 같은 추가 데이터 구조에 저장한 후 접근해야 할 수도 있다(흔히 이러한 배열을 관리하는 별도의 Graph 클래스를 만들어 그래프를 구현한다).

> Note ≡ **인접 리스트 대 인접 행렬**
>
> 예제 그래프 구현은 (배열 형태의) 단순 리스트를 사용해 정점의 인접 정점을 저장한다. 이러한 방식을 **인접 리스트 구현**이라 부른다.
>
> 하지만 리스트 대신 2차원 배열로 구현하는 방식도 알아두면 좋다. 이러한 방식을 **인접 행렬**이라 부르며 특정 상황에 이점이 있다.
>
> 두 방식 모두 유명하지만 이 책에서는 보다 직관적인 방식인 인접 리스트를 주로 사용하고자 한다. 하지만 인접 행렬이 유용할 때가 있고 또 더 재미있기도 하니 함께 공부해 두자.

18.4 / 그래프 탐색

정점 찾기는 가장 흔한 그래프 연산 중 하나다.

그래프 용어로 "탐색"은 몇 가지 의미를 함축한다. 가장 단순한 의미에서 그래프 "탐색"은 그래프 어딘가에 있는 특정 정점을 찾는 것이다. 배열에서 값을 찾거나 해시 테이블에서 키-값 쌍을 찾는 것과 비슷하다.

하지만 그래프에서 탐색은 일반적으로 보다 특정한 의미를 지닌다. 즉 **그래프 내 한 정점에 접근할 수 있을 때 그 정점과 어떻게든 연결된 또 다른 특정 정점을 찾는 것**이다.

다음 소셜 네트워크 예제를 보자.

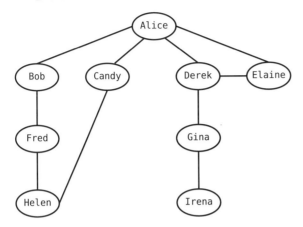

현재 앨리스의 정점에 접근할 수 있다고 가정하자. 이때 이레나를 찾는다는 것은 앨리스에서 이레나로 가는 경로를 찾는다는 뜻이다.

보다시피 흥미롭게도 앨리스에서 이레나로 가는 **경로**는 두 가지다.

그림으로 보면 어떤 경로가 더 짧은지 한눈에 보인다.

▼ 그림 18-6

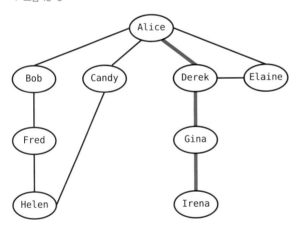

즉, 다음과 같은 순서로 앨리스에서 이레나로 갈 수 있다.

$$Alice \rightarrow Derek \rightarrow Gina \rightarrow Irena$$

하지만 이레나에게 가는 조금 더 긴 경로를 택할 수도 있다.

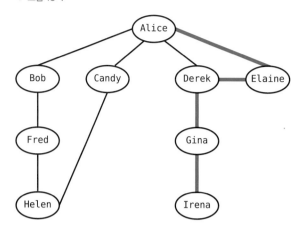

다음은 더 긴 경로다.

$$Alice \rightarrow Elaine \rightarrow Derek \rightarrow Gina \rightarrow Irena$$

경로(path)라는 용어는 공식적인 그래프 용어로서 한 정점에서 다른 정점으로 가는 간선들의 순열을 뜻한다.

그래프 탐색(이미 알겠지만 한 정점에서 다른 정점으로 가는 것)은 다양한 유스케이스에 효과적으로 쓰인다.

누구나 떠올릴 수 있는 적용 사례는 연결 그래프에서 특정 정점을 찾는 경우일 것이다. **임의의** 정점 하나만 접근할 수 있으면 탐색으로 전체 그래프 내 어떤 정점이든 찾을 수 있다.

그래프 탐색의 또 다른 사례는 두 정점이 연결되어 있는지 알아내는 것이다. 예를 들어 앨리스와 이레나가 네트워크 상에서 어떤 식으로든 연결되어 있는지 알고 싶을 수 있다. 그래프 탐색이 그 해답을 제공한다.

특정 정점을 찾는 경우가 아니어도 탐색이 쓰인다. 즉 그래프 탐색으로 그래프 순회만 할 수도 있다. 그래프의 모든 정점에 어떤 연산을 수행하고 싶을 때 유용하다. 어떻게 동작하는지 지금부터 살펴보자.

18.5 깊이 우선 탐색

그래프 탐색에는 **깊이 우선 탐색**과 **너비 우선 탐색**, 두 방식이 널리 쓰인다. 둘 다 문제 없이 그래프를 탐색하지만 특정 상황에서 각각 고유한 이점을 제공한다. 우선 **깊이 우선 탐색**(Depth-First Search, DFS)부터 시작할텐데, **15.7절 이진 탐색 트리 순회**에서 논했던 이진 트리 순회 알고리즘과 상당히 유사하다. 본질적으로는 **10.5절 파일시스템 순회**에서 보았던 알고리즘과도 동일하다.

앞서 언급했듯이 그래프 탐색은 어떤 정점을 찾거나 아니면 단순히 그래프를 순회하는 데 쓰인다. 먼저 조금 더 간단한 깊이 우선 탐색으로 그래프를 순회해 보겠다.

어떤 그래프 탐색 알고리즘이든 핵심은 지금까지 어떤 정점을 방문했는지 기록하는 것이다. 이렇게 하지 않으면 무한 사이클에 빠지고 만다. 다음 그래프를 예로 살펴보자.

▼ 그림 18-8

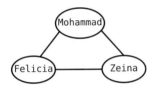

모하메드는 펠리샤와 친구다. 또한 펠리샤는 자이나와 친구다. 그런데 자이나는 모하메드와 친구다. 따라서 앞서 방문했던 정점을 따로 기록하지 않으면 코드는 영원히 순환한다.

사이클이 없는 트리(혹은 파일시스템 순회)에서는 발생하지 않았던 문제다. 하지만 그래프에는 사이클이 있을 수 있으므로 이제 이 문제를 해결해야 한다.

방문했던 정점을 기록할 한 가지 방법은 해시 테이블을 사용하는 것이다. 각 정점을 방문할 때마다 그 정점(혹은 그 정점의 값)을 키로 해서 해시 테이블에 추가하고 불리언 값 true 같은 임의의 값을 그 키에 할당한다. 해시 테이블에 어떤 정점이 있으면 이미 방문했다는 뜻이다.

해시 테이블을 사용하는 깊이 우선 탐색 알고리즘은 다음과 같이 동작한다.

1. 그래프 내 임의의 정점에서 시작한다.
2. 현재 정점을 해시 테이블에 추가해 방문했던 정점임을 표시한다.
3. 현재 정점의 인접 정점을 순회한다.
4. 방문했던 인접 정점이면 무시한다.
5. 방문하지 않았던 인접 정점이면 그 정점에 대해 재귀적으로 깊이 우선 탐색을 수행한다.

18.5.1 깊이 우선 탐색 연습

이 알고리즘을 실제로 수행해보자.

앨리스부터 시작하겠다. 그림 18-9에서 여러 선으로 둘러싸인 정점이 현재 정점이다. 체크 부호는 방문한(그리고 해시 테이블에 추가한) 정점이라는 공식적인 표시다.

1단계: 앨리스에서 시작한다. 앨리스에 체크 부호를 표시해 공식적으로 앨리스의 정점에 방문했음을 나타낸다.

▼ 그림 18-9

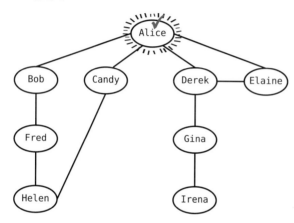

이어서 루프로 앨리스의 이웃을 순회한다. 이웃은 밥과 캔디, 데릭, 일레인이다.

어떤 이웃을 먼저 방문하는지 순서는 중요하지 않으니 그냥 밥부터 시작하자. 그래도 괜찮아 보인다.

2단계: 밥에 깊이 우선 탐색을 수행한다. 앨리스에 대해 깊이 우선 탐색을 수행하던 중이었으니 이는 재귀 호출이다.

모든 재귀가 그러하듯이 컴퓨터는 어떤 함수 호출을 수행하던 중이었는지 기억해야 하므로 앨리스를 먼저 호출 스택에 추가한다.

▼ 그림 18-10

밥에 깊이 우선 탐색을 시작하며 밥이 현재 정점이 된다. 밥에 방문했다고 표시한다.

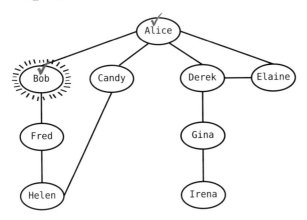

이어서 밥의 인접 정점인 앨리스와 프레드를 순회한다.

3단계: 앨리스는 이미 방문했으니 무시한다.

4단계: 이제 이웃은 프레드만 남았다. 프레드의 정점에 깊이 우선 탐색 함수를 호출한다. 컴퓨터는 먼저 밥을 호출 스택에 추가해 밥을 탐색하던 중이었음을 기록한다.

❤ 그림 18-12

이제 프레드에 깊이 우선 탐색을 수행한다. 프레드가 현재 정점이니 그림 18-13처럼 프레드에 방문했다고 표시한다.

❤ 그림 18-13

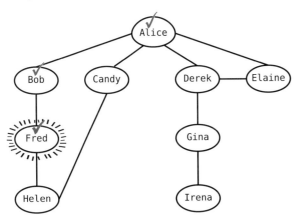

다음으로 프레드의 인접 정점인 밥과 헬렌을 순회한다.

5단계: 밥은 이미 방문했으니 무시한다.

6단계: 남은 인접 정점은 헬렌뿐이다. 헬렌에 깊이 우선 탐색을 재귀적으로 수행하기 앞서 컴퓨터는 먼저 프레드를 호출 스택에 추가한다.

▼ 그림 18-14

이제 헬렌에 깊이 우선 탐색을 시작한다. 헬렌이 현재 정점이므로 방문했다고 표시한다.

▼ 그림 18-15

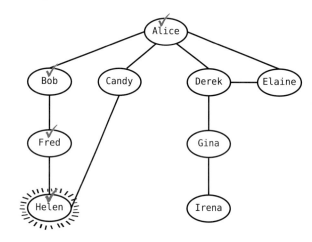

헬렌의 인접 정점은 프레드와 캔디 둘이다.

7단계: 프레드는 이미 방문했으니 무시한다.

8단계: 캔디는 아직 방문하지 않았으니 캔디에 깊이 우선 탐색을 재귀적으로 수행한다. 하지만 먼저 헬렌을 호출 스택에 추가해야 한다.

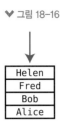

| Helen |
| Fred |
| Bob |
| Alice |

캔디에 깊이 우선 탐색을 수행한다. 캔디가 현재 정점이므로 방문했다고 표시한다.

♥ 그림 18-17

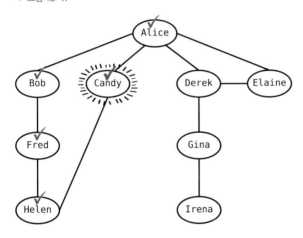

캔디에는 인접 정점이 앨리스와 헬렌 둘이다.

9단계: 앨리스는 이미 방문했으니 무시한다.

10단계: 헬렌도 이미 방문했으니 무시한다.

캔디에 다른 이웃이 없으니 캔디에 대한 깊이 우선 탐색은 여기서 끝이다. 이제 컴퓨터는 호출 스택을 해제하기 시작한다.

먼저 호출 스택에서 헬렌을 팝한다. 헬렌의 이웃을 모두 순회했으니 헬렌에 대한 깊이 우선 탐색은 끝났다.

컴퓨터는 프레드를 팝한다. 프레드의 이웃도 모두 순회했으니 프레드 탐색도 끝났다.

밥을 팝하고 밥 탐색도 끝났다.

이어서 컴퓨터는 호출 스택에서 앨리스를 팝한다. 앨리스 탐색 중에 앨리스의 모든 이웃을 루프로 순회하는 중이었다. 이 루프에서 밥은 이미 순회했다(2단계에서). 이제 캔디와 데릭, 일레인이 남았다.

11단계: 캔디는 이미 방문했으니 탐색하지 않아도 된다.

하지만 아직 데릭이나 일레인은 방문하지 않았다.

12단계: 계속해서 데릭에 깊이 우선 탐색을 수행한다. 컴퓨터는 앨리스를 다시 호출 스택에 추가한다.

▼ 그림 18-18

이제 데릭에 깊이 우선 탐색을 시작한다. 데릭이 현재 정점이니 방문했다고 표시한다.

▼ 그림 18-19

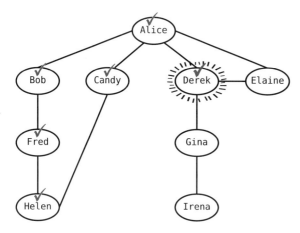

데릭의 인접 정점은 앨리스와 일레인, 지나다.

13단계: 앨리스는 이미 방문했으니 다시 탐색하지 않아도 된다.

14단계: 다음으로 일레인을 방문해 일레인의 정점에 깊이 우선 탐색을 재귀적으로 수행한다. 그전에 컴퓨터는 우선 데릭을 호출 스택에 추가한다.

▼ 그림 18-20

이제 일레인에 깊이 우선 탐색을 수행한다. 일레인에 방문했다고 표시한다.

▼ 그림 18-21

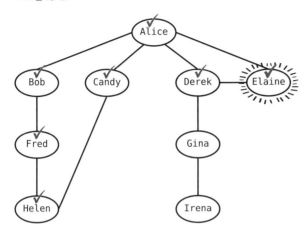

일레인의 인접 정점은 앨리스와 데릭이다.

15단계: 앨리스는 이미 방문했으니 다시 탐색하지 않아도 된다.

16단계: 데릭도 이미 방문했다.

일레인의 이웃을 모두 순회했으니 일레인 탐색이 끝났다. 컴퓨터는 이제 호출 스택에서 데릭을 팝해 데릭의 남은 인접 정점을 순회한다. 마지막으로 방문할 이웃은 지나다.

17단계: 지나는 아직 방문하지 않으니 지나의 정점에 깊이 우선 탐색을 재귀적으로 수행한다. 그 전에 컴퓨터는 데릭을 호출 스택에 다시 추가한다.

▼ 그림 18-22

지나에 깊이 우선 탐색을 시작하고 그림 18-23처럼 지나에 방문했다고 표시한다.

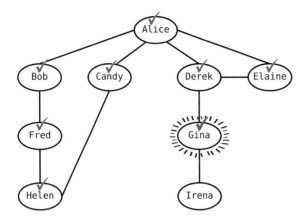

▼ 그림 18-23

지나의 이웃은 데릭과 이레나 둘이다.

18단계: 데릭은 이미 방문했다.

19단계: 지나에는 방문하지 않은 인접 정점 하나, 즉 이레나가 남아 있다. 이레나에 깊이 우선 탐색을 재귀적으로 수행할 수 있도록 지나를 호출 스택에 추가한다.

▼ 그림 18-24

이레나 탐색을 시작하고 방문했다고 표시한다.

▼ 그림 18-25

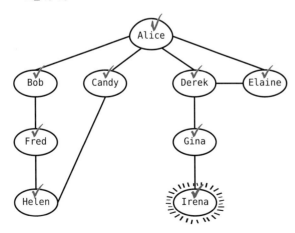

이레나의 이웃을 순회한다. 이레나의 이웃은 지나 딱 하나다.

20단계: 지나는 이미 방문했다.

이제 컴퓨터는 각 정점을 하나씩 팝하며 호출 스택을 해제한다. 하지만 호출 스택에 있던 각 정점마다 모든 이웃을 순회했으므로 컴퓨터가 더 할 일이 없다.

다 끝났다!

18.5.2 코드 구현: 깊이 우선 탐색

다음은 깊이 우선 순회를 구현한 것이다.

```
def dfs_traverse(vertex, visited_vertices={})
    # 정점을 해시 테이블에 추가해 방문했다고 표시한다.
    visited_vertices[vertex.value] = true

    # 정점의 값을 출력해 제대로 순회하는지 확인한다.
    puts vertex.value

    # 현재 정점의 인접 정점을 순회한다.
    vertex.adjacent_vertices.each do |adjacent_vertex|

        # 이미 방문했던 인접 정점은 무시한다.
        next if visited_vertices[adjacent_vertex.value]

        # 인접 정점에 대해 메서드를 재귀적으로 호출한다.
        dfs_traverse(adjacent_vertex, visited_vertices)
    end
end
```

dfs_traverse 메서드는 vertex 하나와 선택적으로 visited_vertices 해시 테이블을 받는다. 함수를 처음 호출할 때 visited_vertices는 비어 있다. 정점을 방문할 때마다 방문한 정점들로 해시 테이블을 채우면서 각 재귀 호출에 해시 테이블을 전달한다.

함수는 가장 먼저 현재 정점을 방문했다는 표시를 남긴다. 정점의 값을 해시에 추가하면 된다.

```
visited_vertices[vertex.value] = true
```

올바르게 순회하는지 피드백을 얻기 위해 정점의 값을 출력할 수도 있다.

```
puts vertex.value
```

이어서 현재 정점의 인접 정점을 순회한다.

```
vertex.adjacent_vertices.each do |adjacent_vertex|
```

이미 방문한 인접 정점이면 다음 루프로 건너 뛴다.

```
next if visited_vertices[adjacent_vertex.value]
```

그렇지 않으면 인접 정점에 dfs_traverse를 재귀적으로 호출한다.

```
dfs_traverse(adjacent_vertex, visited_vertices)
```

앞서 말했듯이 뒤이은 호출에서 접근할 수 있도록 visited_vertices 해시 테이블도 전달한다.

깊이 우선 탐색을 사용해 실제 어떤 정점을 찾고 싶으면 함수를 다음과 같이 수정한다.

```
def dfs(vertex, search_value, visited_vertices={})
    # 찾고 있던 정점이면 원래의 vertex을 반환한다.
    return vertex if vertex.value == search_value

    visited_vertices[vertex.value] = true

    vertex.adjacent_vertices.each do |adjacent_vertex|
        next if visited_vertices[adjacent_vertex.value]

        # 인접 정점이 찾고 있던 정점이면
        # 그 인접 정점을 반환한다.
        return adjacent_vertex if adjacent_vertex.value == search_value

        # 인접 정점에 메서드를 재귀적으로 호출해
        # 찾고 있던 정점을 계속 찾는다.
        vertex_were_searching_for =
            dfs(adjacent_vertex, search_value, visited_vertices)

        # 위 재귀에서 올바른 정점을 찾았다면
        # 그 정점을 반환한다.
        return vertex_were_searching_for if vertex_were_searching_for
    end
```

```
      # 찾고 있던 정점을 찾지 못했으면
    return nil
  end
```

앞선 구현처럼 각 정점을 재귀적으로 호출하되 호출에서 원하던 정점을 찾으면 vertex_were_searching_for을 반환한다.

18.6 너비 우선 탐색

흔히 BFS(Breadth-First Search)로 줄여 부르는 **너비 우선 탐색**은 그래프를 탐색하는 또 다른 방법이다. 깊이 우선 탐색과 달리 너비 우선 탐색은 재귀를 쓰지 **않는다**. 대신 앞서 배웠던 큐로 문제를 해결한다. 기억하겠지만 큐는 FIFO 자료 구조로서 먼저 들어간 데이터를 먼저 처리한다.

지금부터 너비 우선 탐색 알고리즘을 알아보자. 깊이 우선 탐색을 연습했을 때처럼 너비 우선 탐색을 사용해 그래프를 **순회**해 보겠다. 즉 예제 소셜 네트워크의 각 정점을 방문하겠다.

다음은 너비 우선 순회 알고리즘이다.

1. 그래프 내 아무 정점에서나 시작한다. 이 정점을 "시작 정점"이라 부른다.

2. 시작 정점을 해시 테이블에 추가해 방문했다고 표시한다.

3. 시장 정점을 큐에 추가한다.

4. 큐가 빌 때까지 실행하는 루프를 시작한다.

5. 루프 안에서 큐의 첫 번째 정점을 삭제한다. 이 정점을 "현재 정점"이라 부른다.

6. 현재 정점의 인접 정점을 순회한다.

7. 이미 방문한 인접 정점이면 무시한다.

8. 아직 방문하지 **않은** 인접 정점이면 해시 테이블에 추가해 방문했다고 표시한 후 큐에 추가한다.

9. 큐가 빌 때까지 루프(4단계부터)를 반복한다.

18.6.1 너비 우선 탐색 연습

보기보다 복잡하지 않다. 어떻게 순회하는지 단계별로 살펴보자.

시작하기 위해 앨리스를 시작 정점으로 삼자. 앨리스에 방문했다고 표시한 후 큐에 추가한다.

▼ 그림 18-26

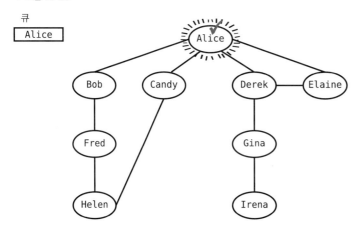

이제부터가 핵심 알고리즘이다.

1단계: 큐에서 첫 번째 정점을 삭제해 현재 정점으로 만든다. 현재 큐에 항목은 앨리스**뿐**이니 현재 정점은 앨리스다. 이 시점에 큐는 비어 있다.

앨리스가 현재 정점이므로 앨리스의 인접 정점을 순회한다.

2단계: 밥으로 넘어간다. 밥에 방문했다고 표시한 후 큐에 추가한다.

▼ 그림 18-27

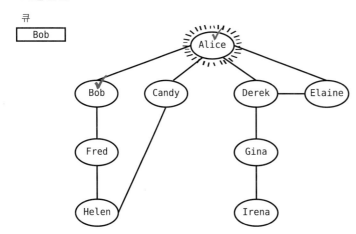

앨리스 주변이 여러 선으로 둘러싸여 있으니 **여전히 현재 정점**은 앨리스다. 하지만 밥에 방문했다고 표시했고 큐에도 추가했다.

3단계: 앨리스의 다른 인접 정점으로 넘어 간다. 캔디로 하자. 캔디에 방문했다고 표시한 후 큐에 추가한다.

∨ 그림 18-28

큐

Bob	**Candy**

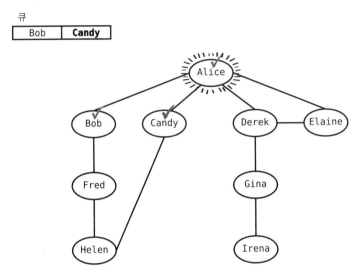

4단계: 데릭에 방문했다고 표시하고 큐에 추가한다.

∨ 그림 18-29

큐

Bob	Candy	**Derek**

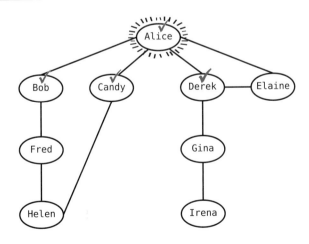

5단계: 일레인에 대해서도 똑같이 한다.

▼ 그림 18-30

큐

| Bob | Candy | Derek | **Elaine** |

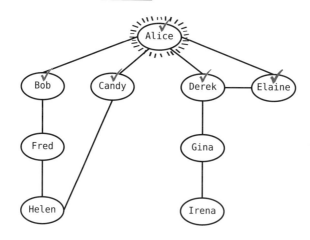

6단계: 현재 정점(앨리스)의 이웃을 모두 순회했으므로 큐에서 첫 번째 항목을 삭제해서 그 정점을 현재 정점으로 만든다. 이때 큐의 맨 앞에 밥이 있으니 밥을 디큐(dequeue)해서 그림 18-31처럼 현재 정점으로 만든다.

▼ 그림 18-31

큐

| Candy | Derek | Elaine |

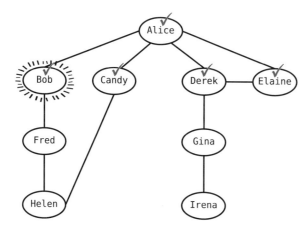

현재 정점이 밥이므로 밥의 인접 정점을 모두 순회한다.

7단계: 앨리스는 이미 방문했으니 무시한다.

8단계: 프레드는 아직 방문하지 않았으니 방문했다고 표시하고 큐에 추가한다.

▼ 그림 18-32

큐

Candy	Derek	Elaine	**Fred**

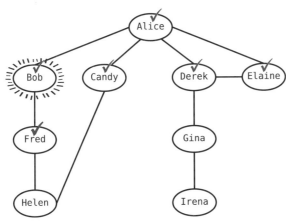

9단계: 밥에 더 이상 인접 정점이 없다. 따라서 큐에서 첫 번째 항목을 삭제해 현재 정점으로 만든다. 바로 캔디다.

▼ 그림 18-33

큐

Derek	Elaine	Fred

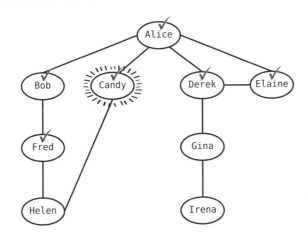

캔디의 인접 정점을 순회한다.

10단계: 앨리스는 이미 방문했으니 무시한다.

11단계: 반면 헬렌은 아직 방문하지 않았다. 헬렌에 방문했다고 표시하고 큐에 추가한다.

▼ 그림 18-34

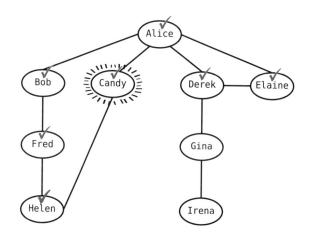

12단계: 캔디의 인접 정점을 모두 순회했으니 큐에서 첫 번째 항목(데릭)을 삭제해 현재 정점으로 만든다.

▼ 그림 18-35

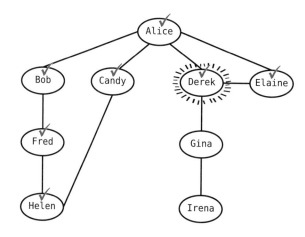

데릭의 인접 정점 세 개를 순회한다.

13단계: 앨리스는 이미 방문했으니 무시한다.

14단계: 일레인에 대해서도 마찬가지다.

15단계: 이제 지나만 남았으니 지나에 방문했다고 표시하고 큐에 추가한다.

▼ 그림 18-36

큐

Elaine	Fred	Helen	**Gina**

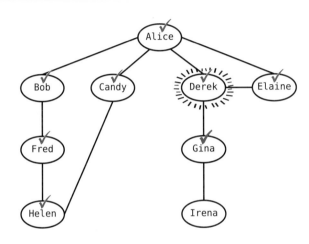

16단계: 데릭의 친구를 모두 방문했으니 큐에서 일레인을 가져와 현재 정점으로 지정한다.

▼ 그림 18-37

큐

Fred	Helen	Gina

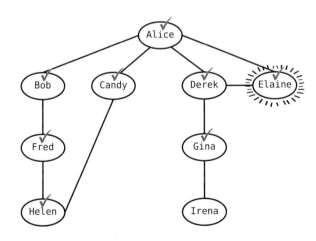

17단계: 일레인의 인접 정점을 앨리스부터 순회한다. 하지만 앨리스는 이미 방문했다.

18단계: 데릭도 이미 방문했다.

19단계: 큐에서 다음 사람(프레드)을 삭제해 현재 정점으로 만든다.

▼ 그림 18-38

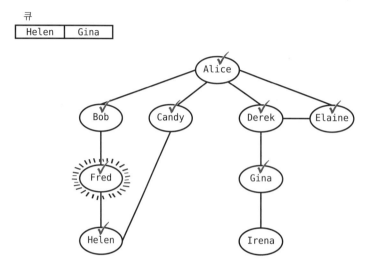

20단계: 프레드의 이웃을 순회한다. 밥은 이미 방문했다.

21단계: 헬렌도 이미 방문했다.

22단계: 헬렌이 큐 맨 앞에 있으니 헬렌을 디큐해 현재 정점으로 만든다.

▼ 그림 18-39

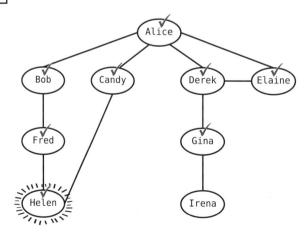

23단계: 헬렌의 인접 정점은 두 개다. 프레드는 이미 방문했다.

24단계: 캔디도 이미 방문했다.

25단계: 큐에서 지나를 삭제해 현재 정점으로 만든다.

▼ 그림 18-40

큐
(비어 있음)

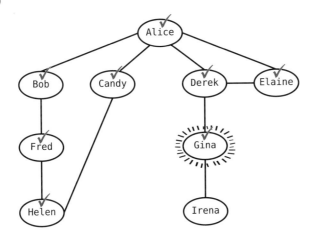

26단계: 지나의 이웃을 순회한다. 데릭은 이미 방문했다.

27단계: 지나에는 방문하지 않은 인접 친구인 이레나가 하나 있으니 이레나에 방문해 큐에 추가
한다.

▼ 그림 18-41

큐

Irena

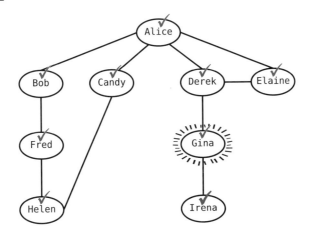

이제 지나의 이웃을 모두 순회했다.

28단계: 큐에서 첫 번째(이자 유일한) 사람, 즉 이레나를 삭제한다. 이레나가 현재 정점이 된다.

❤ 그림 18-42

큐
(비어 있음)

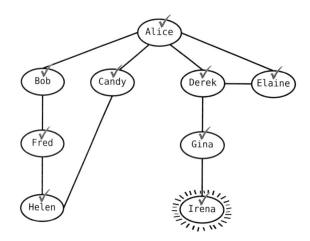

29단계: 이레나에는 인접 정점이 지나 딱 하나인데 지나는 이미 방문했다.

큐에서 다음 항목을 삭제해야 하는데 큐가 비었다! 즉 모두 순회했다.

18.6.2 코드 구현: 너비 우선 탐색

다음은 너비 우선 순회 코드다.

```
def bfs_traverse(starting_vertex)
    queue = Queue.new

    visited_vertices = {}
    visited_vertices[starting_vertex.value] = true
    queue.enqueue(starting_vertex)

    # 큐가 빌 때까지 실행한다.
    while queue.read

        # 큐에서 첫 번째 정점을 삭제해 현재 정점으로 만든다.
        current_vertex = queue.dequeue
```

```
          # 현재 정점의 값을 출력한다.
          puts current_vertex.value

          # 현재 정점의 인접 정점을 순회한다.
          current_vertex.adjacent_vertices.each do |adjacent_vertex|

              # 아직 방문하지 않은 인접 정점이면
              if !visited_vertices[adjacent_vertex.value]

                  # 그 인접 정점에 방문했다고 표시한다.
                  visited_vertices[adjacent_vertex.value] = true

                  # 그 인접 정점을 큐에 추가한다.
                  queue.enqueue(adjacent_vertex)
              end
          end
      end
  end
```

bts_traverse 메서드는 탐색을 시작할 정점인 starting_vertex를 받는다.

먼저 알고리즘에 꼭 필요한 큐를 생성한다.

```
queue = Queue.new
```

방문했던 정점을 기록할 visited_vertices 해시 테이블도 생성한다.

```
visited_vertices = {}
```

이어서 starting_vertex에 방문했다고 표시한 후 큐에 추가한다.

```
visited_vertices[starting_vertex.value] = true
queue.enqueue(starting_vertex)
```

큐가 빌 때까지 실행되는 루프를 시작한다.

```
while queue.read
```

큐에서 첫 번째 항목을 삭제해 현재 정점으로 만든다.

```
current_vertex = queue.dequeue
```

순회가 올바르게 동작하고 있는지 보기 위해 콘솔에 정점의 값을 출력한다.

```
puts current_vertex.value
```

이어서 현재 정점의 모든 인접 정점을 순회한다.

```
current_vertex.adjacent_vertices.each do |adjacent_vertex|
```

아직 방문하지 않은 각 인접 정점에 대해 해시 테이블에 추가해 방문했다고 표시한 후 큐에 추가한다.

```
if !visited_vertices[adjacent_vertex.value]
    visited_vertices[adjacent_vertex.value] = true
    queue.enqueue(adjacent_vertex)
end
```

이 코드가 핵심이다.

18.6.3 깊이 우선 탐색 대 너비 우선 탐색

너비 우선 탐색 순서를 유심히 살펴보면 앨리스와 바로 연결된 정점부터 먼저 순회함을 알 수 있다. 이어서 바깥으로 나선형으로 퍼져 나가며 앨리스로부터 점차적으로 멀어진다. 그러나 깊이 우선 탐색은 불가피하게 앨리스로 다시 돌아가기 전까지는 앨리스에게서 즉시 최대한 멀리 떨어진다.

그렇다면 깊이 우선과 너비 우선이라는 두 가지 그래프 탐색 방법 중 어떤 방법이 더 낫다고 할 수 있을까?

지금쯤 눈치챘겠지만 상황에 따라 다르다. 어떤 시나리오에서는 깊이 우선이 빠르고 또 어떤 시나리오에서는 너비 우선이 더 나은 선택지다.

사용할 알고리즘을 결정하는 주된 요인 하나는 대개 탐색하려는 그래프의 특성과 탐색하는 대상이다. 이때 중요한 것은 앞서 말했듯이 너비 우선 탐색은 시작 정점과 가장 가까운 정점을 모두 순회한 후 멀어진다는 것이다. 반면 깊이 우선 탐색은 즉시 시작 정점에서 최대한 멀어진다. 탐색이 막히면 그제서야 시작 정점으로 돌아온다.

소셜 네트워크에서 어떤 사람과 **직접** 관계된 사람을 찾는다고 가정하자. 예를 들어 앞선 예제 그래프에서 앨리스의 진짜 친구만 찾고 싶다. 앨리스의 친구의 친구가 아니라 앨리스와 직접 관계된 친구 목록만 원한다.

너비 우선 방식으로 해보면 "2차" 커넥션으로 이동하지 않고 앨리스와 직접 관계된 친구(밥, 캔디, 데릭, 일레인)를 바로 찾는다.

하지만 깊이 우선 알고리즘으로 그래프를 순회하면 프레드와 헬렌(앨리스의 친구가 아닌 두 사람)까지 갔다 온 후 앨리스의 다른 친구를 찾는다. 그래프가 커질수록 쓸데없이 여러 정점을 순회하느라 훨씬 많은 시간을 낭비할 수 있다.

이번에는 다른 시나리오를 살펴보자. 다음 그래프는 가계도(family tree)를 나타낸다.

❤ 그림 18-43

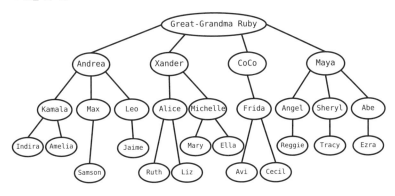

이 가계도는 훌륭한 가문의 당당한 가장인 증조 할머니 루비의 자손들을 보여준다. 루스(Ruth)는 루비의 증손주인데, 이 루스를 그래프에서 찾고 싶다.

그런데 문제가 있다. 너비 우선 탐색을 사용하면 첫 번째 증손주에 닿기도 전에 루비의 모든 자식과 손주를 순회해야 한다.

반면 깊이 우선 탐색을 사용하면 즉시 그래프 다음으로 내려가 몇 단계 만에 첫 번째 증손주에 도달한다. 물론 전체 그래프를 순회한 후에야 루스를 찾는 경우도 있겠지만 적어도 빨리 찾을 기회가 생긴다. 이와 달리 너비 우선 탐색에서는 증손주를 제외한 가족을 모두 순회해야만 증손주를 확인할 수 있다.

그러니 항상 이렇게 물어야 한다. 그래프를 탐색하는 동안 시작 정점 가까이 있고 싶은가 아니면 무조건 멀리 떨어지고 싶은가. 가까이 있고 싶다면 너비 우선 탐색이 좋고, 빨리 멀어져야 한다면 깊이 우선 탐색이 이상적이다.

18.7 그래프 탐색의 효율성

빅 오 표기법으로 그래프 탐색의 시간 복잡도를 분석해보자.

깊이 우선 탐색과 너비 우선 탐색 모두 최악의 시나리오에서 모든 정점을 순회한다. 최악의 시나리오는 그래프 전체를 순회하거나 존재하지도 않는 정점을 찾는 경우다. 혹은 그래프에서 마지막으로 확인하는 정점이 찾고 있던 정점인 경우도 있다.

어떤 경우든 그래프 내 정점을 전부 확인한다. 언뜻 정점이 N개일 때 O(N)처럼 보인다.

그러나 두 탐색 알고리즘은 순회하는 각 정점의 **인접 정점까지 모두 순회한다.** 이미 방문했던 정점이면 무시할 수 있으나 방문했는지 알려면 어차피 정점을 확인하는 단계가 필요하다.

즉 방문하는 각 정점의 인접 이웃까지 확인하는 단계를 포함한다. 정점마다 인접 정점의 개수가 다르니 빅 오 표기법으로 딱 고정해서 말하기 어렵다.

간단한 그래프를 분석해 명쾌하게 설명하겠다.

▼ 그림 18-44

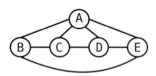

정점 A에 이웃이 넷이다. 이와 반대로 B, C, D, E에는 각각 이웃이 셋이다. 이 그래프를 탐색하는 데 필요한 단계 수를 세어보자.

적어도 각 정점 5개를 방문해야 한다. 여기에만 5단계다.

이어서 **각** 정점의 이웃 각각을 순회한다.

다음의 단계가 추가로 걸린다.

> A: 이웃 4개를 순회하는 4단계
>
> B: 이웃 3개를 순회하는 3단계
>
> C: 이웃 3개를 순회하는 3단계
>
> D: 이웃 3개를 순회하는 3단계
>
> E: 이웃 3개를 순회하는 3단계

총 16번 순회한다.

다시 말해 정점 5개를 방문하는 것 외에도 인접 이웃을 16번 순회한다. 합해서 총 21단계다.

똑같이 정점이 5개인 다른 그래프와 비교해보자.

▼ 그림 18-45

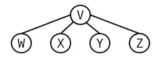

위 그래프도 정점이 5개지만 인접 이웃을 순회하는 횟수는 다음과 같다.

　　V: 이웃 4개를 순회하는 4단계

　　W: 이웃 1개를 순회하는 1단계

　　X: 이웃 1개를 순회하는 1단계

　　Y: 이웃 1개를 순회하는 1단계

　　Z: 이웃 1개를 순회하는 1단계

총 8번 순회한다.

정점 5개 외에 인접 이웃을 8번 순회한다. 총 13단계다.

두 그래프 모두 정점은 5개다. 하지만 하나는 탐색에 21단계, 다른 하나는 탐색에 13단계가 걸린다.

즉 그래프 내 정점 개수만으로는 단계를 셀 수 없다. **각 정점의 인접 정점이 몇 개인지도 함께 고려해야 한다.**

따라서 그래프 탐색의 효율성을 실질적으로 묘사하려면 변수 두 개가 필요하다. 하나는 그래프 내 정점 수, 다른 하나는 각 정점들의 총 인접 정점 수를 나타내야 한다.

18.7.1 O(V + E)

특이하게도 빅 오 표기법은 두 변수 모두 N으로 설명하지 않는다. 대신 변수 V와 E를 사용한다.

V는 쉽다. V는 **정점**(vertex)을 뜻하며 그래프 내 정점 수를 나타낸다.

재미있는 것은 E다. E는 **간선**(edge)을 뜻하며 그래프 내 간선 수를 나타낸다.

컴퓨터 과학자는 그래프 탐색의 효율성을 $O(V + E)$로 묘사한다. 그래프 내 정점 수에 그래프 내 간선 수를 더한 값이 곧 단계 수라는 뜻이다. 직관적으로 이해되지 않으니 그래프 탐색의 효율성 이 왜 $O(V + E)$인지 알아보자.

앞선 두 예제로 살펴보면 $V + E$가 그렇게 정확한 값은 아니다.

A–B–C–D–E 그래프에는 정점이 5개, 간선이 8개다. 총 13단계가 걸려야 한다. 하지만 실제로 는 총 21단계가 걸렸다.

또한 V–W–X–Y–Z 그래프에는 정점이 5개, 간선이 4개다. $O(V + E)$로 보면 그래프 탐색에 9단 계가 걸려야 한다. 하지만 실제로는 13단계가 걸렸다.

이렇게 차이가 나는 이유는 $O(V + E)$는 간선 수를 한 번만 세지만 실제로 그래프 탐색에서는 각 간선을 두 번 이상 방문하기 때문이다.

예를 들어 V–W–X–Y–Z 그래프에는 간선이 4개뿐이다. 하지만 V와 W를 잇는 간선이 두 번 쓰 인다. 즉 V가 현재 정점일 때 이 간선으로 V의 인접 이웃 W를 찾는다. 반면 W가 현재 정점일 때 도 같은 간선으로 W의 인접 정점 V를 찾는다.

이 점을 고려하면 V–W–X–Y–Z 그래프에서 가장 정확하게 그래프 탐색의 효율성을 묘사할 방 법은 정점 5개를 세고 거기에 다음의 값을 더하는 것이다.

> $2 \times$ V와 W 사이의 간선
>
> $2 \times$ V와 X 사이의 간선
>
> $2 \times$ V와 Y 사이의 간선
>
> $2 \times$ V와 Z 사이의 간선

V는 5이고 각 간선을 두 번 사용하니 $V + 2E$가 된다.

하지만 빅 오에서는 상수를 버리므로 $O(V + E)$라고 부른다. 실제 단계 수는 $V + 2E$지만 $O(V + E)$ 로 줄인다.

이처럼 $O(V + E)$는 본질적으로 근사치일 뿐이지만 여느 빅 오 표현에서처럼 이 정도면 충분하다.

한 가지 분명한 것은 간선 수가 늘어나면 단계 수도 늘어난다는 사실이다. A–B–C–D–E 그래프 와 V–W–X–Y–Z 그래프 둘 다 정점이 5개지만 A–B–C–D–E 그래프에 간선이 더 많으니 단 계가 훨씬 더 많이 걸린다.

결론적으로 그래프 탐색은 마지막으로 확인하는 정점이 찾고 있던 정점이거나 혹은 그래프에 아예 없는 최악의 시나리오에서 O(V + E)이다. 너비 우선 탐색이든 깊이 우선 탐색이든 똑같다.

하지만 앞서 봤듯이 그래프 모양과 찾고 있는 데이터에 기반해 너비 우선과 깊이 우선 중 하나를 선택해야 전체 그래프를 순회하지 않고도 정점을 찾도록 탐색을 최적화할 수 있다. 다시 말해 적절한 탐색 메서드는 최악의 시나리오로 이어질 가능성을 줄여주고 정점을 보다 빨리 찾아준다.

다음 절에서는 특별한 유형의 그래프를 배운다. 이 그래프만의 고유한 탐색 메서드 집합으로 아주 복잡하지만 유용한 문제를 풀 수 있다.

Note ≡ **그래프 데이터베이스**

그래프는 (소셜 네트워크 속 친구처럼) 관계를 표현하는 데이터를 처리하는 데 매우 효율적이므로 실제 소프트웨어 애플리케이션에서는 이러한 종류의 데이터를 특수한 **그래프 데이터베이스**로 저장하는 경우가 많다. 이러한 데이터베이스는 18장에 나오는 개념을 비롯해 다양한 그래프 이론을 적용해 데이터 처리 연산의 효율성을 최적화한다. 실제로 다수의 소셜 네트워킹 애플리케이션이 내부적으로 그래프 데이터베이스 기반으로 움직인다.

그래프 데이터베이스로는 Neo4j(http://neo4j.com), 아랑고DB(ArangoDB, https://www.arangodb.com), 아파치 지라프(Apache Giraph, http://giraph.apache.org) 등이 있다. 그래프 데이터베이스의 내부 동작이 궁금하다면 다음 웹사이트부터 찾아보자.

18.8 가중 그래프

DATA STRUCTURES AND ALGORITHMS

앞서 봤듯이 그래프에는 다양한 변형이 존재한다. 그래프 **간선**에 정보를 추가하는 **가중 그래프**(weighted graph) 역시 또 하나의 유용한 그래프 유형이다.

다음은 미국의 몇몇 대도시를 단순한 지도로 나타낸 가중 그래프다.

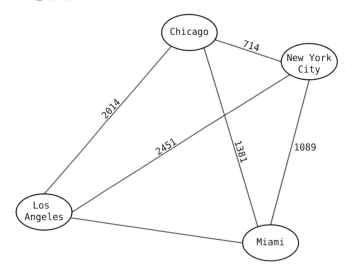

위 그래프의 각 간선에는 간선으로 연결된 도시 간 거리가 마일 단위로 숫자로 붙어 있다. 예를 들어 시카고와 뉴욕 간 거리는 714마일이다.

가중 그래프에 방향이 있을 수도 있다. 다음 예제에서 보듯이 댈러스에서 토론토로 가는 항공료는 138달러지만 토론토에서 댈러스로 가는 항공료는 216달러다.

▼ 그림 18-47

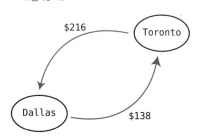

18.8.1 가중 그래프 코드

그래프에 가중치를 넣으려면 구현을 조금 수정해야 한다. 배열 대신 해시 테이블로 인접 정점을 표현하는 방식을 사용해보자.

```ruby
class WeightedGraphVertex
    attr_accessor :value, :adjacent_vertices

    def initialize(value)
        @value = value
        @adjacent_vertices = {}
    end

    def add_adjacent_vertex(vertex, weight)
        @adjacent_vertices[vertex] = weight
    end
end
```

@adjacent_vertices가 배열이 아닌 해시 테이블이다. 이 해시 테이블은 키가 인접 정점이고 값이 (이 정점에서 인접 정점으로 이어지는 간선의) 가중치인 키-값 쌍을 포함한다.

이제부터는 add_adjacent_vertex 메서드로 인접 정점을 추가할 때 인접 정점과 가중치를 함께 전달한다.

즉 그림 18-47에 나오는 댈러스와 토론토 간 항공료 그래프를 만들려면 다음의 코드를 실행한다.

```ruby
dallas = City.new("Dallas")
toronto = City.new("Toronto")

dallas.add_adjacent_vertex(toronto, 138)
toronto.add_adjacent_vertex(dallas, 216)
```

18.8.2 최단 경로 문제

가중 그래프는 각가지 데이터 세트를 훌륭하게 모델링하며 그 데이터를 최대한 활용하는 강력한 알고리즘까지 지원한다.

이러한 알고리즘 중 하나로 경비를 절감해보자.

다음 그래프는 다섯 도시 간 항공료를 보여준다.

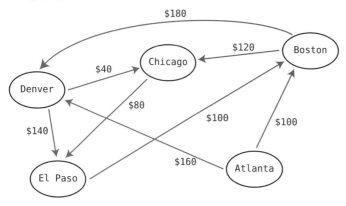

현재 애틀랜타에 있고 엘패소로 가고 싶다고 하자. 불행히도 위 그래프에 애틀랜타에서 엘패소로 가는 직항은 보이지 않는다. 하지만 다른 도시를 경유해도 괜찮다면 갈 수 있다. 예를 들어 애틀랜타에서 덴버로 가서 덴버에서 엘패소로 비행할 수 있다. 다만 경로가 여러 가지고 비용도 제각각이다. 애틀랜타-덴버-엘패소 경로는 300달러가 들지만 애틀랜타-덴버-시카고-엘패소 경로는 280달러로 가능하다.

이제 문제는 다음과 같다. 목적지로 가는 최소 비용을 찾는 알고리즘을 어떻게 만들까? 얼마든지 경유해도 괜찮고 가장 저렴한 비용으로 가기만 하면 된다.

이러한 문제를 **최단 경로 문제**(Shortest Path Problem)라 부른다. 형태는 여러 가지다. 가령 도시 간 거리를 나타낸 그래프에서 가장 짧은 경로를 찾고 싶을 수도 있다. 그러나 위 그림에서 가중치는 항공료이므로 예제에서 찾는 최단 경로는 가장 저렴한 경로다.

DATA STRUCTURES AND ALGORITHMS

18.9 데이크스트라의 알고리즘

최단 경로 문제를 푸는 알고리즘이 많은데, 1959년, 굉장히 흥미로운 알고리즘 하나를 에드거 데이크스트라("dike' struth"라고 발음)가 알아냈다. 아니나 다를까 이 알고리즘을 **데이크스트라의 알고리즘**이라 부른다.

지금부터 데이크스트라의 알고리즘을 이용해 도시 간 항공료 예제에서 가장 저렴한 경로를 찾아보겠다.

18.9.1 데이크스트라의 알고리즘 준비

먼저 데이크스트라의 알고리즘이 주는 뜻밖의 이득부터 살펴보자. 알고리즘을 모두 수행하면 애틀랜타에서 엘패소로 가는 가장 저렴한 비용만이 아니라 애틀랜타에서 모든 도시로 가는 가장 저렴한 비용을 찾게 된다. 곧 알게 되겠지만 데이크스트라의 알고리즘은 이러한 데이터를 전부 모으는 식으로 단순하게 동작한다. 따라서 애틀랜타에서 시카고로 가는 최소 비용, 애틀랜타에서 덴버로 가는 최소 비용 등을 모두 알게 된다.

이를 위해서는 시작 도시에서 다른 목적지까지 가는 현재까지 가장 저렴한 비용을 저장할 수단이 필요하다. 이 책의 코드에서는 해시 테이블을 사용한다. 다만 연습 예제에서는 다음과 같은 표로 나타내겠다.

▼ 표 18-1

애틀랜타부터	1번 도시	2번 도시	3번 도시	그 외
	?	?	?	?

알고리즘은 현재 유일하게 알려진 도시인 애틀랜타 정점에서 시작한다. 새로운 도시를 발견하면 표에 추가하고 애틀랜타에서 각 도시까지의 최소 비용을 기록한다.

알고리즘을 모두 수행하고 나면 표는 다음과 같다.

▼ 표 18-2

애틀랜타부터의 최소 비용	보스턴	시카고	덴버	엘패소
	$100	$200	$160	$280?

코드에서 해시 테이블로 나타내면 다음과 같다.

```
{"Atlanta" => 0, "Boston" => 100, "Chicago" => 200, "Denver" => 160, "El Paso" => 280}
```

(애틀랜타도 값 0으로 해시테이블에 들어 있다. 알고리즘을 올바르게 동작시키기 위해 넣었으나 어쨌든 말은 된다. 애틀랜타에서 애틀랜타로 가는 비용은 이미 거기 있으니 0이다!)

이 표는 시작 도시부터 다른 목적지까지의 최소 비용을 포함하므로 앞으로 코드에서 이 표를 cheapest_prices_table이라 부르겠다.

특정 목적지에 도달하는 가장 저렴한 비용을 알아내는 것이 목표라면 cheapest_prices_table에 필요한 데이터가 전부 들어 있다. 하지만 가장 저렴한 비용으로 가는 실제 경로도 궁금하다. 즉 애틀랜타에서 엘패소로 가는 최소 비용이 280달러라는 것만 알고 싶지 않다. 이 비용으로 가려면 애틀랜타-덴버-시카고-엘패소 경로로 비행해야 한다는 사실도 알고 싶다.

그래서 cheapest_previous_stopover_city_table이라는 표가 하나 더 필요하다. 알고리즘을 제대로 훑어봐야만 명확히 이해되니 그때까지 설명은 잠시 미루겠다. 현재로서는 알고리즘 종료 후 다음과 같다는 것만 알아도 충분하다(이 표 역시 해시 테이블로 구현한다).

▼ 표 18-3

애틀랜타부터 최소 비용으로 가는 직전 경유지	보스턴	시카고	덴버	엘패소
	애틀랜타	덴버	애틀랜타	시카고

18.9.2 데이크스트라의 알고리즘 단계

준비가 끝났으니 이제 데이크스트라의 알고리즘의 단계를 살펴보자. 명확하게 이해할 수 있도록 도시라는 용어로 알고리즘을 설명하겠으나 "도시"를 "정점"으로 바꾸면 어떤 가중 그래프에든 적용 가능하다. 또한 예제로 각 단계를 하나씩 살펴보면 더 이해하기 쉽지만 우선은 알고리즘부터 보이겠다.

1. 시작 도시에 방문해 "현재 도시"로 만든다.

2. 현재 도시에서 각 인접 도시로의 비용을 확인한다.

3. 시작 도시에서 인접 도시로의 비용이 현재 cheapest_prices_table의 비용보다 저렴하면(혹은 인접 도시가 아직 cheapest_prices_table에 없으면),

   a. cheapest_prices_table을 더 저렴한 비용으로 업데이트한다.

   b. 인접 도시를 키로, 현재 도시를 값으로 해서 cheapest_previous_stopover_city_table을 업데이트한다.

4. 다음으로 시작 도시에서 방문하지 않은 도시 중 비용이 가장 저렴한 도시에 방문해 현재 도시로 만든다.

5. 알려진 도시에 모두 방문할 때까지 2-4단계를 반복한다.

앞서 말했듯이 예제로 살펴보면 훨씬 이해하기 쉽다.

18.9.3 데이크스트라의 알고리즘 연습

데이크스트라의 알고리즘을 단계별로 살펴보자.

cheapest_prices_table에 애틀랜타를 넣으며 시작한다.

▼ 표 18-4

애틀랜타부터				
$0				

알고리즘을 시작할 때 접근할 수 있는 도시는 애틀랜타뿐이다. 아직 다른 도시는 "발견하지" 못했다.

1단계: 정식으로 애틀랜타에 방문해 current_city로 만든다.

정점 주변에 선들을 둘러싸서 current_city임을 표시하겠다. 또한, 정점에 체크 부호를 표시해서 방문했던 도시라고 기록하겠다.

▼ 그림 18-49

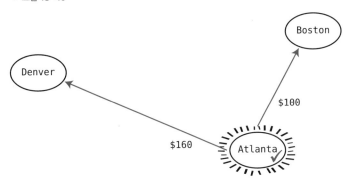

이어지는 단계에서는 current_city의 각 인접 도시를 연이어 조사한다. 접근한 도시에 이전에 몰랐던 인접 도시가 있으면 지도에 추가하면서 새 도시를 "발견"해 나간다.

2단계: 애틀랜타의 인접 도시 중 하나는 보스턴이다. 그래프에 나오듯이 애틀랜타에서 보스턴까지 요금은 100달러다. 이 비용이 애틀랜타에서 보스턴으로 가는 현재까지 가장 저렴한 비용인지 보기 위해 cheapest_prices_table을 확인해 보니 아직 애틀랜타에서 보스턴으로 가는 **비용**이 기록되지 않았다. 즉 애틀랜타에서 보스턴으로 가는 항공편 중 이 비용이 **현재까지** 가장 저렴하므로 cheapest_prices_table에 추가한다.

애틀랜타부터	보스턴			
$0	$100			

cheapest_prices_table을 변경했으니 인접 도시(보스턴)를 키로, current_city를 값으로 해서 cheapest_previous_stopover_city_table도 수정한다.

▼ 표 18-6

애틀랜타부터 최소 비용으로 가는 직전 경유지	보스턴			
	애틀랜타			

이렇게 데이터를 추가한다는 것은 애틀랜타에서 보스턴을 현재까지 가장 저렴한 비용(100달러)으로 가려면 **보스턴에 가기 직전**에 애틀랜타를 방문해야 한다는 뜻이다. 보스턴에 가는 유일한 경로가 애틀랜타이니 아직까지는 너무나 당연하다. 하지만 알고리즘을 이어가다 보면 왜 이 두 번째 표가 유용한지 깨닫게 된다.

3단계: 보스턴 말고도 애틀랜타에는 또 다른 인접 도시인 덴버가 있다. 이 요금(160달러)이 애틀랜타에서 덴버로 가는 현재까지 가장 저렴한 비용인지 확인해 보면 덴버는 아직 cheapest_prices_table에 들어 있지 않으므로 160달러를 현재까지 가장 저렴한 항공료로 추가한다.

▼ 표 18-7

애틀랜타부터	보스턴	덴버		
$0	$100	$160		

또한 덴버와 애틀랜타를 키-값 쌍으로 해서 cheapest_previous_stopover_city_table에도 추가한다.

▼ 표 18-8

애틀랜타부터 최소 비용으로 가는 직전 경유지	보스턴	덴버		
	애틀랜타	애틀랜타		

4단계: 애틀랜타의 인접 도시를 모두 확인했으니 다음 도시로 넘어갈 차례다. 우선 어떤 도시를 방문할지 정해야 한다.

알고리즘 단계에서 설명했듯이 아직 방문하지 않은 도시만 방문해야 한다. 뿐만 아니라 방문하지 않은 도시 중 시작 도시에서 갈 수 있는 현재까지 가장 저렴한 도시를 먼저 방문해야 한다. 이 데이터는 cheapest_prices_table에서 얻는다.

예제에서 아직 방문하지 않은 유일한 도시는 보스턴 또는 덴버다. cheapest_prices_table을 보면 애틀랜타에서 덴버로 가는 비용보다 애틀랜타에서 보스턴으로 가는 비용이 더 저렴하므로 다음으로 보스턴을 방문한다.

5단계: 보스턴을 방문해 current_city로 지정한다.

▼ 그림 18-50

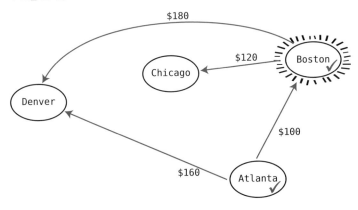

이어서 보스턴의 인접 도시를 확인한다.

6단계: 보스턴의 인접 도시는 시카고와 덴버다(보스턴에서 애틀랜타로 항공편이 없으니 애틀랜타는 인접했다고 보지 않는다).

시카고와 덴버 중 어느 도시를 먼저 방문해야 할까? 다시 말하지만 **애틀랜타에서** 비행할 수 있는 현재까지 가장 저렴한 도시를 먼저 방문해야 한다. 그러니 계산해보자.

보스턴에서 시카고로 가는 요금만 120달러다. cheapest_prices_table을 보면 애틀랜타에서 보스턴까지 가장 저렴한 경로는 100달러다. 따라서 애틀랜타에서 **보스턴을 바로 직전에 경유해** 시카고로 비행하는 가장 저렴한 항공료는 220달러다.

애틀랜타에서 시카고로 가는 알려진 비용은 아직 이것밖에 없으므로 cheapest_prices_table에 추가한다. 알파벳순으로 도시를 정렬하기 위해 시카고를 표 중간에 삽입하겠다.

애틀랜타부터	보스턴	시카고	덴버	
$0	$100	$220	$160	

표를 변경했으니 앞서처럼 cheapest_previous_stopover_city_table도 수정한다. 항상 인접 도시를 키로, current_city를 값으로 추가하므로 표는 다음과 같다.

▼ 표 18-10

애틀랜타부터 최소 비용으로 가는 직전 경유지	보스턴	시카고	덴버	
	애틀란타	보스턴	애클란타	

다음으로 방문할 도시를 찾는 과정에서 시카고를 먼저 분석했다. 이제 덴버를 조사하겠다.

7단계: 보스턴과 덴버 사이의 간선을 보자. 요금이 180달러다. 애틀랜타에서 보스턴까지 가장 저렴한 항공료는 앞서 말했듯이 100달러이므로 애틀랜타에서 **바로 직전 경유지로 보스턴을 거쳐** 덴버로 가는 가장 저렴한 항공료는 280달러다.

cheapest_prices_table을 확인해 보면 애틀랜타에서 덴버로 가는 가장 저렴한 경로는 160달러로서 재미있게도 애틀랜타-보스턴-덴버를 거치는 경로보다 **저렴하다**. 알고리즘에 따라 어떤 표도 **수정하지 않는다**. 즉 애틀랜타에서 덴버로 가는 현재까지 가장 저렴한 비용은 여전히 160달러다.

이 단계를 마쳤고 보스턴의 인접 도시를 모두 알아봤으니 이제 다음 도시를 방문할 수 있다.

8단계: 현재까지 방문하지 않은 알려진 도시는 시카고와 덴버다. 주의를 환기하기 위해 다시 한 번 말하면 다음으로 방문할 도시는 **시작 도시(애틀랜타)에서** 현재까지 가장 저렴한 비용으로 가는 도시다.

cheapest_prices_table을 보면 애틀랜타에서 시카고로 가는 비용(220달러)보다 애틀랜타에서 덴버로 가는 비용(160달러)이 더 저렴하므로 다음으로 덴버를 방문한다.

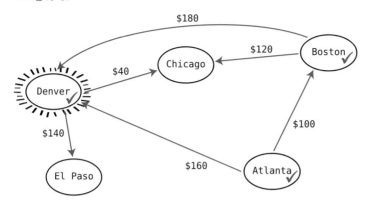

이제 덴버의 인접 도시를 확인한다.

9단계: 덴버의 인접 도시는 시카고와 엘패소다. 다음으로 어느 도시를 방문할까? 알아내려면 각 도시로 가는 비용을 분석해야 한다. 시카고부터 시작하자.

덴버에서 시카고는 40달러면 되고(정말 싸다!), 애틀랜타에서 덴버로 가는 가장 저렴한 비용은 160달러이므로 애틀랜타에서 **바로 직전에 덴버를 경유해** 시카고로 가는 가장 저렴한 항공료는 200달러다.

cheapest_prices_table을 보면 현재 애틀랜타에서 시카고로 가는 가장 저렴한 비용은 220달러다. 즉 덴버를 거쳐 시카고로 가는 새로 찾아낸 경로가 훨씬 저렴하므로 이 데이터로 cheapest_prices_table을 업데이트한다.

▼ 표 18-11

애틀랜타부터	보스턴	시카고	덴버	
$0	$100	$200	$160	

cheapest_prices_table을 업데이트하면 항상 cheapest_previous_stopover_city_table도 업데이트해야 한다. 인접 도시(시카고)를 키로, current_city(덴버)를 값으로 할당한다. 이전과 달리 시카고가 이미 표에 키로 들어 있다. 즉 값을 보스턴에서 덴버로 덮어쓴다.

▼ 표 18-12

애틀랜타부터 최소 비용으로 가는 직전 경유지	보스턴	시카고	덴버	
	애틀랜타	덴버	애틀랜타	

즉 애틀랜타에서 시카고를 가장 저렴한 경로로 가려면 시카고로 가기 직전 덴버를 경유해야 한다는 뜻이다. 다시 말해 덴버는 시카고로 가기 전 마지막으로 들러야 하는 경유지다. 그래야만 비용이 최대한 줄어든다.

잠시 후 알아보겠지만 애틀랜타에서 목적지까지 가장 저렴한 경로를 알아낼 때 이 정보가 매우 유용하다. 조금만 참자, 거의 다 왔다!

10단계: 덴버에 엘패소라는 인접 도시가 남았다. 덴버에서 엘패소까지 요금은 140달러다. 이제 애틀랜타에서 엘패소로 가는 비용을 처음으로 계산할 수 있다. cheapest_prices_table을 보면 애틀랜타에서 덴버로 가는 최소 비용은 160달러다. 덴버에서 엘패소로 가는 데 140달러가 드니 애틀랜타에서 엘패소까지 다해서 300달러가 든다. 이 정보를 cheapest_prices_table에 추가한다.

▼ 표 18-13

애틀랜타부터	보스턴	시카고	덴버	엘패소
$0	$100	$200	$160	$300

엘패소와 덴버를 잇는 키-값 쌍도 cheapest_previous_stopover_city_table에 추가한다.

▼ 표 18-14

애틀랜타부터 최소 비용으로 가는 직전 경유지	보스턴	시카고	덴버	엘패소
	애틀란타	덴버	애틀란타	덴버

다시 말하지만 애틀랜타에서 엘패소로 비행할 때 비용을 최대한 아끼려면 마지막으로 덴버를 경유해야 한다는 뜻이다.

current_city의 인접 도시를 모두 알아봤으니 다음 도시를 방문할 차례다.

11단계: 방문하지 않은 알려진 도시는 시카고와 엘패소다. 애틀랜타에서 엘패소로 가는 비용(300달러)보다 애틀랜타에서 시카고로 가는 비용(200달러)이 더 저렴하다. 따라서 그림 18-52처럼 다음으로 시카고를 방문한다.

12단계: 시카고에는 인접 도시가 엘패소 하나다. 시카고에서 엘패소로 가는 요금은 80달러다(나쁘지 않다). 시카고를 마지막으로 경유하는 도시라고 가정하면 이 정보로 애틀랜타에서 엘패소로 가는 최소 비용을 계산할 수 있다.

cheapest_prices_table을 보면 애틀랜타에서 시카고로 가는 가장 저렴한 경로는 200달러다. 여기에 80달러를 더하면 애틀랜타에서 **마지막으로 시카고를 경유해** 엘패소로 가는 가장 저렴한 비용은 280달러다.

잠깐! 이 비용은 현재 애틀랜타에서 엘패소로 가는 가장 저렴한 경로보다 싸다. cheapest_prices_table에서 보듯이 지금까지 알려진 가장 저렴한 비용은 300달러다. 하지만 시카고를 거쳐 비행하면 비용은 더 싼 280달러다.

▼ 그림 18-52

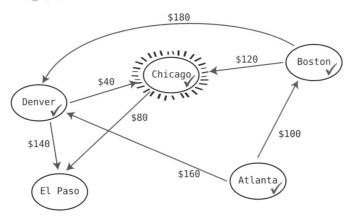

그러니 새로 찾은 엘패소로 가는 가장 저렴한 경로로 cheapest_prices_table을 업데이트해야 한다.

▼ 표 18-15

애틀랜타부터	보스턴	시카고	덴버	엘패소
$0	$100	$200	$160	$280

또한 엘패소를 키로, 시카고를 값으로 해서 cheapest_previous_stopover_city_table도 업데이트해야 한다.

▼ 표 18-16

애틀랜타부터 최소 비용으로 가는 직전 경유지	보스턴	시카고	덴버	엘패소
	애틀란타	덴버	애틀란타	시카고

시카고에는 인접 도시가 없으니 다음 도시를 방문한다.

13단계: 방문하지 않았다고 알려진 유일한 도시가 엘패소이므로 그림 18-53처럼 엘패소를 current_city로 만든다.

14단계: 엘패소를 출발하는 항공편은 보스턴 하나다. 요금은 100달러다. cheapest_prices_table 을 보면 애틀랜타에서 엘패소로 가는 가장 저렴한 비용은 280달러다. 따라서 마지막으로 **엘패소** 를 경유해 보스턴으로 여행하면 총 380달러다. 이 비용은 현재 애틀랜타에서 보스턴으로 가는 가 장 저렴한 비용(100달러)보다 비싸므로 두 표를 업데이트하지 않는다.

알려진 도시를 모두 방문했으니 이제 애틀랜타에서 엘패소로 가는 가장 저렴한 경로를 찾는 데 필 요한 정보를 모두 갖췄다.

▼ 그림 18-53

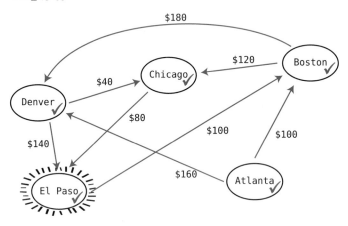

18.9.4 최단 경로 찾기

애틀랜타에서 엘패소로 가는 가장 저렴한 비용을 알고 싶을 때 cheapest_prices_table을 찾아보 면 280달러임을 알 수 있다. 하지만 이렇게 저렴한 비용으로 비행하는 정확한 경로를 알아내려면 아직 할 일이 하나 남았다.

cheapest_previous_stopover_city_table을 기억하는가? 이 데이터를 실제로 활용할 때다.

현재 cheapest_previous_stopover_city_table은 다음과 같다.

애틀란타부터 최소 비용으로 가는 직전 경유지	보스턴	시카고	덴버	엘패소
	애틀란타	덴버	애틀란타	시카고

이 표를 이용해 거슬러 올라가면 애틀랜타에서 엘패소로 가는 최단 경로를 이끌어낼 수 있다.

엘패소를 보자. 해당하는 도시는 시카고다. 즉 애틀랜타에서 엘패소로 가는 가장 저렴한 경로는 엘패소로 비행하기 직전에 시카고를 경유하는 경로다. 다음처럼 적어두자.

시카고 -〉 엘패소

다시 cheapest_previous_stopover_city_table에서 시카고를 찾아보면 해당하는 값이 덴버임을 알 수 있다. 즉 애틀랜타에서 **시카고**로 가는 가장 저렴한 경로는 시카고로 가기 직전에 덴버를 경유하는 경로다. 이 정보도 추가하자.

덴버 -〉 시카고 -〉 엘패소

이어서 cheapest_previous_stopover_city_table에서 덴버를 찾아보면 애틀랜타에서 덴버로 가는 가장 저렴한 비행은 직항임을 알 수 있다.

애틀랜타 -〉 덴버 -〉 시카고 -〉 엘패소

애틀랜타가 시작 도시이므로 애틀랜타에서 엘패소를 가장 저렴하게 가려면 딱 이 경로를 택해야 한다.

어떤 논리로 가장 저렴한 경로가 하나로 이어지는지 다시 짚어보자.

기억하겠지만 cheapest_previous_stopover_city_table은 각 목적지에 갈 때 애틀랜타에서 비행하기 시작해 가장 저렴한 비용으로 가기 위해 마지막으로 경유하는 도시를 포함한다.

따라서 cheapest_previous_stopover_city_table을 보면 애틀랜타에서 엘패소로 가는 가장 저렴한 경로는 다음과 같다.

- 시카고에서 엘패소로 직항으로 간 후,
- 덴버에서 시카고를 직항으로 가고,
- 애틀랜타에서 덴버를 직항으로 가야 한다.

즉 다음이 가장 저렴한 경로다.

애틀랜타 -〉 덴버 -〉 시카고 -〉 엘패소

드디어 끝이다. 후유!

18.9.5 코드 구현: 데이크스트라의 알고리즘

루비로 실제 알고리즘을 구현하기 앞서 WeightedGraphVertex 클래스와 유사하지만 routes나 price 같은 용어를 사용하는 City 클래스를 먼저 구현하겠다. 이 클래스를 사용하면 이어지는 코드를 이해하기 좀 더 수월하다.

```ruby
class City
    attr_accessor :name, :routes

    def initialize(name)
        @name = name
        @routes = {}
    end

    def add_route(city, price)
        @routes[city] = price
    end
end
```

앞서 살펴봤던 예제를 구성하기 위해 다음의 코드를 실행한다.

```ruby
atlanta = City.new("Atlanta")
boston = City.new("Boston")
chicago = City.new("Chicago")
denver = City.new("Denver")
el_paso = City.new("El Paso")

atlanta.add_route(boston, 100)
atlanta.add_route(denver, 160)
boston.add_route(chicago, 120)
boston.add_route(denver, 180)
chicago.add_route(el_paso, 80)
denver.add_route(chicago, 40)
denver.add_route(el_paso, 140)
```

이제 데이크스트라의 알고리즘의 코드만 남았다. 가볍게 읽어도 될만한 코드가 아니며 아마 이 책에서 가장 복잡할 것이다. 하지만 꼼꼼하게 공부할 준비가 됐다면 계속 읽자.

다음 구현의 dijkstra_shortest_path 메서드는 City 클래스 안이 아니라 밖에 둔다. 이 메서드는 두 City 인스턴스를 받아 둘 사이의 최단 경로를 반환한다.

```ruby
def dijkstra_shortest_path(starting_city, final_destination)
    cheapest_prices_table = {}
    cheapest_previous_stopover_city_table = {}

    # 코드가 복잡해지지 않도록
    # 아직 방문하지 않은 알려진 도시를 단순 배열에 기록한다.
    unvisited_cities = []

    # 방문했던 도시를 해시 테이블에 기록한다.
    # 배열을 사용할 수도 있으나 룩업을 수행해야 하므로
    # 해시 테이블이 더 효율적이다.
    visited_cities = {}

    # cheapest_prices_table의 첫 번째 키로서
    # 시작 도시의 이름을 추가한다.
    # 시작 도시로 가는 비용은 없으니 값은 0이다.
    cheapest_prices_table[starting_city.name] = 0

    current_city = starting_city

    # 다음 루프가 알고리즘의 핵심이다.
    # 방문하지 않은 도시가 남아 있는 동안 실행된다.
    while current_city

        # visited_cities 해시에 current_city의 이름을 추가해
        # 정식으로 방문했음을 기록한다.
        # 또한 unvisited cities 리스트에서는 제거한다.
        visited_cities[current_city.name] = true
        unvisited_cities.delete(current_city)

        # current_city의 인접 도시를 각각 순회한다.
        current_city.routes.each do |adjacent_city, price|

            # 새 도시를 발견하면
            # unvisited_cities 리스트에 추가한다.
            unvisited_cities <<
                adjacent_city unless visited_cities[adjacent_city.name]
```

```ruby
        # CURRENT city를 마지막으로 경유하는 도시로 사용해
        # STARTING city에서 ADJACENT city로 가는 비용을 계산한다.
        price_through_current_city =
            cheapest_prices_table[current_city.name] + price

        # STARTING city에서 ADJACENT city로 가는 비용이
        # 지금까지 알려진 비용보다 저렴하면
        if !cheapest_prices_table[adjacent_city.name] ||
            price_through_current_city < cheapest_prices_table[adjacent_city.name]

            # 두 표를 업데이트한다.
            cheapest_prices_table[adjacent_city.name] = price_through_current_city
            cheapest_previous_stopover_city_table[adjacent_city.name] =
                current_city.name
        end
    end


    # 방문하지 않은 다음 도시를 방문한다.
    # STARTING city에서 갈 수 있는 가장 저렴한 도시로 선택한다.
    current_city = unvisited_cities.min do |city|
        cheapest_prices_table[city.name]
    end
end

# 핵심 알고리즘이 끝났다.
# 이제 cheapest_prices_table은 starting city에서 각 도시로 가는
# 가장 저렴한 비용을 모두 포함한다. 하지만 starting city에서
# final destination으로 가는 정확한 경로를 계산하려면 다음 단계로 가야 한다.

# 단순 배열로 최단 경로를 생성한다.
shortest_path = []

# 최단 경로를 구성하려면 final destination에서부터
# 거슬러 올라가야 한다. 따라서 current_city_name을
# final destination으로 시작한다.
current_city_name = final_destination.name

# starting city에 도달할 때까지 루프를 실행한다.
while current_city_name != starting_city.name

    # 도시가 나올 때마다 각 current_city_name을 shortest path 배열에 추가한다.
    shortest_path << current_city_name
```

```
        # cheapest_previous_stopover_city_table을 사용해
        # 바로 이전 경유 도시를 따라간다.
        current_city_name =
            cheapest_previous_stopover_city_table[current_city_name]
    end

    # 마지막으로 starting city를 shortest path에 추가한다.
    shortest_path << starting_city.name

    # 시작부터 끝까지 순서대로 경로를 나타내기 위해 출력을 뒤집는다.
    return shortest_path.reverse
  end
```

코드 양이 상당하니 부분부분 나눠서 살펴보자.

dijkstra_shortest_path 함수는 starting_city와 final_destination이라는 두 정점을 받는다.

궁극적으로 함수는 최단 경로를 나타내는 문자열 배열을 반환한다. 예를 들어 다음과 같다.

```
["Atlanta", "Denver", "Chicago", "El Paso"]
```

가장 먼저 함수는 전체 알고리즘을 돌아가게 하는 주요 표 두 개를 준비한다.

```
cheapest_prices_table = {}
cheapest_previous_stopover_city_table = {}
```

이어서 어떤 도시를 방문했고 어떤 도시를 아직 방문하지 않았는지 기록할 자료 구조를 마련한다.

```
unvisited_cities = []
visited_cities = {}
```

visited_cities는 해시 테이블이고, unvisited_cities는 배열이라는 점이 이상해 보일 수 있다. visited_cities는 코드에서 룩업만 하기 때문에 시간 복잡도 측면에서 해시 테이블이 이상적이다.

unvisited_cities에 맞는 최선의 자료 구조는 단순하게 선택하기 어렵다. 이어지는 코드에서 다음으로 방문할 도시는 항상 방문하지 않은 도시 중 시작 도시로부터 가장 저렴한 도시다. 따라서 이상적으로는 방문하지 않은 도시 중 가장 저렴한 도시에 바로 접근하고 싶다. 이럴 때 해시 테이블보다는 배열이 조금 더 빠르다.

사실은 우선순위 큐가 가장 알맞은데, 우선순위 큐의 기능이 결국은 컬렉션 항목 중 최소(혹은 최대) 값에 즉시 접근하게 해주는 것이기 때문이다. **16장 힙으로 우선순위 유지하기**에서 배웠듯이 우선순위 큐 구현에 가장 알맞은 자료 구조가 일반적으로 힙이다.

하지만 코드를 최대한 단순하게 만들기 위해 이 책의 구현에서는 단순 배열을 사용하기로 했다. 데이크스트라의 알고리즘만으로도 이미 충분히 복잡하다. 그래도 배열 대신 우선순위 큐로도 한 번 구현해보자.

다음으로 starting_city를 키로, 0을 값으로 하는 첫 번째 키-값 쌍을 cheapest_prices_table 에 추가한다. 다시 말하지만 starting_city에 이미 있으니 starting_city로 가는 비용이 들지 않고 따라서 0 값이 타당하다.

```
cheapest_prices_table[starting_city.name] = 0
```

starting_city를 current_city로 지정하면 모든 준비가 끝난다.

```
current_city = starting_city
```

이제 알고리즘의 핵심부를 시작한다. 이 핵심부는 current_city에 접근할 수 있는 동안 실행되는 루프 형태다. 루프 안에서는 visited_cities 해시 테이블에 도시 이름을 추가해 current_city에 방문했다고 표시한다. 또한 current_city가 현재 unvisited_cities 리스트에 들어 있으면 삭제한다.

```
while current_city
    visited_cities[current_city.name] = true
    unvisited_cities.delete(current_city)
```

이어서 while 루프 안에서 current_city의 인접 도시를 전부 순회하는 또 다른 루프를 시작한다.

```
current_city.routes.each do |adjacent_city, price|
```

이 안쪽 루프에서는 먼저 각 인접 도시 중 아직 방문하지 않은 도시를 unvisited_cities 배열에 추가한다.

```
unvisited_cities << adjacent_city unless visited_cities[adjacent_city.name]
```

이렇게 구현하면 unvisited_cities 배열에 한 도시가 여러 번 들어갈 수 있는데 unvisited_cities.delete(current_city) 줄에서 모든 인스턴스를 삭제하니 괜찮다. 아니면 current_city 를 unvisited_cities에 추가하기 앞서 들어 있는지 확인하는 방법도 있다.

이어서 current_city를 마지막 경유지로 가정해서 시작 도시에서 인접 도시로 가는 가장 저렴한 비용을 계산한다. cheapest_prices_table을 이용해 current_city로 가는 현재까지 가장 저렴현 경로를 찾고, current_city에서 인접 도시로 가는 비용을 더한다. 계산 결과는 price_through_current_city라는 변수에 저장한다.

```
price_through_current_city = cheapest_prices_table[current_city.name] + price
```

이제 cheapest_prices_table을 확인해 price_through_current_city가 시작 도시에서 인접 도시로 가는 현재까지 가장 저렴한 비행인지 본다. 인접 도시가 아직 cheapest_prices_table에 없으면 정의에 따라 이 값이 현재까지 가장 저렴한 비용이다.

```
if !cheapest_prices_table[adjacent_city.name] ||
    price_through_current_city < cheapest_prices_table[adjacent_city.name]
```

price_through_current_city가 시작 도시에서 인접 도시로 가는 현재까지 가장 저렴한 경로이면 두 주요 표를 업데이트한다. 즉 인접 도시로 가는 새 비용을 cheapest_prices_table에 저장한다. 또한 인접 도시의 이름을 키로, current_city의 이름을 값으로 해서 cheapest_previous_stopover_city_table을 업데이트한다.

```
cheapest_prices_table[adjacent_city.name] = price_through_current_city
cheapest_previous_stopover_city_table[adjacent_city.name] = current_city.name
```

current_city의 인접 도시를 모두 순회했으면 다음 도시를 방문한다. 시작 도시에서 갈 수 있는 방문하지 않은 가장 저렴한 도시를 방문해 그 도시를 새 current_city로 만든다.

```
current_city = unvisited_cities.min do |city|
    cheapest_prices_table[city.name]
end
```

방문하지 않은 알려진 도시가 없으면 current_city는 nil이 되고 while 루프는 종료된다.

이때 두 표에는 필요한 데이터가 모두 들어 있다. 이 시점에서 cheapest_prices_table을 그냥 반환하고 starting_city에서 알려진 도시로 가는 가장 저렴한 비용을 확인할 수도 있다.

하지만 이 구현에서는 final_destination으로 가는 가장 저렴한 경로를 계속해서 찾는다.

이를 위해 함수 마지막에 반환할 shortest_path라는 배열을 생성한다.

```
shortest_path = []
```

current_city_name이라는 변수도 생성해 final_destination의 이름을 할당한다.

```
current_city_name = final_destination.name
```

이어서 shortest_path를 만드는 while 루프를 시작한다. 이 루프는 starting_city에 도달할 때까지 final_destination으로부터 거슬러 올라간다.

```
while current_city_name != starting_city.name
```

루프 안에서는 shortest_path 배열에 current_city_name을 추가하고 cheapest_previous_stopover_city_table을 사용해 current_city_name으로 가기 지전에 경유해야 하는 도시를 찾는다. 이 직전 도시가 이제 새 current_city_name이 된다.

```
shortest_path << current_city_name
current_city_name = cheapest_previous_stopover_city_table[current_city_name]
```

코드 가독성을 높이기 위해 starting_city에 도달하자마자 루프를 끝냈다. 따라서 수동으로 starting_city의 이름을 shortest_path 마지막에 추가해야 한다.

```
shortest_path << starting_city.name
```

shortest_path에는 final_destination에서 starting_city로 거슬러 올라가는 경로가 들어 있다. 따라서 starting_city에서 final_destination으로 가는 최단 경로를 나타내기 위해 이 배열을 뒤집어서 반환한다.

```
return shortest_path.reverse
```

이 구현에서는 도시와 항공료를 다루지만 변수명을 바꿈으로써 어떤 가중 그래프에서든 최단 경로를 찾을 수 있다.

18.9.6 데이크스트라의 알고리즘의 효율성

데이크스트라의 알고리즘은 가중 그래프에서 최단 경로를 찾는 방법을 일반적으로 설명할 뿐 정밀한 코드 구현을 일일이 열거하지는 않는다. 실제로 이 알고리즘을 작성하는 여러 변형이 존재한다.

예를 들어 앞선 코드에서 unvisited_cities 자료 구조를 단순 배열로 구현했으나 우선순위 큐로 구현해도 된다고 언급한 바 있다.

결국 정밀한 구현이 알고리즘의 시간 복잡도에 상당한 영향을 끼친다. 하지만 여기서는 이 책의 구현을 분석해 보자.

방문하지 않은 도시(unvisited_cities)를 단순 배열에 저장하면 알고리즘에 최대 $O(V^2)$ 단계가 걸린다. 데이크스트라의 알고리즘에서 최악의 시나리오는 각 정점이 그래프 내에 다른 모든 정점으로 이어지는 간선을 하나씩 포함할 때이기 때문이다. 이러한 경우 방문하는 모든 정점마다 그 정점에서 다른 모든 정점으로 이어지는 경로의 가중치를 확인해야 한다. 이는 정점 V개에 정점 V개를 곱한 $O(V^2)$이다.

배열 대신 우선순위 큐로 구현하면 속도가 더 빠르다. 다시 말하지만 데이크스트라의 알고리즘에는 여러 가지 변형이 있고 각 변형의 정확한 시간 복잡도를 계산하려면 제각각 분석해야 한다.

하지만 어떤 알고리즘 구현을 선택해도 다른 대안보다 이득이며 그래프에 존재하는 가능한 경로를 **모두** 찾아 가장 빠른 경로를 선택하게 해준다. 데이크스트라의 알고리즘은 그래프를 신중히 탐색하고 최단 경로에 집중하게 해주는 확실한 방법이다.

18.10 / 마무리

이 책에서 다룰 마지막 주요 자료 구조를 18장에서 다뤘으니 우리의 여정도 거의 끝나간다. 그래프는 관계를 포함하는 데이터를 처리할 때 매우 강력한 도구이며, 코드 속도를 높임과 동시에 까다로운 문제를 푸는 데 도움이 될 수 있음을 알아봤다.

사실 그래프만 논해도 책 하나를 가득 채울 수 있다. 그래프라는 자료 구조에는 흥미롭고 유용한 알고리즘이 정말 많다. 몇 가지만 예로 들면 최소 스패닝 트리(minimum spanning tree), 위상 정렬(topological sort), 양방향 탐색(bidirectional search), 플로이드-워셜 알고리즘(Floyd–Warshall algorithm), 벨먼-포드 알고리즘(Bellman–Ford algorithm), 그래프 채색(graph coloring) 등이다. 하지만 18장의 목표는 이러한 주제를 더 살펴볼 기반을 닦아주는 것이다.

지금까지 줄곧 주된 관심사는 코드를 얼마나 빨리 실행시키는가였다. 즉, 시간 관점에서 코드가 얼마나 효율적으로 실행되는지 측정했고, 알고리즘에 걸리는 단계 수가 측정 기준이었다.

하지만 속도 외에 다른 방식으로도 효율성을 측정할 수 있다. 특히 자료 구조나 알고리즘이 얼마나 많은 **메모리**를 소비하느냐가 중요할 수도 있다. 19장에서는 공간 관점에서 코드의 효율성을 분석하는 법을 배우겠다.

18.11 연습 문제

다음 연습 문제는 그래프를 실습해 볼 기회다. 해답은 544쪽에 나와 있다.

1. 그림 18-54의 그래프는 온라인 쇼핑 추천 엔진에 쓰인다. 각 정점은 쇼핑몰 웹사이트에서 파는 제품을 나타낸다. 간선은 웹사이트에서 어떤 제품을 브라우징할 때 사용자에게 추천할 "유사한" 제품을 연결한다.

   사용자가 "못(nails)"을 브라우징하면 어떤 제품이 추천될까?

▼ 그림 18-54

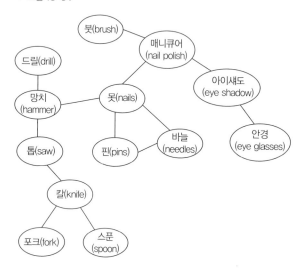

2. 그림 18-55의 그래프에 대해 정점 "A"부터 **깊이** 우선 탐색을 수행하면 모든 정점을 어떤 순서로 순회할까? 방문할 인접 정점이 여러 개면 알파벳순으로 노드를 방문한다고 가정하자.

3. 그림 18-55의 그래프에 대해 정점 "A"부터 **너비** 우선 탐색을 수행하면 모든 정점을 어떤 순서로 순회할까? 방문할 인접 정점이 여러 개면 알파벳순으로 노드를 방문한다고 가정하자.

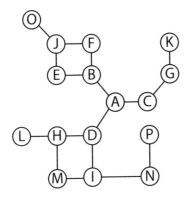

4. **18.6절 너비 우선 탐색**에서 봤듯이 이 장에서는 너비 우선 **순회** 코드만 제공했다. 즉 단순히 각 정점의 값을 출력했다. 함수에 어떤 정점 값을 제공했을 때 그 값을 실제로 **탐색**하도록 코드를 수정하자(깊이 우선 탐색에서는 이미 해봤다). 즉 찾고 있던 정점을 찾으면 그 정점의 값을 반환해야 한다. 없으면 널을 반환한다.

5. **18.9절 데이크스트라의 알고리즘**에서 어떻게 데이크스트라의 알고리즘이 가중 그래프에서 최단 경로를 찾는지 보았다. 하지만 비가중 그래프(unweighted graph)에도 최단 경로 개념이 존재한다. 어떤 식일까?

전형적인(비가중) 그래프에서 최단 경로는 한 정점에서 다른 정점으로 갈 때 최소한의 정점을 지나는 경로다.

이러한 최단 경로는 소셜 네트워킹 애플리케이션에 특히 유용하다. 다음의 네트워크를 예로 들어보자.

▼ 그림 18-56

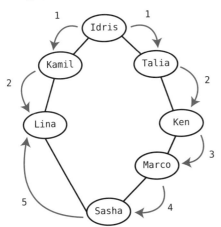

이드리스가 리나와 어떻게 연결되는지 보면 두 가지 다른 방향으로 서로 연결된다. 즉 이드리스는 카밀을 통해 리나와 2단계로 연결되기도 하고 동시에 탈리아를 통해 5단계로 연결되기도 한다. 이드리스가 리나와 얼마나 밀접한 관계인지가 궁금하니 2단계로 연결되는지 안다면 5단계로 연결되는 관계는 무시해도 된다.

그래프의 두 정점을 받아 둘 사이의 최단 경로를 반환하는 함수를 작성하라. 함수는 ["Idris", "Kamil", "Lina"] 같은 정확한 경로를 포함하는 배열을 반환해야 한다.

힌트: 너비 우선 탐색과 데이크스트라의 알고리즘 두 요소를 모두 알고리즘에 넣는다.

19^장

공간 제약 다루기

이 책 전반에서 다양한 알고리즘의 효율성을 분석하면서 오로지 알고리즘이 얼마나 빠른가, 즉 시간 복잡도에만 초점을 맞췄다. 하지만 또 다른 효율성 척도, 즉 알고리즘이 얼마나 많은 **메모리**를 소모하는가가 유용할 수 있다. 이를 **공간 복잡도**(space complexity)라 부른다.

메모리 제한이 있다면 공간 복잡도가 중요한 요인이다. 대량의 데이터를 다루거나 메모리가 제한된 작은 장치를 프로그래밍할 때는 공간 복잡도가 정말 중요하다.

이상적으로는 빠르면서도 메모리 효율적인 알고리즘만 사용하고 싶을 것이다. 하지만 둘 다 만족시킬 수 없는 상황이 있을 것이고 결국 하나를 택해야 한다. 각 상황마다 면밀한 분석을 통해 메모리보다 속도가 중요한지, 아니면 속도보다 메모리가 중요한지 우선순위를 매겨야 하는 시점을 파악해야 한다.

19.1 공간 복잡도의 빅 오

흥미롭게도 컴퓨터 과학자는 시간 복잡도를 표현할 때와 마찬가지로 빅 오 표기법을 사용해 공간 복잡도를 표현한다.

3장 빅 오 표기법에서 빅 오 표기법을 소개할 때 빅 오를 "핵심 질문"에 대한 답으로 설명했다. 시간 복잡도에서 핵심 질문은 "데이터 원소가 N개일 때 알고리즘에 몇 단계가 필요할까?"였다.

공간 복잡도를 빅 오로 표현하려면 핵심 질문을 다시 구성해야 한다. 메모리 소모 관점에서 핵심 질문은 "데이터 원소가 N개일 때 알고리즘은 메모리 단위를 얼마나 소모할까?"이다.

간단한 예제를 살펴보자.

문자열 배열을 받아 모두 대문자로 바꾼 배열을 반환하는 자바스크립트 함수를 작성한다고 하자. 예를 들어 이 함수는 ["tuvi", "leah", "shaya", "rami"] 같은 배열을 받아 ["TUVI", "LEAH", "SHAYA", "RAMI"]를 반환한다. 다음은 이러한 함수를 작성하는 한 가지 방법이다.

```
function makeUpperCase(array) {
    let newArray = [];
    for(let i = 0; i < array.length; i++) {
        newArray[i] = array[i].toUpperCase();
    }
    return newArray;
}
```

makeUpperCase() 함수는 array라는 배열을 받는다. 이어서 newArray라는 **완전히 새로운 배열**을 생성해서 원래 array의 각 문자열을 대문자로 바꿔 채운다.

함수가 끝났을 때 컴퓨터 메모리에는 두 배열이 들어 있다. ["tuvi", "leah", "shaya", "rami"]를 포함하는 원래 array와 ["TUVI", "LEAH", "SHAYA", "RAMI"]를 포함하는 newArray다.

이 함수를 공간 복잡도 관점에서 분석하면 원소 N개를 포함하는 새로운 배열을 **생성한다**. 원소 N개를 포함하는 원래 배열 **이외에** 메모리를 더 소모한다.

그럼 핵심 질문으로 다시 돌아가보자. **데이터 원소가 N개일 때 알고리즘은 메모리 단위를 얼마나 소모할까?**

함수가 데이터 원소 N개를 추가로 생성했으니(newArray 형태로) 이 함수의 **공간 효율성**은 O(N)이다.

이를 그래프로 나타내는 방식은 다음 그래프처럼 우리에게 꽤 익숙하다.

▼ 그림 19-1

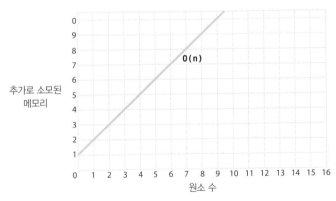

이 그래프는 세로축이 시간이 아닌 **소모된 메모리**라는 점만 제외하면 이전 장들에서 그래프로 O(N)을 묘사한 방식과 동일하다.

다음은 메모리 효율적인 makeUpperCase() 함수다.

```
function makeUpperCase(array) {
    for(let i = 0; i < array.length; i++) {
        array[i] = array[i].toUpperCase();
    }
    return array;
}
```

두 번째 makeUpperCase( ) 버전은 새 배열을 생성하지 않는다. 대신 원래 array 내에서 **한 번에 하나씩** 대문자로 바꾸면서 각 문자열을 수정한다. 그리고 수정된 array를 반환한다.

이 함수는 **어떤 메모리도 추가로 소모하지 않으니** 메모리 소모 관점에서 엄청난 성능 향상이다.

빅 오 표기법으로는 어떻게 나타낼까?

시간 복잡도에서 O(1)은 데이터가 얼마나 크든 알고리즘 속도가 상수라는 뜻이었다. 비슷하게 공간 복잡도에서 O(1)은 데이터가 얼마나 크든 알고리즘이 소모하는 메모리가 상수라는 뜻이다.

수정한 makeUppercase 함수는 원래 array의 원소가 네 개든 백 개든 추가로 소모하는 공간이 상수다(0이다!). 따라서 이 함수의 공간 효율성은 O(1)이다.

한 가지 강조하고 싶은 부분은 공간 복잡도를 빅 오 표기법으로 나타낼 때 알고리즘에서 **새로 생성한 데이터**만 고려한다는 점이다. 두 번째 makeUpperCase 함수도 입력받은 배열인 데이터 원소 N개를 똑같이 처리한다. 하지만 원래 배열은 언제든 존재하고 알고리즘에서 **추가로 소모**하는 공간이 중요하니 원래 데이터 원소 N개는 빅 오로 나타낼 때 감안하지 않는다. 추가로 소모한 공간을 더 공식적으로는 **보조 공간**(auxiliary space)이라 부른다.

하지만 어떤 책에서는 원래 입력도 포함해서 공간 복잡도를 계산하는데 이렇게 해도 상관없다는 점도 알아두자. 여기서는 포함하지 않으므로 공간 복잡도가 설명된 자료를 볼 때는 원래 입력을 포함하는지 아닌지 먼저 파악한다.

다음 표에서 두 makeUpperCase( )의 시간 복잡도와 공간 복잡도를 모두 비교하겠다.

▼ 표 19-1

버전	시간 복잡도	공간 복잡도
버전1	O(N)	O(N)
버전2	O(N)	O(1)

두 버전 모두 데이터 원소가 N개일 때 N단계가 걸리므로 시간 복잡도는 O(N)이다. 하지만 공간 복잡도가 O(N)인 첫 번째 버전에 반해 O(1)인 두 번째 버전이 좀 더 메모리 효율적이다.

속도를 희생하지 않으면서 공간 관점에서 버전2가 버전1보다 더 효율적이니 따질 것 없이 깔끔한 승리다.

19.2 / 시간과 공간 트레이드오프

다음은 배열을 받아 중복 값이 있는지 확인해 반환하는 함수다(**4장 빅 오로 코드 속도 올리기**에서 보았던 함수다).

```
function hasDuplicateValue(array) {
    for(let i = 0; i < array.length; i++) {
        for(let j = 0; j < array.length; j++) {
            if(i ! == j && array[i] === array[j]) {
                return true;
            }
        }
    }
    return false;
}
```

이 알고리즘은 중첩 루프를 사용하며, 시간 복잡도가 $O(N^2)$이다. 이 구현을 버전1이라 부르겠다.

다음은 해시 테이블과 루프 하나를 활용하는 두 번째 구현인 버전2다.

```
function hasDuplicateValue(array) {
    let existingValues = {};
    for(let i = 0; i < array.length; i++) {
        if(!existingValues[array[i]]) {
            existingValues[array[i]] = true;
        } else {
            return true;
        }
    }
    return false;
}
```

버전2는 existingValues라는 빈 해시 테이블을 생성하며 시작한다. 이어서 배열의 각 항목을 순회하며 새 항목이 나올 때마다 existingValues 해시 테이블에 키로 저장한다(값은 임의로 true로 할당했다). 반면 항목이 해시 테이블에 이미 키로 있으면 중복 값을 찾았다는 뜻이므로 true를 반환한다.

그렇다면 어떤 알고리즘이 더 효율적일까? 시간과 공간 중 무엇을 고려하느냐에 따라 다르다. 시간을 고려하면 $O(N^2)$인 버전1과 비해 $O(N)$인 버전2가 훨씬 효율적이다.

19

공간 제약 다루기

하지만 **공간**을 고려하면 버전2보다 버전1이 실제로 더 효율적이다. 버전2에서 생성하는 해시 테이블은 함수에 전달된 배열 내 값 N개를 모두 포함할 수 있으므로 공간을 O(N)까지 소모한다. 하지만 버전1은 원래 배열 외에 메모리를 추가로 소모하지 않으므로 공간 복잡도가 O(1)이다.

다음 표에서 두 버전의 hasDuplicateValue()를 완벽하게 대조하겠다.

▼ 표 19-2

버전	시간 복잡도	공간 복잡도
버전1	O(N2)	O(1)
버전2	O(N)	O(N)

메모리 관점에서는 버전1이 더 효율적이지만 속도 관점에서는 버전2가 더 빠르다. 어떤 알고리즘을 고를지 어떻게 결정할까?

물론 상황에 따라 다르다는 것이 정답이다. 애플리케이션이 매우 빨라야 하고, 처리할 메모리가 충분하면 버전2가 낫다. 반대로 속도는 크게 중요하지 않지만 메모리를 절약해서 써야 하는 하드웨어/데이터 조합이라면 버전1이 올바른 선택일 수 있다. 모든 기술적인 결정이 그러하듯이 트레이드오프가 있을 때는 전체적인 상황을 봐야 한다.

이제 세 번째 버전을 처음 두 버전과 비교하며 살펴보자.

```
function hasDuplicateValue(array) {
    array.sort((a, b) => (a < b) ? -1 : 1);

    for(let i = 0; i < array.length - 1; i++) {
        if(array[i] === array[i + 1]) {
            return true;
        }
    }
    return false;
}
```

버전3 구현은 가장 먼저 배열을 정렬한다. 이어서 배열 내 각 값을 순회하며 다음 값과 같은지 확인한다. 같으면 중복 값을 찾은 것이다. 하지만 배열 끝에 도달했는데 연이어 같은 값이 없었으면 배열에 중복이 없었다는 뜻이다.

버전3의 시간과 공간 효율성을 분석해보자.

시간 복잡도 관점에서 위 알고리즘은 O(NlogN)이다. 가장 빠른 정렬 알고리즘이 O(NlogN)이므로 자바스크립트의 정렬 알고리즘도 O(NlogN)이 걸린다고 가정할 수 있다. 배열을 순회하는 데 걸리는 N단계는 정렬 단계에 비하면 매우 적으므로 속도 관점에서 결론적으로 O(NlogN)이다.

정렬 알고리즘마다 소모하는 메모리양이 다르다보니 공간 효율성은 조금 더 복잡하다. 이 책 초반에 다뤘던 버블 정렬과 선택 정렬 같은 알고리즘은 제자리에서 정렬하기 때문에 공간을 추가로 소모하지 않는다. 그렇지만 흥미롭게도 더 빠른 정렬일수록 공간을 더 많이 차지한다. 이유는 곧 알아보겠다. 퀵 정렬 구현 대부분이 실제로 O(logN) 공간을 소모한다.

이제 앞선 두 버전과 버전3을 비교해보자.

▼ 표 19-3

버전	시간 복잡도	공간 복잡도
버전1	O(N²)	O(1)
버전2	O(N)	O(N)
버전3	O(NlogN)	O(logN)

버전3은 시간과 공간 사이에서 흥미로운 균형을 이룬다. 시간 관점에서 버전3은 버전1보다 빠르지만 버전2보다는 느리다. 공간 관점에서 버전3은 버전2보다 효율적이지만 버전1보다는 덜 효율적이다.

그럼 언제 버전3을 사용해야 할까? 시간과 공간을 모두 고려해야 할 때 좋은 방법일 수 있다.

근본적으로 각 상황마다 최소 허용 속도와 메모리 한도를 알아야 한다. 제약을 이해해야 다양한 알고리즘 중에서 고르고 선택할 수 있고, 속도와 메모리 요구사항에 맞게 효율성을 유지할 수 있다.

지금까지는 알고리즘에서 새 배열이나 해시 테이블 같은 추가 데이터를 생성할 때 어떻게 공간을 추가로 소모하는지 알아봤다.

하지만 데이터를 추가로 생성하지 않고도 알고리즘에서 공간을 소모하기도 한다. 미리 알아두지 않으면 나중에 문제가 될 수 있다.

19.3 재귀에 숨겨진 비용

이 책에서 재귀 알고리즘을 꽤 많이 다뤘다. 간단한 재귀 함수 하나를 보자.

```
function recurse(n) {
    if (n < 0) { return; }

    console.log(n);
    recurse(n - 1);
}
```

이 함수는 숫자 n을 받아 0까지 거꾸로 세며 각 숫자를 출력한다.

이해하기 쉬운 간단한 재귀이며 별문제 없어 보인다. 인자 n만큼 함수를 실행하므로 속도는 O(N) 이다. 또한 새 자료 구조를 생성하지 않으니 공간을 추가로 차지하지 않는다.

정말 그러한가?

10장 재귀를 사용한 재귀적 반복에서 내부적으로 재귀가 어떻게 동작하는지 설명했다. 이미 배웠듯 이 함수는 재귀적으로 자신을 호출할 때마다 호출 스택에 항목을 추가한다. 안쪽 함수가 끝났을 때 바깥쪽 함수로 컴퓨터가 다시 돌아가기 위해서다.

recurse 함수에 숫자 100을 전달하면 recurse(99)를 실행하기 전에 recurse(100)을 추가한다. 뒤이어 recurse(98)을 실행하기 전에 호출 스택에 recurse(99)를 추가한다.

recurse(-1)을 호출할 때 호출 스택은 정점을 찍어 recurse(100)부터 recurse(0)까지 총 101개 항목을 포함할 것이다.

어쨌거나 호출 스택은 풀리지만 애초에 항목 100개를 호출 스택에 저장하려면 메모리가 충분해야 한다. 즉 재귀 함수가 **최대 O(N)의 공간**을 차지한다. 이때 N은 함수에 전달된 숫자로서 100을 전 달하면 호출 스택에 임시로 함수 호출 100개를 저장해야 한다.

이러한 사실들로부터 중요한 원칙이 나온다. **재귀 함수는 재귀 호출 횟수만큼 단위 공간을 차지한다.** 이렇게 은밀하게 재귀는 메모리를 눈 깜짝할 새에 집어삼킨다. 함수에서 새 데이터를 명시적으로 생성하지도 않는데 재귀는 호출 스택에 데이터를 추가한다.

재귀 함수가 얼마나 많은 공간을 차지하는지 정확히 계산하려면 호출 스택이 최대 얼만큼 커지는 지 알아내야 한다.

이 recurse 함수에서 호출 스택은 숫자 n만큼 커진다.

언뜻 좀 사소해 보일 수 있다. 최신 컴퓨터가 그깟 호출 스택 항목 몇 개쯤은 처리하지 않겠는가? 정말 그런지 보자.

최신식 노트북에서 숫자 20,000을 recurse 함수에 전달했더니 **처리하지 못했다**. 20,000은 별로 큰 수가 아니다. 그런데 recurse(20000)을 실행하니 멈췄다.

20000부터 5387까지 숫자를 출력하고는 다음과 같은 메시지와 함께 종료됐다.

```
RangeError: Maximum call stack size exceeded
```

20000부터 약 5000까지(5387을 반올림했다) 재귀를 실행했으니 호출 스택 크기가 대략 15,000쯤 됐을 때 컴퓨터 메모리가 고갈됐다는 뜻이다. 즉 저자의 컴퓨터는 15,000개 항목 이상이 포함된 호출 스택을 감당하지 못한다.

이 멋진 recurse 함수에 15,000보다 큰 숫자를 쓸 수 없다니 재귀가 갖는 제약이 **너무 크다**!

다음의 간단한 루프 방식과 대조해보자.

```
function loop(n) {
    while (n >= 0) {
        console.log(n);
        n--;
    }
}
```

이 함수는 재귀 대신 간단한 루프로 동일한 작업을 완수한다.

재귀를 사용하지 않는 함수라 메모리를 추가로 차지하지 않으므로 컴퓨터 공간이 고갈되는 일 없이 아주 큰 숫자도 잘 실행한다. 숫자가 너무 크면 함수에 시간이 좀 걸리지만 재귀 호출처럼 중도에 멈추지 않고 끝까지 임무를 완수한다.

이러한 점을 고려하면 퀵 정렬이 왜 O(logN) 공간을 차지하는지 이해가 간다. 퀵 정렬은 재귀 호출을 O(logN)번 수행하므로 최고점에서 호출 스택 크기가 log(N)이다.

함수를 재귀로 구현할 수 있을 때는 재귀가 갖는 문제점 대비 이득을 따져봐야 한다. 재귀에는 **11장 재귀적으로 작성하는 법**에서 배웠던 "마법 같은" 하향식 사고방식을 적용할 수 있지만 그 일을 해낼 함수도 필요하다. 대용량 데이터나 20,000 같은 숫자를 처리할 때는 재귀가 알맞지 않을 수 있다.

다시 말하지만 재귀를 부정하려는 것이 아니다. 그저 매 상황마다 각 알고리즘의 장단점을 골고루 저울질해야 한다는 뜻이다.

19.4 마무리

시간과 공간을 포함해 모든 관점에서 알고리즘의 효율성을 측정하는 법을 배웠다. 이제 알고리즘을 다른 알고리즘과 비교하고 정보에 입각해 현재 애플리케이션에 사용할 방식을 결정할 수 있는 분석 능력을 갖췄다.

스스로 결정할 수 있게 됐으니 이제 긴 여정의 마지막 장으로 향할 시간이다. 20장에서는 현실적 시나리오를 함께 최적화해보며 코드 최적화에 관한 몇 가지 조언을 건넨다.

19.5 연습 문제

다음 연습 문제는 공간 제약을 실습해 볼 기회다. 해답은 548쪽에 나와 있다.

1. 다음은 **7.2 단어 생성기**에서 봤던 "단어 생성기(Word Builder)" 알고리즘이다. 빅 오 관점에서 **공간 복잡도**를 나타내자.

```javascript
function wordBuilder(array) {
    let collection = [];

    for(let i = 0; i < array.length; i++) {
        for(let j = 0; j < array.length; j++) {
            if (i !== j) {
                collection.push(array[i] + array[j]);
            }
        }
    }

    return collection;
}
```

2. 다음은 배열을 역순으로 반환하는 함수다. 빅 오 관점에서 **공간** 복잡도를 나타내자.

```javascript
function reverse(array) {
    let newArray = [];

    for (let i = array.length - 1; i >= 0; i--) {
        newArray.push(array[i]);
    }

    return newArray;
}
```

3. 추가 공간을 O(1)만 사용해 배열을 역순으로 반환하는 새 함수를 생성하자.

4. 다음은 숫자로 된 배열을 받아 각 숫자에 2를 곱한 배열을 반환하는 세 가지 서로 다른 함수 구현이다. 예를 들어 입력이 [5, 4, 3, 2, 1]이면 출력은 [10, 8, 6, 4, 2]다.

```javascript
function doubleArray1(array) {
    let newArray = [];

    for(let i = 0; i < array.length; i++) {
        newArray.push(array[i] * 2);
    }

    return newArray;
}

function doubleArray2(array) {
    for(let i = 0; i < array.length; i++) {
        array[i] *= 2;
    }

    return array;
}

function doubleArray3(array, index=0) {
    if (index >= array.length) { return; }

    array[index] *= 2;
    doubleArray3(array, index + 1);

    return array;
}
```

다음 표에 세 버전의 시간과 공간 효율성을 나타내자.

버전	시간 복잡도	공간 복잡도
버전1	?	?
버전2	?	?
버전3	?	?

20^장

코드 최적화 기법

지금까지 꽤 많은 내용을 배웠다. 다양한 자료 구조에 대한 시간과 공간 복잡도를 분석할 도구가 생겼다. 이러한 개념을 바탕으로 빠르고 메모리 효율적인 훌륭한 코드를 작성할 수 있다.

마지막 장에서는 코드 최적화 기법 몇 가지를 소개하겠다. 이따금 알고리즘을 개선할 방법이 잘 보이지 않는다. 다음의 사고 전략(mental strategy)은 지난 몇 년간 코드를 더 효율적으로 바꾸는 데 큰 역할을 했다. 도움이 되기를 바라며 시작한다.

20.1 전제 조건: 현재 빅 오 파악하기

최적화 기법으로 들어가기 전에 알고리즘 최적화에 앞서 반드시 해야 할 일이 있다.

최적화의 전제 조건(prerequisite)은 **현재 코드의 효율성을 파악**하는 것이다. 현재 얼마나 빠른지 알아야 알고리즘을 더 빠르게 만들 수 있기 때문이다.

지금쯤이면 빅 오 표기법과 다양한 빅 오 카테고리를 완벽히 이해했을 것이다. 알고리즘이 어떤 빅 오 카테고리에 속하는지 알아야 최적화에 뛰어들 수 있다.

20장에서는 현재 알고리즘의 빅 오를 알아내는 단계를 "전제 조건(prereq)"이라 부르겠다.

20.2 시작점: 상상할 수 있는 최상의 빅 오

이 장에서 소개할 기법이 모두 유용하지만 어떤 기법은 특정 시나리오에 도움이 되고, 또 어떤 기법은 다른 시나리오에 효과적이다.

하지만 이 첫 번째 기법만은 모든 알고리즘에 유용하며, 반드시 최적화 프로세스의 첫 단계여야 한다.

자, 시작하겠다.

현재 알고리즘의 효율성을 파악했으면(전제 조건) "상상할 수 있는 최상의 빅 오"라 부를만한 빅 오를 생각해내자(속도 관점에서는 "가능한 최상의 실행 시간"이라 부르기도 한다).

상상할 수 있는 최상의 빅 오란 본질적으로 당면한 문제에 기대할 수 있는 정말 최상의 빅 오다. 절대 달성할 수 없다고 믿는 빅 오다.

배열의 각 항목을 출력하는 함수를 작성할 때 상상할 수 있는 최상의 빅 오는 아마 $O(N)$일 것이다. 배열 내 항목 N개를 각각 출력하려면 항목 N개를 각각 **처리하는 수밖에 없다**. 출력하려면 각 항목에 "접근해야" 하니 달리 방법이 없다. 따라서 이 시나리오에서 상상할 수 있는 최상의 빅 오는 $O(N)$이다.

이렇듯 알고리즘을 최적화하려면 두 가지 빅 오를 밝혀내야 한다. 알고리즘의 **현재** 빅 오를 알아야 하고(전제 조건) 작업에 걸릴 상상할 수 있는 **최상**의 빅 오를 찾아야 한다.

두 빅 오가 다르면 최적화할 여지가 있다는 뜻이다. 현재 알고리즘의 실행 시간이 $O(N^2)$이고 상상할 수 있는 최상의 빅 오가 $O(N)$이면 노력해 볼 개선점이 생긴 것이다. 빅 오 간 차이는 최적화로 얻을 잠재적 이익을 나타낸다.

이 단계를 요약해 보자.

1. 현재 알고리즘의 빅 오 카테고리 알아내기(전제 조건)

2. 당면한 문제에 기대할 수 있는 상상할 수 있는 최상의 빅 오 알아내기

3. 상상할 수 있는 최상의 빅 오가 현재 빅 오보다 빠르면 알고리즘을 최대한 최상의 빅 오에 가깝게 만들겠다는 목표로 코드 최적화를 위해 노력할 수 있다.

상상할 수 있는 최상의 빅 오를 항상 달성할 수는 없다. 무언가를 바란다고 해서 꼭 현실이 되리란 법은 없기 때문이다.

오히려 현재 구현을 더 이상 최적화할 수 없다고 결론이 날 수도 있다. 그래도 상상할 수 있는 최상의 빅 오는 최적화로 이뤄낼 수 있는 목표를 제시하는 도구다.

보통은 현재 빅 오와 상상할 수 있는 최상의 빅 오 **사이**쯤의 속도로 알고리즘을 성공적으로 최적화한다.

예를 들어 현재 구현이 $O(N^2)$이고 상상할 수 있는 최상의 빅 오가 $O(logN)$이면 알고리즘을 $O(logN)$으로 만들고자 노력한다. 결국 최적화가 코드를 "그저" $O(N)$의 속도로 올렸다고 해도 대단한 성공이고 상상할 수 있는 최상의 빅 오가 유용하게 쓰인 것이다.

20.2.1 상상의 나래 펼치기

앞서 봤듯이 상상할 수 있는 최상의 빅 오를 생각해내면 최적화로 달성할 목표를 제시해 준다. 이러한 이점을 최대한 활용하려면 상상의 나래를 펼쳐 아주 **놀라운**(amazing) 상상할 수 있는 최상의 빅 오를 생각해내는 편이 좋다. 결코 불가능은 아니리라 여겨지는 가장 빠른 빅 오를 상상할 수 있는 최상의 빅 오로 삼자.

지금부터 소개할 또 하나의 사고 비결도 상상력을 자극한다. 당면한 문제를 해결할 **정말** 빠른 빅 오를 고른다. 이를 "놀라운 빅 오(Amazing Big O)"라 부르자. 골랐다면 "누군가 이 놀라운 빅 오로 문제를 해결할 수 있다고 말한다면 과연 믿을까?"라고 자문해보자. 놀라운 빅 오의 효율성으로 문제를 해결할 수 있다고 말한 누군가를 믿는다면 그 놀라운 빅 오를 상상할 수 있는 최상의 빅 오로 삼자.

현재 알고리즘의 빅 오와 목표로 삼을 상상할 수 있는 최상의 빅 오를 알면 최적화할 준비를 마친 것이다.

20장의 나머지 부분에서는 코드 효율성을 높이는 또 다른 최적화 기법과 사고 전략을 알아본다.

20.3 / 룩업 마법

즐겨 쓰는 최적화 기법의 하나가 "O(1) 시간 안에 마법처럼 원하는 정보를 찾을 수 있다면 알고리즘을 더 빠르게 바꿀 수 있을까?"라고 자문하는 방법이다. 대답이 "예"라면 (주로 해시 테이블 같은) 자료 구조를 사용해 마법을 부린다. 이 기법을 "룩업 마법"이라 부르겠다.

어떤 기법인지 예제로 명확히 알아보자.

20.3.1 저자 룩업 마법

도서관 소프트웨어를 개발하며 책과 저자 데이터를 각각 두 개의 배열에 넣었다고 하자.

정확히 말하면 authors 배열은 다음과 같다.

```
authors = [
    {"author_id" => 1, "name" => "Virginia Woolf"},
    {"author_id" => 2, "name" => "Leo Tolstoy"},
    {"author_id" => 3, "name" => "Dr. Seuss"},
    {"author_id" => 4, "name" => "J. K. Rowling"},
    {"author_id" => 5, "name" => "Mark Twain"}
]
```

보다시피 해시 테이블을 포함하는 배열이고 각 해시 테이블은 저자의 이름과 ID를 포함한다.

또 다른 배열은 책 데이터를 포함한다.

```
books = [
    {"author_id" => 3, "title" => "Hop on Pop"},
    {"author_id" => 1, "title" => "Mrs. Dalloway"},
    {"author_id" => 4, "title" => "Harry Potter and the Sorcerer's Stone"},
    {"author_id" => 1, "title" => "To the Lighthouse"},
    {"author_id" => 2, "title" => "Anna Karenina"},
    {"author_id" => 5, "title" => "The Adventures of Tom Sawyer"},
    {"author_id" => 3, "title" => "The Cat in the Hat"},
    {"author_id" => 2, "title" => "War and Peace"},
    {"author_id" => 3, "title" => "Green Eggs and Ham"},
    {"author_id" => 5, "title" => "The Adventures of Huckleberry Finn"}
]
```

authors 배열처럼 books 배열도 다수의 해시 테이블을 포함한다. 각 해시 테이블은 책 제목과 author_id를 포함하는데 이 author_id로 authors 배열의 데이터에서 저자를 알아낼 수 있다. 예를 들어 "Hop on Pop"의 author_id는 3이다. authors 배열을 보면 Dr. Seuss의 ID가 3이니 "Hop on Pop"의 저자가 곧 Dr. Seuss다.

이제 두 정보를 하나로 합쳐 다음의 배열을 생성하는 코드를 작성해 보자.

```
books_with_authors = [
    {"title" => "Hop on Pop", "author" => "Dr. Seuss"}
    {"title" => "Mrs. Dalloway", "author" => "Virginia Woolf"}
    {"title" => "Harry Potter and the Sorcerer's Stone", "author" => "J. K. Rowling"}
    {"title" => "To the Lighthouse", "author" => "Virginia Woolf"}
    {"title" => "Anna Karenina", "author" => "Leo Tolstoy"}
    {"title" => "The Adventures of Tom Sawyer", "author" => "Mark Twain"}
    {"title" => "The Cat in the Hat", "author" => "Dr. Seuss"}
    {"title" => "War and Peace", "author" => "Leo Tolstoy"}
    {"title" => "Green Eggs and Ham", "author" => "Dr. Seuss"}
```

```
     {"title" => "The Adventures of Huckleberry Finn", "author" => "Mark Twain"}
  ]
```

이렇게 데이터를 구성하려면 books 배열을 순회하며 각 책과 그 저자를 연결시켜야 한다. 구체적으로 어떻게 해야 할까?

일단 중첩 루프 사용하는 방법이 있다. 바깥 루프에서 각 책을 순회하고 안쪽 루프에서는 저자를 일일이 확인하며 각 책과 연결된 ID를 갖는 저자를 찾는다. 다음은 루비로 구현한 것이다.

```ruby
def connect_books_with_authors(books, authors)
    books_with_authors = []

    books.each do |book|
        authors.each do |author|
            if book["author_id"] == author["author_id"]
                books_with_authors <<
                    {title: book["title"],
                    author: author["name"]}
            end
        end
    end

    return books_with_authors
end
```

코드를 최적화하기 앞서 전제 조건을 이행하고 현재 알고리즘의 빅 오를 알아내야 한다.

이 알고리즘은 책 N개 각각의 저자를 찾기 위해 저자 M명을 루프로 순회해야 하므로 시간 복잡도가 O(N × M)이다.

더 향상시킬 수 있는지 보자.

다시 말하지만 상상할 수 있는 최상의 빅 오를 생각해내는 일이 먼저다. 예제에서는 책 N개를 무조건 순회해야 하므로 O(N)보다 빠를 수는 없어 보인다. O(N)이 불가능은 아닌 생각해낼 수 있는 가장 빠른 속도이므로 O(N)을 상상할 수 있는 최상의 빅 오로 삼자.

이제 "룩업 마법" 기법을 이용할 차례다. 이 절을 시작하며 언급했던 질문을 자기 자신에게 묻는다. "O(1) 시간 안에 마법처럼 원하는 정보를 찾을 수 있다면 알고리즘을 더 빠르게 바꿀 수 있을까?"

이 질문을 예제 시나리오에 적용해보자. 현재는 바깥 루프에서 모든 책을 순회한다. 안쪽 루프에서는 각 책에 대해 authors 배열에서 그 책의 author_id를 찾는다.

하지만 O(1) 시간 만에 저자를 찾는 마법 능력이 있으면 어떨까? 즉 저자 한 명을 찾을 때마다 **모든** 저자를 순회하지 않고 즉시 찾을 수 있으면 어떨까? 안쪽 루프를 없앨 수 있는 가능성이 생겨 코드 속도를 호언장담했던 O(N)으로 올릴 수 있으므로 알고리즘 속도가 크게 향상된다.

검색 마법 능력이 도움이 된다는 사실을 알았으니 이제 마법을 실현할 단계다.

20.3.2 자료 구조 추가하기

룩업 마법 능력을 실현할 가장 쉬운 방법 중 하나는 코드에 자료 구조를 추가하는 것이다. 이 자료 구조는 데이터를 빠르게 룩업할 수 있는 방식으로 데이터를 저장하는 데 쓰인다. 대개 해시 테이블이 가장 적합한 자료 구조인데 **8장 해시 테이블로 매우 빠른 룩업**에서 배웠듯이 O(1)만에 룩업하기 때문이다.

저자 정보가 현재는 배열에 저장되어 있어서 주어진 author_id를 찾는 데 항상 O(M) 단계가 걸린다.(M은 저자 수) 하지만 같은 정보를 해시 테이블에 저장하면 "마법" 능력이 생겨 각 저자를 O(1) 시간 만에 찾는다.

저자 해시 테이블은 아마 다음과 같을 것이다.

```
author_hash_table =
{1 => "Virginia Woolf", 2 => "Leo Tolstoy", 3 => "Dr. Seuss",
4 => "J. K. Rowling", 5 => "Mark Twain"}
```

이 해시 테이블에서 각 키는 저자 ID이고 각 키의 값은 저자 이름이다.

이제 authors 데이터를 위 해시 테이블에 옮기고 책을 순회하는 루프만 실행시킴으로써 알고리즘을 최적화해보자.

```
def connect_books_with_authors(books, authors)
    books_with_authors = []
    author_hash_table = {}

    # 저자 데이터를 저자 해시 테이블로 변환한다.
    authors.each do |author|
        author_hash_table[author["author_id"]] = author["name"]
    end

    books.each do |book|
        books_with_authors <<
```

```
            {title: book["title"],
                "author" => author_hash_table[book["author_id"]]]}
        end

        return books_with_authors
    end
```

바뀐 버전에서는 먼저 authors 배열을 순회하며 그 데이터로 author_hash_table을 생성한다. 저자가 M명이면 M단계가 걸린다.

이어서 책 리스트를 순회하며 author_hash_table을 사용해 "마법처럼" 한 단계 만에 각 저자를 찾는다. 책이 N개이면 이 루프에 N단계가 걸린다.

최적화한 알고리즘은 책 N개를 순회하는 루프 하나와 저자 M명을 순회하는 루프 하나를 실행하므로 총 O(N + M)단계가 걸린다. O(N × M)이 걸렸던 원래 알고리즘에 비해 훨씬 빠르다.

단 추가 공간이 전혀 들지 않았던 원래 알고리즘과 달리 해시 테이블을 추가로 생성하기 때문에 공간을 O(M)만큼 더 사용한다. 그래도 속도를 위해 메모리를 기꺼이 희생할 수 있다면 대단한 최적화다.

O(1)의 마법 룩업으로 무엇을 할 수 있을지 상상했더니 마법이 일어났다. 그리고 데이터를 찾기 쉽도록 해시 테이블에 저장했더니 소원이 이뤄졌다.

해시 테이블 데이터를 O(1) 시간에 룩업한다는 사실은 이미 **8장 해시 테이블로 매우 빠른 룩업**에서 배웠던 내용이다. 여기서 공유하려는 특정 팁은 어떤 종류의 데이터든 O(1) 룩업이 가능하다고 끝없이 상상하며 O(1) 룩업으로 코드 속도를 올릴 수 있는지 알아보자는 것이다. O(1) 룩업을 어떻게 활용할지에 대한 비전이 생기면 해시 테이블이나 다른 자료 구조로 그 꿈을 실현해 볼 수 있다.

20.3.3 두 수의 합(two-sum) 문제

마법 룩업으로 최적화할 수 있는 또 다른 시나리오를 살펴보자. 저자가 애용하는 최적화 예제 중 하나다.

두 수의 합 문제는 잘 알려진 코딩 문제다. 숫자 배열을 입력받아 합해서 10(또는 주어진 다른 수)이 되는 두 수가 배열에 있는지를 true나 false로 반환하는 함수를 작성하면 된다. 단순하게 풀기 위해 배열에 중복은 없다고 가정하겠다.

다음의 배열을 예로 살펴보자.

    [2, 0, 4, 1, 7, 9]

1과 9를 합하면 10이 되니 함수는 true를 반환해야 한다.

배열이 다음과 같으면,

    [2, 0, 4, 5, 3, 9]

false를 반환해야 한다. 숫자 2, 5, 3을 합하면 10이 되지만 딱 두 수를 합해서 10이 되어야 한다.

가장 먼저 떠오르는 해법은 중첩 루프를 사용해 매 수마다 다른 수들과 비교해 합해서 10이 되는지 알아보는 것이다. 다음은 자바스크립트 구현이다.

```javascript
function twoSum(array) {
    for(let i = 0; i < array.length; i++) {
        for(let j = 0; j < array.length; j++) {
            if(i !== j && array[i] + array[j] === 10) {
                return true;
            }
        }
    }
    return false;
}
```

늘 그래왔듯이 최적화를 시도하기 전에 전제 조건을 이행하고 코드의 현재 빅 오를 알아내야 한다.

전형적인 중첩 루프 알고리즘처럼 위 함수도 실행 시간이 $O(N^2)$이다.

다음으로 알고리즘이 최적화할 가치가 있는지 보려면 상상할 수 있는 최상의 빅 오가 이보다 더 나은지 알아야 한다.

예제에서는 배열의 각 수를 무조건 최소 한 번 방문해야 한다. 따라서 $O(N)$보다 좋을 수는 없다. 또한 누군가 이 문제의 해법을 $O(N)$이라고 말해도 믿을 것 같다. 그러니 $O(N)$을 상상할 수 있는 최상의 빅 오로 삼자.

이제 마법 룩업에 대한 질문을 자기 자신에게 던지자. "$O(1)$ 시간 안에 마법처럼 원하는 정보를 찾을 수 있다면 알고리즘을 더 빠르게 바꿀 수 있을까?"

현재 구현을 단계별로 살펴보며 이 질문을 중간중간 던지는 것도 한 가지 방법이다. 그렇게 해보자.

[2, 0, 4, 1, 7, 9] 배열 예제에서 바깥 루프를 머릿속으로 한 단계씩 살펴보자. 이 루프는 첫 번째 숫자인 2부터 시작한다.

2를 순회할 때 어떤 정보를 룩업하고 싶은가? 다시 말하지만 2를 배열 내 다른 숫자와 더해서 10이 되는지 알고 싶다.

한 발 더 나아가 생각하면 2를 순회할 때 이 배열 **어딘가에 8이 있는지** 알고 싶은 것이다. 마법처럼 O(1)만에 룩업할 수 있고 배열에 8이 있는지 알게 되면 바로 true를 반환할 수 있다. 두 숫자를 합하면 10이 되니 8을 2의 **보수**(counterpart)라고 부르자.

비슷하게 0을 순회할 때도 배열을 O(1)만에 룩업해서 0의 보수, 즉 10을 찾고 싶다.

이 방법에서는 배열을 딱 한 번 순회하면서 도중에 O(1)의 마법 룩업을 수행해 각 숫자의 보수가 배열에 존재하는지 확인한다. 어떤 숫자의 보수든 찾으면 바로 true를 반환하고 어떤 숫자에서도 보수를 찾지 못한 채 배열 끝에 도달하면 false를 반환한다.

O(1) 마법 룩업이 유용하다는 것을 알았으니 데이터 구조를 추가해 마법을 부려보자. 보통 가장 기본적인 옵션은 O(1) 읽기가 가능한 해시 테이블이다.(알고리즘 속도를 높이기 위해 해시 테이블을 얼마나 자주 사용하는지 보면 정말 놀랍다)

배열 내 어떤 숫자든 O(1) 시간 안에 룩업해야 하므로 숫자를 해시 테이블에 키로 저장하겠다. 해시 테이블은 다음과 같을 것이다.

```
{2: true, 0: true, 4: true, 1: true, 7: true, 9: true}
```

값에는 임의의 항목을 써도 된다. 여기서는 true로 하겠다.

이제 어떤 숫자든 O(1) 시간 안에 룩업할 수 있는데, 그럼 어떤 숫자의 보수는 어떻게 룩업할까? 2를 순회했을 때 보수가 8이어야 함을 알았다. 직관적으로 2 + 8 = 10임을 알기 때문이다.

기본적으로 어떤 숫자의 보수는 10에서 그 숫자를 빼서 계산한다. 10 − 2 = 8이므로 2의 보수는 8이다.

아주 빠른 알고리즘을 만들 요소를 모두 갖추었다.

```javascript
function twoSum(array) {
    let hashTable = {};

    for(let i = 0; i < array.length; i++) {
        // 현재 숫자와 더했을 때 합해서 10이 되는 숫자가
        // 해시 테이블에 키로 있는지 확인한다.
```

```
    if(hashTable[10 - array[i]]) {
        return true;
    }

    // 각 숫자를 해시 테이블에 키로 저장한다.
    hashTable[array[i]] = true;
}

// 어떤 숫자의 보수도 찾지 못한 채
// 배열 끝에 도달했으면 false를 반환한다.
return false;
}
```

이 알고리즘은 배열의 각 숫자를 한 번씩 순회한다.

각 숫자에 방문할 때마다 현재 숫자의 보수가 해시 테이블에서 키로 있는지 확인한다. 보수는 10 - array[i]로 계산한다(예를 들어 array[i]가 3일 때 10 - 3 = 7이므로 보수는 7이다).

어떤 숫자의 보수를 찾았으면 합해서 10이 되는 두 수를 찾았다는 뜻이니 바로 true를 반환한다.

또한 각 숫자를 순회하며 그 숫자를 해시 테이블에 키로 삽입한다. 이런 식으로 배열을 검사해 나가며 각 숫자로 해시 테이블을 채운다.

이 방법에서는 알고리즘 속도가 O(N)으로 급격히 빨라진다. 루프 내내 O(1) 룩업을 수행할 수 있도록 특별히 데이터 원소를 모두 해시 테이블에 저장함으로써 가능했다.

해시 테이블을 마술 지팡이로 삼아 정해진 운명에 따라 프로그래밍 마법사가 되자(식상하니 여기까지만).

20.4 패턴 인식

DATA STRUCTURES AND ALGORITHMS

코드 최적화와 알고리즘 개발에 전반적으로 쓰이는 가장 유용한 전략 중 하나가 문제에서 패턴을 찾는 방법이다. 대개 패턴을 발견하면 문제의 모든 복잡도를 해소하고 실제로 꽤 간단한 알고리즘을 개발할 수 있다.

20.4.1 동전 게임

좋은 예를 하나 들겠다. "동전 게임(Coin Game)"이라 불리는 이 게임은 두 명의 플레이어가 다음과 같은 방식으로 경기를 치룬다. 동전 더미를 가운데 쌓아 놓고, 각 플레이어가 동전 더미에서 차례대로 동전을 하나 혹은 두 개 없앤다. 마지막 동전을 없애는 플레이어가 게임에 진다. 재미있어 보이지 않는가?

무작위 선택으로 승패가 갈리는 게임이 아니라 올바른 전략을 통해 상대방이 마지막 동전을 가져가게 함으로써 게임에서 이길 수 있다. 명확한 이해를 위해 아주 작은 동전 더미로 시작해서 게임이 어떻게 펼쳐지는지 보자.

더미에 동전이 딱 하나면 자기 차례인 선수가 마지막 동전을 가져갈 수밖에 없으므로 이 선수가 진다.

동전이 두 개 남았으면 자기 차례인 선수가 동전을 하나만 가져가서 상대방이 마지막 동전을 가져가게 할 수 있으므로 이 선수가 이길 수 있다.

마찬가지로 동전이 세 개 남았으면 자기 차례인 선수가 동전을 두 개 없애서 상대방이 마지막 동전을 가져가게 할 수 있으므로 이 선수가 이길 수 있다.

한편 동전이 네 개 남으면 현재 플레이어는 곤경에 빠진다. 동전을 하나 제거하면 상대방에게 동전 세 개가 남으니 앞서 설명한대로 그 플레이어가 이길 수 있다. 비슷하게 현재 플레이어가 동전을 두 개 제거하면 상대방에게 동전 두 개가 남으니 마찬가지로 상대방이 이길 수 있다.

동전 더미에 놓인 동전 개수가 주어졌을 때 게임에서 이길 수 있는지 계산하는 함수를 작성하려면 어떤 방식을 취해야 할까? 곰곰이 생각해보면 하위 문제를 사용함으로써 동전이 몇 개든 정확하게 결과를 계산할 수 있음을 깨닫게 된다. 이 문제의 해법에는 하향식 재귀가 자연스럽게 들어 맞는다.

다음은 재귀 방식을 루비로 구현한 것이다.

```ruby
def game_winner(number_of_coins, current_player="you")
    if number_of_coins <= 0
        return current_player
    end

    if current_player == "you"
        next_player = "them"
    elsif current_player == "them"
        next_player = "you"
    end
```

```
        if game_winner(number_of_coins - 1, next_player) == current_player ||
            game_winner(number_of_coins - 2, next_player) == current_player

            return current_player

        else

            return next_player

        end

    end
```

game_winner 함수는 동전 개수와 어떤 플레이어가 게임할 차례인지를("you"나 "them") 받는다. 그리고 게임의 승자인 "you"나 "them"을 반환한다. 함수를 처음 호출할 때 current_player는 "you"다.

기저 조건은 current_player에 0개 이하의 동전이 남았을 때다. 즉 상대방이 마지막 동전을 가져 갔고 현재 플레이어가 자동으로 게임에서 이기는 경우다.

이어서 다음 플레이어를 저장할 next_player 변수를 정의한다.

다음으로 재귀를 수행한다. 현재 더미보다 동전이 한 개와 두 개씩 적은 동전 더미에 대해 game_winner 함수를 재귀적으로 호출해서 다음 플레이어가 이 시나리오에서 이길지 질지 알아본다. next_player가 두 시나리오에서 모두 지면 current_player가 이긴다는 뜻이다.

쉽지 않은 알고리즘이었으나 결국 해냈다. 이제 최적화할 수 있는지 보자.

전제 조건을 갖추려면 먼저 알고리즘의 현재 속도를 알아내야 한다.

이 함수가 재귀 호출을 여러 번 수행한다는 사실을 눈치챘을 것이다. 머릿속에 경보가 울리는 것이 당연하다. 위 함수의 시간 복잡도는 허용할 수 없을 만큼 느린 무려 $O(2^N)$이다.

12장 동적 프로그래밍에서 배웠던 메모이제이션 기법을 사용하면 처음 동전 더미에 동전이 N개라고 할 때 속도를 $O(N)$까지 개선할 수 있다. 엄청난 발전이다.

하지만 알고리즘 속도를 더 올릴 수 없는지 알아보자.

알고리즘을 더 최적화할 수 있는지 알아내려면 우선 상상할 수 있는 최상의 빅 오를 무엇이라고 생각하는지 자문해야 한다.

N은 숫자 하나에 불과하니 $O(1)$ 시간이 걸리는 알고리즘을 만들 수 있을지 상상해볼 수 있다. 배열 내 항목 N개를 실제로 방문해야 하는 것은 아니므로 누군가 $O(1)$인 동전 게임 알고리즘을 찾았다고 말한다면 믿을 것이다. 따라서 $O(1)$을 목표로 삼자.

하지만 어떻게 달성할까? 패턴 찾기를 사용하면 된다.

20.4.2 예제 생성

문제마다 패턴이 고유하나 **모든** 문제에 걸쳐 유용한 패턴 찾기 기법을 하나 찾아냈다. 바로 **수많은 예제를 생성**하는 것이다. 다시 말해 아주 많은 양의 예제 입력을 가져와 각각의 결과를 계산하고 패턴을 발견할 수 있는지 본다.

앞선 문제에 적용해보자.

동전 더미 크기가 1부터 10일 때 누가 승자인지 생각해보면 다음의 표와 같다.

▼ 표 20-1

동전 개수	승자
1	상대방
2	당신
3	당신
4	상대방
5	당신
6	당신
7	상대방
8	당신
9	당신
10	상대방

이렇게 펼쳐 놓으면 패턴이 명확해진다. 기본적으로 코인 1개에서 시작해 2번에 걸러 1번씩 상대방이 이긴다. 나머지는 당신이 승자다.

즉 각 "them"은 동전 개수에서 1을 뺐을 때 3으로 나눠지는 수다. 이제 나눗셈 계산 하나로 누가 이길지 알아낼 수 있다.

```
def game_winner(number_of_coins)
    if (number_of_coins - 1) % 3 == 0
        return "them"
    else
        return "you"
    end
end
```

코드에서 보다시피 number_of_coins에서 1을 뺀 후 3으로 나눌 수 있으면 승자가 "them"이다. 그렇지 않으면 승자는 "you"다.

수학 연산 하나만 사용하는 알고리즘이므로 시간과 공간 관점에서 모두 O(1)이다. 뿐만 아니라 훨씬 간단하다! 그야말로 윈-윈-윈이다.

수많은 동전 더미 예제를 생성해(입력) 누가 게임에서 이기는지 봄으로써(출력) 동전 게임이 어떻게 흘러가는지 패턴을 식별할 수 있었다. 그리고 이 패턴으로 문제의 정곡을 찔러 느린 알고리즘을 즉각적인 알고리즘으로 바꿀 수 있었다.

20.4.3 합 교환(sum swap) 문제

패턴 인식과 마법 룩업을 **함께** 사용해 알고리즘을 최적화할 수 있는 예제를 하나 살펴보겠다.

지금부터 다룰 "합 교환" 문제는 다음과 같이 진행된다.

정수 배열 두 개를 받는 함수를 작성하려고 한다. 다음의 배열을 예로 들겠다.

▼ 그림 20-1

```
array_1 = [5, 3, 2, 9, 1]      합계: 20
array_2 = [1, 12, 5]           합계: 18
```

현재 array_1에 있는 숫자를 모두 합하면 20이고 array_2에 있는 숫자를 모두 합하면 18이다.

함수는 서로 교환했을 때 두 배열의 합이 똑같아지는 숫자를 각 배열에서 하나씩 찾아야 한다.

예제에서 array_1의 2와 array_2의 1을 교환하면 다음과 같다.

▼ 그림 20-2

```
array_1 = [5, 3, (1), 9, 1]     합계: 19
array_2 = [(2), 12, 5]          합계: 19
```

두 배열 모두 합이 똑같이 19다.

복잡해지지 않도록 함수에서 실제 교환을 수행하지는 않고 교환해야 하는 두 인덱스만 반환하겠다. 두 인덱스를 포함하는 배열로 반환할 수 있다. 방금 array_1의 인덱스 2와 array_2의 인덱스 0을 교환했으므로 배열 [2, 0]을 반환하면 된다. 서로 교환했을 때 두 배열의 합이 똑같아지는 숫자가 없으면 nil을 반환한다.

이 알고리즘을 작성하는 한 가지 방법은 중첩 루프를 사용하는 것이다. 즉, 바깥 루프에서 array_1의 각 숫자를 가리키고 안쪽 루프에서 array_2의 각 숫자를 순회하며 두 숫자를 교환할 때 두 배열의 합을 확인한다.

최적화를 시작하기 앞서 먼저 현재 알고리즘의 빅 오를 알아야 한다는 전제 조건을 이행해야 한다.

중첩 루프 방식에서는 첫 번째 배열의 각 숫자 N개에 대해 두 번째 배열의 숫자 M개를 방문하므로 이 알고리즘은 $O(N \times M)$이다(두 배열의 크기가 다를 수 있으므로 N과 M으로 설명하겠다).

더 개선할 수 있을까? 알고 싶으면 상상할 수 있는 최상의 빅 오가 무엇인지부터 생각해보자.

우선 어떤 숫자들이 있는지 알아야 하므로 두 배열의 모든 숫자를 무조건 최소 한 번씩은 방문해야 할 것이다. 하지만 어쩌면 이게 다일 수도 있다. 만약 그렇다면 $O(N + M)$이다. 상상할 수 있는 최상의 빅 오를 $O(N + M)$으로 정하고 목표로 삼자.

이제 문제에 숨겨진 패턴을 찾아내야 한다. 다시 말하지만 패턴을 찾는 가장 좋은 기법은 예제를 많이 만들고 그 사이에서 패턴을 찾는 것이다.

그러니 두 배열의 합이 같아지는 다양한 숫자 교환 예제를 많이 살펴보자.

❤ 그림 20-3

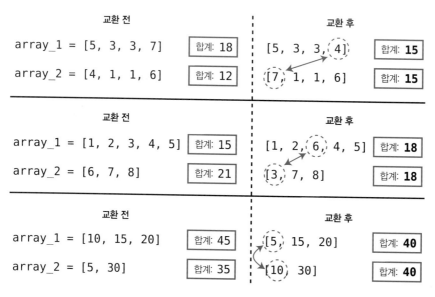

예제를 나열하니 몇 가지 패턴이 보이기 시작한다. 너무 뻔한 패턴도 있지만 그래도 살펴보겠다.

첫 번째 패턴은 합이 같아지려면 더 큰 배열에 있는 더 큰 수와 더 작은 배열에 있는 더 작은 수를 교환해야 한다는 것이다.

두 번째 패턴은 한 번 교환할 때 각 배열의 합이 같은 양만큼 바뀐다는 것이다. 예를 들어 7과 4를 교환하면 한 배열의 합은 3만큼 **작아지고** 나머지 배열의 합은 3만큼 **커진다**.

세 번째 흥미로운 패턴은 교환 후에 각 배열의 합이 항상 두 배열의 합 사이 **딱 중간에** 떨어진다는 것이다.

예를 들어 첫 번째 예제에서 array_1은 18이고 array_2는 12였다. 올바르게 교환했다면 각 배열의 합은 정확히 18과 12의 중간인 15가 된다.

더 생각해보면 이 세 번째 패턴은 다른 패턴들의 논리적 결과다. 교환할 때 각 배열의 합이 같은 양만큼 변하므로 합이 같아지는 유일한 방법은 중간에서 만나는 것 뿐이다.

이러한 패턴에 따라 각 배열의 합을 알면 배열 중 하나에 있는 어떤 숫자를 봤을 때 교환해야 하는 숫자를 계산할 수 있어야 한다.

다시 다음 예제를 보자.

▼ 그림 20-4

array_1 = [5, 3, 3, 7]   합계: 18
array_2 = [4, 1, 1, 6]   합계: 12

알다시피 성공적으로 교환하려면 두 배열의 합 사이 중간에 떨어져야 한다. 18과 12의 가운데는 15다.

array_1의 숫자들을 보며 어떤 숫자와 교환해야 하는지 알아내자. 이 숫자를 "보수"라 부르겠다. array_1의 첫 번째 숫자인 5부터 시작하자.

5와 어떤 숫자를 교환하고 싶을까? array_1이 3만큼 작아지고 array_2가 3만큼 커지는 것을 알고 있으니 5를 2와 교환해야 할 것이다. 불행히도 array_2에는 2가 없으므로 5는 array_2에 있는 숫자와 성공적으로 교환할 수 없다.

array_1의 다음 숫자인 3을 보자. 두 배열의 합이 같기 위해서는 3을 array_2의 0과 교환해야 한다. 안타깝게도 0은 array_2에 없다.

array_1의 마지막 숫자는 7이다. 양 배열의 합이 모두 15가 되려면 계산 결과 7을 4와 교환해야 한다. 다행히도 array_2에 4가 있으므로 성공적으로 교환할 수 있다.

그렇다면 이 패턴을 코드에 어떻게 표현할까?

먼저 다음의 계산으로 배열의 합이 얼만큼 변해야 하는지 알아낸다.

```
shift_amount = (sum_1 - sum_2) / 2
```

sum_1은 array_1의 합이고 sum_2는 array_2의 합이다. sum_1이 18이고 sum_2가 12이면 차이가 6이다. 이 차이를 2로 나눠 각 배열이 얼만큼 변해야 하는지 알아낸다. 이 양이 shift_amount다.

예제에서 shift_amount는 3이다. 즉 목표 합이 되려면 array_2는 3만큼 커져야 한다(마찬가지로 array_1은 3만큼 작아져야 한다).

따라서 두 배열의 합을 계산하는 것부터 알고리즘을 만들어 나간다. 다음으로 배열 하나의 숫자를 순회하며 나머지 배열에서 그 보수를 찾는다.

예를 들어 array_2의 각 숫자를 순회한다면 앞서 봤듯이 현재 숫자에 shift_amount를 더한 보수와 교환해야 한다. 현재 숫자가 4면 그 보수를 찾기 위해 현재 숫자(4)에 shift_amount(3)를 더해 7을 얻는다. 즉, 현재 숫자와 교환할 7을 array_1에서 찾아야 한다.

이제 어느 쪽 배열이든 어떤 숫자를 보면 나머지 배열에 있어야 할 보수가 몇인지 알 수 있다. 하지만 이 패턴을 어떻게 활용할까? 여전히 중첩 루프를 사용해야 하고 알고리즘은 여전히 O(N × M)이 아닌가? 다시 말해 한 배열에서 각 숫자의 보수를 찾으려면 나머지 배열 전체를 검색해야 하지 않는가?

지금이 바로 마법 룩업을 소환해 "O(1) 시간 안에 마법처럼 원하는 정보를 찾을 수 있다면 알고리즘을 더 빠르게 바꿀 수 있을까?"라고 자문할 차례다.

어떤 숫자의 보수를 나머지 배열에서 O(1) 시간 만에 찾을 수 있으면 실제로 알고리즘은 훨씬 빠를 것이다. 통상적으로 해시 테이블이라는 기법을 따름으로써 O(1)의 빠른 룩업을 달성할 수 있다.

먼저 한 배열의 숫자들을 해시 테이블에 저장하면 나머지 배열을 순회하며 그 해시 테이블 내 어떤 숫자든 O(1) 시간에 바로 찾을 수 있다.

다음은 최종 코드다.

```
def sum_swap(array_1, array_2)
    # 첫 번째 배열의 값을 저장하는 해시 테이블
    hash_table = {}
    sum_1 = 0
    sum_2 = 0
```

```
    # 첫 번째 배열의 합을 구하면서
    # 각 값을 인덱스와 함께 해시 테이블에 저장한다.
    array_1.each_with_index do |num, index|
        sum_1 += num
        hash_table[num] = index
    end

    # 두 번째 배열의 합을 구한다.
    array_2.each do |num|
        sum_2 += num
    end

    # 두 번째 배열 내 숫자가 얼만큼 변해야 하는지
    # 계산한다.
    shift_amount = (sum_1 - sum_2) / 2

    # 두 번째 배열의 각 숫자를 순회한다.
    array_2.each_with_index do |num, index|

        # 현재 숫자에 변해야 하는 양을 더한 보수가
        # 첫 번째 배열에 있는지
        # 해시 테이블에서 확인한다.
        if hash_table[num + shift_amount]
            return [hash_table[num + shift_amount], index]
        end
    end

    return nil
end
```

이 방식은 원래의 O(N × M) 방식보다 훨씬 빠르다. array_1의 크기가 N이고 array_2의 크기가 M이면 위 알고리즘은 O(N + M) 시간에 실행된다. array_2를 두 번 순회하므로 엄밀히 말해 2M이지만 상수는 무시하므로 M이다.

이 방식은 array_1의 숫자 N개를 전부 해시 테이블로 복사하므로 O(N) 공간을 추가로 소모한다. 앞서 말했듯이 공간을 희생해 시간을 얻는 것이지만 속도가 주된 관심사라면 큰 이득이다.

어느 쪽이든 패턴 발견으로 문제의 핵심을 찔러 간단하고 빠른 해법을 개발할 수 있는 또 다른 예제다.

20.5 / 탐욕 알고리즘

다음은 가장 다루기 힘든 알고리즘의 속도를 올리는 전략이다. 모든 상황에 통하지는 않지만 일단 통하면 상황이 반전된다.

탐욕 알고리즘 작성에 대해 이야기해 보자.

용어가 어색하게 들리지만 그 의미는 다음과 같다. **탐욕(greedy) 알고리즘은 매 단계마다 그 순간에 최선처럼 보이는 방법을 고른다.** 간단한 예제로 이해할 수 있다.

20.5.1 배열 최댓값

배열에서 가장 큰 숫자를 찾는 알고리즘을 작성해보자. 우선 중첩 루프로 각 숫자를 배열 내 나머지 숫자와 비교하는 방법이 있다. 다른 모든 숫자보다 큰 숫자를 찾으면 배열에서 가장 큰 숫자를 찾은 것이다.

전형적인 중첩 루프 알고리즘에서처럼 이 방식에는 $O(N^2)$ 시간이 걸린다.

배열을 오름차순으로 정렬해 배열의 마지막 값을 반환하는 방법도 있다. 퀵 정렬 같은 가장 빠른 정렬 알고리즘을 사용하면 $O(NlogN)$ 시간이 걸린다.

세 번째 방법이 탐욕 알고리즘이다. 코드로 살펴보자.

```ruby
def max(array)
    greatest_number = array[0]

    array.each do |number|
        if number > greatest_number
            greatest_number = number
        end
    end

    return greatest_number
end
```

함수의 첫 줄을 보면 배열의 첫 번째 수를 greatest_number로 가정하고 있다. 이것이 "탐욕스러운 (greedy)" 가정이다. 즉, 첫 번째 숫자가 지금까지 본 가장 큰 숫자이므로 greatest_number로 선언했다. 물론 지금까지 본 **유일한** 숫자이기도 하다! 하지만 탐욕 알고리즘은 바로 이렇게 동작한다. 그 순간에 이용할 수 있는 정보를 바탕으로 최선처럼 보이는 방법을 고른다.

이어서 배열의 모든 숫자를 순회한다. greatest_number보다 큰 숫자를 찾을 때마다 이 숫자를 greatest_number로 바꾼다. 이때도 탐욕스럽다. 매 단계에서 그 순간에 알고 있는 정보를 바탕으로 최선의 방법을 고른다.

사탕 가게에서 제일 먼저 본 사탕을 집는 어린 아이와 사실상 다를 바 없다. 아이는 더 큰 사탕을 보자마자 첫 번째 사탕을 버리고 그 사탕을 집는다.

겉보기에는 순진한 이 욕심이 실제로 통한다. 함수가 끝났을 때 greatest_number는 정말로 전체 배열에서 가장 큰 숫자다.

사회적 맥락에서 탐욕은 미덕이 아니지만 알고리즘 속도 면에서는 큰 효과를 발휘한다. 위 알고리즘은 배열의 각 숫자를 한 번씩만 처리하므로 딱 O(N) 시간이 걸린다.

20.5.2 최대 부분 합

탐욕이 어떻게 효과를 발휘하는지 또 다른 예제로 알아보자.

숫자로 된 배열을 받아 그 배열의 어느 "부분"에서 계산할 수 있는 가장 큰 합을 반환하는 함수를 작성하려고 한다.

다음 배열을 예로 들어 설명하겠다.

    [3, -4, 4, -3, 5, -9]

배열의 모든 숫자를 합하면 −4다.

하지만 배열의 **부분 합**(subsection sum)도 계산할 수 있다.

▼ 그림 20-5

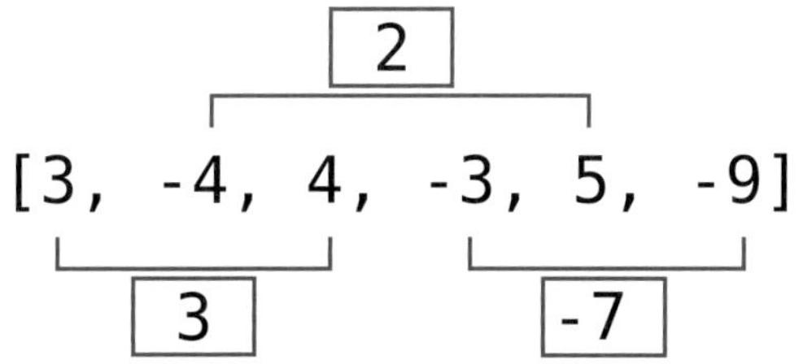

여기서 부분(subsection)이란 **연속된(contiguous) 부분**을 뜻한다. 즉 일련의 연속된 숫자를 포함하는 배열의 한 부분이다.

다음은 숫자가 연달아 있지 **않으므로** 연속된 부분이 아니다.

▼ 그림 20-6

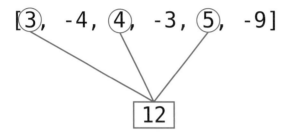

목표는 배열 내 **어느** 부분에서 계산할 수 있는 가장 큰 합을 찾는 것이다. 예제에서 가장 큰 합은 그림 20-7에 나오는 부분을 합한 6이다.

▼ 그림 20-7

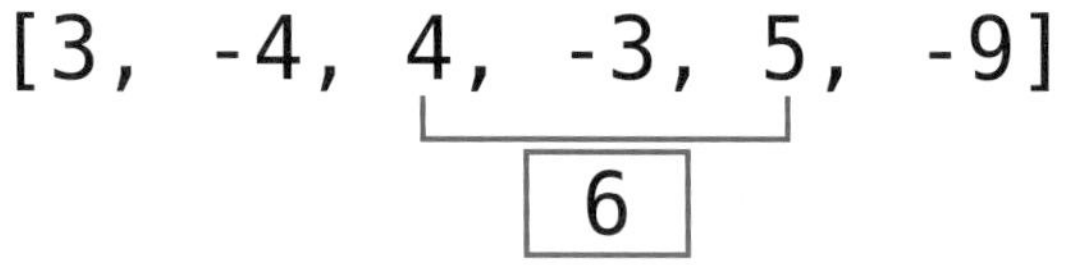

[3, -4, 4, -3, 5, -9]
6

단순하게 설명하기 위해 배열이 적어도 하나 이상의 양수를 포함한다고 가정하자.

이제 최대 부분 합을 계산하는 코드를 어떻게 작성할까?

한 가지 방법은 배열의 모든 부분에 대해 합을 계산한 후 가장 큰 합을 고르는 것이다. 하지만 배열에 항목이 N개일 때 약 $N^2 / 2$개의 부분이 만들어지므로 서로 다른 부분을 생성하는 데만 $O(N^2)$ 시간이 걸린다.

늘 그랬듯이 상상할 수 있는 최상의 빅 오를 꿈꿔볼 차례다. 각 숫자를 무조건 최소 한 번씩 검사해야 하므로 $O(N)$보다 빠를 수는 없다. 따라서 $O(N)$을 목표로 삼자.

언뜻 보기에 $O(N)$은 달성하기 어려워 보인다. 배열을 딱 한 번만 순회해서 어떻게 여러 개의 부분 합을 구할까?

조금만 욕심을 내보자.

최대 부분 합 문제에 탐욕 알고리즘을 적용하면 배열을 순회할 때 매 단계마다 최대 합을 "고르려고" 할 것이다. 예제 배열을 순회하면서 다음과 같이 진행된다.

배열 맨 앞인 3에서 시작한다. 정말 탐욕스럽게 생각하면 최대 합이 3이다.

▼ 그림 20-8

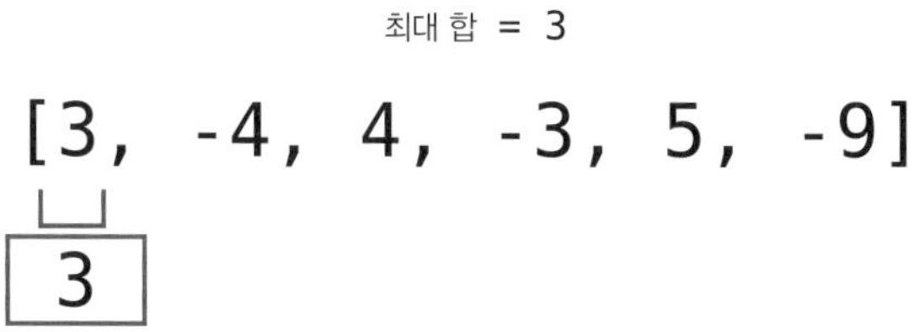

최대 합 = 3

[3, -4, 4, -3, 5, -9]

3

이어서 −4에 도달한다. −4를 이전 숫자인 3과 더하면 현재까지 합은 −1이다. 아직까지는 3이 최대 합이다.

▼ 그림 20-9

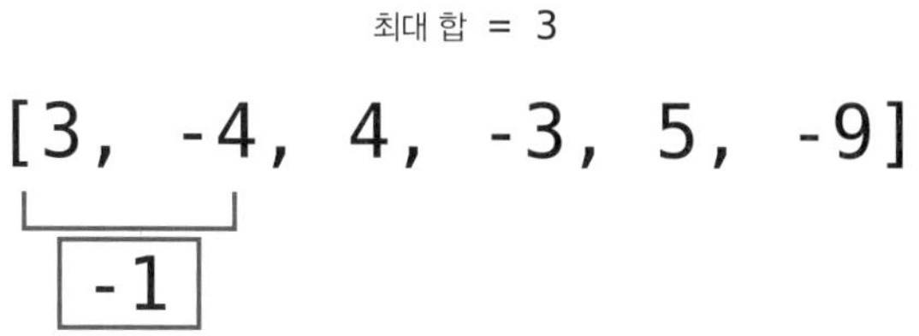

최대 합 = 3

[3, -4, 4, -3, 5, -9]

-1

이제 4에 도달한다. 현재 합에 4를 더하면 3이다.

▼ 그림 20-10

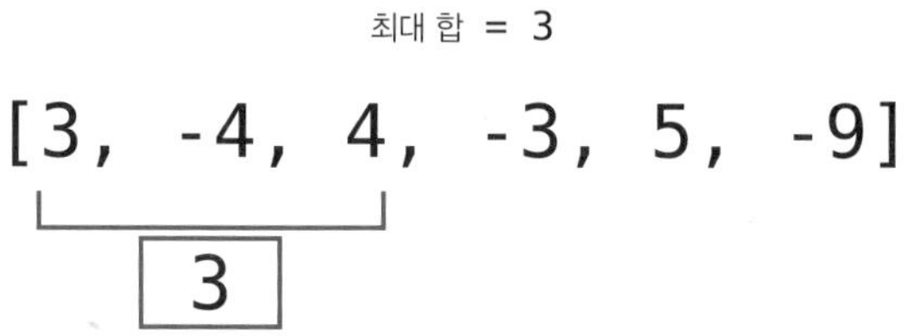

최대 합 = 3

[3, -4, 4, -3, 5, -9]

3

아직까지는 3이 최대 합이다.

다음으로 도달한 숫자는 −3이다. 이제 현재 합은 0이다.

▼ 그림 20-11

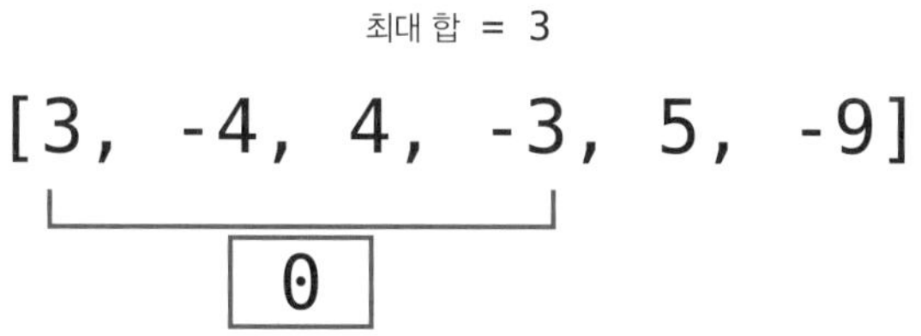

최대 합 = 3

[3, -4, 4, -3, 5, -9]

0

현재 합은 0이지만 아직 **최대** 합은 3이다.

다음으로 5에 도달한다. 현재 합은 5다. 5가 지금까지 가장 큰 합이므로 탐욕스럽게 5를 최대 합으로 선언한다.

▼ 그림 20-12

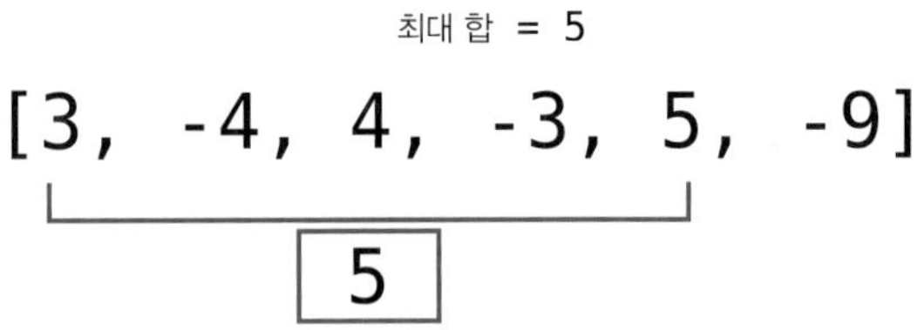

최대 합 = 5

[3, -4, 4, -3, 5, -9]

5

이제 마지막 숫자인 -9에 다다른다. 현재 합이 -4로 떨어진다.

▼ 그림 20-13

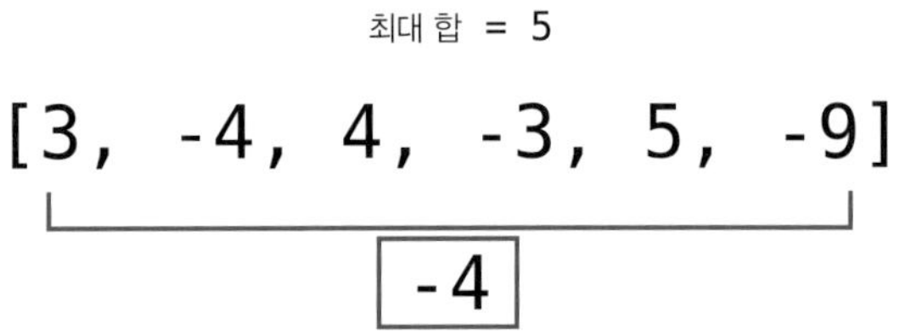

최대 합 = 5

[3, -4, 4, -3, 5, -9]

-4

배열 끝에 도달했을 때 최대 합은 5다. 따라서 순수하게 탐욕스러운 방식을 따르면 위 알고리즘은 5를 반환한다.

하지만 5는 실제로 최대 부분 합이 아니다. 다음의 부분을 합하면 6이 된다.

▼ 그림 20-14

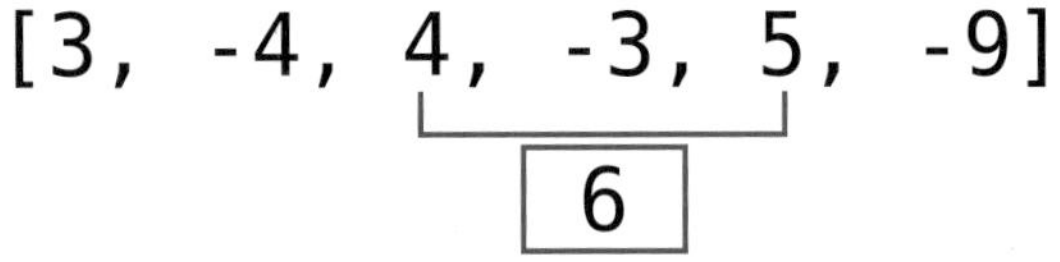

[3, -4, 4, -3, 5, -9]

6

문제는 항상 배열의 첫 번째 숫자부터 시작하는 부분으로만 최대 합을 계산했다는 점이다. 하지만 부분이 배열 중간에 있는 숫자로 시작할 수도 있다. 이러한 부분들을 놓쳤다.

결국 위 탐욕 알고리즘은 바람대로 잘 전개되지 않았다.

하지만 포기하기는 아직 이르다! 탐욕 알고리즘이 제대로 동작하려면 보통은 살짝 수정해야 한다.

패턴 찾기가 도움이 되는지 보자(주로 도움이 된다). 앞서 봤듯이 패턴을 찾는 가장 좋은 방법은 다수의 예제를 생성하는 것이다. 따라서 최대 부분 합을 갖는 배열 예제를 몇 개 생각해내서 흥미로운 점을 발견할 수 있는지 알아보자.

▼ 그림 20-15

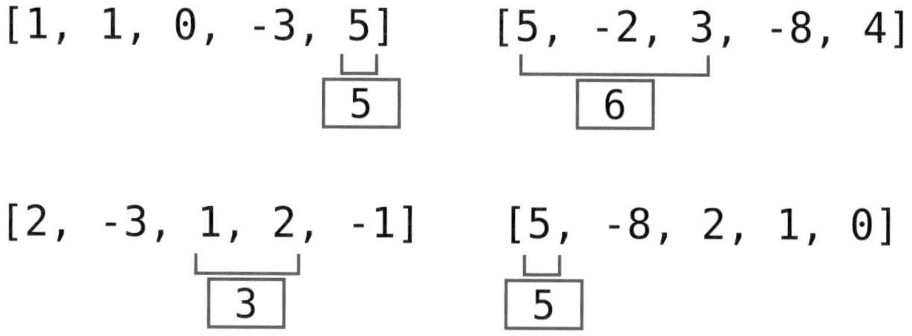

[1, 1, 0, -3, 5]   [5, -2, 3, -8, 4]
                  5   6

[2, -3, 1, 2, -1]   [5, -8, 2, 1, 0]
              3   5

위와 같은 사례를 분석해보면 재미난 질문이 떠오른다. 왜 어떤 사례에서는 최대 합이 배열 앞부터 시작하는 부분에서 나오고 어떤 사례에서는 그렇지 않을까?

여러 사례를 자세히 살펴보면 배열 앞부터 시작한 부분이 최대 합이 아닐 때는 음수가 중간에 방해를 한 경우다.

▼ 그림 20-16

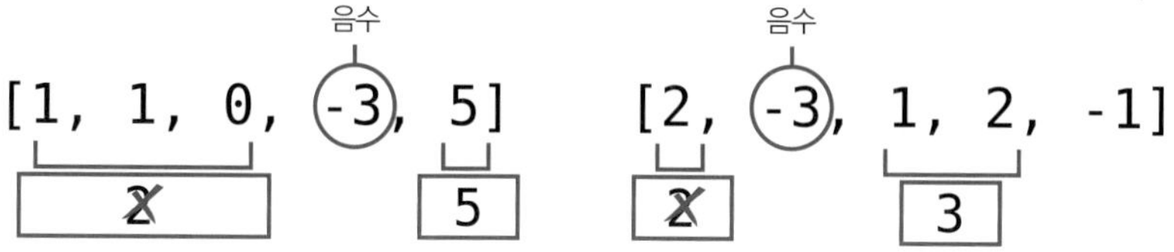

음수   음수
[1, 1, 0, (-3), 5]   [2, (-3), 1, 2, -1]
        ✗   5   ✗   3

다시 말해 최대 부분이 배열 앞부터 시작할 수 **있었으나** 음수가 중간에 방해를 했고, 결국 최대 부분을 배열 중간부터 다시 시작해야 하는 것이다.

하지만 잠깐! 어떤 사례에서는 최대 부분이 음수를 **포함**하는데도 음수가 방해되지 않았다.

▼ 그림 20-17

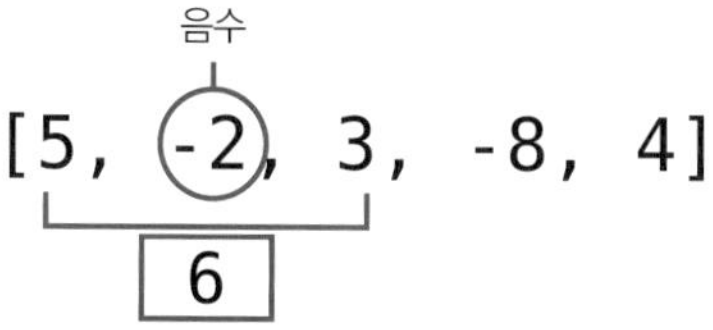

음수
[5, (-2), 3, -8, 4]
        6

차이가 무엇일까?

패턴을 정리하면 다음과 같다. 음수로 인해 앞선 부분의 합이 음수로 떨어지면 방해가 된다. 하지만 음수가 현재 부분의 합을 감소시켜도 합이 여전히 양수라면 방해가 되지 않는다.

잘 생각해보면 말이 된다. 배열을 순회하다가 현재 부분의 합이 0보다 작아지면 **차라리 현재 합을 0으로 되돌리는 것이 낫다.** 그렇게 하지 않으면 현재의 음수 합이 앞으로 찾을 최대 합을 감소시킬 뿐이다.

이제 이러한 이해를 바탕으로 탐욕 알고리즘을 수정해보자.

다시 3부터 시작하자. 최대 합은 현재 3이다.

▼ 그림 20-18

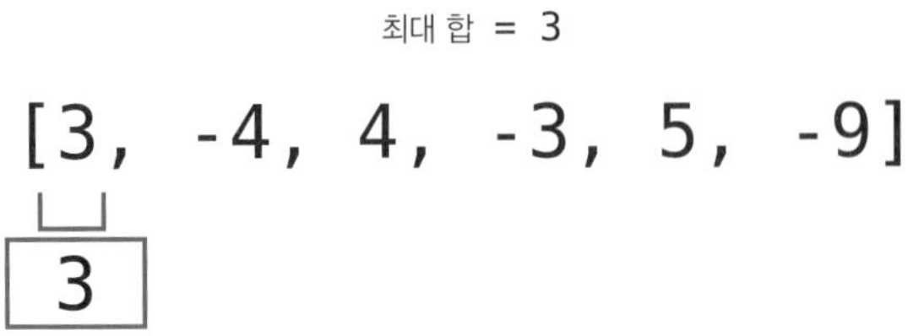

최대 합 = 3

[3, -4, 4, -3, 5, -9]

3

다음으로 −4가 나온다. 현재 합이 −1로 떨어진다.

▼ 그림 20-19

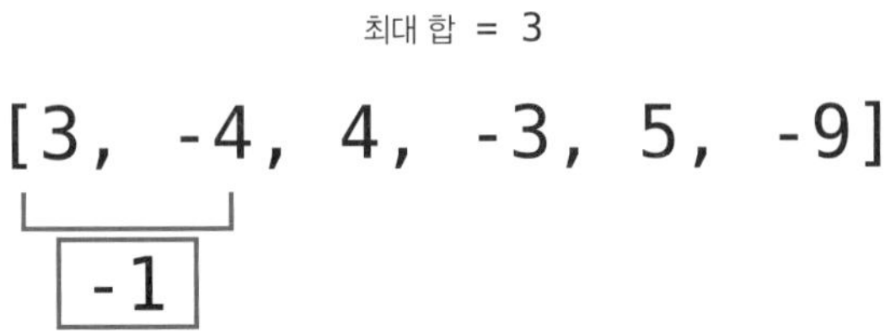

최대 합 = 3

[3, -4, 4, -3, 5, -9]

-1

합이 최대인 부분을 찾고 있고 현재 합이 음수이므로 다음 숫자로 가기 전에 현재 합을 0으로 되돌려야 한다.

▼ 그림 20-20

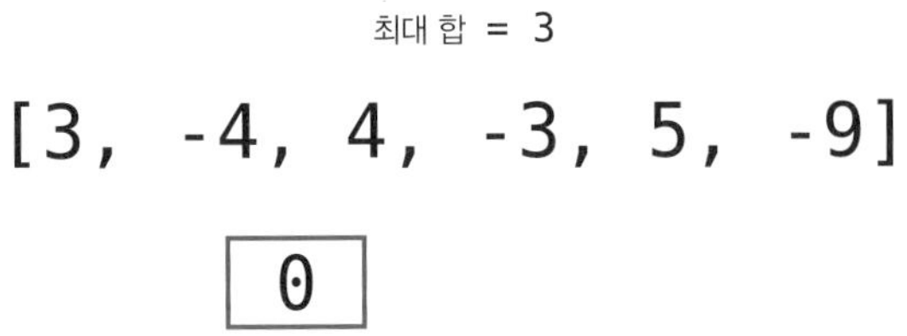

최대 합 = 3

[3, -4, 4, -3, 5, -9]

0

그리고 다음 숫자부터 새 부분을 시작한다.

다시 말하지만 다음 숫자가 양수라면 현재 음수가 합을 감소시키지 않도록 그 양수부터 다음 부분을 시작해야 하기 때문이다. 현재 합을 0으로 할당해 다음 숫자부터 새 부분의 **시작**으로 간주한다.

그럼 계속해 보자.

이제 4에 도달한다. 다시 말하지만 여기서부터 새 부분을 시작하므로 현재 합은 4이고 4가 현재까지의 최대 합이다.

▼ 그림 20-21

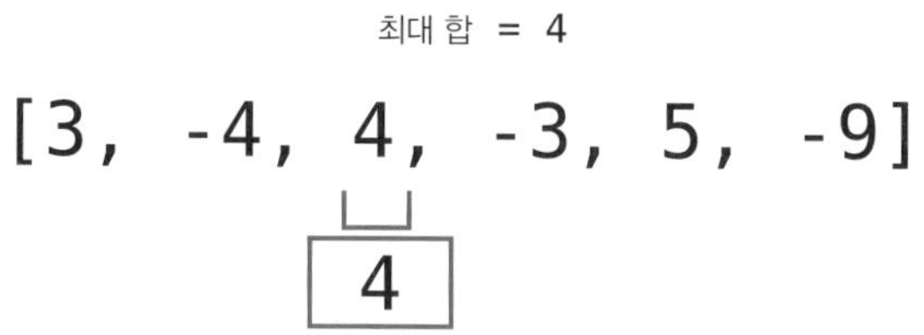

최대 합 = 4

$$[3, \ -4, \ 4, \ -3, \ 5, \ -9]$$

4

다음으로 −3이 나온다. 현재 합은 이제 1이다.

▼ 그림 20-22

최대 합 = 4

$$[3, \ -4, \ 4, \ -3, \ 5, \ -9]$$

1

다음으로 5가 나온다. 현재 합이 6이 되고, 동시에 6이 최대 합이 된다.

▼ 그림 20-23

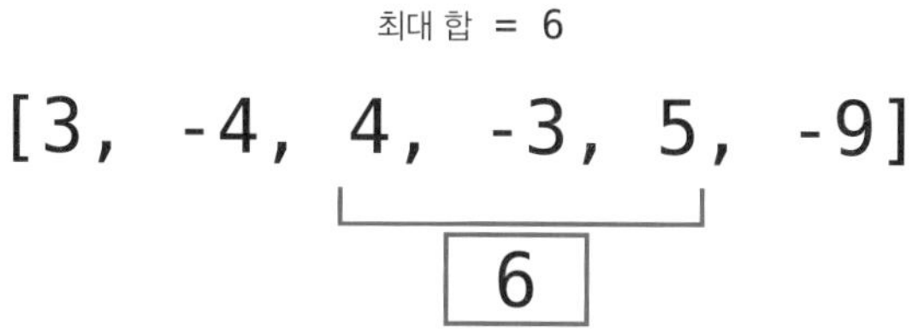

최대 합 = 6

$$[3, \ -4, \ 4, \ -3, \ 5, \ -9]$$

6

마지막으로 −9에 도달한다. 현재 합이 −4이므로 0으로 되돌린다. 하지만 동시에 배열 끝에 도달했으니 결국 최대 합은 6이다. 실제로도 6이 올바른 결과다.

다음은 위 방식을 코드로 구현한 것이다.

```ruby
def max_sum(array)
    current_sum = 0
    greatest_sum = 0

    array.each do |num|
        # 현재 합이 음수면 현재 합을 0으로 되돌린다.
        if current_sum + num < 0
            current_sum = 0
        else
            current_sum += num

            # 현재 합이 지금까지의 최대 합이라면
            # 현재 합을 최대 합이라고 탐욕스럽게 가정한다.
            greatest_sum = current_sum if current_sum > greatest_sum
        end
    end

    return greatest_sum
end
```

탐욕 알고리즘을 사용해 숫자 배열을 딱 한 번만 순회함으로써 골치 아픈 문제를 O(N) 시간 만에 해결했다. 처음의 O(N²) 방식에 비해 엄청난 성능 향상이다. 공간 관점에서도 추가 데이터를 생성하지 않으므로 O(1)이다.

패턴 발견으로 정확한 해법을 찾을 수 있었지만 탐욕스러운 사고방식을 취한 덕분에 애초에 어떤 유형의 패턴을 찾아야 하는지 알 수 있었다.

20.5.3 탐욕스러운 주가 예측

탐욕 알고리즘을 하나 더 살펴보겠다.

주가를 예측하는 금융 소프트웨어를 작성한다고 하자. 현재 어떤 주식에 상승세가 있는지 알아내는 알고리즘을 개발 중이다.

구체적으로 말해 주가 배열을 받아 상승세를 이루는 주가 **3개**가 있는지 알아내는 함수를 작성하고 있다.

어떤 주식의 주가 변화를 나타내는 다음의 주가 배열을 예로 들어 보자.

```
[22, 25, 21, 18, 19.6, 17, 16, 20.5]
```

한눈에 발견하기 어려울 수 있지만 상승세를 이루는 주가 3개가 있다.

❤ 그림 20-24

$$[22, \ 25, \ 21, \ ⓘ⑱, \ ⑲.⑥, \ 17, \ 16, \ ㉚.⑤]$$

즉 왼쪽에서 오른쪽으로 가면서 "오른편(right hand)" 가격이 "중간(middle)" 가격보다 크고, "중간" 가격이 다시 "왼편(left hand)" 가격보다 큰 주가가 3개 있다.

반면 다음의 배열은 상승세를 이루는 주가 3개를 포함하지 않는다.

```
[50, 51.25, 48.4, 49, 47.2, 48, 46.9]
```

함수는 배열에 상승세 주가 3개가 있으면 true를, 아니면 false를 반환해야 한다.

그럼 어떻게 해야 할까?

한 가지 방법은 중첩 루프 세 개를 이용하는 것이다. 즉 첫 번째 루프는 각 주가를 순회하고, 두 번째 루프는 그 주가 다음의 모든 주가를 순회한다. 그리고 두 번째 루프 안쪽의 세 번째 중첩 루프는 두 번째 주가 뒤에 나오는 모든 주가를 확인한다. 3개의 주가 집합이 만들어질 때마다 오름차순인지 확인한다. 오름차순인 집합을 찾으면 바로 true를 반환한다. 반대로 상승세를 찾지 못하고 루프가 종료되면 false를 반환한다.

위 알고리즘의 시간 복잡도는 O(N³)이다. 너무 느리다! 최적화할 방법이 없을까?

먼저 상상할 수 있는 최상의 빅 오를 떠올려보자. 알다시피 추세를 찾으려면 무조건 각 주가를 검사해야 하므로 알고리즘이 O(N)보다 빠를 수는 없다. O(N)의 속도로 최적화할 수 있는지 알아보자.

또 다시 욕심을 내야 한다.

이 경우 욕심을 낸다는 것은 상승세를 이룰 3개의 주가 중 저점이라고 생각하는 주가를 어떻게든 계속 "잡아두는" 것이다. 또한 그 추세의 중간과 고점이라고 생각하는 주가도 똑같이 탐욕스러운 방식으로 계속 "잡아두고" 싶다.

다음과 같이 하겠다.

배열의 첫 번째 주가를 상승세를 이루는 주가 3개의 저점이라고 가정하자.

중간 주가는 배열에서 가장 높은 주가보다 무조건 더 큰 숫자로 초기화한다. 이를 위해 무한대로 할당하겠다(많은 프로그래밍 언어에서 무한대 개념을 지원한다). 이 특정 단계가 처음에는 가장 덜 직관적으로 보일 수 있으나 왜 이렇게 해야 하는지 곧 알게 된다.

다음의 단계를 따라 전체 배열을 딱 한 번 통과한다.

1. 현재 주가가 지금까지의 최저가보다 작으면 현재 주가가 새로운 최저가가 된다.

2. 현재 주가가 최저가보다 크지만 중간 주가보다 작으면 중간 주가를 현재 주가로 업데이트한다.

3. 현재 주가가 최저가와 중간 주가보다 크면 상승세를 이루는 주가 3개를 찾았다는 뜻이다!

직접 해보자. 다음의 주가 배열을 처리하는 간단한 예제로 시작하겠다.

▼ 그림 20-25

[5, 2, 8, 4, 3, 7]

5부터 배열을 순회하기 시작한다. 아주 탐욕스럽게 출발한다. 그림 20-26에 나오듯이 5를 상승세를 이루는 주가 3개의 최저가라고 가정한다.

▼ 그림 20-26

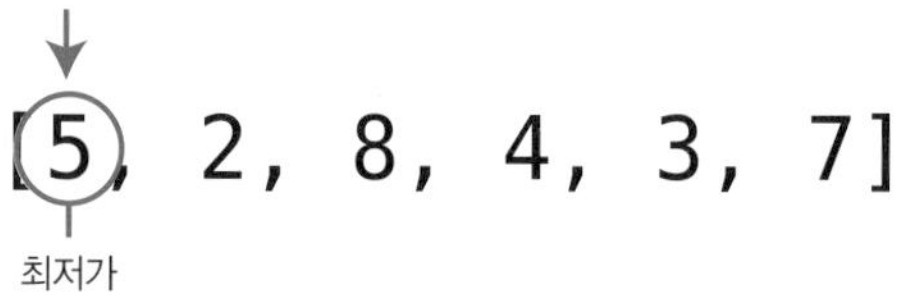

[5, 2, 8, 4, 3, 7]
최저가

이어서 2로 넘어간다. 2는 5보다 작으므로 더 욕심을 내서 이제는 2를 추세에서 최저가라고 가정한다.

▼ 그림 20-27

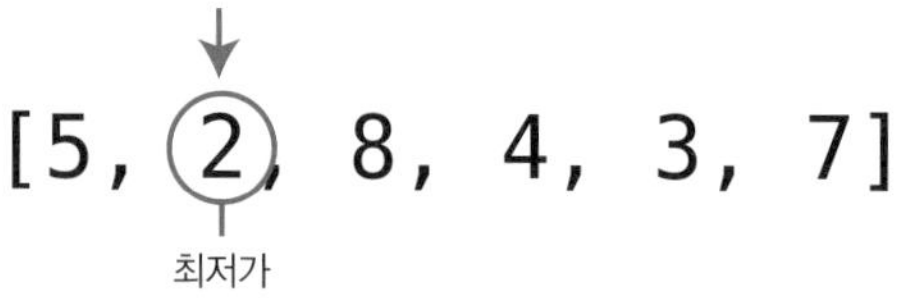

[5, 2, 8, 4, 3, 7]
　　최저가

배열의 다음 숫자인 8에 도달한다. 8은 저점보다 크므로 저점은 계속 2다. 하지만 현재 중간 주가인 무한대보다 작으므로 탐욕스럽게 8을 상승세 주가 3개의 중간 주가로 할당한다.

▼ 그림 20-28

[5, 2, 8, 4, 3, 7]
　　최저가　중간 주가

다음으로 4에 도달한다. 4는 2보다 크므로 2를 추세의 저점이라고 계속 가정한다. 하지만 4는 8보다 작으므로 8 대신 4를 중간점으로 만든다. 이때도 탐욕스럽게 중간점을 더 낮게 만듦으로써 나중에 상승세를 형성할 더 높은 주가를 찾을 가능성을 높인다. 따라서 4가 새 중간점이다.

▼ 그림 20-29

배열의 다음 숫자는 3이다. 3은 2보다 크므로 2를 그대로 최저가로 남겨두겠다. 하지만 3은 4보다 작으므로 3을 새 중간점으로 한다.

▼ 그림 20-30

마지막으로 배열의 마지막 값인 7에 도달한다. 7은 중간 주가(3)보다 크므로 배열이 3개짜리 상승세를 포함한다는 뜻이고 함수는 true를 반환할 수 있다.

▼ 그림 20-31

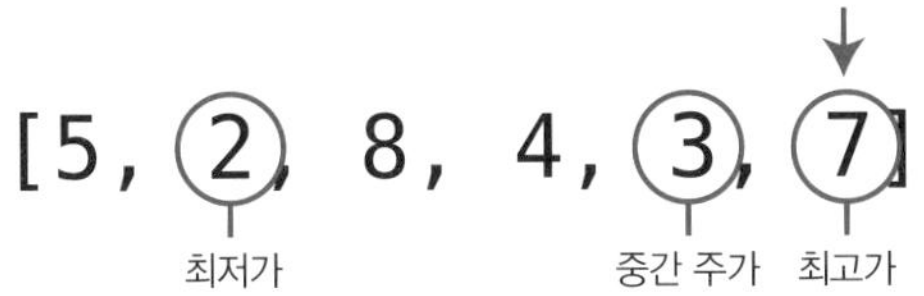

배열에 상승세가 두 개임에 주목하자. 2-3-7을 찾았으나 2-4-7도 있다. 하지만 배열에 상승세가 있는지만 알아내려던 것이고 하나만 찾아도 true를 반환하기 충분하니 궁극적으로 중요하지 않다.

위 알고리즘을 구현하면 다음과 같다.

```ruby
def increasing_triplet?(array)
    lowest_price = array[0]
    middle_price = Float::INFINITY
```

```
array.each do |price|
    if price <= lowest_price
        lowest_price = price

        # 현재 주가가 최저가보다 크지만
        # 중간 주가보다 작으면
    elsif price <= middle_price
        middle_price = price

        # 현재 주가가 중간 주가보다 크면
    else
        return true
    end
end

    return false
end
```

한 가지 짚고 넘어갈 점은 위 알고리즘에 담긴 직관에 어긋나는 측면이다. 더 정확히 말하면 어떤 시나리오에서 알고리즘이 동작하지 않을 것처럼 보이는데 실제로는 동작한다.

다음 시나리오를 한 번 보자.

❤ 그림 20-32

[8, 9, 7, 10]

위 배열에 앞선 알고리즘을 적용하면 어떻게 되는지 보자.

먼저 8이 저점이 된다.

❤ 그림 20-33

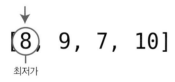

이어서 9가 중간점이 된다.

다음으로 7에 도달한다. 7은 저점보다 작으니 저점을 7로 업데이트한다.

▼ 그림 20-35

이제 10에 도달한다.

▼ 그림 20-36

10이 현재 중간점(9)보다 크므로 함수는 true를 반환한다. 실제로 배열에 8-9-10이라는 추세가 있으니 올바른 답이다. 하지만 함수가 끝났을 때 최저점 변수는 사실 7을 가리키고 있다. 그런데 7은 상승세에 속하지 않는다!

상황이 이런데도 함수는 여전히 올바른 답을 반환했다. 함수에서 해야 하는 일이라고는 중간점보다 큰 숫자를 찾는 것이기 때문이다. 중간점은 그 앞에 저점을 찾은 후에야 정해지므로 중간점보다 큰 숫자에 도달하면 배열에 상승세가 존재한다는 뜻이다. 나중에 저점을 결국 다른 숫자로 덮어쓰더라도 이 사실은 변하지 않는다.

어쨌든 배열을 한 번만 순회했으므로 탐욕 방식은 성공이다. O(N³)에 실행되던 알고리즘인 O(N)으로 바뀌었으니 이는 놀랄 만한 개선이다.

물론 탐욕스러운 방식이 **항상** 통하지는 않는다. 하지만 알고리즘을 최적화할 때 시도해볼 수 있는 또 하나의 도구다.

20.6 / 자료 구조 변경

데이터를 다른 자료 구조에 저장했을 때 어떻게 될지 상상해보는 것도 유용한 최적화 기법 중 하나다.

가령 데이터가 배열 형태로 제공된 문제를 해결하는 중이라고 하자. 같은 데이터를 해시 테이블이나 트리, 그 외 다른 자료 구조에 저장한다고 상상해 보면 이따금 기발한 최적화 기회가 생기기도 한다.

앞서 마법 룩업 기법에서 해시 테이블을 사용했던 것 역시 이 기법을 적용한 예였다. 하지만 자료 구조 변경이 다른 시나리오에도 유용할 수 있음을 곧 보이겠다.

20.6.1 애너그램 검사기

한 가지 예를 들겠다. 두 문자열이 주어졌을 때 서로 애너그램(anagram)인지 알아내는 함수를 작성 중이다. **11.5 애너그램 생성**에서 애너그램 함수를 다뤘으나 당시에는 문자열의 모든 애너그램을 생성하는 함수였다. 여기서는 두 문자열을 나란히 비교한다. 서로 애너그램이면 true를, 아니면 false를 반환한다.

먼저 애너그램 생성 함수를 사용해 이 문제를 해결할 수 있다. 즉, 첫 번째 문자열의 모든 애너그램을 생성한 후 두 번째 문자열이 그중 하나와 같은지 확인한다. 하지만 문자열에 문자가 N개일 때 애너그램은 항상 N!개이므로 알고리즘에 최소 O(N!) 시간이 걸린다. 형편없이 느리다.

방법은 이미 알고 있다. 코드 최적화를 진행하기 앞서 상상할 수 있는 최상의 빅 오를 생각해내야 한다.

어쨌든 두 문자열의 각 문자를 최소 한 번씩 방문해야 하는 것만은 분명하다. 또한 문자열 크기가 다를 수 있으므로 각 문자를 한 번씩 방문하려면 O(N + M)이 걸린다. 당장은 더 빠른 속도를 상상할 수 없으니 O(N + M)을 목표로 하자.

목표를 향해 달려가보자.

문제를 해결할 두 번째 방법은 중첩 루프를 실행해 두 문자열을 비교하는 것이다. 바깥 루프에서 첫 번째 문자열의 각 문자를 순회하면서 두 번째 문자열의 각 문자와 비교한다. 일치하면 두 번째 문자열에서 그 문자를 삭제한다. 첫 번째 문자열의 모든 문자가 두 번째 문자열에 존재한다면 바깥 루프가 종료됐을 때 두 번째 문자열의 문자가 모두 삭제되어 있을 것이다.

다시 말해 루프 종료 후 두 번째 문자열에 문자가 남아 있으면 두 문자열이 애너그램이 아니라는 뜻이다. 또한 첫 번째 단어를 아직 순회하는 중인데 이미 두 번째 문자열 전체가 삭제됐으면 마찬 가지로 두 문자열이 애너그램이 아니라는 뜻이다. 그러나 루프를 끝까지 실행했고 두 번째 문자열 이 완전히 삭제됐으면 두 문자열을 애너그램이라고 판단할 수 있다.

위 알고리즘을 파이썬으로 구현하면 다음과 같다.

```python
def areAnagrams(firstString, secondString):
    # string은 파이썬에서 불변이므로
    # secondString 내 문자를 삭제할 수 있도록 secondString을 배열로 변환한다.
    secondStringArray = list(secondString)

    for i in range(0, len(firstString)):

        # firstString을 아직 순회하는 중인데
        # secondStringArray가 벌써 비었으면
        if len(secondStringArray) == 0:
            return False

        for j in range(0, len(secondStringArray)):

            # firstString과 secondStringArray에
            # 같은 문자가 있으면,
            if firstString[i] == secondStringArray[j]:

                # 두 번째 배열에서 그 문자를 삭제하고
                # 바깥 루프로 돌아간다.
                del secondStringArray[j]
                break

    # firstString을 모두 순회했을 때
    # secondStringArray에 남은 문자가 없어야만
    # 두 문자열이 애너그램이다.
    return len(secondStringArray) == 0
```

어쩌다 보니 배열을 순회하면서 그 배열의 항목을 삭제하는 오류가 발생하기 쉬운 상황에 놓였다. 정확하게 처리하지 않으면 앉아 있는 나무 가지를 톱으로 자르는 것과 다름없다. 하지만 정확하게 처리한다고 해도 알고리즘은 O(N × M)에 실행된다. O(N!)보다는 훨씬 빠르지만 목표인 O(N + M)보다는 훨씬 느리다.

더욱 빠른 방법은 두 문자열을 정렬하는 것이다. 두 문자열을 정렬한 후 서로 완전히 똑같으면 애너그램이고 아니면 애너그램이 아니다.

퀵 정렬 같은 빠른 정렬 알고리즘을 사용하면 각 문자열마다 O(NlogN)이 걸린다. 두 문자열의 크기가 다를 수 있으니 합하면 O(NlogN + MlogM)이다. O(N × M)에 비해 크게 개선했으나 여기서 멈추지 말자. 목표는 O(N + M)이다.

드디어 다른 자료 구조가 크게 도움이 되는 때가 왔다. 입력은 문자열이지만 문자열 데이터를 다른 타입의 자료 구조에 저장한다고 상상해보자.

먼저 문자열을 각 문자들로 이뤄진 배열로 저장할 수 있다. 하지만 아무 도움이 안 된다.

다음으로 문자열을 해시 테이블로 상상해보자. 어떻게 저장될까?

각 문자열을 키로, 값을 단어 내 문자 출현 빈도로 해서 해시 테이블을 생성할 수 있다. 예를 들어 문자열 "ballon"은 해시 테이블로 다음과 같다.

    {"b" => 1, "a" => 1, "l" => 2, "o" => 2, "n" => 1}

이 해시 테이블은 문자열에 "b"가 하나, "a"가 하나, "l"이 둘, "o"가 둘, "n"이 하나임을 말해준다.

다만 문자열에 대해 전부 알려주지는 않는다. 즉, 문자열 내 문자들의 순서는 알 수 없다. 어떻게 보면 약간의 데이터 손실이다..

하지만 이러한 데이터 손실이 두 문자열이 애너그램인지 알아내는 데 꼭 필요한 것이다. 즉, 두 문자열이 각 문자를 같은 개수로 가지고 있으면 순서와 상관없이 애너그램이다.

"rattles", "startle", "starlet"이라는 단어를 보자. 모두 "t"가 둘, "a"가 하나, "l"이 하나, "e"가 하나, "s"가 하나이므로 서로의 애너그램이고, 간단한 재정렬로 각 단어를 다시 조합할 수 있다.

이제 각 문자열을 해시 테이블로 변환해서 문자 타입별 개수를 기록하는 알고리즘을 작성할 수 있다. 문자열을 각각 해시 테이블로 변환하고 나면 두 해시 테이블만 비교하면 된다. 동일하면 두 문자열이 애너그램이라는 뜻이다.

다음은 이 알고리즘을 구현한 것이다.

```python
def areAnagrams(firstString, secondString):
    firstWordHashTable = {}
    secondWordHashTable = {}
```

```
    # 첫 번째 문자열로 해시 테이블을 생성한다.
    for char in firstString:
        if firstWordHashTable.get(char):
            firstWordHashTable[char] += 1
        else:
            firstWordHashTable[char] = 1

    # 두 번째 문자열로 해시 테이블을 생성한다.
    for char in secondString:
        if secondWordHashTable.get(char):
          secondWordHashTable[char] += 1
        else:
            secondWordHashTable[char] = 1

    # 두 해시 테이블이 동일해야 두 문자열이 애너그램이다.
    return firstWordHashTable == secondWordHashTable
```

이 알고리즘은 두 문자열 내 각 문자를 딱 한 번씩 순회하므로 N + M단계가 걸린다.

그리고 해시 테이블이 같은지 검사하는 데 최대 N + M단계가 걸린다. 자바스크립트 같은 언어에서는 두 해시 테이블의 키값 쌍을 일일이 순회해서 동일한지 검사해야 하므로 특히 그렇다. 하지만 그래도 2(N + M)단계가 걸리고 상수를 없애면 O(N + M)일 뿐이다. 앞선 어떤 버전보다도 훨씬 빠르다.

공평한 비교를 위해 말하자면 해시 테이블을 생성하느라 공간을 더 소모한다. 두 문자열을 정렬해 비교하던 방법에서는 제자리 정렬을 하면 추가 공간이 들지 않았다. 속도가 정말 중요하다면 문자열의 각 문자를 딱 한 번만 처리하는 해시 테이블 방식을 따라잡을 수 없다.

문자열을 다른 자료 구조(위 예제에서는 해시 테이블)로 변환함으로써 알고리즘 속도를 크게 향상시키며 원래 데이터에 접근할 수 있었다.

어떤 자료 구조를 사용해야 하는지 항상 분명한 것은 아니므로 현재 데이터를 다양한 형식으로 변환한 모습을 상상해 보고 최적화가 가능한지 판단해보자. 그래도 대부분 해시 테이블이 탁월한 선택이니 해시 테이블부터 시작하면 좋다.

20.6.2 그룹 정렬

자료 구조를 변경해 코드를 최적화하는 예제를 하나 더 살펴보자. 값을 여러 개 포함하는 배열이 있을 때 같은 값끼리 묶어 데이터를 다시 정렬하고 싶다. 단, **그룹**의 순서는 중요하지 않다.

예를 들어 다음과 같은 배열이 있다고 하자.

["a", "c", "d", "b", "b", "c", "a", "d", "c", "b", "a", "d"]

다음과 같이 그룹으로 묶어 정렬하고 싶다.

["c", "c", "c", "a", "a", "a", "d", "d", "d", "b", "b", "b"]

다시 말하지만 그룹의 순서는 중요하지 않으므로 결과가 다음과 같아도 된다.

["d", "d", "d", "c", "c", "c", "a", "a", "a", "b", "b", "b"]
["b", "b", "b", "c", "c", "c", "a", "a", "a", "d", "d", "d"]

전형적인 정렬 알고리즘이라면 다음과 같이 정렬할 테니 어떤 정렬 알고리즘을 쓰든 그룹 정렬이 가능하다.

["a", "a", "a", "b", "b", "b", "c", "c", "c", "d", "d", "d"]

알다시피 가장 빠른 정렬 알고리즘은 O(NlogN)이다. 하지만 더 빠를 수는 없을까?

상상할 수 있는 최상의 빅 오부터 생각해내자. 알다시피 O(NlogN)보다 빠른 정렬 알고리즘은 없으므로 더 빠르게 정렬하는 법은 생각해내기 어렵다.

하지만 꼭 정렬해야 하는 것은 아니니 누군가 O(N)에 그룹 정렬을 한다고 해도 믿을 것 같다. 각 값을 적어도 한 번은 방문해야 하므로 O(N)보다 빠를 수는 없다. 따라서 O(N)을 목표로 삼자.

앞서 논했던 기법을 적용해 데이터를 다른 자료 구조 형태로 상상해보자.

이번에도 해시 테이블로 시작하면 좋다. 문자열 배열을 해시 테이블에 저장하면 어떻게 될까?

애너그램과 비슷한 방식을 취하면 배열은 다음과 같을 것이다.

{"a" => 3, "c" => 3, "d" => 3, "b" => 3}

앞선 예제처럼 데이터 손실이 있다. 즉, 문자열들의 원래 순서를 모르니 이 해시 테이블로는 다시 원래 배열로 변환할 수 없다.

하지만 그룹으로 묶는 것이 목적이기에 이 정도 데이터 손실은 문제 없다. 오히려 위 해시 테이블은 그룹으로 묶은 배열을 만드는 데 필요한 모든 데이터를 포함한다.

명확히 말하면 해시 테이블 내 각 키값 쌍을 순회하면서 그 데이터를 사용해 각 문자열의 개수만큼 배열에 덧붙일 수 있다. 코드로 살펴보자.

```ruby
def group_array(array)
    hash_table = {}
    new_array = []

    # 각 문자열의 합계를 해시 테이블에 저장한다.
    array.each do |value|
        if hash_table[value]
            hash_table[value] += 1
        else
            hash_table[value] = 1
        end
    end

    # 해시 테이블을 순회하며 각 문자열의 개수만큼
    # 새 배열에 덧붙인다.
    hash_table.each do |key, count|
        count.times do
            new_array << key
        end
    end

    return new_array
end
```

group_array 함수는 array를 받고, 빈 hash_table과 빈 new_array부터 생성한다.

먼저 각 문자열의 합계를 모아 해시 테이블에 저장한다.

```ruby
array.each do |value|
    if hash_table[value]
        hash_table[value] += 1
    else
        hash_table[value] = 1
    end
end
```

이 코드를 실행하면 다음과 같은 해시 테이블이 생성된다.

```ruby
{"a" => 3, "c" => 3, "d" => 3, "b" => 3}
```

이어서 각 키값 쌍을 순회하며 이 데이터를 new_array에 덧붙인다.

```
hash_table.each do |key, count|
    count.times do
        new_array << key
    end
end
```

즉, "a"=> 3이라는 키값 쌍이 나오면 "a"3개를 new_array에 추가하고 "c"=> 3이 나오면 "c"3개를 new_array에 추가한다. 루프가 끝났을 때 new_array는 그룹으로 묶인 모든 문자열을 포함한다.

이 알고리즘은 O(N) 시간 만에 끝난다. 정렬에 들었던 O(NlogN)에 비해 상당히 최적화했다. 해시 테이블과 new_array로 인해 공간을 최대 O(N) 더 사용하지만 추가 메모리를 아끼기 위해 원래 배열을 덮어쓰기할 수도 있다. 그래도 여전히 해시 테이블이 차지하는 공간이 최악의 경우 O(N)이며, 이때 최악의 경우란 배열 내 각 문자열이 서로 다를 때다.

하지만 앞서 말했듯이 속도가 목적이라면 상상할. 수 있는 최상의 빅 오를 달성했으니 엄청난 이득이다.

20.7 요약

20장에서 소개한 기법은 코드를 최적화하는 데 유용하다. 다시 말하지만 항상 현재 빅 오와 상상할 수 있는 최상의 빅 오를 알아내는 것이 먼저다. 그래야 다른 모든 기법을 자유자재로 사용할 수 있다.

어떤 기법은 특정 상황에서 다른 기법보다 더 유용하나 우선은 주어진 상황에 맞춰 모든 기법을 고려해 보고 문제에 맞는 도구인지 알아보는 것이 좋다.

경험을 통해 최적화 감각을 갈고 닦으면서 자신만의 기법을 더 개발하게 될 것이다!

20.8 작별 인사

지금까지 많은 내용을 배웠다.

알고리즘 디자인과 자료 구조의 올바른 선택이 코드 성능에 중대한 영향을 줄 수 있음을 배웠다.

코드 효율성을 알아내는 법을 배웠다.

코드를 더 빠르고 메모리 효율적이면서 간결하게 최적화하는 법도 배웠다.

이 책은 숙련된 기술 결정을 내릴 수 있는 프레임워크를 제공한다. 좋은 소프트웨어를 개발하려면 여러 방법들의 트레이드오프를 평가해야 하는데, 이 책을 통해 각 방법의 장단점을 파악해 현재 문제에 최선의 선택을 내릴 수 있는 능력을 키웠다. 또한 처음에는 명확하지 않았던 **새로운** 방법을 구상할 수 있는 능력도 갖췄다.

벤치마킹 도구로 사용자가 수행한 최적화를 테스트하는 것이 늘 최선임을 기억하자. 이러한 도구를 사용해 실제 코드 속도를 테스트하는 것이 곧 최적화를 정말 유용하게 만드는 훌륭한 온전성 검사(sanity check)다. 코드 속도와 메모리 소비를 측정할 수 있는 훌륭한 소프트웨어 애플리케이션이 많다. 이 책에 나오는 지식은 당신을 올바른 방향으로 인도할 것이고, 벤치마킹 도구는 당신이 올바른 선택을 내렸는지 확인해 줄 것이다.

또한 이 책을 통해 이처럼 복잡하고 난해해 보이는 주제가 사실은 더 간단하고 쉬운 이해할 수 있는 개념들의 조합일 뿐임을 알기 바란다. 어떤 책에 나오는 개념이 어려워 보인다면 그저 잘 설명하지 못한 것이므로 겁먹지 말자. 어떤 개념이든 항상 이해하기 쉽게 더 잘 설명할 수 있다.

자료 구조와 알고리즘이라는 주제는 넓고 깊으며, 이 책은 수박 겉핥기식으로만 다뤘다. 기초를 쌓았으니 이제 컴퓨터 과학의 새 개념을 탐구하고 숙달할 수 있다. 더 넓은 세상으로 나아가 끝없이 새로운 내용을 배우고 기술적으로도 능숙해지기 바란다.

행운을 빈다!

20.9 연습 문제

다음 연습 문제는 코드 최적화를 실습해 볼 기회다. 해답은 549쪽에 나와 있다.

1. 운동 선수를 분석하는 소프트웨어를 개발 중이다. 다음 두 배열은 두 종목의 운동 선수를 나타낸다.

```
basketball_players = [
    {first_name: "Jill", last_name: "Huang", team: "Gators"},
    {first_name: "Janko", last_name: "Barton", team: "Sharks"},
    {first_name: "Wanda", last_name: "Vakulskas", team: "Sharks"},
    {first_name: "Jill", last_name: "Moloney", team: "Gators"},
    {first_name: "Luuk", last_name: "Watkins", team: "Gators"}
]

football_players = [
    {first_name: "Hanzla", last_name: "Radosti", team: "32ers"},
    {first_name: "Tina", last_name: "Watkins", team: "Barleycorns"},
    {first_name: "Alex", last_name: "Patel", team: "32ers"},
    {first_name: "Jill", last_name: "Huang", team: "Barleycorns"},
    {first_name: "Wanda", last_name: "Vakulskas", team: "Barleycorns"}
]
```

자세히 보면 두 종목을 모두 뛰는 선수가 있다. Jill Huang과 Wanda Vakulskas는 농구도 하고 축구도 한다.

두 운동 선수 배열을 받아 두 종목을 모두 뛰는 선수를 배열로 반환하는 함수를 작성하자. 위 예제에서는 다음과 같다.

```
["Jill Huang", "Wanda Vakulskas"]
```

이름이 같은 선수도 있고 성이 같은 선수도 있으나 성명(이름과 성)이 모두 같은 선수는 딱 한 명이라고 가정하겠다.

중첩 루프 방식을 사용해 한 배열의 각 선수를 나머지 배열의 각 선수와 비교할 수 있으나 실행 시간이 $O(N \times M)$이다. 목표는 $O(N + M)$에 실행되도록 함수를 최적화하는 것이다.

2. 0, 1, 2, 3, …, N까지 각 정수를 포함하는 배열을 입력으로 받는 함수를 작성하고 있다. 하지만 배열에 정수가 하나 빠졌고 함수는 **그 빠진 정수를 반환해야 한다.**

예를 들어 다음 배열은 4를 제외한 0부터 6까지의 모든 정수를 포함한다.

```
[2, 3, 0, 6, 1, 5]
```

따라서 함수를 4를 반환해야 한다.

다음 예제는 1를 제외한 0부터 9까지의 정수를 모두 포함한다.

```
[8, 2, 3, 9, 4, 7, 5, 0, 6]
```

이때 함수는 1을 반환해야 한다.

중첩 루프 방식은 $O(N^2)$이 걸린다. $O(N)$에 실행되도록 코드를 최적화해보자.

3. 주가 예측 소프트웨어를 좀 더 개발 중이라고 하자. 작성하려는 함수는 앞으로 며칠 간 특정 주식의 예상 주가를 배열로 받는다.

예를 들어 주가 7개를 포함하는 다음 배열은,

```
[10, 7, 5, 8, 11, 2, 6]
```

주어진 주식의 향후 7일 동안 예상 주가 흐름을 나타낸다(첫 날은 종가가 10달러, 둘째 날은 종가가 7달러인 등이다).

함수는 한 번의 "매수" 거래와 한 번의 "매도" 거래로 벌 수 있는 최대 수익을 계산해야 한다.

이 배열에서는 주식을 5달러에 사서 11달러에 파는 것이 가장 이익이 크다. 주당 수익이 6달러다.

여러 번 매매하면 돈을 더 많이 벌겠지만 일단 이 함수는 **한 번의** 구매와 판매로 얻을 수 있는 최대 수익만 구한다.

중첩 루프를 사용하면 가능한 모든 매수–매도 조합의 수익을 계산할 수 있다. 하지만 $O(N^2)$이 걸리며 잘나가는 주식 거래 플랫폼치고는 너무 느리다. $O(N)$ 만에 끝나도록 함수를 최적화해 보자.

4. 숫자 배열을 받아 배열 내 두 숫자 간 최대 곱(highest product)을 계산하는 함수를 작성하고 있다. 그냥 가장 큰 두 숫자를 찾아 곱하면 될 쉬운 문제 같다. 하지만 이 배열은 음수를 포함한다.

```
[5, -10, -6, 9, 4]
```

이 예제에서는 가장 작은 두 숫자인 −10과 −6을 곱해야 실제 최대 곱인 60이 나온다. 중첩 루프로 모든 숫자 쌍을 곱할 수 있지만 $O(N^2)$ 시간이 걸린다. 더 빠른 $O(N)$으로 함수를 최적화해보자.

5. 환자 수백 명의 체온 데이터를 분석하는 소프트웨어를 작성 중이다. 건강한 사람들을 쟀고 범위는 화씨 97도부터 99도까지다. 꼭 알아둘 점은 이 애플리케이션은 **무조건 소수점 아래 첫째 자리까지만 나타낸다**는 것이다.

다음은 체온을 측정한 샘플 배열이다.

[98.6, 98.0, 97.1, 99.0, 98.9, 97.8, 98.5, 98.2, 98.0, 97.1]

이러한 측정값을 오름차순으로 정렬하는 함수를 작성하자.

퀵 정렬 같은 전형적인 정렬 알고리즘을 사용하면 O(NlogN)이 걸린다. **하지만 이 예제에 한해서는 더 빠른 정렬 알고리즘을 작성할 수 있다.**

정말이다. 분명 가장 빠른 정렬은 O(NlogN)이라고 배웠으나 이번 경우는 다르다. 왜일까? 이 예제에는 측정값에 **몇 가지 제약**이 있다. 그래서 값들을 O(N)에 정렬할 수 있다. N에 상수를 곱해야 할 수도 있으나 그래도 O(N)이다.

6. 정렬되지 않은 정수 배열을 받아 **가장 긴 연속 숫자 순열**(longest consecutive sequence)의 길이를 반환하는 함수를 작성하고 있다. 이때 순열은 1씩 증가하는 정수로 이뤄진다. 예를 들어 다음 배열에서,

[10, 5, 12, 3, 55, 30, 4, 11, 2]

가장 긴 연속 숫자 순열은 2-3-4-5다. 각 정수가 바로 앞 정수보다 1씩 커지면서 정수 4개가 증가 순열을 이룬다. 10-11-12 순열도 있지만 정수가 3개뿐이다. 따라서 함수는 이 배열에서 만들 수 있는 **가장 긴 연속 순열의** 길이인 4를 반환한다.

한 가지 예를 더 살펴보자.

[19, 13, 15, 12, 18, 14, 17, 11]

이 배열에서 가장 긴 순열은 11-12-13-14-15이므로 함수를 5를 반환한다.

배열을 정렬하면 한 번만 순회해서 가장 긴 연속 순열을 찾을 수 있다. 하지만 정렬에만 O(NlogN)이 걸린다. O(N)이 걸리도록 함수를 최적화해보자.

부록

연습 문제 해답

1장

다음은 47쪽 연습 문제의 해답이다.

1. 각 사례별로 분석해보자.

   a. 배열 읽기는 항상 1단계면 된다.

   b. 크기가 100인 배열에서 존재하지 않는 원소를 검색하면 컴퓨터가 배열의 각 원소를 검사해 원소를 찾을 수 없음을 밝혀야 하므로 100단계가 걸린다.

   c. 삽입에는 101단계가 걸린다. 배열 앞에 새 원소를 삽입하려면 각 원소를 오른쪽으로 100번 이동시킨 후 1단계로 삽입해야 한다.

   d. 배열 끝 삽입은 1단계면 된다.

   e. 삭제에는 100단계가 걸린다. 컴퓨터는 먼저 첫 번째 원소를 삭제한 후 남은 99개 원소를 한 번에 하나씩 왼쪽으로 이동시켜야 한다.

   f. 배열 끝 삭제는 1단계면 된다.

2. 각 사례별로 분석해보자.

   a. 배열처럼 배열 기반 집합 읽기도 1단계면 된다.

   b. 배열처럼 배열 기반 집합 검색 역시 원소가 없음을 밝히려면 각 원소를 검사해야 하므로 100단계가 걸린다.

   c. 집합에 삽입하려면 일단 전체 검색을 수행해 그 값이 집합에 없는지부터 확실히 해야 한다. 이 검색에 100단계가 걸린다. 이후 새 값이 들어갈 자리를 만들기 위해 100개 원소 전부를 오른쪽으로 이동시켜야 한다. 마지막으로 새 값을 집합 맨 앞에 넣는다. 총 201단계다.

   d. 삽입에는 101단계가 걸린다. 마찬가지로 삽입 전에 전체 검색을 수행해야 하니 100단계가 걸린다. 이어서 집합 끝에 새 값을 삽입하는 마지막 단계로 끝난다.

   e. 전형적인 배열처럼 삭제에 100단계가 걸린다.

   f. 전형적인 배열처럼 삭제는 1단계면 된다.

3. 배열에 원소가 N개일 때 배열에서 문자열 인스턴스 "apple"을 모두 검색하는 데 N단계가 필요하다. 인스턴스 하나만 검색하면 찾자마자 검색을 바로 중단할 수 있다. 하지만 모든 인스턴스를 찾아야 하므로 전체 배열의 각 원소를 검사하는 수밖에 없다.

2장

다음은 64쪽 연습 문제의 해답이다.

1. 문제의 배열을 선형 검색하면 4단계가 걸린다. 배열 앞부터 시작에 왼쪽에서 오른쪽으로 각 원소를 검사한다. 8이 네 번째 숫자이므로 4단계 만에 찾는다.

2. 1번 문제의 배열을 이진 검색하면 딱 1단계만 걸린다. 이진 검색은 중앙에 있는 원소부터 시작하는데 마침 8이 중앙 원소다.

3. 답을 알아내려면 100,000을 반으로 몇 번 나누어야 1이 되는지 계산해야 한다. 100,000을 계속 2로 나누면 약 1.53이 될 때까지 16번 나눈다.

   즉 최악의 시나리오에 약 16번이 걸린다.

3장

다음은 76쪽 연습 문제의 해답이다.

1. O(1)이다. 함수에 전달된 년도를 N이라고 하자. 하지만 년도가 몇이든 알고리즘에 걸리는 단계 수는 일정하다.

2. O(N)이다. 배열에 원소가 N개일 때 루프는 N번 실행된다.

3. O(logN)이다. 이때 N은 함수에 전달된 numberOfGrains다. 루프는 placedGrains가 numberOfGrains보다 작은 동안 실행되지만 placedGrains는 1부터 시작하고 루프를 실행할 때마다 두 배씩 늘어난다. 예를 들어 numberOfGrains가 256이면 placedGrains는 256이 될 때까지 두 배씩 9번 늘어난다. 다시 말해 N이 256이면 루프는 9번 실행된다. numberOfGrains가 512면 루프는 10번 실행되고 numberOfGrains가 1024면 루프는 11번 실행된다. N이 두 배 늘어날 때마다 루프를 한 번 더 실행하므로 O(logN)이다.

4. O(N)이다. N은 배열 내 문자열 개수이고 루프에는 N단계가 걸린다.

5. O(1)이다. 배열의 크기를 N이라고 할 수 있으나 N이 얼마든 알고리즘에는 정해진 단계 수만큼만 걸린다. 알고리즘은 N이 홀수인지 짝수인지 보지만 어느 쪽이든 단계 수는 같다.

4장

다음은 96쪽 연습 문제의 해답이다. 다음 코드는 파이썬으로 구현했으나 코드 다운로드(https://pragprog.com/titles/jwdsal2/source_code)에서 자바스크립트와 루비 구현도 제공한다.

1. 다음은 완성된 표다.

▼ 표 A-1

N Elements $\rightarrow$

원소 개수(N)	O(N)	O(logN)	O(N²)
100	100	약 7	10,000
2,000	2,000	약 11	4,000,000

2. 16^2이 256이므로(다르게 표현하면 256의 제곱근이 16이므로) 배열에 원소 16개일 것이다.

3. 알고리즘의 시간 복잡도는 $O(N^2)$이다. 이때 N은 배열의 크기다. 바깥 루프에서 배열 항목 N개를 순회하고 안쪽 루프에서 같은 배열 항목 N개를 다시 순회한다. 따라서 N^2단계다.

4. 다음은 배열을 한 번만 순회하는 O(N) 버전이다.

```python
def greatestNumber(array):
    greatestNumberSoFar = array[0]

    for i in array:
        if i > greatestNumberSoFar:
            greatestNumberSoFar = i

    return greatestNumberSoFar
```

5장

다음은 115쪽 연습 문제의 해답이다.

1. 상수를 버리면 표현식을 O(N)으로 줄일 수 있다.

2. 상수를 버리면 표현식을 $O(N^2)$으로 줄일 수 있다.

3. 배열 크기가 N일 때 이 알고리즘은 O(N) 부류다. 원소 N개를 처리하는 루프가 두 개이지만 단순히 2N이므로 상수를 버리면 O(N)으로 줄어든다.

4. 배열 크기가 N일 때 이 알고리즘은 O(N) 부류다. 루프 안에서 3단계를 실행하므로 3N단계가 걸린다. 하지만 상수를 제거하면 O(N)으로 줄어든다.

5. 배열 크기가 N일 때 이 알고리즘은 $O(N^2)$ 부류다. 안쪽 루프를 절반만 실행하므로 알고리즘을 N^2 / 2 단계만큼 실행한다는 뜻이다. 하지만 2로 나누는 부분이 상수이므로 $O(N^2)$으로 단순하게 표현한다.

6장

다음은 135쪽 연습 문제의 해답이다. 다음 코드는 자바스크립트로 구현했으나 코드 다운로드 (https://pragprog.com/titles/jwdsal2/source_code)에서 파이썬과 루비 구현도 제공한다.

1. 빅 오 표기법에서 $2N^2 + 2N + 1$은 $O(N^2)$으로 줄어든다. 상수를 모두 제거하면 $N^2 + N$만 남고 여기서 N^2보다 낮은 차수인 N도 버린다.

2. logN은 N보다 차수가 낮으므로 O(N)으로 줄어든다.

3. 한 가지 주목해야 할 점은 합해서 10인 쌍을 찾으면 함수가 바로 종료된다는 사실이다. 따라서 처음 두 숫자를 합해서 10이 되면 루프를 진행하기 전에 함수를 끝낼 수 있으니 이 경우가 최선의 시나리오다. 평균 시나리오는 두 숫자가 배열 중간 즈음에 있을 때다. 최악의 시나리오는 합해서 10이 되는 숫자가 없어 루프 두 개를 끝까지 실행해야 할 때다. 배열 크기가 N일 때 최악의 시나리오는 $O(N^2)$이다.

4. 배열 크기가 N일 때 알고리즘의 효율성은 O(N)이고 루프는 원소 N개를 모두 순회한다.

   문제의 알고리즘은 배열을 순회하는 중에 "X"를 찾아도 루프를 계속 진행한다. 다음과 같이 "X"를 찾자마자 true를 반환하면 코드가 훨씬 효율적이다.

```
function containsX(string) {

    for(let i = 0; i < string.length; i++) {
        if (string[i] === "X") {
            return true;
        }
    }

    return false;
}
```

7장

다음은 153쪽 연습 문제의 해답이다.

1. N은 배열의 크기다. 매 루프 라운드마다 값 두 개를 처리하므로 루프는 N / 2번 실행된다. 단 상수를 버리므로 O(N)으로 표현한다.

2. 이 문제는 별개의 배열 두 개를 처리하기 때문에 N을 정의하기 다소 까다롭다.. 하지만 알고리 즘은 각 값을 한 번씩만 처리하므로 배열 두 개에 들어 있는 전체 값 개수를 N으로 정하면 시 간 복잡도는 O(N)이다. 보다 일반적으로 한 배열을 N, 나머지 배열을 M이라고 하면, 효율성 을 O(N + M)으로 표현할 수도 있다. 하지만 어쨌든 N과 M을 더하니 두 배열의 전체 데이터 원소 개수를 합쳐 N으로 표현하고 O(N)이라 부르는 편이 더 간단하다.

3. 최악의 시나리오에서 알고리즘은 "needle"의 문자 개수에 "haystack"의 문자 개수를 곱한 만 큼 실행된다. needle과 haystack의 문자 개수가 다를 수 있으니 O(N × M)이다.

4. N이 배열 크기일 때 루프 세 개를 중첩해서 처리하므로 시간 복잡도는 $O(N^3)$이다. 실제로 중 간 루프는 N / 2번 실행되고 가장 안쪽 루프는 N / 4번 실행되므로 다해서 N × (N / 2) × (N / 4), 즉 N^3 / 8단계다. 하지만 상수를 버리면 $O(N^3)$만 남는다.

5. N은 resumes 배열의 크기다. 매 루프 라운드마다 이력서의 절반을 제거하므로 알고리즘은 O(logN)이다.

8장

다음은 179쪽 연습 문제의 해답이다. 다음 코드는 자바스크립트로 구현했으나 코드 다운로드 (https://pragprog.com/titles/jwdsal2/source_code)에서 파이썬과 루비 구현도 제공한다.

1. 다음 구현은 첫 번째 배열의 값을 먼저 해시 테이블에 저장한 후 두 번째 배열의 각 값이 그 해 시 테이블에 있는지 확인한다.

```
function getIntersection(array1, array2) {
    let intersection = [];
    let hashTable = {};

    for(let i = 0; i < array1.length; i++) {
        hashTable[array1[i]] = true;
```

```
    }

    for(let j = 0; j < array2.length; j++) {
        if(hashTable[array2[j]]) {
            intersection.push(array2[j]);
        }
    }

    return intersection;
}
```

위 알고리즘의 효율성은 O(N)이다.

2. 다음 구현은 배열의 각 문자열을 확인한다. 문자열이 아직 해시 테이블에 없으면 추가한다. 문자열이 이미 해시 테이블에 있으면 이전에 추가했다는 뜻이고 곧 중복값이 있다는 뜻이다! 이 알고리즘의 시간 복잡도는 O(N)이다.

```
function findDuplicate(array) {
    let hashTable = {};

    for(let i = 0; i < array.length; i++) {
        if(hashTable[array[i]]) {
            return array[i]; }
        else {
            hashTable[array[i]] = true;
        }
    }

}
```

3. 다음 구현은 가장 먼저 문자열에 나오는 모든 문자로 해시 테이블을 생성한다. 이어서 각 알파벳을 순회하며 해시 테이블에 들어 있는지 확인한다. 들어 있지 않으면 문자열에 해당 알파벳이 빠졌다는 뜻이니 그 문자를 반환한다.

```
function findMissingLetter(string) {
    // 문자열의 모든 문자를 해시 테이블에 저장한다.
    let hashTable = {};
    for(let i = 0; i < string.length; i++) {
        hashTable[string[i]] = true;
    }
```

```
    // 처음 보는 문자를 보고한다.
    let alphabet = "abcdefghijklmnopqrstuvwxyz";
    for(let i = 0; i < alphabet.length; i++) {
        if(!hashTable[alphabet[i]]) {
            return alphabet[i];
        }
    }
}
```

4. 다음 구현은 가장 먼저 문자열에 나오는 모든 문자로 해시 테이블을 생성한다. 해시 테이블에 문자가 아직 없으면 그 문자를 키로, 값을 1로 해서 해시 테이블에 추가한다. 값 1은 지금까지 이 문자를 한 번 찾았다는 뜻이다. 문자가 이미 해시 테이블에 있으면 단순히 값을 하나 증가시킨다. 따라서 문자 "e"의 값이 3이면 "e"가 문자열에 세 번 나왔다는 뜻이다.

이어서 문자들을 한 번 더 순회하며 문자열에 한 번만 나왔던 문자 중 첫 번째 문자를 반환한다. 이 알고리즘은 O(N)이다.

```
function firstNonDuplicate(string) {
    let hashTable = {};

    for(let i = 0; i < string.length; i++) {
        if(hashTable[string[i]]) {
            hashTable[string[i]]++;
        } else {
            hashTable[string[i]] = 1;
        }
    }

    for(let j = 0; j < string.length; j++) {
        if(hashTable[string[j]] == 1) {
            return string[j];
        }
    }
}
```

9장

다음은 199쪽 연습 문제의 해답이다. 다음 코드는 루비로 구현했으나 코드 다운로드(https://pragprog.com/titles/jwdsal2/source_code)에서 자바스크립트와 파이썬 구현도 제공한다.

1. 전화를 건 사람에게 친절하게 대하고, 전화가 걸려 온 순서대로 응답하고 싶다. 따라서 데이터를 FIFO(First In, First Out)로 처리하는 큐를 사용하겠다.

2. 4 위에 놓여 있던 6과 5를 팝할 것이므로 스택 최상단에 있는 원소 4를 읽을 수 있다.

3. 1과 2를 디큐한 이후 큐 맨 앞에 있는 3을 읽을 수 있다.

4. 스택에 넣어진 순서와 반대로 각 항목을 팝할 수 있으므로 스택을 활용하겠다. 먼저 문자열의 각 문자를 스택에 푸시한다. 이어서 하나씩 팝하며 새 문자열 끝에 덧붙인다.

```ruby
def reverse(string)
    stack = Stack.new

    string.each_char do |char|
        stack.push(char)
    end

    new_string = ""

    while stack.read
        new_string += stack.pop
    end

    return new_string
end
```

10장

다음은 214쪽 연습 문제의 해답이다. 다음 코드는 파이썬으로 구현했으나 코드 다운로드 (https://pragprog.com/titles/jwdsal2/source_code)에서 자바스크립트와 루비 구현도 제공한다.

1. 기저 조건은 if low > high일 때다, 즉 low가 high를 초과하면 재귀를 멈추고 싶다. 멈추지 않으면 high보다 훨씬 큰 수를 무한대로 출력하게 된다.

2. 무한 재귀에 빠진다! factorial(10)은 factorial(8)을 호출하고, 이어서 factorial(6)을 호출하고, 이어서 factorial(4)를 호출하고, 이어서 factorial(2)를 호출하고, 이어서 factorial(0)을 호출한다. 기저 조건은 if n == 1일 때인데 n은 절대 1이 될 수 없으니 재귀는 factorial(0)이 factorial(2)를 호출하는 식으로 계속된다.

3. low가 1, high가 10이라고 하자. sum(1, 10)을 호출하면 10 + sum(1, 9)를 반환한다. 즉, 10
   과 1과 9사이의 합을 더해서 반환한다. sum(1, 9)는 결국 sum(1, 8)을 호출하고 sum(1, 8)은
   sum(1, 7)을 호출할 것이다.

   이때 마지막 호출이 그냥 숫자 1을 반환하면 되는 sum(1, 1)이었으면 좋겠다. 이를 기저 조건
   으로 한다.

```python
def sum(low, high):
    # 기저 조건
    if high == low:
        return low

    return high + sum(low, high - 1)
```

4. 다음 방식은 10장에 나왔던 파일 디렉터리 예제와 비슷하다.

```python
def print_all_items(array):
    for value in array:
        # 현재 항목이 "리스트"이면(가령 배열이면)
        if isinstance(value, list):
            print_all_items(value)
        else:
            print(value)
```

   바깥 배열의 각 항목을 순회한다. 값이 또 다른 배열이면 그 하위 배열에 함수를 재귀적으로 호
   출한다. 배열이 아니면 값을 그냥 화면에 출력하는 것이 기저 조건이다.

11장

다음은 239쪽 연습 문제의 해답이다. 다음 코드는 루비로 구현했으나 코드 다운로드 (https://
pragprog.com/titles/jwdsal2/source_code)에서 자바스크립트와 파이썬 구현도 제공한다.

1. 함수를 character_count라고 부르겠다. 첫 번째로 character_count 함수가 이미 구현되어 있
   다고 상상한다.

   이어서 하위 문제를 찾아야 한다. 문제가 ["ab", "c", "def", "ghij"]라는 배열일 때 하위 문
   제는 같은 배열에서 문자열 하나를 뺀 배열로 볼 수 있다. 구체적으로 말하면 배열에서 첫 번째
   문자열을 뺀 ["c", "def", "ghij"]를 하위 문제라고 해보자.

이제 "이미 구현된" 함수에 하위 문제를 적용하면 어떻게 되는지 보자. character_count(["c", "def", "ghij"])를 호출하면 문자가 총 8개이므로 반환값은 8이다.

따라서 첫 번째 문자열("ab")의 길이에 하위 문제에 character_count 함수를 호출한 결과를 더하기만 하면 원래 문제가 해결된다.

다음과 같이 구현할 수 있다.

```ruby
def character_count(array)
    # 다음의 기저 조건도 가능하다.
    # return array[0].length if array.length == 1

    # 기저 조건: 배열이 비었을 때
    return 0 if array.length == 0

    return array[0].length + character_count(array[1, array.length - 1])
end
```

보다시피 배열이 비었을 때, 즉 문자열의 길이가 0일 때를 기저 조건으로 했다. 주석으로 언급했듯이 배열이 문자열 하나를 포함할 때를 기저 조건으로 해도 된다. 이때는 그 문자열의 길이를 반환한다.

2. 먼저 select_even 함수가 이미 동작한다고 상상하자. 이어서 하위 문제를 찾자. 예제 배열인 [1, 2, 3, 4, 5]에서 짝수를 골라낼 때 하위 문제는 첫 번째 원소를 제외한 나머지 배열로 볼 수 있다. 따라서 select_even([2, 3, 4, 5])가 이미 동작하고, [2, 4]를 반환한다고 상상해 보자.

배열의 첫 번째 숫자가 1이므로 사실 [2, 4]를 그대로 반환하고 싶다. 하지만 배열의 첫 번째 숫자가 0이었다면 [2, 4]에 0을 추가해 반환하고 싶다.

배열이 비었을 때를 기저 조건으로 하겠다.

다음과 같이 구현할 수 있다.

```ruby
def select_even(array)
    return [] if array.empty?

    if array[0].even?
        return [array[0]] + select_even(array[1, array.length - 1])
    else
        return select_even(array[1, array.length - 1])
    end
end
```

3. 삼각수의 정의는 n에 패턴의 바로 앞 수를 더하는 것이다. 함수 이름이 triangle이면 간단히 n + triangle(n - 1)로 표현할 수 있다. 기저 조건은 n이 1일 때다.

```
def triangle(n)
    return 1 if n == 1
    return n + triangle(n - 1)
end
```

4. 함수 index_of_x가 이미 구현되어 있다고 상상하자. 이어서 문자열에서 첫 번째 문자를 뺀 문자열을 하위 문제로 하자. 예를 들어 입력 문자열이 "hex"이면 하위 문제는 "ex"다.

index_of_x("ex")는 1을 반환할 것이다. 원래 문자열에서 "x"의 인덱스를 계산하려면 문자열 앞에 붙는 "h"가 "x"를 한 인덱스 뒤로 이동시키므로 여기에 1을 더해야 한다.

```
def index_of_x(string)
    return 0 if string[0] == 'x'
    return index_of_x(string[1, string.length - 1]) + 1
end
```

5. "계단 문제"와 비슷한 문제다. 해결해보자.

시작 위치(S)에서 이동할 방법은 둘뿐이다. 한 칸 오른쪽으로 가거나 한 칸 아래쪽으로 이동할 수 있다.

고유한 최단 경로의 총 수는 S의 오른쪽 칸에서 가는 경로 수와 S의 아래쪽 칸에서 가는 경로 수의 합이다.

S의 오른쪽 칸에서 가는 경로 수는 다음 그림에서 보듯이 6열과 3행으로 된 격자에서 경로를 계산하는 것과 같다.

▼ 그림 A-1

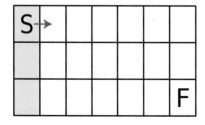

S의 아래쪽 칸에서 가는 경로 수는 7열과 2행으로 된 격자에서의 경로와 같다.

재귀로 이를 간결하게 표현할 수 있다.

```
return unique_paths(rows - 1, columns) + unique_paths(rows, columns - 1)
```

이제 기저 조건만 추가하면 된다. 열이 하나이거나 행이 하나일 때, 즉 가능한 경로가 하나뿐일 때가 기저 조건이다.

다음은 최종 함수다.

```
def unique_paths(rows, columns)
    return 1 if rows == 1 || columns == 1
    return unique_paths(rows - 1, columns) + unique_paths(rows, columns - 1)
end
```

12장

다음은 256쪽 연습 문제의 해답이다. 다음 코드는 루비로 구현했으나 코드 다운로드 (https:// pragprog.com/titles/jwdsal2/source_code)에서 자바스크립트와 파이썬 구현도 제공한다.

1. 함수 안에서 재귀 호출을 **두 번** 하는 문제다. 쉽게 하나로 줄일 수 있다.

```
def add_until_100(array)
    return 0 if array.length == 0
    sum_of_remaining_numbers = add_until_100(array[1, array.length - 1])
    if array[0] + sum_of_remaining_numbers > 100
        return sum_of_remaining_numbers
    else
        return array[0] + sum_of_remaining_numbers
    end
end
```

2. 다음은 메모이제이션을 사용한 버전이다.

```
def golomb(n, memo={})
    return 1 if n == 1

    if !memo[n]
        memo[n] = 1 + golomb(n - golomb(golomb(n - 1, memo), memo), memo)
    end

    return memo[n]
end
```

3. 메모이제이션을 사용하려면 행 수와 열 수 모두 키로 만들어야 한다. 단순 배열인 [rows, columns]로 키를 만든다.

```
def unique_paths(rows, columns, memo={})
    return 1 if rows == 1 || columns == 1
    if !memo[[rows, columns]]
        memo[[rows, columns]] = unique_paths(rows - 1, columns, memo) +
        unique_paths(rows, columns - 1, memo)
    end
    return memo[[rows, columns]]
end
```

13장

다음은 287쪽 연습 문제의 해답이다. 다음 코드는 자바스크립트로 구현했으나 코드 다운로드 (https://pragprog.com/titles/jwdsal2/source_code)에서 루비와 파이썬 구현도 제공한다.

1. 숫자를 정렬하면 가장 큰 숫자 세 개가 배열 끝에 놓일 테니 그 셋을 곱하면 된다. 정렬에는 $O(N\log N)$이 걸린다.

```
function greatestProductOf3(array) {
    array.sort((a, b) => (a < b) ? -1 : 1);

    return array[array.length - 1] * array[array.length - 2] *
        array[array.length - 3];
}
```

(이 코드는 당연히 배열에 적어도 값 세 개는 있다고 가정한다. 그렇지 않은 배열을 처리하는 코드도 추가해 보자.)

2. 배열을 미리 정렬하면 각 숫자가 자신의 인덱스에 놓일 것이다. 즉 0은 인덱스0에, 1은 인덱스 1에 들어간다. 이제 배열을 순회해 인덱스와 일치하지 않는 숫자를 찾으면 된다. 이는 누락된 숫자를 건너 뛰었다는 뜻이다.

```
function findMissingNumber(array) {
    array.sort((a, b) => (a < b) ? -1 : 1);

    for(let i = 0; i < array.length; i++) {
        if(array[i] !== i) {
            return i;
        }
    }

    return null;
}
```

정렬에 NlogN단계, 뒤이어 루프에 N단계가 걸린다. 하지만 N은 NlogN에 비해 차수가 낮으므로 표현식이 (NlogN) + N에서 O(NlogN)으로 줄어든다.

3. 다음은 중첩 루프를 사용한 구현으로 O(N²)이다.

```
function max(array) {
    for(let i = 0; i < array.length; i++) {
        iIsGreatestNumber = true;

        for(let j = 0; j < array.length; j++) {
            if(array[j] > array[i]) {
                iIsGreatestNumber = false;
            }
        }

        if(iIsGreatestNumber) {
            return array[i];
        }
    }
}
```

다음 구현은 배열을 정렬해 마지막 숫자를 반환한다. 정렬에는 O(NlogN)이 걸린다.

```
function max(array) {
    array.sort((a, b) => (a < b) ? -1 : 1);

    return array[array.length - 1];
}
```

다음 구현은 배열을 한 번만 순회하므로 O(N)이다.

```
function max(array) {
    let greatestNumberSoFar = array[0];

    for(let i = 0; i < array.length; i++) {
        if(array[i] > greatestNumberSoFar) {
            greatestNumberSoFar = array[i];
        }
    }

    return greatestNumberSoFar;
}
```

14장

다음은 313쪽 연습 문제의 해답이다. 다음 코드는 루비로 구현했으나 코드 다운로드 (https://pragprog.com/titles/jwdsal2/source_code)에서 자바스크립트와 파이썬 구현도 제공한다.

1. 간단한 while 루프로 해결할 수 있다.

```
def print
    current_node = first_node

    while current_node
        puts current_node.data
        current_node = current_node.next_node
    end
end
```

2. 이중 연결 리스트로 마지막 노드에 바로 접근할 수 있고 그 노드의 "이전 노드" 링크를 따라 이전 노드에 접근할 수 있다. 다음 코드는 1번 문제와 정반대다.

```
def print_in_reverse
    current_node = last_node

    while current_node
        puts current_node.data
        current_node = current_node.previous_node
    end
end
```

3. 여기서는 while 루프로 각 노드를 이동한다. 하지만 이동하기 전에 그 노드의 링크를 보고 정말 다음 노드가 있는지 미리 확인한다.

```
def last
    current_node = first_node

    while current_node.next_node
        current_node = current_node.next_node
    end

    return current_node.data
end
```

4. 전형적인 연결 리스트를 거꾸로 바꾸려면 변수 세 개를 기록하며 순회해야 한다.

주요 변수는 순회하고 있는 주 노드인 current_node다. current_node 바로 다음 노드인 next_node도 기록해야 한다. 또한 current_node 바로 이전 노드인 previous_node도 기록해야 한다. 다음 그림을 보자.

▼ 그림 A-3

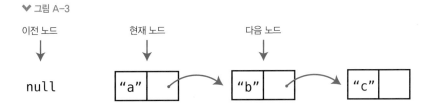

처음 시작할 때 current_node가 첫 번째 노드이고 previous_node는 null을 가리키고 있다. 즉, 첫 번째 노드 앞에 아무 노드도 없다.

세 변수가 준비되면 루프를 시작해 알고리즘을 진행할 수 있다.

루프 안에서는 먼저 current_node의 링크가 previous_node를 가리키게 바꾼다.

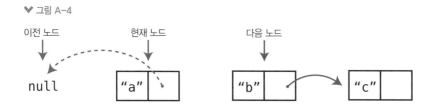

이어서 세 변수를 전부 오른쪽으로 한 칸 이동시킨다.

▼ 그림 A-5

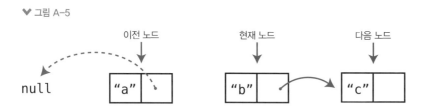

다시 루프를 시작하고 current_node의 링크가 previous_node를 가리키게 바꾸는 과정을 리스트 끝에 도달할 때까지 반복한다. 끝에 도달하면 리스트는 완전히 거꾸로 바뀌어 있다.

다음은 알고리즘을 실제로 구현한 것이다.

```
def reverse!
    previous_node = nil
    current_node = first_node

    while current_node
        next_node = current_node.next_node

        current_node.next_node = previous_node

        previous_node = current_node
        current_node = next_node
    end

    self.first_node = previous_node
end
```

5. 믿기 어렵겠지만 중간 노드 앞에 있는 어떤 노드에도 접근하지 않고 중간 노드를 삭제할 수 있다.

다음 그림을 통해 한 상황을 예로 들어 보겠다. 노드가 4개 있고 노드 "b"에만 접근할 수 있다. 즉, 전형적인 연결 리스트에서 링크는 **앞**만 가리키므로 노드 "a"에는 접근할 수 없다. 이를 점선으로 나타냈다. 점선 왼편에 있는 노드에는 접근할 수 없다.

▼ 그림 A-6

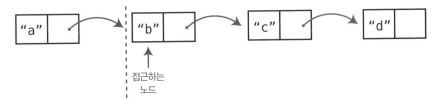

접근하는
노드

(노드 "a"에는 접근할 수 없더라도) 다음과 같이 노드 "b"를 삭제할 수 있다. 명확하게 설명하기 위해 접근하는 첫 번째 노드라는 뜻에서 노드 "b"를 "접근 노드"라 부르겠다.

먼저 접근 노드 **다음** 노드를 가져와 그 데이터를 복사해 접근 노드의 데이터를 덮어쓴다. 예제에서는 문자열 "c"를 접근 노드에 복사한다.

▼ 그림 A-7

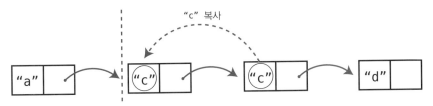

"c" 복사

이어서 접근 노드의 링크가 접근 노드 오른쪽 두 번째 노드를 가리키도록 바꾼다. 사실상 원래 "c" 노드가 삭제된다.

▼ 그림 A-8

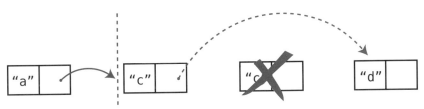

다음은 이를 실제로 구현한 짧지만 즐거운 코드다.

```
def delete_middle_node(node)
    node.data = node.next_node.data
    node.next_node = node.next_node.next_node
end
```

15장

다음은 345쪽 연습 문제의 해답이다. 다음 코드는 파이썬으로 구현했으나 코드 다운로드 (https://pragprog.com/titles/jwdsal2/source_code)에서 자바스크립트와 루비 구현도 제공한다.

1. 트리는 다음과 같아야 한다. 루트 노드에 오른쪽 하위 트리만 있고 왼쪽 하위 트리가 없으니 균형 트리가 아니다.

   ❤ 그림 A-9

   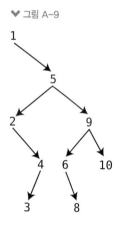

2. 균형 이진 탐색 트리를 검색하려면 최대 약 log(N)단계가 걸린다. 따라서 N이 1,000이면 검색에 최대 약 10단계가 걸린다.

3. 이진 탐색 트리에서 가장 큰 값은 항상 가장 오른쪽 바닥에 있는 노드다. 각 노드의 오른쪽 자식을 바닥에 닿을 때까지 재귀적으로 따라가면 찾을 수 있다.

```python
def max(node):
    if node.rightChild:
        return max(node.rightChild)
    else:
        return node.value
```

4. 전위 순회하면 순서는 다음과 같다.

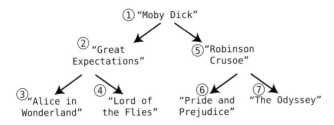

▼ 그림 A-10

5. 후위 순회하면 순서는 다음과 같다.

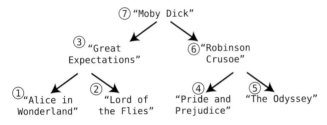

▼ 그림 A-11

16장

다음은 373쪽 연습 문제의 해답이다.

1. 11을 삽입하면 힙은 다음과 같다.

▼ 그림 A-12

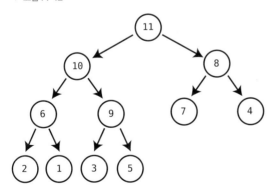

2. 루트 노드를 삭제하면 힙은 다음과 같다.

▼ 그림 A-13

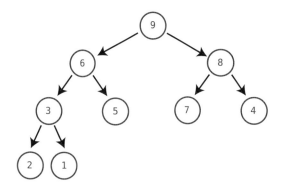

3. 완벽한 내림차순으로 수가 정렬된다(최대힙이 그렇다. 최소힙이면 오름차순이다).

무엇을 의미하는지 알겠는가? 또 다른 정렬 알고리즘을 막 발견했다는 뜻이다!

힙 정렬(Heapsort)은 모든 값을 힙에 삽입한 후 하나씩 팝하는 정렬 알고리즘이다. 연습 문제로 봤듯이 항상 정렬된 순서로 값이 나온다.

퀵 정렬처럼 힙 정렬도 O(NlogN)이다. 값 N개를 힙에 삽입해야 하는데 각 삽입에 logN단계가 걸리기 때문이다.

효율성을 극대화한 더 복잡한 힙 정렬도 있으나 기본 개념은 같다.

17장

다음은 401쪽 연습 문제의 해답이다. 다음 코드는 파이썬으로 구현했으나 코드 다운로드 (https://pragprog.com/titles/jwdsal2/source_code)에서 자바스크립트와 루비 구현도 제공한다.

1. 트라이에 저장된 단어는 "tag"와 "tan", "tank", "tap", "today", "total", "we", "well", "went"다.

2. 다음의 트라이는 "get", "go", "got", "gotten", "hall", "ham", "hammer", "hill", "zebra" 단어를 저장한다.

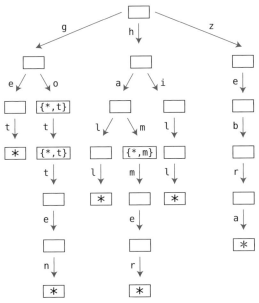

3. 다음은 트라이의 한 노드에서 시작해 그 자식을 각각 순회하는 코드다. 각 자식마다 키를 출력하고 다시 자식 노드를 재귀적으로 호출한다.

```python
def traverse(self, node=None):
    currentNode = node or self.root

    for key, childNode in currentNode.children.items():
        print(key)
        if key != "*":
            self.traverse(childNode)
```

4. 다음의 autocorrect 함수는 search와 collectAllWords 함수를 조합한 것이다.

```python
def autocorrect(self, word):
    currentNode = self.root
    # 지금까지 트라이에서 찾은 사용자 단어와 일치하는 부분을
    # 기록한다. 이 문자열을 트라이에서 찾을 수 있는
    # 최선의 접미사와 이어 붙여야 한다.
    wordFoundSoFar = ""

    for char in word:
        # 현재 노드의 자식 키 중에 현재 문자가 있으면
        if currentNode.children.get(char):
```

```
                wordFoundSoFar += char
                # 자식 노드를 따라간다.
                currentNode = currentNode.children.get(char)
            else:
                # 현재 노드의 자식 중에 현재 문자가 없으면
                # 현재 노드부터 내려가면서 만들 수 있는 모든 접미사를 모아
                # 첫 번째 접미사를 가져온다.
                # 그 접미사를 지금까지 찾은 접두사에 이어 붙여
                # 사용자가 입력하려던 문자를 제안한다.
                return wordFoundSoFar + self.collectAllWords(currentNode)[0]

        # 사용자 단어를 트라이에서 찾았으면
        return word
```

기본적인 접근 방식은 먼저 트라이를 검색해 최대한 긴 접두사를 찾는 것이다. 더 이상 찾을 수 없으면 그냥 None을 반환하지 않고(search 함수처럼) 현재 노드에 collectAllWords 함수를 호출해 그 노드에서 시작하는 모든 접미사를 모은다. 끝으로 배열의 첫 번째 접미사를 접두사에 이어 붙여 사용자에게 새 단어를 제안한다.

18장

다음은 462쪽 연습 문제의 해답이다. 다음 코드는 루비로 구현했으나 코드 다운로드 (https://pragprog.com/titles/jwdsal2/source_code)에서 자바스크립트와 파이썬 구현도 제공한다.

1. 사용자가 "nails"를 검색하면 웹사이트는 "nail polish"와 "needles", "pins", "hammer"를 추천한다.

2. 깊이 우선 탐색 순서는 다음 그림에서처럼 A-B-E-J-F-O-C-G-K-D-H-L-M-I-N-P다.

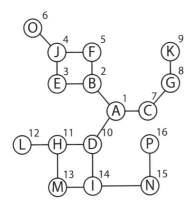

3. 너비 우선 탐색 순서는 다음 그림에서처럼 A–B–C–D–E–F–G–H–I–J–K–L–M–N–
O–P다.

❤ 그림 A–16

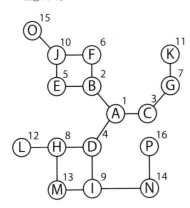

4. 다음은 너비 우선 탐색의 구현이다.

```
def bfs(starting_vertex, search_value, visited_vertices={})
    queue = Queue.new

    visited_vertices[starting_vertex.value] = true
    queue.enqueue(starting_vertex)

    while queue.read
        current_vertex = queue.dequeue

        return current_vertex if current_vertex.value == search_value
```

```
        current_vertex.adjacent_vertices.each do |adjacent_vertex|
            if !visited_vertices[adjacent_vertex.value]
                visited_vertices[adjacent_vertex.value] = true
                queue.enqueue(adjacent_vertex)
            end
        end
    end

    return nil
end
```

5. 너비 우선 탐색을 이용해 비가중 그래프에서 최단 경로를 찾아보겠다. 너비 우선 탐색의 주된 특징은 가능한 한 시작 정점에 가까이 있으려 한다는 것이다. 이러한 특징이 최단 경로를 찾는 핵심 역할을 한다.

이를 소셜네트워킹 예제에 적용해보자. 너비 우선 탐색은 가능한 한 이드리스에 가까이 있으려 하므로 가능한 최단 경로를 거쳐 리나를 먼저 찾는다. 나중에 검색을 통해서만 더 긴 경로로 리나를 찾게 된다. 사실 리나를 찾고 바로 검색을 중지할 수도 있다(아래 구현은 일찍 종료하지 않지만 그렇게 하도록 수정할 수 있다).

너비 우선 탐색을 사용하면 처음 각 정점을 방문할 때 현재 정점이 **항상** 시작 정점에서 방문하고 있는 정점으로 가는 최단 경로에 속한다는 것을 안다(너비 우선 탐색에서 현재 정점과 방문하고 있는 정점이 꼭 같을 필요는 없다는 사실을 기억하자).

예를 들어 처음 리나를 방문할 때 현재 정점은 카밀일 것이다. 너비 우선 탐색에서는 사샤를 통해 리나에 도착하기 전에 카밀을 통해 리나에 먼저 도착한다. 따라서 (카밀을 통해) 리나에 방문할 때 이드리스에서 리나로 가는 최단 경로가 카밀을 통한다고 표에 저장한다. 이 표는 데이크스트라의 알고리즘에 나오는 cheapest_previous_stopover_city_table과 비슷하다.

사실 어떤 정점에 방문하든 이드리스에서 그 정점으로 가는 최단 경로는 항상 현재 정점을 통할 것이다. 이러한 데이터를 전부 previous_vertex_table이라는 표에 저장한다.

끝으로 이 데이터를 사용해 리나에서 이드리스로 거슬러 올라가며 둘 간에 정확한 최단 경로를 생성한다.

구현은 다음과 같다.

```
def find_shortest_path(first_vertex, second_vertex, visited_vertices={})
    queue = Queue.new

    # 데이크스트라의 알고리즘에서처럼
    # 각 정점 바로 이전에 방문했던 정점을 표에 기록한다.
    previous_vertex_table = {}

    # 너비 우선 탐색을 이용한다.
    visited_vertices[first_vertex.value] = true
    queue.enqueue(first_vertex)

    while queue.read
        current_vertex = queue.dequeue
        current_vertex.adjacent_vertices.each do |adjacent_vertex|
            if !visited_vertices[adjacent_vertex.value]
                visited_vertices[adjacent_vertex.value] = true
                queue.enqueue(adjacent_vertex)

                # previous_vertex 표에 adjacent_vertex을 키로
                # current_vertex를 값으로 저장한다.
                # 이는 current_vertex가 adjacent_vertex로 가기 바로 직전에
                # 방문하는 정점이라는 뜻이다.
                previous_vertex_table[adjacent_vertex.value] =
                    current_vertex.value

            end
        end
    end

    # 데이크스트라의 알고리즘에서처럼 previous_vertex_table를 사용해
    # 거슬러 올라가며 최단 경로를 생성한다.
    shortest_path = []
    current_vertex_value = second_vertex.value

    while current_vertex_value != first_vertex.value
        shortest_path << current_vertex_value
        current_vertex_value = previous_vertex_table[current_vertex_value]
    end
    shortest_path << first_vertex.value
    return shortest_path.reverse
end
```

19장

다음은 474쪽 연습 문제의 해답이다. 다음 코드는 자바스크립트로 구현했으나 코드 다운로드 (https://pragprog.com/titles/jwdsal2/source_code)에서 파이썬과 루비 구현도 제공한다.

1. 공간 복잡도는 O(N²)이다. 함수에서 N²개 문자열을 저장하는 collection이라는 배열을 생성하기 때문이다.

2. N개 항목을 포함하는 newArray를 생성하므로 이 구현에서는 공간을 O(N) 소모한다.

3. 다음 구현에서 사용하는 알고리즘은 다음과 같다. 첫 번째 항목과 마지막 항목을 제자리에서 교환한다. 이어서 두 번째 항목과 끝에서 두 번째 항목을 제자리에서 교환한다. 이어서 세 번째 항목과 끝에서 세 번째 항목을 제자리에서 교환한다. 전부 제자리에서 교환하고 새 데이터를 전혀 생성하지 않으므로 공간 복잡도는 O(1)이다.

```
function reverse(array) {
    for (let i = 0; i < array.length / 2; i++) {
        // 배열 내 값을 교환하는 새 자바스크립트 방식
        [array[i], array[(array.length - 1) - i]] =
        [array[(array.length - 1) - i], array[i]];

        // 다음과 같이 기존 방식으로 교환해도 된다.
        // let temp = array[(array.length - 1) - i];
        // array[(array.length - 1)- i] = array[i];
        // array[i] = temp;
    }

    return array;
}
```

4. (교환할 때마다 임시 변수를 생성할 수 있으나 알고리즘 전반에 걸쳐 어느 시점이든 데이터는 딱 하나다.)

표를 완성하면 다음과 같다.

❤ 표 A-2

버전	시간 복잡도	공간 복잡도
버전1	O(N)	O(N)
버전2	O(N)	O(1)
버전3	O(N)	O(N)

세 버전 모두 배열 내 숫자 개수만큼 단계가 걸리므로 시간 복잡도는 전부 O(N)이다.

버전1은 완전히 새로운 배열을 생성해 두 배로 늘린 숫자를 저장한다. 이 배열은 원래 배열과 길이가 같으므로 공간을 O(N) 소모한다.

버전2는 원래 배열을 제자리에서 수정하므로 추가 공간을 전혀 차지하지 않는다. O(1)으로 표현한다.

버전3 역시 원래 배열을 제자리에서 수정한다. 하지만 재귀 함수라서 호출 스택에 최대 N개 호출이 쌓이므로 공간을 O(N) 차지한다.

20장

다음은 518쪽 연습 문제의 해답이다. 다음 코드는 루비로 구현했으나 코드 다운로드 (https://pragprog.com/titles/jwdsal2/source_code)에서 자바스크립트와 파이썬 구현도 제공한다.

1. "O(1) 시간 안에 마법처럼 원하는 정보를 찾을 수 있다면 알고리즘을 더 빠르게 바꿀 수 있을까?"라고 자문함으로써 이 알고리즘을 최적화할 수 있다.

구체적으로 말하면 배열 하나를 순회하며 "마법처럼" 어떤 선수를 나머지 배열에서 O(1) 시간 안에 찾고 싶다. 이를 위해 먼저 배열 중 하나를 해시 테이블로 변환한다. 성명(즉 이름과 성 모두)을 키로, true(또는 임의의 항목)를 값으로 사용하겠다.

한 배열을 해시 테이블로 바꾼 뒤 나머지 배열을 순회한다. 각 선수가 나올 때마다 해시 테이블에 O(1) 룩업을 수행해 그 선수가 이미 다른 종목도 뛰고 있는지 본다. 맞으면 그 선수를 multisport_athletes 배열에 추가한다. multisport_athletes는 함수 마지막에 반환하는 배열이다.

이 방식을 코드로 구현하면 다음과 같다.

```ruby
def find_multisport_athletes(array_1, array_2)
    hash_table = {}
    multisport_athletes = []

    array_1.each do |athlete|
        hash_table[athlete[:first_name] + " " + athlete[:last_name]] = true
    end

    array_2.each do |athlete|
```

```
        if hash_table[athlete[:first_name] + " " + athlete[:last_name]]
            multisport_athletes << athlete[:first_name] +
                " " + athlete[:last_name]
        end
    end

    return multisport_athletes
end
```

위 알고리즘은 각 선수 집합을 딱 한 번씩만 순회하므로 O(N + M)이다.

2. 이 알고리즘에는 예제를 생성해 패턴을 찾는 방법이 대단히 도움이 된다.

정수 6개를 포함하는 배열을 통해 정수를 하나 제거할 때마다 어떻게 되는지 보자.

```
[1, 2, 3, 4, 5, 6] : missing 0: sum = 21
[0, 2, 3, 4, 5, 6] : missing 1: sum = 20
[0, 1, 3, 4, 5, 6] : missing 2: sum = 19
[0, 1, 2, 4, 5, 6] : missing 3: sum = 18
[0, 1, 2, 3, 5, 6] : missing 4: sum = 17
[0, 1, 2, 3, 4, 6] : missing 5: sum = 16
```

음. 0을 제거하면 합이 21이다. 1을 제거하면 합이 20이다. 2를 제거하면 합이 19다. 확실히 패턴이 보인다!

설명을 이어가기 전에 이때 21을 "총합(full sum)"이라 부르겠다. 총합이란 0이 빠졌을 때 배열의 합이다.

여러 예제를 주의 깊게 살펴보면 어떤 배열의 합이든 **딱 빠진 수만큼** "총합"보다 작다. 예를 들어 4가 빠지면 합은 17로 21보다 4만큼 작다. 1이 빠지면 합은 20으로 21보다 1만큼 작다.

따라서 알고리즘은 총합이 얼마인지 계산하는 것부터 시작한다. 총합에서 실제 합을 빼면 그 값이 곧 빠진 숫자다.

코드로 구현하면 다음과 같다.

```
def find_missing_number(array)
    # 총합(0만 빠졌을 때의 합)을 계산한다.
    full_sum = 0
    (1..array.length).each do |n|
        full_sum += n
    end
```

```
    # 현재 합을 계산한다.
    current_sum = 0

    array.each do |n|
        current_sum += n
    end
    # 두 합 간 차이가 빠진 숫자다.
    return full_sum - current_sum
end
```

위 알고리즘은 O(N)이다. 총합 계산에 N단계가 걸리고 실제 합 계산에 추가로 N단계가 걸린다. 총 2N단계이므로 O(N)이 된다.

3. 탐욕 알고리즘으로 함수를 훨씬 빠르게 만들 수 있다(주식으로 최대한 수익을 올리려는 코드라는 점을 감안하면 놀라운 일도 아니다).

최대 수익을 올리기 위해 가능한 한 낮은 주가에 사서 가능한 한 높은 주가에 팔고 싶다. 탐욕 알고리즘은 최초에 가장 처음 주가를 buy_price로 할당한다. 이어서 각 주가를 순회하며 더 낮은 주가를 찾으면 바로 새 buy_price로 할당한다.

이와 비슷하게 주가를 순회하며 그 주가에 팔았을 때 수익이 얼마인지 확인한다. buy_price에서 현재 주가를 빼면 된다. 제대로 탐욕스럽게 하기 위해 이 수익을 greatest_profit이라는 변수에 저장한다. 각 주가를 순회하다가 더 큰 수익을 찾으면 그 수익으로 greatest_profit을 바꾼다.

주가를 모두 순회하고 나면 greatest_profit에 주식을 한 번만 사고 팔아 거둘 수 있는 최대 수익이 들어 있을 것이다.

다음은 이 알고리즘의 코드다.

```
def find_greatest_profit(array)
    buy_price = array[0]
    greatest_profit = 0

    array.each do |price|
        potential_profit = price - buy_price

        if price < buy_price
            buy_price = price
        elsif potential_profit > greatest_profit
            greatest_profit = potential_profit
```

```
            end
        end

        return greatest_profit
    end
```

주가 N개를 딱 한 번씩만 순회하므로 함수에 O(N) 시간이 걸린다. 그저 돈을 많이 번 것만이 아니라 빨리 벌었다.

4. 예제를 생성해 패턴을 찾는 또 하나의 알고리즘이다.

문제에 명시했듯이 음수를 곱한 결과가 최대곱일 수 있다. 다양한 배열 예제와 각 예제에서 두 숫자가 만드는 최대곱을 살펴보자.

```
[-5, -4, -3, 0, 3, 4] -> Greatest product: 20 (-5 * -4)
[-9, -2, -1, 2, 3, 7] -> Greatest product: 21 (3 * 7)
[-7, -4, -3, 0, 4, 6] -> Greatest product: 28 (-7 * -4)
[-6, -5, -1, 2, 3, 9] -> Greatest product: 30 (-6 * -5)
[-9, -4, -3, 0, 6, 7] -> Greatest product: 42 (6 * 7)
```

이와 같은 사례를 보면 최대곱이 가장 큰 두 숫자 혹은 가장 작은 두 숫자(음수)로만 만들 수 있음을 알게 된다.

이런 점을 염두에 두고 다음 네 숫자를 기록하도록 알고리즘을 디자인해야 한다.

- 가장 큰 숫자

- 두 번째로 큰 숫자

- 가장 작은 숫자

- 두 번째로 작은 숫자

위와 같은 정보를 알면 가장 큰 두 숫자 간 곱을 가장 작은 두 숫자 간 곱과 비교할 수 있다. 둘 중 더 큰 곱이 배열의 최대곱이다.

그렇다면 가장 큰 두 숫자와 가장 작은 두 숫자를 어떻게 찾을까? 배열을 정렬하면 된다. 하지만 그래도 O(NlogN)이고 문제에서 분명 O(N)을 달성할 수 있다고 했다.

사실 배열을 **딱 한 번만** 통과해 네 숫자를 모두 찾을 수 있다. 다시 탐욕스러워져야 한다.

먼저 코드 구현을 보이고 뒤이어 코드를 설명하겠다.

```
def greatest_product(array)
    greatest_number = -Float::INFINITY
    second_to_greatest_number = -Float::INFINITY

    lowest_number = Float::INFINITY
    second_to_lowest_number = Float::INFINITY

    array.each do |number|
        if number >= greatest_number
            second_to_greatest_number = greatest_number
            greatest_number = number
        elsif number > second_to_greatest_number
            second_to_greatest_number = number
        end

        if number <= lowest_number
            second_to_lowest_number = lowest_number
            lowest_number = number
        elsif number > lowest_number &&
            number < second_to_lowest_number
            second_to_lowest_number = number
        end
    end

    greatest_product_from_two_highest =
        greatest_number * second_to_greatest_number

    greatest_product_from_two_lowest =
        lowest_number * second_to_lowest_number

    if greatest_product_from_two_highest > greatest_product_from_two_lowest
        return greatest_product_from_two_highest
    else
        return greatest_product_from_two_lowest
    end
end
```

루프를 시작하기 전에 greatest_number와 second_to_greatest_number를 음의 무한대(negative infinity)로 할당한다. 현재 배열에 있는 어떤 숫자보다도 작게 시작하기 위해서다.

이어서 각 숫자를 순회한다. 현재 숫자가 greatest_number보다 크면 탐욕스럽게 현재 숫자를 새 greatest_number로 바꾼다. 이미 second_to_greatest_number를 찾았다면 현재 숫자에 도달하기 전에 greatest_number에 있던 값을 second_to_greatest_number에 다시 할당한다. 이로써 second_to_greatest_number가 실제로 두 번째로 큰 숫자가 된다.

순회하고 있는 현재 숫자가 greatest_number보다 작고 second_to_greatest_number보다 크면 현재 숫자로 second_to_greatest_number를 업데이트한다.

거의 똑같은 과정을 lowest_number와 second_to_lowest_number를 찾을 때도 따른다.

네 숫자를 모두 찾았으면 가장 큰 숫자 두 개와 가장 작은 숫자 두 개의 곱을 계산한 후 더 큰 곱을 반환한다.

5. 이 알고리즘을 최적화하는 열쇠는 한정된 개수의 값을 정렬한다는 사실이다. 구체적으로 말해 배열에 나올 온도 값은 다음과 같이 21개뿐이다.

97.0, 97.1, 97.2, 97.3 ... 98.7, 98.8, 98.9, 99.0

문제에 나오는 예제 배열로 다시 돌아가보자.

[98.6, 98.0, 97.1, 99.0, 98.9, 97.8, 98.5, 98.2, 98.0, 97.1]

이 온도 배열을 **해시 테이블**로 상상해 보면 각 온도를 키로, 빈도수를 값으로 저장할 수 있다. 다음과 같을 것이다.

{98.6 => 1, 98.0 => 2, 97.1 => 2, 99.0 => 1, 98.9 => 1, 97.8 => 1, 98.5 => 1, 98.2 => 1}

이렇게 하면 97.0부터 99.0까지 실행되는 루프를 실행해 그 온도가 몇 번 나왔는지 **해시 테이블로 확인**할 수 있다. 각 룩업마다 O(1) 시간이면 된다.

이제 이 빈도수를 사용해 새 배열에 덧붙인다. 루프가 97.0부터 99.0까지 올라가므로 배열도 완벽히 오름차순이다.

코드로 구현하면 다음과 같다.

```ruby
def sort_temperatures(array)
    hash_table = {}

    # 온도 값 빈도수로 해시 테이블을 채운다.
    array.each do |temperature|
        if hash_table[temperature]
            hash_table[temperature] += 1
        else
            hash_table[temperature] = 1
```

```
        end
    end

    sorted_array = []

    # 부동 소수점 연산 오류가 발생하지 않게
    # 루프 안에서 온도를 정수로 증가시킬 수 있도록
    # 시작하기 전에 온도에 10을 곱한다.
    temperature = 970

    # 970부터 990까지 루프를 실행한다.
    while temperature <= 990
        # 해시 테이블이 현재 온도를 포함하면
        if hash_table[temperature / 10.0]

            # 현재 온도를 sorted_array에
            # 그 빈도수만큼 덧붙인다.
            hash_table[temperature / 10.0].times do
                sorted_array << temperature / 10.0
            end
        end

        temperature += 1
    end

    return sorted_array
end
```

루프 안에서 온도 값에 10을 곱해 사용한 부분에 주목하자. 오로지 실수 연산 이슈를 피하기 위해서다. 루프에서 변수를 0.1씩 증가시키면 이상한 일이 발생하고 코드가 올바르게 동작하지 않는다.

이제 위 알고리즘의 효율성을 분석해보자. 해시 테이블 생성에 N단계가 걸린다. 이어서 97.0부터 99.0까지 가능한 모든 온도에 대해 루프를 21번 돈다.

루프 라운드마다 중첩 루프를 실행해 sorted_array에 현재 온도를 덧붙인다. 단, 안쪽 루프는 **온도 값 N개보다 많이 실행되지는 않는다.** 안쪽 루프는 원래 배열의 각 온도에 대해 한 번씩만 실행되기 때문이다.

따라서 해시 테이블을 생성하는 N단계, 바깥 루프에 21단계, 안쪽 루프에 N단계가 걸린다. 이는 2N + 21이고 아름답게도 O(N)으로 줄어든다.

6. 지금까지 중에 가장 기발하게 마법 룩업을 사용하는 최적화다.

숫자 배열을 순회하고 있고, 5가 나왔다고 상상해보자. "O(1) 시간 안에 마법처럼 원하는 정보를 찾을 수 있다면 알고리즘을 더 빠르게 바꿀 수 있을까?"라는 마법 룩업 질문을 자문한다.

음, 5가 가장 긴 연속 순열에 속하는지 알아내기 위해 배열에 6이 있는지 알고 싶다. 또한 7이 있는지, 8이 있는지도 알고 싶다.

배열의 모든 숫자를 해시 테이블에 먼저 저장하면 각 룩업을 실제 O(1) 시간에 할 수 있다. 즉, 배열 [10, 5, 12, 3, 55, 30, 4, 11, 2]를 해시 테이블로 옮기면 다음과 같을 것이다.

```
{10 => true, 5 => true, 12 => true, 3 => true, 55 => true,
30 => true, 4 => true, 11 => true, 2 => true}
```

위 예제에서 배열을 순회하다 2가 나오면 해시 테이블에 그다음 숫자가 계속 있는지 확인하는 루프를 실행한다. 숫자를 찾으면 현재 순열의 길이를 하나 증가시킨다. 순열에 들어갈 다음 숫자를 찾을 수 없을 때까지 루프에서 이 과정을 반복한다. 각 룩업은 1단계면 된다.

하지만 다음과 같이 물을 수도 있다. 이게 무슨 소용인가? 배열이 [6, 5, 4, 3, 2, 1]이라고 상상해보자. 순회하다 6이 나오면 6부터 시작하는 순열이 없음을 알게 된다. 5가 나오면 5-6 순열을 찾는다. 4가 나오면 4-5-6 순열을 찾는다. 3이 나오면 3-4-5-6 순열을 찾는다. 이러한 모든 순열을 찾는 데 약 $N^2 / 2$단계를 거친다.

답은 다음과 같다. 현재 숫자가 순열의 **가장 아래 숫자**일 때만 순열을 생성하기 시작한다. 즉, 배열에 3이 있으면 4-5-6을 생성하지 않는다.

하지만 현재 숫자가 순열의 가장 아래인지 어떻게 알까? 마법 룩업을 쓰면 된다!

어떻게? 순열을 찾는 루프를 실행하기 전에 해시 테이블에 O(1) 룩업을 수행해 **현재 숫자보다 하나 작은 숫자**가 있는지 확인한다. 현재 숫자가 4이면 배열에 3이 있는지 먼저 확인한다. 있으면 순열을 만드느라 고생하지 않아도 된다. 그 순열의 가장 아래 숫자부터 시작하는 순열만 만들어야 한다. 아니면 단계가 중복된다.

코드로 구현하면 다음과 같다.

```ruby
def longest_sequence_length(array)
    hash_table = {}
    greatest_sequence_length = 0

    # 숫자를 키로 해서 해시 테이블을 채운다.
    array.each do |number|
```

```ruby
        hash_table[number] = true
    end

    # 배열의 각 숫자를 순회한다.
    array.each do |number|

        # 현재 숫자가 순열의 시작이면
        # (즉, 현재 숫자보다 하나 작은 숫자가 없으면)
        if !hash_table[number - 1]

            # 현재 숫자부터 현재 순열의 길이를 재기 시작한다.
            # 현재 숫자가 순열의 첫 번째 숫자이므로
            # 순열의 길이는 현재 1이다.
            current_sequence_length = 1

            # 곧 나올 while 루프에서 사용할
            # current_number에 현재 숫자를 할당한다.
            current_number = number

            # 순열에 들어갈 다음 숫자가 있는 한
            # while 루프를 실행한다.
            while hash_table[current_number + 1]

                # 순열의 다음 숫자로 넘어간다.
                current_number += 1

                # 순열 길이를 하나 증가시킨다.
                current_sequence_length += 1

                # 탐욕스러운 방식으로 가장 긴 순열 길이를 저장한다.
                if current_sequence_length > greatest_sequence_length
                    greatest_sequence_length = current_sequence_length
                end
            end
        end
    end

    return greatest_sequence_length
end
```

위 알고리즘은 해시 테이블을 만드는 데 N단계가 걸린다. 배열을 순회하는 데 또 N단계가 걸린다. 또한 해시 테이블에서 숫자를 룩업해 여러 순열을 생성하는 데 또 약 N단계가 걸린다. 모두 합하면 약 3N이고 줄여서 O(N)이다.